옛이야기 보따리

옛이야기 보따리

— 서정오 글

보리

머리말

열 가지 빛깔 옛이야기 보따리

"옛이야기 좋아하면 가난하게 산다."

옛날 어른들이 옛이야기 들려 달라고 조르는 아이들한테 하던 말입니다. 이 말 속에는 "그렇게 옛이야기만 듣다가 언제 일할 거냐?" 하는 가벼운 핀잔이 섞여 있지만, 뒤집어 보면 곱씹어 볼 만한 진실이 숨어 있습니다.

곧 옛이야기는 가난한 사람들을 위한 것입니다. 남을 이기기보다 남과 사이좋게 지내고 싶은 사람, 남을 다스리기보다 남과 어울려 살기를 바라는 사람, 남을 제치고 많은 것을 독차지하기보다 남과 함께 나누는 게 좋은 사람들이 옛이야기 주인입니다. 땀 흘려 일하는 것의 값어치를 아는 사람, 작은 것도 귀히 여기는 사람, 아름다운 것을 사랑하는 사람도 마찬가지입니다. 옛이야기는 바로 그런 사람들을 위해 생겨났습니다.

옛날 사람들은 옛이야기 한 자리로 시름을 달래고 고단함을 털어 내고 꿈을 꾸었습니다. 어른 아이 할 것 없이 한자리에 둘러앉아 이야기보따리를 풀어 놓고 서로 온기를 느끼며 모두가 같은 사람임을 확인했습니다. 때로는 답답한 마음을 풀어 주는 약이 되기도 하고 때로는 이웃과 자신을 깨우치는 바른말이 되기도 한 것이 옛이야기였지요. 그렇게 옛이야기는 세대를 뛰어 넘어 강물처럼 흘러왔습니다.

　그 줄기차던 흐름이 요새 와 멎으려 하고 있습니다. 몇백 년, 몇천 년 동안 이어져 온 전승의 맥이 우리 세대에서 끊긴다는 건 슬픈 일입니다. 우리 윗세대가 우리에게 물려준 이야기 빚을 갚으려면 어쨌든 이 흐름을 이어 가야 합니다. 그렇지 않으면 옛이야기는 영영 박물관 속 먼지 쌓인 선반 위에서 잠들어 버릴지 모릅니다. 요새 어른들이 아이들을 위해 기꺼이 이야기꾼이 돼야 하는 첫째 까닭이 여기에 있습니다.

　세상이 점점 메말라 가면서 옛이야기가 설 자리도 점점 좁아져 갑니다. 옛이야기가 놓치지 않는 한 가지 믿음이 있다면 "착하게 살면 복 받는다"는 것입니다. 누가 아무리 코웃음을 치고 비웃어도, 세상이 열두 번 바뀌어도 이 믿음의 끈만큼은 놓을 수 없습니다. 이래서 옛이야기 좋아하는 사람들은 오늘도 바보가 됩니다. 아름다운 바보가 됩니다.

　아이들은 누구나 옛이야기를 좋아합니다. 욕심이 없고 마음이 소박하기 때문입니다. 또 꿈꾸기를 좋아하기 때문입니다. 아이들은 누구나 옛이야기를 듣고 자랄 권리가 있습니다. 좋은 옛이야기를 들으며 잠들 수 있는 아이보다 행복한 아이가 이 세상에 또 있을까요? 아이들을 참으로 사랑하는 어른이라면 누구나 이야기꾼 되기를 마다하지 않아야 하는 또 다른 까닭이 여기에 있습니다.

　옛날 어른들은 힘들이지 않고도 절로 옛이야기 전승자가 될 수 있었지만, 요새 어른들은 큰 마음 먹고 일부러 이 일을 시작해야만 합니다. 이 책은 바로 그런 어른들, 아이들에게 옛이야기를 들려주고 싶은 어른들을 위해 만든 것입니다. 이미 아이들 책으로 나온 〈옛이야기 보따리〉 10권에 실린 옛이야기를 한데 모아 묶었으므로 새로울 것은 없습니다. 다만 들려주거나 읽어 주기에 편하도록, 그 쓸모를 생각하여 다시 엮었습니다.

이 책에 실린 옛이야기는 소재나 주제에 따라 열 덩어리로 나누어 놓았습니다. 덩어리마다 여남은 가지 이야기가 들어 있어 찾아보기 쉬울 것입니다. 차례 다음에는 옛이야기를 어떻게 들려주면 좋을지, 그 방법을 소개하는 글을 붙여 놓았습니다. 방법이라고는 하지만 이래라 저래라 시시콜콜 가르치는 글은 아닙니다. 어떻게 하면 더 재미있고 즐겁게 이야기를 들려줄 수 있을지, 그 마음가짐을 일깨우는 글이라 할 수 있습니다.

아무쪼록 이 책이 아이들에게 옛이야기를 들려주고 싶어 하는 어른들에게 작은 도움이라도 되기를 바라며, 또한 옛이야기 전승의 맥을 잇는 데 조금이라도 이바지할 수 있기를 바랍니다. 아울러 이 책에 실린 옛이야기가 돈과 힘만을 좇는 세태 속에서 숨 막혀 하는 어른들과, 공부와 경쟁이라는 무거운 짐을 지고 힘들어하는 아이들에게 잠시 쉬어가는 그늘이라도 되었으면 좋겠습니다.

2011년 1월, 서정오

차례

머리말 ─ 열 가지 빛깔 옛이야기 보따리 5
들어가면서 ─ 옛이야기, 어떻게 들려줄까? 12

1부 참 이상하고 신기한 이야기
　주먹이 24 | 남의 복 빌리기 28 | 두꺼비 신랑 32 | 세 가지 소원 38 | 천석이와 다섯 형제 42 | 말하는 꾀꼬리와 춤추는 소나무 47 | 짐승 말을 알아듣는 아이 52 | 버들잎 도령 57 | 쿵쿵절싸 지팡이 62 | 땅속 나라 괴물 65
　이야기를 들려주고 나서 73

2부 참 신기하고 무서운 이야기
　신기한 나뭇잎 76 | 호랑이 잡은 피리 81 | 꽁지 닷 발 주둥이 닷 발 86 | 노루가 된 동생 91 | 지리산 사냥꾼 아들 96 | 복덩어리 총각 102 | 신돌이, 선돌이, 부돌이 107 | 여우 누이 111 | 꼭두각시와 목도령 117 | 고생 바가지 122
　이야기를 들려주고 나서 127

3부 깔깔 웃다가 깨닫는 이야기
　배고프니 먹고 보자 130 | 한평생 쓰고도 남는 물건 133 | 메주 도사 136 | 요술 항아리 140 | 씨 뿌리는 강아지 145 | 팥죽 할멈과 호랑이 150 | 장돌

뱅이 도둑 154 | 느티나무 총각 158 | 지네 처녀와 지렁이 162 | 열어도 자웅 닫아도 자웅 167

이야기를 들려주고 나서 172

4부 새록새록 일깨우는 이야기

호랑이 잡는 기왓장 176 | 산삼을 지킨 이무기 180 | 쌀 나오는 구멍 183 | 불씨 꺼뜨린 며느리 186 | 천 냥짜리 아버지 190 | 말하는 원숭이 194 | 건달 농사꾼 199 | 신기한 샘물 204 | 백 냥으로 살린 목숨 209 | 배운 사위와 못 배운 며느리 213 | 아들을 구한 금덩어리 217 | 지붕에 올라가는 송아지 221

이야기를 들려주고 나서 225

5부 은근슬쩍 놀려 주는 이야기

왕굴장굴대 228 | 나귀 방귀 232 | 바위로 이 잡기 236 | 재주 많은 여섯 쌍둥이 239 | 꽁당 보리밥과 쌀밥 243 | 시아버지 팥죽땀 246 | 세상에서 가장 긴 이름 249 | 대문 밖에 소금 뿌려라 252 | 달을 산 사또 255 | 거짓말로 장가들기 258 | 느린둥둥이, 벼락팽팽이, 약은살살이 262 | 호랑이 꼬리와 호미 269

이야기를 들려주고 나서 273

6부 배꼽 빠지게 우스운 이야기

바보 남편 인사 배우기 276 | 박박 바가지 280 | 거저 먹은 술 284 | 떡 먹기 내기 287 | 갓에는 물 붓고 뚝배기는 쓰고 290 | 보리밥 장군 293 | 사나운 색시 길들이기 297 | 내 담뱃대 어디 갔나 300 | 자린고비 영감 304 | 방귀쟁이 며느리 308 | 떡은 먹고 편은 못 먹고 312 | 활 못 쏘는 활꾼 315 | 소금 삽쇼 320 | 새끼 서 발로 장가들기 325

이야기를 들려주고 나서 329

7부 아기자기 재미있는 동물 이야기

꼬리가 얼어붙은 호랑이 332 | 메기의 꿈풀이 336 | 이마가 벗겨진 메뚜기 339 | 배짱 좋은 수달 342 | 팔짝팔짝 참새 싹싹 파리 346 | 잔나비 궁둥이 351 | 비단 띠에 눈먼 지렁이 355 | 고양이 앞에 쥐 358 | 떼굴떼굴 떡 먹기 362 | 꽁지 빠진 황새 367 | 찍찍 찍서방과 쥐양반 371 | 배부르고 우습고 서러운 꼴 374

이야기를 들려주고 나서 379

8부 오손도손 함께 사는 동물과 사람 이야기

호랑이 뱃속 구경 382 | 먹보 곰 골탕 먹이기 387 | 아기 보는 호랑이 392 | 두꺼비와 천년 묵은 지네 396 | 호랑이 형님 399 | 도술 부리는 고양이와

개 404 | 소나무 아들 408 | 임금님 아우가 된 구렁이 413 | 사람으로 둔갑한 개와 닭 418 | 은혜 갚은 황새 422 | 여섯 모 난 구슬 425 | 녹두 영감과 꾀보 토끼 431

이야기를 들려주고 나서 435

9부 뚝딱뚝딱 재미있는 우리 도깨비 이야기

방앗공이 도깨비 438 | 길어져라 뚝딱 넓어져라 뚝딱 442 | 도깨비 장난 447 | 무서운 엽전 451 | 날아다니는 빨간 헝겊 455 | 도깨비 수수께끼 459 | 신통방통 도깨비 463 | 불효자식 혼내 주기 471 | 날마다 서 푼 476 | 도깨비 씨름 잔치 480

이야기를 들려주고 나서 487

10부 슬프고 아름다운 이야기

아기장수 우투리 490 | 석 달 열흘 붉은 꽃 496 | 풀죽풀죽 풀죽새 501 | 무덤가에 피어나는 할미꽃 507 | 일곱 오라비 접동 513 | 좁쌀꽃 이야기 519 | 피리 부는 목동과 선녀 524 | 남편을 기다리는 민들레 531 | 소쩍소쩍 소쩍다 534 | 너삼 허리띠 537

이야기를 들려주고 나서 540

■ 찾아보기 543

옛이야기, 어떻게 들려줄까?
— 즐겁고 행복한 이야기판 만들기

많은 사람들이 이렇게 말합니다.
"옛이야기가 소중하다는 것도, 아이들에게 도움이 된다는 것도 알아요. 하지만 나는 이야기를 많이 알지도 못하고 말재주도 없어서 들려줄 엄두를 못 내겠어요."
또 이렇게도 말합니다.
"요새 아이들이 어디 옛이야기 같은 걸 들으려 해야 말이지요. 말머리만 떼도 싫증부터 내는걸요."
그리고 드물지만 이렇게 말하는 사람도 있습니다.
"옛이야기를 뭐 하러 목 아프게 들려줘요? 요새 시청각 자료 얼마나 좋은 게 많이 나와 있는데."
먼저 셋째 번처럼 말하는 이들에게는 이렇게 물어보고 싶습니다. 여기 잠 투정을 하느라고 칭얼대는 아기가 있습니다. 이 아기에게 자장가를 불러 줘야겠는데, 선택할 수 있는 방법에는 두 가지가 있습니다. 첫째는 최고 실력을 지닌 전문가수가 꾀꼬리처럼 고운 목소리로 부르는 자장가를 녹음하여 아기에게 들려주는 방법이고, 둘째는 노래에 소질이 별로 없는 어머니가 아기를 안고 서투르지만 사랑하는 마음을 다해 불러 주는 방법입니다. 어느 편이 아기에게 더 도움이 될 것 같습니까? 또 아기는 어느 편을 더 좋아할 것 같습니까?

둘째 번처럼 말하는 이들은, 아마도 아직 옛이야기를 아이들에게 제대로 들려줘 보지 않았을 것입니다. 적어도 열심히 들려주려고 애써 보지는 않았음에 틀림없습니다. 아이들은 '옛이야기 같은 걸' 싫어하는 게 아니라 참 좋아합니다. 장담하건대 세상에 옛이야기 싫어하는 아이는 없습니다. 요새 아이들이 가벼운 감각 문화와 요란한 영상 문화에 길들어 옛이야기처럼 고리타분한 걸 좋아하지 않을 거라는 생각은 어른들 선입견일 뿐입니다. 아직도 고개가 갸우뚱거려지거든 시험 삼아 아이들에게 옛이야기를 들려줘 보십시오. 열심히, 최선을 다해, 세 번쯤만 들려줘 보면 알게 될 것입니다. 아이들이 옛이야기를 그저 좋아하기만 하는 것이 아니라 마치 무엇에 홀린 것처럼 쏙 빠져든다는 사실을.

첫째 번처럼 말하는 이들을 위해서는 조금 긴 이야기가 필요할 것 같습니다. 사실 이 글은 바로 그런 분들을 위해 쓰는 것입니다.

우선 '이야기를 많이 알지 못해서' 들려주지 못한다고 할 때, '아는 것'은 곧 '이야기를 달달 외워서 아는 것'을 뜻하는지요? 그렇다면 그건 어느 한두 사람 문제가 아니라 모든 사람 문제입니다. 이 세상 누구도, 아주 특별한 몇몇 사람을 빼고는 그 많은 옛이야기를 다 외우지는 못할 테니까요. 이렇게 말하는 나도 처음부터 끝까지 한 대목도 빠뜨리지 않고 다 외울 수 있는 얘기는 거의 없습니다. 그러면 어떻게 이야기를 하느냐고요? 이야기를 달달 외워서 하는 것이 아니라 그저 생각나는 대로 하는 것입니다. 그래도 되냐고요? 물론 그래도 됩니다.

이야기를 '달달 외워서' 하는 방식은 이야기꾼을 무척 피곤하게 만듭니다. 처음부터 끝까지 차례를 정해 놓고 하나하나 외워 나가기란 여간 어려운 일이 아니니까요. 게다가 그렇게 밤새 외운 이야기도 정작 판을 벌여 놓으면 잊어버리기 일쑤입니다. 잊어버리지 말아야지 하고 긴장하면 할수록 더 자주 잊어버리니, 이건 숫제 고역이라 하겠습니다. 이래서는 누구도 옛이야기를 즐겁게 할 수 없습니다. 옛이야기는 그저 들은 대로, 읽은 대로, 생각나는 대로 편안하게 하는 것입니다. 대강 큰 줄거리만 알고 있으면 됩니다. 그러니 '아는 게 없어 못 하는' 것이 아니라 '아는 게 없어도 할 수 있는' 것이 바로 옛이야기입니다.

그다음 '말재주가 없어서' 들려주지 못한다고 할 때, '말재주'는 곧 '이야기를 연극배우나 성우처럼 예쁘고 매끄럽고 실감나게 하는 것'을 뜻하는지요? 그렇다면 이 또한 어느 한두 사람 문제가 아닙니다. 이 세상 누구도, 진짜 배우나 성우가 아니라면 말을 그렇게 예쁘고 매끄럽고 실감나게 잘하지 못할 테니까요. 말을 하려고 하면 갑자기 더듬거리게 되고, 잘하려고 애를 쓰면 쓸수록 침이 마르고 목소리가 굳어버리는 건 보통 사람들이라면 누구나 겪는 일입니다. 그러다가 실수라도 한번 하고 나면 눈앞이 깜깜해지고 말이 한마디도 안 나와 애를 먹게 되지요. 그러면 어찌해야 할까요? 말할 것도 없이 편안하게 하면 됩니다. 아무리 말재주 없는 사람이라도 식구들이나 동무들과 수다 떨 때는 식은땀을 흘리지 않습니다. 수다 떠는 일은 잘하려고 애쓰지 않아도 되고 틀릴까 봐 겁먹을 필요도 없기 때문이지요.

옛날 우리네 할머니 할아버지들이 손자손녀들에게 옛이야기를 들려준 방식이 그러했습니다. 꾸미지 않고, 잘하려고 너무 애쓰지 않고, 잘못하면 어쩌나 걱정하지도 않고, 마치 장난스럽게 우스개라도 하듯이 편안하게 이야기한 것입니다. 이것이 바로 옛날 할머니 할아버지들이 손자손녀들 넋을 쏙 빼놓을 만큼 이야기를 잘할 수 있었던 비결이었습니다. 이야기학원 한번 가지 않고, 이야기 잘하는 비법 다룬 책 한 줄 읽지 않고서도 말입니다.

이제 우리는 알았습니다. 옛이야기는 많이 알지 못해도 할 수 있는 것이고, 말재주가 없어도 할 수 있는 것입니다. 옛이야기는 누구든지, 이야기를 좋아하고 아이들을 사랑하는 사람이라면 언제 어디서나 잘할 수 있는 것입니다. 그렇습니다. 이야기 좋아하기와 아이들 사랑하기, 이 두 가지만이 이야기꾼이 갖출 만한 자질입니다.

좋은 이야기꾼은 이야기를 좋아합니다. 이야기를 싫어하거나 귀찮아하면서 좋은 이야기꾼이 될 수는 없는 법입니다. 바람직한 이야기판은 듣는 이와 이야기꾼이 함께 행복해지는 곳입니다. 만약에 어느 한쪽만 즐겁고 다른 쪽은 괴롭다면, 그런 이야기판은 아예 벌이지 않는 편이 나을 것입니다. 이야기꾼이 즐거워지려면 판이 힘들거나 짐스럽지 않아야 합니다. 잘못하면 어쩌나, 실수하면 어쩌나, 이러한 걱정에서 벗어나 편안한 마음으로 얘기할 수 있어야 합니다. 그러려면 이야기꾼이 이야기를 '일거리'나 '과제'로 보지 않고 '놀이' 또는 '장난'으로 여길 줄 알아야 합니다.

이야기꾼이 뿌리쳐야 할 세 가지 유혹

만약에 이야기꾼이 편안한 마음으로 마음껏 즐기면서 이야기를 하는데도 아이들이 이야기를 잘 들어주지 않는다면, 그 까닭은 말재주 때문이라기보다 이야기 내용 때문인 경우가 많습니다. 이를테면 이야기가 지나치게 도덕이나 교훈을 앞세운 나머지 딱딱한 잔소리처럼 들린다든지, 주인공이 강자나 권력자여서 동일시를 느끼기 어렵다든지, 너무 합리성에 매달려 자유로운 상상을 방해한다든지 하면 듣는 이는 이야기에 빠져들기 어렵습니다. 이런 일은 대체로 이야기꾼이 자기 입맛에 맞춰 옛이야기를 고치고 다듬는 과정에서 생기는 경우가 많습니다.

어른들이 아이들에게 옛이야기를 들려줄 때 쉽게 빠져드는 유혹 중 하나가 '스승 되기 유혹'입니다. "나는 어른이니 아이들에게 아무 이야기나 들려줄 수는 없지. 뭔가 교육이 되고 교훈을 줄 수 있는 이야기를 들려줘야해." 이런 의무감에 사로잡혀 그만 이야기꾼의 본디 구실을 잊어버리고 저도 모르게 '스승'으로 변신합니다. 그래서 도덕군자 훈계나 종교인 설교와 같은 옛이야기만을 골라 들려주고, 게다가 시시때때로 이야기 속에 숨은 교훈을 드러내어 강조합니다. 그것으로도 모자라 아이들이 교훈을 제대로 알아들었는지 확인까지 하지요. 이쯤 되면 옛이야기는 이미 지겨운 잔소리나 따분한 공부거리가 돼 버립니다.

어른들이 빠지기 쉬운 또 다른 유혹으로 '부처님 되기 유혹'이 있습니다. 이야기꾼은 듣는 이와 달리 처음부터 이야기를 구석구석 다 알고 있습니다. 마치 부처님 손바닥 안에 있는 손오공처럼, 이야기는 이야기꾼 손아귀에 들어 있지요. 따라서 아는 것을 다 말하고 싶어지는 것도 무리는 아닙니다. 하지만 그렇게 되면 주인공뿐 아니라 둘레 인물, 약자뿐 아니라 강자의 처지에서도 시시콜콜 이야기하게 되고, 이렇게 시점이 왔다 갔다 하면 아이들은 혼란을 느낄 수밖에 없습니다. 이를테면 사나운 원님이 가난한 백성과 슬기겨룸을 하는 이야기에서, 원님 쪽에서 이야기하다가 백성 쪽에서 이야기하다가 하면 듣는 이는 몹시 헷갈리게 됩니다. "대체 나는 누구 편에 서야 하나? 원님이야, 백성이야?" 옛이야기를 듣는 이는, 특히 나이 어린아이들일수록 주인공과 자신을 한 몸으로 만듦으로써 이야기 속에 빠져드는데, 이렇게 되면 동일시가 어려워 이야기에 집중하기 어려워지는 것입니다. 거의 모든 옛이야기에서 이야기꾼의 눈길이 언제나 주인공에게 머물러 있는 것은 결코 우연이 아닙니다.

이야기꾼이 조심해야 할 또 한 가지 유혹으로 '검열관 되기 유혹'이 있습니다. 알다시피 옛이야기에는 엉성하고 앞뒤 안 맞는 대목이 시도 때도 없이 나옵니다. 사건은 있을 법하지 않고 인물은 개성이 없을 뿐 아니라 우연이 판을 치고 틀은 천편일률입니다. 게다가 잔인해 뵈는 장면까지도 마구 나오니 이야기꾼으로서는 몹시 께름칙할 것입니다. "아니, 이렇게 말도 안 되는 얘기가 어디 있어?" "이렇게 잔인한 장면이 다 있다니!" 하고 생각하는 순간 이야기꾼은 검열관으로 변신합니다. 그래서 "이건 말도 안 되는 얘기니 말이 되게 바꿔 줘야 해" "이건 잔인해서 해로운 장면이니 빼 버려야 해" 하고 마구 '가위질'을 하게 됩니다. 임무에 충실한 검열관은 뿌듯해할지 모르지만 이미 이야기는 만신창이가 돼 버렸고, 그런 이야기에 매력을 느낄 아이는 없습니다.

옛이야기가 오랜 세월 동안 숱한 전승과정을 거쳤다는 걸 생각하면, 그 과정에서 충분히 다듬어졌다는 사실을 쉽게 짐작할 수 있습니다. 과연 옛날 사람들은 아이들에게 이로운 것과 해로운 것도 가리지 못하고 마구 던져주는 바보들이었을까요? 그래서 합리성이 떨어지는 이야기, 잔인한 장면이 들어 있는 이야기도 함부로 만들어 퍼뜨렸을까요? 그렇지는 않을 것입니다. 그렇다면 우리는, 옛이야기의 비합리성이나 잔인해 뵈는 장면까지도 뭔가 까닭이 있어 생긴 거라고 믿을 수 있습니다. 그리고 그런 믿음을 가질 때 비로소 우리는 검열관 되기 유혹에서 벗어나 즐겁고 상상력 넘치는 이야기 판을 만들 수 있습니다.

좋은 이야기꾼이 갖춰야 할 세 가지 미덕

요컨대 좋은 이야기꾼이 되는 지름길은 '어깨에 힘을 빼는 것'입니다. 하지만 아직도 이야기 들려주기는 역시 짐스럽다고 여기는 이들이 있을지 모릅니다. "편하게 하라고? 에이, 그게 말이 쉽지 어디 돼?" 또는 조금 욕심을 부려 보는 사람도 있을지 모릅니다. "이야기를 그저 좋아하고 즐기기만 하면 된다고? 하지만 나는 좀 더 멋진 이야기꾼이 되고 싶은걸." 이런 이들을 위해 귀띔해 줄 것이 있습니다. 대체로 훌륭한 이야기꾼들은 이야기판에서 세 가지 미덕을 갖춥니다. 그 미덕이란 이런 것입니다. 불친절하고 무책임하고 뻔뻔스러워지는 것!

조금 부풀려서 한 말이라 너무 정색하고 들을 필요는 없지만 다만 웃자고 하는 말만은 아닙니다. 정말로 이야기판에서 너무 친절한 이야기꾼은 환영받지 못합니다. 여기서 친절하다는 것은 이것저것 자꾸만 설명하고 묘사한다는 뜻입니다. 옛이야기를 들려주다 보면 더러 요새 아이들이 알아듣기 어려운 물건이나 상황이 나올 수 있습니다. 이런 낯선 물건이나 상황을 시시콜콜 설명하는 것은, 매우 친절한 일이긴 하나 이야기판을 어수선하게 만들기 십상이지요. 장면 묘사나 심리 묘사 또한 마찬가지입니다. 이야기판에서 이야기꾼이 관심을 기울일 것은 한 가지뿐입니다. '다음에 어떤 일이 일어나는가?' 바로 옛이야기의 줄거리가 그것입니다.

아이들은 옛이야기를 들으면서 끊임없이 상상력을 동원합니다. 이야기꾼이 줄거리를 따라 성큼성큼 속도를 내어 이야기하면, 나머지 세세한 부분은 듣는 이가 나름의 상상력으로 메워 넣습니다. 이를테면 이야기꾼이 "옛날 옛적에 가난한 나무꾼이 살았는데……" 하면 듣는 이들은 벌써 짐작합니다. 나무꾼은 마음씨가 착하고, 날마다 지게 지고 나무하러 산에 가며, 그 산에는 호랑이가 살지도 모른다는 것을. 그러니 그런 것까지 시시콜콜 설명하지 않는 편이 좋습니다. 나무하는 게 무엇이며 왜 하는지, 지게가 무엇이며 어떻게 생겼는지도 마찬가지입니다. 만약에 그런 걸 친절하게 하나하나 설명하고 묘사하면, 듣는 이는 몹시 지루할 뿐 아니라 자신의 상상과 이야기꾼의 설명이 다를 경우에는 갈피를 잡기 힘들게 됩니다. 이야기판에서 지나친 친절은 듣는 이를 도와주는 것이 아니라 듣는 이의 몫을 빼앗는 일일지도 모릅니다.

이야기꾼이 이야기에 너무 책임을 지려고 해도 판이 삐걱거릴 수 있습니다. 책임을 진다는 건 모든 걸 다 설명해 줄 수 있다는 건데 과연 그것이 가능하기나 할까요? 이를테면 아이들이 이야기를 듣고 나서 이렇게 물었다 칩시다. "그 이야기 정말로 있었던 일이에요? 거짓말로 지어낸 것 아니에요?" 이런 경우 어떻게 대답하는 것이 좋겠습니까? 만약에 책임을 지고 '정답'을 말해 주려고 하면 매우 골치 아픈 일이 뒤따를 것입니다. 옛이야기란 처음부터 무책임을 전제로 생겨난 것입니다. 옛이야기 속에서 벌어지는 온갖 일들은 내가 본 것도 아니요 겪은 것도 아니지요. 그저 전해 오는 이야기일 뿐입니다. 그러니 이야기꾼은 얼마든지 무책임해져도 좋습니다. "글쎄, 나도 잘 모르겠는걸." 대답은 이것으로 충분합니다.

사실 이야기 속 장면이나 상황에 대한 물음에는 정답이 없는 경우가 대부분입니다. 이를테면 손 없는 색시는 서울 간 남편에게 어떻게 편지를 썼을까요? 손도 없는데 말입니다. 이 물음에 내놓을 수 있는 답은 한두 가지가 아닙니다. 실제로 여러 사람에게 물어보면 사람마다 다른 답을 댈 것입니다. 따라서 섣불리 이야기꾼이 답을 내놓기보다는 아이들 상상에 맡기는 편이 슬기로운 일이겠지요. "그러게 말이야. 어떻게 썼을 것 같니?" 이런 대답 또는 되물음은 이야기꾼을 '정답 대기'의 의무감에서 벗어나게 해 줄 뿐 아니라 듣는 이의 상상력을 자극하여 이야기판에 생기를 불어넣어 줄 것입니다. 이야기판에서 적당한 무책임은 흠결이 아니라 미덕이 되는 까닭이 여기에 있습니다.

옛이야기를 들려줄 때 이야기꾼은 조금 뻔뻔스러워질 필요가 있습니다.

이 말은 곧 각편을 너그럽게 받아들이라는 뜻과 같습니다. 알다시피 옛이야기는 전해 오는 과정에서 많은 각편들을 낳습니다. 곧 조금씩 다르면서도 비슷한 이야기들이 여럿 생겨 전해 오는 것이지요. 각편이 생긴 배경에는 이야기꾼의 창의력 또는 기억의 문제가 도사리고 있습니다. 보통 사람들이 옛이야기를 듣고 기억했다가 다른 자리에서 전할 때는 크건 작건 변형이 생기게 마련입니다. 이때 이야기꾼은 일부러 몇몇 화소를 보태거나 바꾸거나 빼어서 이야기를 더 재미있게 만들기도 하고, 때로는 기억에 부담을 느껴 뜻하지 않게 이야기가 달라지기도 합니다. 그렇게 달라진 이야기는 재미와 공감의 정도에 따라 사라지기도 하고 전해 오기도 하는 것입니다.

이러한 성질을 알고 나면 이야기꾼은 아주 편하게 이야기를 이끌어 갈 수 있습니다. 이야기를 다 기억하지 못해도 문제될 것이 없기 때문이지요. "그 다음에 어떻게 됐더라?" 걱정할 것 없습니다. 생각나는 대로 줄거리를 비슷하게 지어내도 좋고, 문득 떠오른 다른 이야기 화소를 대신 집어넣어도 좋습니다. 옛이야기는 여러 화소가 단순하게 이어진 '염주 알 구조'를 가지고 있어서, 화소 한두 개가 빠지거나 들어가거나 다른 것으로 바뀌어도 큰 틀은 무너지지 않습니다. 그러니 만약에 다른 이야기와 섞갈려서 줄거리가 이상한 곳으로 흘러가더라도 당황할 필요는 없습니다. 뻔뻔스러울 만큼 자연스럽게 그대로 이야기를 끌고 가면 됩니다. 어디까지? "그래서 잘 살았더란다." 그것으로 이야기는 자연스럽게 마무리될 것입니다.

옛이야기는 마치 요술주문과도 같습니다. "옛날 옛적에……" 하고 말머리를 떼는 순간 모든 일이 이루어지니까요. 아무리 현실성 없는 일도 거리낌 없이 일어나고, 아무리 앞뒤가 맞지 않는 일도 예사로운 듯 일어납니다. 그리고 거기에 아무도 딴죽을 걸지 않습니다. 그렇게 자유분방한 상상의 세계를 마음껏 헤엄치던 이야기는 주인공이 행복하게 잘 사는 것을 확인하면서 끝을 맺습니다. 그리고 이야기가 끝남과 동시에 판에 있던 사람들은 딴 세상에 갔던 사람이 이 세상으로 돌아오듯 다시 현실감각을 되찾게 됩니다.

지금까지 길고 번거롭게 이야기했지만 고갱이는 하나입니다. 옛이야기는 즐기는 것입니다. 그것은 무슨 공부도 아니요 일거리도 아닙니다. 가르치고 배우는 교재는 더욱 아닙니다. 그저 재미있고 흥겨운 놀이일 뿐입니다. 이야기판은 이야기꾼과 듣는 이가 함께 만들어가는 것이며, 모두가 행복하고 즐거운 곳이 돼야 합니다. 어느 누구에게도 무거운 짐이 되거나 힘든 일이 되어서는 안 됩니다. 그러므로 좋은 이야기꾼이 되고 싶거든 먼저 모든 짐을 훌훌 벗어던지십시오. 그리고 마음껏 즐기십시오.

거듭 말하지만 옛이야기는 별것 아닙니다. 다만 이야기일 뿐입니다. 옛날 사람들도 그것을 알았나 봅니다. 그러기에 이런 노래까지 만들어 읊었겠지요. "이야기는 이야기 뙈기는 뙈기, 마른 논에 깜부기 무논에 거머리, 나막신은 딸깍 짚신은 찍찍, 대문은 삐걱 거적문은 털썩, 숟가락은 뎅뎅 젓가락은 떨그럭……."

1부
참 이상하고 신기한 이야기

이야기는 해야 맛이지요. 듣기만 하고 하지 않으면 이야기는 숨이 막힙니다. 이 이야기책은 이야기 숨을 틔워 주려고 만들었습니다. 그러니 이 책을 읽을 때는 소리 내어 읽는 것이 더 좋습니다. 누가 옆에 있을 때는 그 사람에게 들려주듯이 멋들어지게 읽어 보세요. 저절로 신명이 날 거에요.

주먹이

　　주먹만 한 아이 이야기 들어 봤니? 어디 한번 들어 봐. 옛날 옛적 갓날 갓적, 호랑이가 담배 피우고 까막까치 말할 적에, 산골에 사는 어떤 부부가 늙도록 아이를 못 낳았대.
　　"남들은 다 예쁜 아이 낳아서 금이야 옥이야 기르는데, 우리 내외는 전생에 무슨 죄를 지었기에 환갑이 다 되도록 아이 하나 못 얻는담. 부처님께 빌어나 보자."
하고, 뒷산 절에 가서 밤낮으로 빌었어. 그랬더니 부처님이 도왔는지 정말로 사내아이 하나를 낳았단다. 그런데 이 아이가 날 때부터 주먹만 하더니 나이가 들어도 크지 않고 늘 주먹만 해. 그래서 '주먹이'라 불렀단다.
　　아버지, 어머니는 주먹만 한 주먹이가 여간 귀엽지 않아. 그래서 쥐면 다칠세라 불면 날아갈세라 고이고이 키웠어. 집에서는 손바닥 위에 올려놓고 들여다보고, 어디 갈 때면 주머니 속에 넣어 가지고 가고, 그렇게 키웠어.
　　그러다가 하루는 아버지가 강가에 낚시를 하러 갔단 말이지. 주먹이를 주머니 속에 넣어 가지고 말이야. 낚시를 하면서 주머니 속에 들어 있는 아들하고 이야기도 하고 그러면 안 심심하거든.
　　아버지가 낚시질하는 동안 주먹이는 주머니 속에서 놀고 있었지. 그러다 보니 주머니 속이 갑갑하거든. 그래서 아버지 몰래 살짝 빠져나왔어.

나와 보니 세상이 참 넓더란다. 강물을 보면 바다 같고, 풀밭에 있는 풀을 보면 까마득하게 높은 나무 같고 말이지. 그래서 이리 뛰고 저리 뛰면서 놀다 보니, 자기도 모르게 풀밭으로 들어갔나 봐. 풀밭에서 돌아다니다가 그만 길을 잃어버렸어.

"아버지, 아버지!" 하고 불러도 목소리가 워낙 작아서 아버지 귀에 들리기나 하나. 아버지 있는 쪽으로 간다는 게 다른 쪽으로 가네. 강가에서 자꾸만 멀어지는 거지.

그때 마침 황소 한 마리가 풀밭에서 풀을 뜯어 먹고 있었거든. 풀을 뜯어 먹느라고 부시럭부시럭 소리가 날 게 아니야. 그러니까 주먹이는, 혹시 아버지가 날 찾아왔나 싶어서 소리 나는 쪽으로 자꾸 갔단 말이야. 주먹만 한 게 풀속에 들어 있으니 황소 눈에 보일 턱이 있나. 우지끈 뜯어 먹으니까 주먹이가 풀에 싸여서 황소 입으로 쏙 들어갔어. 꿀꺽 삼키니까 황소 뱃속으로 쪼르르 빨려 들어갔지.

황소 뱃속에 들어가 보니 널찍한 방 같은 데에 풀이 잔뜩 쌓였는데, 사방이 캄캄하더래. 소리를 질러도 소용 없고 펄쩍펄쩍 뛰어도 소용 없으니까,

"에라 모르겠다. 잠이나 자자."

하고 누워 잤어. 누우니까 뱃속에 들어 있는 풀이 폭신폭신해서 잘 만하더래. 실컷 자고 일어나 보니, 아까 자던 곳이 아니더란 말이야. 더 좁고 어둡고 갑갑한 곳이야.

'어이쿠, 여기가 어디지?'

하고 이리저리 살피는데, 갑자기 사방이 환해지더니 몸이 공중으로 붕 날아서 땅에 뚝 떨어져. 쇠똥에 섞여서 밖으로 나온 거지.

황소 뱃속에 들어갔다 나온 주먹이는 또 하염없이 걸어갔어. 가다 보니 풀밭을 벗어나서 한길로 접어들었는데, 이때 하늘에서는 소리개 한 마리가

빙빙 돌고 있었거든. 소리개가 내려다보니 땅에서 주먹만 한 게 꼬물꼬물 걸어가고 있단 말이야. 뭔지는 모르지만 맛있는 먹이가 되겠다 싶어서 쏜살같이 내려왔어. 그러고는 두 발로 주먹이를 탁 낚아채서 하늘 높이 날아 올라갔지.

이래서 주먹이는 소리개한테 채여서 하늘을 훨훨 날아가는 신세가 되었단다. 소리개가 주먹이를 채 가지고 제 둥지로 날아가는데, 이때 하필이면 매가 한 마리 나타났지 뭐야. 매는 소리개가 채 가는 주먹이를 빼앗으려고 하고, 소리개는 안 빼앗기려고 하고, 이렇게 옥신각신하는 거지. 두 마리가 땅으로 곤두박질치다가 하늘로 솟아오르다가, 이런 야단법석이 없구나. 그 바람에 주먹이는 눈앞이 아찔아찔한 게 정신이 없어.

그러다가 소리개가 그만 주먹이를 놓쳐 버렸네. 그 높은 하늘에서 떨어지게 됐으니 이거 큰일 아니야. 그런데 천만다행으로 마침 강물로 떨어졌어. 풍덩 빠져서 물속으로 들어갔지.

살기는 살았는데, 강물에 빠졌으니 또 앞일이 막막해. 겨우겨우 헤엄을 쳐서 물 위로 얼굴을 내밀고 보니, 마침 나뭇잎 하나가 동동 떠내려오거든. '옳지, 됐다' 하고 얼른 나뭇잎에 올라탔어. 나뭇잎을 타고 둥실둥실 떠내려가는 거야.

그렇게 떠내려가는데, 물속에서 커다란 물고기가 이걸 봤어. 물고기가 보니까 주먹만 한 게 나뭇잎을 타고 가거든. 무슨 먹이인가 싶어서 펄쩍 뛰어올라 낼름 집어삼켜 버렸어. 이번에는 물고기 뱃속에 들어간 거지.

물고기 뱃속에 들어가 보니, 황소 뱃속보다 더 어둡고 갑갑해서 숨이 막히더래.

"아이고, 이제는 여기서 숨이 막혀 죽나 보다."

하고 엉엉 울었지.

"아버지 주머니에 얌전하게 들어 있을걸."

하고 뇌우쳐도 보지만 소용이 있나. 그렇게 한참 울고 있는데, 이놈의 물고기가 공중으로 붕 올라가거든. 그러더니 아래로 뚝 떨어져서 퍼덕거린단 말이야. 이게 무슨 일인가 하고 가만히 귀를 기울여 보니까, 글쎄 아버지 목소리가 들리는 거야.

"어이쿠, 크기도 하다. 이렇게 큰 물고기는 난생처음 낚아 보는군."

하는데, 틀림없는 아버지 목소리란 말이야. 이 물고기가 아버지 낚시에 걸렸나 봐. 얼마나 반가운지 젖 먹은 힘까지 다 내어서 아버지를 불렀어.

"아버지, 아버지!"

그러니까 아버지가 그 소리를 들었어. 어디서 소리가 나, 하고 살펴보니 물고기가 "아버지, 아버지!" 하고 부른단 말이야. 거참 이상한 일도 다 있다, 하고 가만히 들여다보니까 물고기 배가 들썩들썩하거든. 조심조심 물고기 배를 갈라 보니 거기서 아들이 툭 튀어나와. 아버지가 그만 기절초풍을 했지 뭐야.

"얘, 주머니 속에 들어 있던 애가 왜 거기 있느냐?"

그래서 그동안 겪은 일을 다 이야기했어.

"아이고, 큰일날 뻔했구나. 하나밖에 없는 우리 아들을 영영 잃을 뻔했네."

아버지는 주먹이를 손바닥 위에 올려놓고 둥개둥개 어르면서 좋아했어. 주먹이는 잘 살아서, 어저께까지 살았대.

남의 복 빌리기

옛날에 한 나무꾼이 살았어. 그런데 이 사람 살림이 너무 가난해. 나무를 한 짐 해다가 불을 때도 빈 솥에 불을 때는 거지. 아, 밥을 지으려니 쌀이 있어, 죽을 쑤려니 쌀이 있어. 양식이 없으니 그냥 빈 솥에다 불을 땐단 말이야.

이렇게 살다 보니 굶는 데 아주 이골이 났어. 그렇지만 달리 뾰족한 수도 없단 말이야. 나무꾼이 하는 일이라는 게 나뭇짐 져다 나르는 일밖에 더 있어? 그래서,

"에라, 부잣집에서는 곡식 가마니 쌓아 놓고 살지만, 나는 나뭇단이나 잔뜩 쌓아 놓고 살란다."

하고서 나무를 아주 많이 해다가 산더미처럼 쌓아 놨어. 그런데 하룻밤 자고 나니까 그 많던 나무가 다 없어지고 딱 석 짐만 남아 있네.

"아이고, 어떤 도둑이 나무를 다 훔쳐 갔나. 훔쳐 가려면 부잣집에서 썩어 빠지는 나무를 훔쳐 가지, 요렇게 지지리 가난하게 사는 집 나무를 훔쳐 가. 에이, 오늘은 더 많이 해다 놔야겠다."

하고서 나무를 더 많이 해다가 잔뜩 쌓아 놨거든. 그런데 하룻밤 자고 나니 또 나무가 없어져. 딱 석 짐만 남고 말이야. 아 그다음부터 아무리 나무를 많이 해다 쌓아 놔도 자고 일어나면 딱 석 짐뿐이야. 참 이상한 일도 다 있지.

그래서 도대체 누가 나무를 훔쳐 가는지 알아나 봐야겠다고 하루는 밤에

나뭇가리 속에 들어가서 숨어 있었어. 잠도 안 자고 숨어서 지켜보고 있었단 말이야. 그랬더니 밤이 이슥한데 하늘에서 무슨 줄 같은 게 꿀렁꿀렁 내려와. 내려오더니 줄이 저 혼자 스르르슬 나뭇단을 묶어. 그러더니 나뭇단이 통째로 움찔움찔 움직이거든. '하, 이거 별일도 다 있다' 싶어 숨을 죽이고 가만히 있으려니까 이놈의 나뭇단이 사람을 태우고 하늘로 훨훨 올라가네.

올라가서, 어디로 갔는고 하니 하늘나라로 갔어. 거기도 땅 세상처럼 집도 있고 들도 있더래. 나뭇단 속에서 빼꼼히 내다보니까 하늘나라 사람들이 나뭇단을 끌어 올리면서,

"이 나뭇단이 왜 이리 무거우냐? 거 뭣이 들어 있는지 끌러 보자."

하고 나뭇단을 다 끌어 올리더니 묶인 줄을 끌러. 나뭇단을 투둑 끌러 놓으니 사람이 하나 나오거든.

"너는 땅 사람이 왜 여기까지 왔느냐?"

"밤마다 나뭇단이 없어지기에, 누가 훔쳐 가나 보려고 지키고 있다가 달려 올라왔지요."

그러니까 하늘나라 사람들이 하하 웃어.

"너는 타고난 복이 나무 석 짐밖에 안 되는데 자꾸만 나무를 해다 쌓아 놓아서, 나머지는 우리가 가져왔다."

그래서 휘휘 둘러보니까 제가 해 놓은 나뭇짐이 죄다 거기에 쌓여 있더래.

"그럼, 내 복은 평생 나무 석 짐밖에 안 된단 말이오?"

"그렇지."

"죽을 때까지 그렇단 말이오?"

"그렇지."

말을 듣고 보니 기가 막혀. 뼈 빠지게 일을 해도 겨우 나무 석 짐 복이라니, 이렇게 복이 없어 가지고야 무슨 재미로 살겠어? 그래서 하늘나라 사람들을 붙잡고 통사정을 했지.

"나에게도 복을 좀 주시오. 나무 석 짐밖에 안 되는 복으로 어떻게 살겠소? 복 많은 사람 복의 반이라도 좀 주시구려."

그러니까 하늘나라 사람들 중에서 수염이 길고 허연 사람이(이 사람이 옥황상제인가 몰라) 혀를 끌끌 차더니,

"땅 사람 복은 날 때부터 정해져 있으니 우린들 어쩌겠나. 하지만 아직 태어나지 않은 사람 복이 있으니 그걸 좀 빌려 가도록 하게나. 이 복은 '차복'이라는 사람 것이니 그 사람이 태어나면 꼭 돌려주어야 하네."

하더래. 그래서 차복이 복을 빌려 가지고 땅으로 내려왔지.

그리고 힘을 내어 전보다 더 부지런히 일을 했어. 이제는 나무를 암만 많이 해다 쌓아 놓아도 없어지지 않으니까, 그걸 팔아 논도 사고 밭도 샀지. 밤을 낮 삼아 밭 갈고 씨 뿌리고, 김매고 거름 주고 하니까 농사도 잘되어서 금세 부자가 되었단 말이야. 고래등 같은 기와집도 짓고 아주 잘 살지.

그런데 하루는 비가 억수같이 쏟아지는데 웬 거지 내외가 집 앞을 지나가거든. 거지가 우산이 있어, 뭐가 있어. 그냥 비를 홈빡 뒤집어쓰고 내닫는 거지. 가만히 보니까 아주머니는 홑몸도 아니야. 부른 배를 싸쥐고 애쓰는 품이 얼마나 가여운지, 얼른 나가서 집으로 불러들였어.

"이렇게 비를 맞고 가실 게 아니라 우리 집에서 비나 긋고 가시오."

방으로 데리고 가서 젖은 옷도 갈아입히고, 따뜻한 밥도 지어 먹였지. 비가 곧 그치지 않으니까 하룻밤 재웠지. 그런데 그날 밤에 아주머니가 애기를 낳았단 말이야. 떡두꺼비 같은 아들을 낳았어.

거지 내외는 좋아서 싱글벙글 야단났고, 집주인도 덩달아 좋아서 이리 뛰

고 저리 뛰느라 야단났지. 미역국을 끓인다, 새끼줄에 고추를 끼워서 금줄을 친다. 부산하게 한바탕 난리법석을 쳤단 말이야.

그러고 나서 거지 내외가 아이 이름을 짓는다고 수군수군 의논을 하는데, 가만히 들어 보니,

"이놈 이름은 '차복'이라고 지읍시다."

"그래요. 그게 좋겠어요."

아, 이런단 말이야.

'아하, 하늘나라에서 잠깐 빌려 온 복이 바로 저 아이 것이로구나. 이제 주인이 태어났으니 복을 돌려줘야지.'

이렇게 생각하고 거지 내외에게 그동안의 이야기를 죽 했어. 이렇게 저렇게 되어서 하늘나라에 갔다가 이 아이 복을 잠깐 빌려 가지고 왔노라 하고서는,

"내가 이렇게 살림을 일구고 살게 된 것도 다 차복이 복을 빌린 덕분이니, 이 재산이 내 재산이 아니오. 이제 주인이 태어났으니 복을 도로 돌려 드리겠소. 이제부터는 당신들이 이 집과 논밭의 주인이오."

했지. 그러니까 차복이 아버지, 어머니가 펄쩍 뛰는구나.

"그런 말씀 마십시오. 지나가는 우리를 불쌍히 여겨 거두어 준 것만 해도 고마운데, 그게 무슨 당치도 않은 말씀입니까? 그럴 수는 없지요."

서로 받으라느니 못 받겠다느니 옥신각신하다가, 그럴 게 아니라 모두 함께 한집에서 살자고 했지. 그래서 차복이네 식구도 그만 거기서 눌러살았대. 차복이가 무럭무럭 커 갈수록 살림도 늘어나고, 온 집안에 웃음꽃이 피니 좀 좋아. 뭐, 복이라는 게 따로 있나. 부지런히 일하고 마음 곱게 쓰면 그게 복이지.

두꺼비 신랑

옛날 어느 마을에 할아버지, 할머니가 자식도 없이 단둘이 살고 있었단다. 할아버지가 날마다 강가에 가서 고기를 잡아 와서 먹고살았지. 하루는 고기를 잡으러 가서 그물을 걷어 보니까, 고기는 한 마리도 없고 두꺼비 한 마리가 눈을 끔벅끔벅하면서 들어 있더래.

"이놈아, 네가 거기 들어 있으니 물고기가 한 마리도 안 잡히는 게지. 어서 가거라."

할아버지가 손을 저어 내쫓아도 두꺼비는 갈 생각을 하지 않네. 막대기로 밀쳐서 쫓으려고 하니까, 아 글쎄 두꺼비가 말을 하는구나.

"그러지 마시고 저를 데려다 아들처럼 키워 주세요."

이런단 말이야. 마침 자식도 없이 살아가던 터라 그러마 하고 집에 데리고 왔어. 할머니도 그러자고 하고. 그래서 두꺼비를 아들처럼 생각하고 잘 키웠지.

그런데 할아버지네 옆집에는 딸 삼형제가 있었어. 이 딸들이 하루는 두꺼비 구경하려고 찾아왔더래.

처음에 맏딸이 두꺼비를 보고는,

"에그, 징그럽고 더러워."

하고 침을 퉤퉤 뱉고 가.

그다음에 둘째 딸이 보고서는,

"에계계, 흉하게도 생겼네."

하고 발길로 툭 차고 가.

막내딸은 두꺼비를 보더니,

"어머, 할아버지 댁에 새 도련님이 생겼네."

하고 두꺼비 이마를 쓰다듬어 주고 가.

그런 일이 있고 나서 두꺼비가 할머니더러,

"어머니, 저를 옆집 셋째 따님에게 장가보내 주세요."

하고 조른단 말이야. 그러니 할머니가 펄쩍 뛰지.

"그게 무슨 소리냐? 너 같은 두꺼비에게 시집올 색시가 어디 있다고? 아예 그런 말 입 밖에도 내지 마라."

그래도 두꺼비는 막무가내로 졸라 대.

"가서 말이라도 해 보세요. 안 그러면 굶어 죽어 버리겠어요."

할머니가 하는 수 없이 옆집에 가긴 했는데, 차마 입이 안 떨어져서 삿자리 귀퉁이만 집어 뜯다가 왔어. 그다음 날도 가서 하루 종일 그러고 있다가 오고, 또 그다음 날도 그러고.

이러니, 하루는 옆집 아주머니가 무엇 때문에 그러느냐고 묻거든.

"우리 집 두꺼비가 이 댁 따님에게 장가들겠다고, 가서 말이라도 넣어 보라고 해서 왔습니다마는 당최 입이 떨어져야지요."

그러니까 아주머니가 딸에게 물어나 보자고 하면서, 먼저 맏딸을 불렀어.

"너 두꺼비한테 시집갈 테냐?"

"그 더럽고 징그러운 것한테 어떻게 시집을 가요? 차라리 죽고 말지."

그래서 둘째 딸을 불러서 물어보았어. 그랬더니 둘째 딸도 펄쩍 뛰어.

"어디 시집갈 데가 없어서 그 흉한 것한테 가겠어요? 난 싫어요."

그래서 막내딸을 불러서 물어보았어. 그랬더니 막내딸은,

"부모님이 허락하신다면 그렇게 하지요."

하는구나. 이렇게 해서 두꺼비가 옆집 막내딸한테 장가를 가게 됐단다. 장가가는 날, 두꺼비가 사모관대 잘 차리고 말 잔등에 올라타고 옆집으로 갔지. 구경하러 모인 사람들이 모두 우습다고 손뼉을 치며 웃는데, 두꺼비가 점잖게 말에서 내리더니 재주를 한번 홀딱 넘어. 그러니까 금세 허물을 쏙 벗고 인물이 훤한 신랑이 되더래. 암만 봐도 잘생긴 새서방이란 말이야. 그러니 막내딸은 싱글벙글하고, 두 언니는 샘이 나서 실쭉샐쭉하지.

두꺼비 신랑과 색시는 참 재미나게 잘 살았어. 그러다가 신랑이 과거 보러 먼 길을 떠나게 됐단다. 신랑은 두꺼비 허물을 색시에게 주면서,

"이것을 잘 간직해 둬요. 아무에게도 보여 주지 말고."

하고서 옥색 두루마기를 입고 길을 떠났어.

색시는 허물을 잘 싸서 저고리 옷고름에 매달아 놨단다. 그런데 언니들이 와서 두꺼비 허물 좀 보자고 졸라 대. 안 된다고 해도 자꾸 졸라 대기에 옷고름을 끌러 허물을 내줬어. 그랬더니 언니들이 보고는,

"에그, 더러워. 이런 걸 뭣 하러 가지고 있니?"

하면서 부엌 아궁이 속에다 던져 넣어 버리지 뭐야. 그러니까 허물이 호르르 타서 재가 돼 버렸어. 허물이 타면서 냄새가 멀리 퍼져 나갔는데, 길 떠난 신랑이 그 냄새를 맡고는 다시 돌아오지 않는 거야.

한번 간 신랑이 아무리 기다려도 오지 않으니까, 색시는 신랑을 찾겠다고 집을 나갔어. 어디로 갔는지도 모르니까 그저 발길 닿는 대로 가는 거지 뭐.

하염없이 가다 보니, 콩 마당질 한다고 도리깨로 콩깍지를 터는 사람이 있거든.

"여보세요, 여보세요. 이리로 옥색 두루마기 입은 새서방 가는 것 못 보셨

나요?"

"봤지."

"어디로 갔는지 가르쳐 주시겠어요?"

"이 콩을 다 털어 주면 가르쳐 주지."

그래서 팔을 걷어붙이고 도리깨로 콩을 다 털어 줬어. 그랬더니 해 뜨는 쪽에 있는 고개를 넘어가라고 가르쳐 줘.

고개를 넘어 또 하염없이 가다 보니, 웬 노인이 소에 쟁기를 지워서 논을 갈고 있거든.

"할아버지, 할아버지. 옥색 두루마기 입은 고운 새서방 가는 것 못 보셨나요?"

"이 논을 다 갈아 주면 가르쳐 주지."

그래서 치마를 걷어붙이고 들어가서 소를 몰아 논을 갈았어. 다 갈아 주니까, 해 뜨는 쪽으로 난 개울을 따라가라고 일러 줘.

개울을 따라 또 하염없이 갔어. 가다 보니, 웬 할머니가 개울가에서 빨래를 하고 있더란 말이야.

"할머니, 할머니. 이리로 고운 새서방 가는 것 못 보셨나요?"

"이 빨래를 다 해 줘. 검은 옷은 희게 빨고, 흰 옷은 검게 빨아 주면 가르쳐 주지."

그래서 빨래를 다 해 줬어. 검은 옷은 희게 빨고, 흰 옷은 검게 빨고, 그렇게 다 해 줬지. 그러니까 젓가락을 하나 주면서,

"가다가 개울물이 거꾸로 흐르거든 이 젓가락을 던지렴."

하거든. 젓가락을 받아 들고 개울 따라 한참 내려가니까, 개울물이 거꾸로 흐르는 곳이 있더래. 그래서 그 자리에 젓가락을 내던졌어. 그랬더니 젓가락 던진 곳에 땅속으로 구멍이 뻥 뚫리더래. 들여다보니 깜깜한 게 바닥이

안 보여. 칡으로 동아줄을 만들어서, 그걸 타고 구멍으로 내려갔지.

한참 내려가니까 발이 바닥에 닿는데, 땅 위 세상처럼 환하고 넓은 곳이 더래. 거기에 기와집이 한 채 있고, 기와집 안에서 글 읽는 소리가 들려. 가만히 들어 보니, 신랑 목소리가 틀림없거든. 어찌나 반가운지 한달음에 달려 들어갔어.

"서방님, 제가 왔습니다."

"이게 누구요? 이 험한 곳까지 어떻게 왔소?"

신랑도 반가워서 어쩔 줄 모르지. 그동안 있었던 일을 다 일러 주니까, 신랑은 고개를 끄덕끄덕하며 듣고 있더니 한숨을 푹 쉬어.

"그 허물을 태워 버려서 나는 다시 돌아갈 수가 없어요."

"그러면 제가 여기서 살지요."

"땅 위 세상 사람이 여기서 살려면 호랑이 눈썹 다섯 개를 뽑아 와야 해요."

그래서 색시는 호랑이 눈썹을 구하려고 산속으로 들어갔어. 깊은 산으로 자꾸자꾸 들어가다 보니 조그마한 오두막집이 하나 보이더래. 거기에 들어가 보니, 머리가 하얀 할머니가 웽웽 물레질을 하고 있더래. 가만히 보니까 할머니 치마 밑으로 호랑이 꼬리가 삐죽 나와 있더란 말이야.

'옳지, 호랑이가 둔갑한 할머니로군.'

색시가 얼른 할머니 앞에 가서 넙죽 엎드려 빌었어.

"할머니, 부디 호랑이 눈썹 다섯 개만 뽑아 주세요."

"그건 뭣에 쓰려고?"

그래서 그동안 있었던 일을 모두 이야기해 줬어. 할머니 호랑이가 가만히 듣고 있더니,

"나는 늙어서 눈썹이 다 빠지고 없으니, 내 아들들이 돌아오면 뽑아서 주

마. 내 치마 속에 들어가서 숨어 있으렴."

그래서 할머니 치마 속에 들어가서 숨어 있었어. 조금 있으니까 호랑이 다섯 마리가 들어오거든.

할머니 호랑이가 큰아들보고,

"얘, 네 눈에 그게 뭐냐? 티가 들어갔나 보다."

하더니, 티를 불어 빼는 척하고 얼른 눈썹 한 개를 뽑았어.

둘째 아들에게도,

"네 눈에는 벌레가 붙어 있구나."

하고서 벌레를 터는 척하고 눈썹 한 개를 뽑았어.

이렇게 다섯 아들 눈썹을 다 하나씩 뽑아 놓고는,

"얘들아, 밖에서 무슨 소리가 난다. 누가 왔는지 나가 보렴."

하니까, 아들 호랑이들이 우르르 몰려 나가지.

할머니 호랑이가 그 틈에 색시를 나오게 해서 눈썹 다섯 개를 주더래. 그리고 물레 꼭지마리를 빼 주면서,

"이걸 가지고 가다가 아들들이 쫓아오거든 던지렴. 우리 아들들이 사납기는 해도 모두 효자라 그걸 던지면 더 쫓지 않을 게야."

하더란다. 색시가 고맙다고 절을 하고 나왔지. 왔던 길을 되짚어가는데, 아니나 다를까 아들 호랑이들이 쫓아와. 엎어지며 자빠지며 뛰어가다가, 뒤따라오는 호랑이들한테 곧 잡히게 됐거든. 급해서 얼른 물레 꼭지마리를 던졌어. 그랬더니 호랑이들이,

"이건 우리 어머니 물레 꼭지마리다. 어서 주워서 갖다 드리자."

하고서 그걸 주워 가지고 돌아가더래.

색시는 호랑이 눈썹을 가지고 신랑에게로 갔지. 가서 오래도록 잘 살았대.

세 가지 소원

 옛날 어느 마을에 가난한 사람과 부자가 살았어. 가난한 사람은 왜 가난한고 하니 살림이 조금이라도 생기면 죄다 남을 줘서 그래. 쌀이 생기면 쌀 없는 사람에게 주고, 돈이 생기면 돈 없는 사람에게 주고, 이러니 평생 가난하지. 부자는 왜 부자인고 하니 살림이 조금이라도 생기면 꼭 쥐고 놓지를 않아서 그래. 곳간에 한번 들어간 곡식은 이웃이 굶어도 내놓지 않고, 이웃집 닭도 한번 제 집에 들어오면 안 내놓고, 이러니 부자가 되어 살지.
 하루는 이 마을에 웬 할아버지가 찾아들었어. 머리칼이 눈처럼 하얗고 수염이 가슴까지 늘어진 할아버지가 구불구불한 지팡이를 짚고 왔단 말이지. 이 할아버지가 마을에 들어와서 둘레둘레 살피더니 부잣집으로 갔어.
 "길 가는 나그네를 하룻밤 재워 줄 수 없겠소?"
 할아버지가 이렇게 청하니까, 부자가 대문을 빼꼼히 열고 내다보더니,
 "우리 집에는 거지를 재울 방이 없으니 딴 데나 가 보시오."
하고 내쫓아. 할아버지가 혀를 끌끌 차더니, 또 둘레둘레 살펴보고는 가난한 사람 집으로 갔어. 거기서 하룻밤 자고 가기를 청하니까,
 "어서 들어오십시오. 이렇게 누추한 곳을 찾아 주시니 고맙습니다."
하고 반갑게 맞아 주거든. 할아버지가 방에 들어가니, 주인 내외가 얼른 밖으로 나와서 소곤소곤 의논을 하는구나.

"손님이 오셨는데 대접할 양식이 없으니 어떻게 해요?"

"양식이 없기는 왜 없다고 그래요? 쌀이 반 되나 남아 있지 않소?"

"그것은 모레 제사 때 쓰려고 남겨 둔 거랍니다."

"어허, 제사상에 맹물을 올려놓더라도 손님 대접은 해야 하는 법이오. 조상님도 그걸 바라실 거요."

아주머니가 뒷박에서 쌀을 반쯤 퍼내 가지고 밥을 지었어. 김이 모락모락 나는 쌀밥을 잘 지어 가지고 할아버지한테 갖다 줘. 할아버지가 밥을 한 그릇 다 먹고 나니, 편히 쉬시라고 안방을 내주고 주인 내외는 마루에 나가서 자. 이렇게 인심이 좋아.

이튿날 아침이 되니까, 남은 쌀로 또 아침밥을 잘 지어서 대접을 했어. 그것도 잘 먹고 나서 할아버지가,

"덕분에 잘 쉬었소. 그런데 소원이 있으면 세 가지만 말씀해 보오."

하거든. 욕심 없이 사니까 더 바랄 게 없다고 해도, 자꾸만 세 가지 소원을 말해 보라고 그런단 말이야. 그래서 지나가는 말로,

"우리야 그저 네모반듯한 기와집에서 한번 살아 보는 것이 소원이라면 소원이지요."

했지.

"또?"

"제삿날이 다가와도 걱정 없도록 그저 곳간에 쌀가마니나 좀 들어 있으면 좋겠지요."

"또?"

"외양간에 소나 두어 마리 있으면 더 바랄 게 없겠지요."

그랬더니 이 할아버지가 지팡이를 번쩍 들어 방바닥을 세 번 쿵쿵쿵 내려치더니 그만 간 곳이 없네. 정신을 차리고 보니, 오막살이 초가집은 어느새

고래등 같은 기와집이 되어 있고, 곳간에는 쌀가마니가 가득 들어 있더래. 외양간에는 언제 왔는지 누렁소 두 마리가 '음매' 하고 울고 있더란 말이야. 그 노인이 바로 신령님이었나 봐.

덕분에 이 집은 가난을 면하고 아주 잘살게 됐어. 그런데 부자가 이 소문을 듣고는 그만 배가 아파서 어쩔 줄을 모르지.

"아이고, 그 사람이 거지인 줄 알았더니 신령님이었구나. 그럴 줄 알았으면 대접을 잘해 주는 건데."

하고 끙끙 앓다가,

"이러고 있을 게 아니라 빨리 가서 신령님을 모셔 와야지."

하고는, 노새를 타고 막 달려 나가네. 어디로 가야 하는지도 모르고 그저 산으로 들로 마구 달려가는 거지. 하루 종일 달려갔어. 그런데 암만 가도 노인이 보이지 않아. 나중에는 지쳐서 그만 길바닥에 주저앉아 한숨만 푹푹 내쉬고 있었지. 그러다 보니 언제 왔는지 그 할아버지가 지팡이를 짚고 눈앞에 턱 서 있더란 말이야. 부자가 깜짝 놀라,

"아이고, 신령님. 어제는 제가 큰 잘못을 저질렀으니 용서해 주십시오. 잘못을 뉘우치고 신령님을 다시 모셔 가려고 이렇게 달려왔답니다. 어서 우리 집에 가시지요."

하고 싹싹 빌었어. 그러니까 할아버지가,

"고마운 말이오만 갈 길이 바빠 그럴 수는 없소. 하지만 소원은 들어줄 터이니, 돌아가서 세 가지 소원을 말해 보오."

하고는 간 곳이 없어.

부자는 기뻐서 어쩔 줄을 몰라. 손님 대접도 안 하고 소원을 이루게 됐으니 그 욕심에 좀 좋겠어? 싱글벙글하며 노새를 타고 집으로 돌아가.

'무슨 소원을 말할까? 논밭을 천 마지기쯤 달라고 할까? 아니야. 모처럼

소원인데 더 좋은 것을 달라고 해야지. 고을 원님이 되게 해 달라고 할까? 아니야. 아예 임금님이 되게 해 달라고 해야지.'

어서 집에 가서 소원을 말할 생각을 하니 마음이 바쁘단 말이야. 그런데 노새는 하루 종일 산으로 들로 달리느라고 기운이 빠져서 걸음이 느리기만 하거든.

"이랴, 어서 가자."

암만 채찍질을 해도 노새는 어기적어기적 비틀비틀 꾸물꾸물하지. 그러니까 그만 화가 머리끝까지 나서,

"에라, 이 망할 놈의 노새. 다리나 칵 부러져라."

했지 뭐야. 그랬더니 정말로 노새 다리가 뚝 부러지면서 그 자리에 털썩 주저앉네. 소원 한 가지가 이루어진 셈이지.

그러고 나니 속이 부글부글 끓어. 그 아까운 소원 하나를 쓸데없이 써 버린 것만 해도 속상한데, 노새마저 쓰러져 오도 가도 못하게 됐으니 그 속이 어떻겠어?

"에이, 이놈의 노새 꼴도 보기 싫다."

했더니, 정말로 노새가 간 곳이 없네. 소원 두 가지를 써 버렸지.

노새가 없으니 어떻게 해. 터덜터덜 걸어가는 수밖에. 아픈 다리를 질질 끌며 가자니, 이럴 바에는 비틀거리는 노새라도 타고 갈걸 그랬다 싶거든.

"아이고, 내 팔자야. 그놈의 노새라도 있었더라면……."

그러자 눈앞에 다리 부러진 노새가 턱 나타나네. 이렇게 해서 세 가지 소원을 다 쓰고 말았다는 이야기야.

천석이와 다섯 형제

옛날에 늦도록 아이가 없는 집에서 불공을 들여서 아들을 하나 낳았어. 그런데 애가 글쎄 일곱 살이 되도록 말도 못하고 똥오줌도 못 가리네. 갓난 아기처럼 누워서 어머니 젖만 먹고 산단 말이야. 아버지 어머니는, 이게 사람 노릇이나 할까 하고 걱정이 태산 같았지.

그런데 여덟 살이 되니까 애가 갑자기 벌떡 일어나서 막 돌아다녀. 말도 술술 잘하고 말이야. 아, 그러더니 점점 나이를 먹을수록 힘이 장사가 돼 가더래. 쌀 한 가마를 한 손으로 번쩍 들고, 아름드리 나무도 도끼질 한번에 훌쩍 쓰러뜨리지. 열대여섯 살쯤 되어서는 아무도 당할 사람이 없을 만큼 힘이 세어졌어.

하루는 어머니가,

"너, 그 힘 뒀다 어디에 쓰련? 조밭에 씨 뿌릴 때가 됐는데 조나 심지 않고."

했단 말이야.

"그럼 조 심게 좁쌀 한 말만 줘요."

그래서 좁쌀 한 말을 줬어. 주니까 그걸 가지고 밭에 나가서 심는데, 어떻게 심느냐 하면 커다란 구덩이를 파고 거기에 좁쌀 한 말을 다 쏟아부어. 그래 놓고 손을 툭툭 털고 돌아오거든.

그리고 또 얼마 지난 뒤에 어머니가,

"이제 조밭 맬 때가 됐는데 김은 안 맬 테냐?"

하니까, 어슬렁어슬렁 밭에 나가. 가 보니, 한 구덩이에 쏟아부어 심은 조가 그래도 싹이 나서 여기저기 파랗게 자라거든. 그걸 다 뽑아 버리고 한 포기만 달랑 남겨 뒀겠다.

그리고 또 한참 뒤에 어머니가,

"조밭에 거름도 좀 주지 그러니?"

하니까, 오줌장군에다 오줌을 가득 채워서 갖다 부어. 여남은 장군씩 갖다가 퍼붓는 거지. 거름을 많이 줘서 그런지 이 조가 아주 잘 자랐어. 얼마나 자랐느냐 하면 아름드리나무가 됐어. 거기에 조이삭이 수도 없이 주렁주렁 달려 있단 말이야.

이제 거둘 때가 돼서 어머니가,

"남들은 조 베어서 타작하는데 너는 안 하니?"

하니까, 도끼 하나 얻어 달래. 도끼를 빌려다 주니까, 그걸 가지고 조밭에 가더니 아름드리 조나무를 도끼로 후딱 베어서 둘러메고 와. 둘러메고 와서 마당에다 '쾅' 하고 메다꽂으니까 조이삭이 모두 떨어질 게 아니야? 이걸 다 쓸어 담아 보니까 천 석이야. 그래서 이름을 '천석'이라 했단다.

이 천석이가 집을 나갔어. 좁쌀 천 석을 광에다 차곡차곡 쟁여 넣고는,

"어머니, 아버지, 나 돌아올 때까지 이 좁쌀로 밥 지어 잡수세요. 나 힘 좀 쓰러 갑니다."

하고 나갔어. 무작정 자꾸 가다 보니, 길에서 웬 사람이 집채만 한 바위를 떼굴떼굴 굴리고 가거든.

그 큰 바위를 한 손으로 굴리는 걸 보니 어지간한 장사가 아니란 말이야.

"여보시오, 보아하니 힘깨나 쓰는 것 같은데, 나하고 팔씨름이나 해 봅시

다. 이기는 사람이 형 되고 지는 사람이 동생 되기로 하고 말이오."

"그러지요."

그래서 팔씨름을 했는데 천석이가 이겼어. 그래서 의형제를 맺었지. 바위 굴리는 장사는 이름이 '바위손이'야.

두 형제가 한참 가다 보니, 들판 한가운데에서 웬 사람이 낮잠을 쿨쿨 자고 있거든. 코를 드르렁드르렁 골면서 말이야. 그런데 이 사람이 숨을 쉴 때마다 곁에 있는 나무가 움찔움찔하더래. 콧김이 세어서 그런 거지. 그 사람을 깨워 가지고 팔씨름을 했어. 그래서 또 의형제를 맺었지. 콧김 센 장사는 이름이 '콧김손이'야.

이렇게 해서 삼형제가 길을 가다 보니, 어떤 사람이 황소에다 쟁기를 지워 가지고 논을 갈고 있더래. 그런데 소가 말을 잘 안 듣는지 "이랴, 이놈의 소야!" 하고 소리를 벼락같이 지르는데, 그 소리가 얼마나 큰지 그만 논 갈던 소가 놀라 자빠져 버려. 그 사람하고 팔씨름을 해서 또 의형제를 맺었지. 목소리 큰 장사는 이름이 '소리손이'야.

넷이서 가다 보니, 웬 사람이 장작을 패고 있는데 기가 막히게 잘 팬단 말이야. 얼마만큼 잘 패느냐 하면, 도끼가 한번 번쩍하면 장작이 한 짐이고 두 번 번쩍하면 두 짐이거든. 힘깨나 써 보이니까 또 팔씨름을 했지. 그래서 의형제를 맺고 같이 가는 거야. 이 사람 이름은 '장작손이'래.

다섯 형제가 가다 보니, 이번에는 웬 사람이 배를 만드는데 '똑딱' 하면 배 한 척 나오고 '똑딱' 하면 배 한 척 나오더래. 그래서 이름이 '똑딱손이'야. 이 사람하고도 의형제를 맺어서 이제 육형제가 되었단 말이야.

육형제가 산골짜기로 자꾸 들어가다 보니 조그마한 오두막이 보이거든.

"우리, 다리도 아픈데 저기서 쉬어 가자."

하고 오두막에 들어갔어. 가 보니 아무도 없어.

주인이 올 때까지 기다리자고 마당에서 쉬고 있는데, 저녁때가 되니까 바깥이 시끌벅적해. 내다보니 호랑이 여섯 마리가 험상스럽게 들어오거든. 들어오더니,

"웬 놈들이 주인도 없는 집에 함부로 들어왔지?"

"배도 고픈데 마침 잘됐다. 저놈들을 잡아먹자."

하고 달려든단 말이야. 가만히 있을 수 없어서 맞서 싸웠지. 호랑이 여섯 마리하고 사람 여섯이서 대판 싸움이 붙었어.

천석이는 달려드는 호랑이를 번쩍 들어 메다꽂고, 바위손이는 산에서 바위를 가져다가 호랑이한테로 떼굴떼굴 굴려 보내고, 콧김손이는 콧김으로 바람을 쌩쌩 일으키니 호랑이들이 정신을 못 차리지. 소리손이는 호랑이 귀에다 대고 벼락같이 소리를 지르고, 장작손이는 번개같이 장작을 패 던지고, 이러니 호랑이들이 견딜 수 있나. 그만 슬금슬금 뒷걸음으로 물러나는구나.

호랑이들이 힘으로 못 당하겠으니까 꾀를 쓰느라고 내기를 하자고 그래. 무슨 내기냐 하면 장작 쌓기 내기를 하자고 그러거든. 어느 편이 장작을 높이 쌓고 빨리 쌓는지를 겨루자는 거지. 그거 좋다 하고 내기를 했어.

육형제가 힘을 합쳐 장작을 쌓는데, 먼저 소리손이가 산에 가서 소리를 냅다 지르면, 온 산이 우르르 흔들리면서 큰 나무가 픽픽 쓰러지지. 그러면 바위손이가 나무를 통째로 떼굴떼굴 굴려 오지. 장작손이가 도끼로 번개같이 장작을 패면 천석이가 우지끈 뚝딱 갖다 쌓는 거야. 이러니 호랑이들이 당할 수 있어? 눈 깜짝할 사이에 높이높이 쌓아 놓고 육형제가 장작더미 위에 턱 올라가 앉았어.

"자, 봐라. 이래도 또 덤빌 테냐?"

하니까, 호랑이들이 저희들끼리 수군수군하더니 육형제가 올라앉은 장작더

미 밑으로 슬금슬금 기어 와. 그러더니 글쎄 장작에다 불을 지른단 말이야. 불을 지르니 장작이 활활 타오르거든. 콧김손이가 불을 끄려고 콧김을 쌩쌩 부니까, 이게 바람이 되어서 불이 더 잘 타네.

"아이고, 이젠 꼼짝없이 죽게 되었구나."

하고 모두들 걱정을 하고 있는데, 똑딱손이가 주머니에서 조그만 물병을 하나 꺼내 가지고 밑으로 휙 던졌어. 그러니까 병에서 물이 콸콸 쏟아지는데 끝도 없더래. 금세 불이 꺼지고, 물이 장작더미 위로 차오르는 거지. 똑딱손이가 똑딱하더니 배를 한 척 만들고, 모두 그 배를 타고 나왔어. 호랑이는 모두 물에 빠져 죽고 말이야.

그래서 천석이가 다섯 형제를 데리고 집에 돌아와 어머니 모시고 잘 살았다는 이야기야.

말하는 꾀꼬리와 춤추는 소나무

옛날에는 금강산에 '우뚝바윗골'이라는 골짜기가 있었다는구나. 그 골짜기에서 뒤를 돌아보면, 그만 그 자리에서 바위가 돼 버린대 글쎄. 그래서 그 골짜기로 한번 들어간 사람은 다시 못 나와. 죄다 바위가 돼 버리니까.

그때 어느 마을에 다섯 식구가 사는 집이 있었어. 어머니 아버지가 아들 둘, 딸 하나 데리고 살았지. 그런데 그만 어머니가 병이 들어 시름시름 앓다가 죽고 말았어. 그래서 새로 계모가 들어왔는데, 이 계모가 참 못됐어. 아버지가 보는 앞에서는 아이들을 귀여워하는 척하다가 아버지만 안 보면 막 구박을 해.

한번은 아버지가 볼일로 먼 길을 떠나게 되었거든. 그 틈을 타서 계모가 맏아들을 불러 놓고는,

"금강산 우뚝바윗골에 가면 말하는 꾀꼬리와 춤추는 소나무가 있다는데, 어서 가서 그걸 구해 오너라. 그걸 못 구해 오면 네 동생들을 가만두지 않을 테다."

이러거든. 내보내고 아주 못 돌아오게 할 속셈이지 뭐겠어. 맏아들이 하릴없이 집을 나갔어. 그런데 집 나간 지 한 달이 지나고 두 달이 지나도 안 돌아와. 석 달이 지나도 안 돌아와. 그러는 동안에 아버지가 와 보니 맏이가 없거든.

"맏이는 어디 갔소?"

아버지가 물으니까, 계모가 울면서 거짓말을 해.

"글쎄 걔가 나 보기 싫다고 집을 나갔지 뭐예요. 흑흑."

동생들은 '새엄마가 금강산 우뚝바윗골에 보냈어요' 하고 싶지만, 계모가 겁이 나서 아무 말도 못 했어. 그런데 얼마 뒤에 아버지가 또 볼일로 집을 떠나게 됐거든. 계모가 이번에는 둘째 아들을 불러 놓고 을러대네.

"네가 가서 말하는 꾀꼬리와 춤추는 소나무를 구해 오너라. 안 그러면 네 여동생을 가만두지 않을 테니."

둘째도 할 수 없이 집을 나갔어. 그런데 둘째도 안 돌아와. 한 달이 지나고 두 달이 지나도 안 돌아와. 석 달이 지나서 아버지가 돌아와 보니 둘째 아들도 없거든.

"둘째는 또 어디 갔소?"

이번에도 계모는 거짓말을 하지.

"둘째도 나 보기 싫다고 집을 나갔어요. 흑흑."

아버지가 그 말을 듣고는,

"에이, 고얀 놈들. 새엄마가 저희들한테 얼마나 잘해 주는데. 은혜도 모르는 고얀 놈들 같으니라고."

하면서 역정을 내지 뭐야. 참 바보 같기도 하지. 막내딸이 하도 답답해서 꾀를 하나 냈어. 오이를 하나 구해다가 속을 싹 긁어내고 거기에 모래를 잔뜩 집어넣었지. 그래 놓고 다시 겉을 붙여서 아버지 밥상에 올려놨어. 아버지가 오이를 한 입 베어 무니까 모래가 으적 씹히거든.

"아이구, 퉤퉤. 오이 속에 웬 모래냐? 이거 누가 이랬느냐?"

"제가 그랬습니다, 아버지."

"고얀 것, 애비 이를 부러뜨릴 작정이냐?"

"아버지는 오이 속은 그렇게 잘 아시면서 어찌 사람 속은 모르십니까?"

그래도 아버지는 그 말뜻을 몰라. 계모는 무슨 뜻인지 알고 옆에서 눈을 하얗게 흘기고 있지. 막내딸은 그길로 집을 나갔어. 오빠들 찾으려고.

막내마저 집을 나가자 아버지는 걱정이 늘어졌는데, 계모는 좋아서 속으로 어깨춤을 춰.

'에구, 눈엣가시 같던 아이들이 다 나가고 나니 속이 시원하다.'
하고서 말이야.

막내딸은 집을 떠나 말로만 듣던 금강산을 물어물어 찾아갔어. 한참 가다가 보니 길가에 오두막이 한 채 있는데, 거기에 머리가 하얀 할아버지 한 분이 턱 앉아 있거든.

"할아버지, 할아버지. 금강산 우뚝바윗골은 어디로 가나요?"

"거긴 가지 마라. 내 아들도 거기에 갔다가 아직 안 돌아왔어."

"그래도 전 가야 해요. 오빠들을 찾아야 해요."

"그럼 저 좁디좁은 개울물을 따라가. 거기 가서는 어떤 소리가 들려도 뒤돌아보지 마라. 견딜 수 없거든 옷 솜을 뜯어서 귀를 막아. 그리고, 파란빛이 나는 샘물을 떠다가 사람처럼 생긴 바위에 떨어뜨리면 그 바위가 다시 사람이 될 거야."

막내딸은 할아버지에게 고맙다고 절을 하고 좁디좁은 개울물을 따라갔어. 갈수록 길이 점점 험해지더니 개울이 끝나는 곳에 깊은 골짜기가 나와. 그런데 골짜기 어귀부터 사람 모양을 한 바위가 끝도 없이 줄지어 서 있더래. 그게 모두 사람이 바위로 변한 거지. 오빠를 닮은 바위가 없는가 살피면서 올라가는데, 뒤에서 부르는 소리가 들려.

"애야, 나 좀 보렴."

막내는 하마터면 뒤를 돌아볼 뻔했어.

고개를 돌리다 말고 '아차!' 했지. 돌아다보면 그 자리에서 바위가 될 테니까 말이야. 꾹 참고 올라가는데, 또 부르는 소리가 들려.

"얘, 네가 왔구나. 어서 날 구해 다오."

"얘, 어딜 가니? 나 여기 있어."

들어 보니 틀림없는 오빠들 목소리거든. 막내딸은 하도 반가워서 그 자리에 우뚝 섰어.

"오빠! 어디 있어?"

하고 막 돌아다보려고 했지. 그러다가 가까스로 정신을 차렸어. 여기서 이러면 안 된다고 마음을 꼭 다잡았단다.

그다음부터는 여기저기서 부르는 소리가 막 들려오는데, 정신을 차릴 수 없을 지경이거든. 그래서 할아버지가 가르쳐 준 대로 옷 솜을 뜯어서 귀를 꼭 막았어. 그리고 이를 악물고 골짜기를 따라 올라갔지.

그렇게 한참 올라가니까 사방이 잠잠해지더래. 정신을 차리고 보니, 눈앞에 커다란 소나무가 있고, 나뭇가지에 금빛 나는 꾀꼬리 한 마리가 앉아 있거든. 그런데 그 꾀꼬리가 말을 해.

"아이구, 아가씨. 여기까지 올라오느라고 얼마나 애쓰셨어요?"

하거든.

'옳지! 이 새가 바로 말하는 꾀꼬리로구나.'

하는데, 그 옆에 커다란 소나무가 가지를 흔들면서 너울너울 춤을 추네. 그러고 보니 이 소나무가 춤추는 소나무인가 봐.

"꾀꼬리야, 소나무야, 참 반갑다. 그런데 파란빛 나는 샘물을 못 봤니? 그 샘물이 있어야 오빠들을 살릴 수 있단다."

"우리를 데려가 주시면 가르쳐 드리지요."

"꾀꼬리는 어깨에 얹어 가면 되지만, 저 큰 소나무는 어떻게 데려가지?"

"걱정 마세요. 동쪽으로 난 가지를 꺾어 가면 돼요."

그래서 동쪽으로 난 소나무 가지를 꺾어 들고, 꾀꼬리는 어깨에 얹어서 다시 골짜기를 따라 내려왔어. 오다가 꾀꼬리가 가르쳐 주는 곳에서 파란빛이 나는 샘물을 찾았지. 그 샘물을 떠다가 바위에 한 방울씩 떨어뜨리니까, 글쎄 바위마다 사람이 하나씩 벌떡벌떡 살아나는 거야. 오빠 둘도 다 살리고, 오두막에 있던 할아버지 아들도 살려 냈지. 그래서 집으로 돌아왔어.

계모는 죽은 줄만 알았던 아이들이 다 살아서 돌아오니까 놀라서 나자빠졌대. 그동안에 있었던 일을 아버지도 다 알게 돼서, 심술궂은 계모는 쫓아냈지. 그리고 뜰에다 춤추는 소나무 가지를 심었더니 뿌리가 나서 아주 잘 자라더래. 날마다 꾀꼬리는 노래 부르고 소나무는 춤추고, 아주 행복하게 잘 살았다는 이야기야.

짐승 말을 알아듣는 아이

짐승들도 말을 한단다. 개는 '멍멍' 짖고 고양이는 '야옹' 울지만 사람 귀에만 그렇게 들리는 것이고, 저희들끼리는 다 말을 하는 거지.

옛날에 짐승 말을 잘 알아듣는 아이가 살았대. 그런데 이 아이는 어려서 아버지 어머니를 다 여의고 혼자서 바람같이 돌아다녔어. 돌아다니다가 짐승을 만나면 이야기도 나누고 그랬어. 짐승 말을 알아들으니까 짐승하고 이야기도 할 수 있는 거지.

하루는 어디를 가다 보니 사람들이 많이 모여서 웅성웅성 떠들고 있더래. 무슨 말인가 하고 들어 보니, 임금 딸이 노리개를 잃어버렸다는 얘기거든. 길이 열닷 자나 되는 노리개를 잃어버렸는데, 이걸 찾아 주는 사람을 임금이 사위 삼겠다고 했나 봐.

'옳지, 내가 그 노리개를 찾아서 임금님 사위나 돼 봐야지.'
하고, 그날부터 노리개 찾는다고 부지런히 돌아다녔어.

하루는 산길을 가다 보니, 원숭이 세 마리가 시끄럽게 싸움을 하고 있더래. 보통 사람 귀에는 '끽, 끽' 하는 소리로만 들리겠지만, 애는 짐승 말을 알아들으니까 원숭이들이 뭐라고 하는지 환하게 다 알지. 가만히 들어 보니,

"내가 먼저 보았으니까 내 것이야."

"아니야, 내가 먼저 주웠으니까 내 것이야."

"둘 다 틀렸어. 어디에 쓰는 물건인지 내가 알아맞혔으니까 내 것이야."
이러고 시끌벅적 싸우거든. 아이가 원숭이들에게 다가가서 무얼 가지고 그렇게 싸우느냐고 물었어. 그랬더니 한 원숭이가 갓을 내보이면서,

"이 갓은 뭐든지 죽이는 갓이야. 이걸 머리에 쓰고 고개를 까딱하면 짐승이고 사람이고 다 죽어 버리지. 그런데 이걸 서로 가지겠다고 저러지 뭐야."

하거든. 다른 원숭이가 호미를 내보이면서,

"이 호미는 뭐든지 살리는 호미야. 이걸 가지고 등을 북 긁으면 짐승이고 사람이고 다 살아나지. 그런데 이걸 서로 가지겠다고 저러지 뭐야."

또 다른 원숭이가 채찍을 내보이면서,

"이 채찍은 뭐든지 평평하게 만드는 채찍이야. 이걸 탁 치면 산이고 강이고 모두 평평한 길이 돼 버리지. 이걸 서로 가지겠다고 저러지 뭐야."

그러고는 셋이서 부탁을 해. 무슨 부탁을 하는고 하니, 셋이서 아무리 싸워도 결판이 나지 않으니 심판을 좀 해 달라는 거야. 그래서 갓과 호미와 채찍을 달래서, 갓은 머리에 쓰고 호미는 왼손에 들고 채찍은 오른손에 들었어. 그러고는,

"자, 이제부터 달음박질로 저 건너편 소나무까지 갔다 와. 제일 먼저 오는 원숭이가 이걸 다 가지는 거야."

했지. 원숭이들이 달음박질을 했어. 세 놈이 소나무를 돌아서 달려오기에,

"너는 일등."

"너는 이등."

"너는 삼등."

하고 들어올 때마다 고개를 까딱까딱하며 등수를 매겼더니, 그만 원숭이가 모두 그 자리에 발딱 넘어져 죽어 버리네. 갓을 쓰고 있다는 걸 깜빡 잊어버

린 게지.

"아이쿠, 이거 큰일났구나."

하다가 보니 손에 호미를 들고 있는 게 생각나거든. 호미로 세 원숭이 등을 북북북 긁었더니 모두 다시 살아났어. 원숭이들이,

"아이고, 이러다가 우리 명대로 못 살겠군. 갓이고 호미고 채찍이고 우린 다 필요 없으니 너 가져."

하고는 숲속으로 가 버리네.

그래서 갓과 호미와 채찍을 가지고 갔어. 가다 보니 나무 위에서 까치가 울어. 보통 사람 귀에는 '깍깍' 하는 소리로만 들릴 테지만 애는 날짐승 말도 알아들으니 까치가 "살려 주세요, 살려 주세요" 하고 운다는 것을 다 알지. 나무 위를 쳐다보니, 커다란 구렁이 한 마리가 까치 둥지에 기어 올라가서 혀를 낼름거리고 있지 뭐야. 둥지 속에 있는 새끼까치를 잡아먹으려고 그러는 거지. 어미까치가 그걸 보고 애가 타서 울고불고한단 말이야.

아이가 갓을 쓰고 구렁이를 쳐다보며 고개를 까딱하니까 그만 구렁이가 죽어 버려. 구렁이가 죽으니까 까치는 살아난 거지. 어미까치가 좋아라 하면서,

"우리를 살려 주었으니 은혜를 갚고 싶은데, 뭐 도울 일이 없니?"

하고 묻거든. 다른 사람 귀에는 그 말도 '깍깍' 하는 소리로만 들리겠지만 애는 다 알아듣지.

"임금님 딸이 길이 열닷 자나 되는 노리개를 잃어버렸다는데, 그게 어디 있는지 아니?"

"우리는 여기서만 살아서 그런 걸 몰라. 하지만 황새라면 세상 구경을 많이 했으니 알지도 모르지."

그래서 또 걸어갔지. 한참 가다 보니 논가에 황새 떼가 미꾸라지를 잡아

먹고 있거든.

"황새야, 황새야. 임금님 딸이 잃어버린 노리개가 어디 있는지 아니?"

"미꾸라지 아흔아홉 마리만 잡아 주면 가르쳐 주지."

그래서 미꾸라지가 많이 사는 개울에 가서 채찍을 탁 쳤어. 그러니까 개울이 평평한 길이 되면서 미꾸라지가 죄다 길에 나와서 팔딱팔딱 뛰지 뭐야. 그걸 잡아다 황새에게 줬더니,

"그 노리개는 대궐 연못에 살던 잉어가 물어다 용궁으로 가져갔단다."

하고 가르쳐 주거든. 그래서 또 갔어.

가다 보니 큰 강가에 가게 됐는데, 강가에 거북이들이 모여서 막 떠들고 있더래. 보통 사람 귀에는 아무 소리도 안 들리겠지만, 애는 거북이가 입만 뻥긋뻥긋해도 다 알아듣거든. 가만히 들어 보니, 용궁에 사는 용왕 딸이 병이 나서 다 죽게 됐다고 그런단 말이야. 거북이들에게 가까이 가서,

"용궁 가는 길 좀 가르쳐다오."

했더니, 거북이들이 따라오라고 하면서 슬금슬금 물속으로 들어가더래. 채찍으로 강물을 탁 치니까 물속에 금세 평평한 길이 생기지. 그길로 거북이를 따라갔어. 한참 가니까 용궁이 나오더래. 용궁에 들어가 보니 벌써 용왕의 딸이 죽어서 장례를 치른다고 울고불고하더래. 용왕에게 가서,

"제가 따님을 살려 보겠습니다."

하고서, 죽은 딸의 등을 호미로 북 긁으니까 다시 살아나겠지. 용왕이 기뻐서 어쩔 줄을 모르면서 고마워하더래.

"내 딸을 살려 주었으니 무슨 소원이든지 말하여라."

"대궐에 살던 잉어가 길이 열댓 자나 되는 노리개를 가지고 온 적이 있지요? 그걸 돌려주세요."

그러니까 용왕이 곳간에 가더니 큰 상자를 하나 가져오더래. 상자를 열어

보니 온갖 노리개가 수북이 들어 있거든. 그중에서 길이 열닷 자 되는 것을 골라 가지고 용궁을 나왔어.

이제 노리개를 찾았으니 대궐로 임금을 찾아가야지. 대궐에 가서 임금에게 노리개를 척 내놓았어.

"여기 공주님 노리개를 찾아왔으니 어서 결혼을 시켜 주십시오."

그러니까 임금 낯이 찌그러져. 아이가 볼품이 너무 없어서지. 부모도 없이 떠돌아다니는 아이가 옷이나 뭐 변변하겠어? 해지고 더러운 옷을 입고 있으니까 '저런 거지 같은 아이를 어찌 사위로 삼겠는가' 하고 생각한 거지. 그래서 임금이 군대를 풀어 아이를 죽이려고 해. 군인들이 아이를 잡겠다고 우르르 달려들지. 아이가 얼른 갓을 쓰고 고개를 까딱까딱했어. 그러니까 군인들이 그 자리에서 발딱발딱 자빠져 죽고 말지. 다 죽고 임금만 남았어.

"어찌할 테요? 약속을 지킬 테요, 안 지킬 테요?"

그러니까 약속을 지킬 테니 제발 살려 달라고 빌지, 뭐 어떻게 해. 그래서 호미로 죽은 군인들 등을 북북 긁어 줬어. 그랬더니 모두 다시 살아났지.

아이는 임금 사위가 되어 잘 살다가 나중에는 임금이 되었단다.

버들잎 도령

옛날 옛적, 한 어머니가 예쁜 딸을 낳았지. 그런데 딸을 일곱 살 먹도록 키워 놓고 그만 죽고 말았대. 그래서 계모가 들어왔는데, 이 계모한테는 의붓딸이 눈엣가시란 말이야. 그러니 그저 밤낮으로 구박이지.

그런데 글쎄 일이 안되느라고 그런지, 얼마 안 있어 아버지마저 죽고 말았어. 이제 계모는 제 세상을 만났다고 제 마음대로 하는 거지. 눈엣가시 같은 의붓딸이 미워서 어떻게든 쫓아내려고 해. 하루는 딸을 불러 놓고,

"지금 당장 산에 가서 참나물 한 소쿠리 뜯어 오너라. 그거 못 해 오면 집에 들어올 생각도 하지 말아."

하고 내쫓는구나. 눈이 펄펄 오는 한겨울인데 말이야. 산이란 산에는 눈이 수북이 쌓여 있고 땅은 꽁꽁 얼어붙었는데 무슨 수로 참나물을 뜯어 와.

딸은 할 수 없이 울며불며 집을 나왔어. 산속에 들어가니 눈이 무릎까지 쌓여서 걸을 때마다 푹푹 빠져. 그래도 이를 악물고 자꾸만 갔지. 혹시 양지바른 곳에 참나물 싹이라도 있나 해서 말이야.

그렇게 하루 종일 산속을 돌아다니다 보니 지칠 대로 지쳐서 발걸음도 안 떨어져. 엎어지고 자빠지며 겨우겨우 가다 보니, 산속에 커다란 바위가 하나 있거든. 바위 옆은 볕이 잘 들어서 그런지 눈이 조금 녹아 있더란 말이야. 거기서 쉰다는 게 그만 쓰러지고 말았어. 워낙 힘이 빠져서 그렇지.

그런데 갑자기 바위가 스르르 열리더니 웬 도령이 나와.

"이 깊은 산속에 어린아이가 무슨 일로 왔느냐?"

"새어머니 심부름으로 참나물 뜯으러 왔습니다."

도령이 혀를 끌끌 차더니 열린 바위 안으로 데리고 들어가. 안에 들어가 보니, 거기는 눈도 안 오고 따뜻한 바람이 살랑살랑 부는 게 아주 딴 세상이더래. 조그만 초가집도 한 채 있고, 제법 넓은 뜨락도 있더래. 집 뒤에는 버드나무가 한 그루 있는데, 가지마다 파란 버들잎이 가득 매달려 있고.

도령이 부엌에 가더니 쌀을 고이 씻어서 밥을 한 그릇 지어 주더라지. 하루 종일 산속을 헤맸으니 얼마나 배가 고팠겠어. 얼른 한 그릇 맛있게 먹었지.

밥을 먹고 나니 도령이 뒤뜰에 가서 버드나무 이파리를 한 줌 훑어 오더래. 그 잎을 뜨락에 휙 뿌리니까 그냥 파란 싹이 땅에서 솔솔 돋아난단 말이야. 부채로 살랑살랑 부치니까 쑥쑥 자라지. 금세 싱싱한 참나물이 뜨락에 가득 찼어.

"자, 이제 참나물을 뜯어 가야지."

도령이 참나물을 뜯어서 소쿠리에 가득 담아 주거든. 고맙다고 절을 하고 나가려니까,

"다음에 또 무슨 일이 생기면 나를 찾아오너라. 바위 앞에서 '버들잎 도령, 버들잎 도령' 하고 두 번 부르면 내가 나갈 터이니."

하더래. 그리고 빨간 병, 파란 병, 노란 병, 이렇게 조그마한 병 세 개를 주면서,

"이 병은 언제든지 큰일이 닥쳤을 때 쓰려무나."

하거든. 마음에 잘 새겨 두고 한달음에 집으로 돌아왔어.

계모는 죽은 줄만 알았던 의붓딸이 참나물을 한 소쿠리 가지고 돌아오니 그만 놀라 자빠졌지.

'이 눈속에서 무슨 재주로 참나물을 뜯어 왔담. 틀림없이 산속에서 누군가 도와준 게야.'

계모가 심술이 나서 견딜 수가 없어.

'이것이 어디 가서 누구를 만나는지 내일은 뒤를 밟아 봐야지.'

그래서 이튿날이 되니까 일부러 내쫓는 거야.

"오늘은 산딸기를 따 오너라. 그것 못 따 오면 집에 못 들어올 줄 알아."

그래 놓고 몰래 뒤를 따라가는 거지.

딸은 그것도 모르고 또 산속으로 들어갔어. 눈속에서 온 데를 다 찾아보았지만 한겨울에 산딸기가 있을 리 있나. 하는 수 없이 어제 갔던 길을 더듬어 버들잎 도령네 바위를 찾아갔겠지. 바위 앞에서,

"버들잎 도령님, 버들잎 도령님."

하고 두 번 부르니까 바위가 스르르 열리면서 도령이 썩 나타나.

"어서 오너라. 오늘은 무슨 일로 왔느냐?"

"새어머니가 산딸기를 따 오라시는데, 산딸기를 찾을 수 없어서 왔답니다."

그러니까 또 바위 안으로 데리고 가서 따뜻한 밥 한 그릇 주고는, 버들잎을 훑어서 싹을 틔우더래. 부채로 부쳐서 쑥쑥 키워 가지고 빨간 산딸기를 한 소쿠리 따 주는 거지. 고맙다고 절을 하고 나왔어.

그런데 뒤따라온 계모가 거기 숨어 있었단 말이야. 의붓딸이 나오는 걸 보고는 얼른 바위 앞에 가서, 목소리를 어린아이처럼 꾸며 내 가지고,

"버들잎 도령님, 버들잎 도령님."

하고 부르거든. 그러니까 바위가 스르르 열리더니,

"방금 나간 아이가 왜 또 왔느냐?"

하면서 버들잎 도령이 썩 나와. 계모가 저고리 섶으로 얼굴을 가리고 아이

목소리를 흉내 내어,

"새어머니가 약풀을 구해 오라서서 왔습니다."

하거든. 도령이 아무래도 이상한지 고개를 갸웃갸웃해.

"너 왜 갑자기 키가 그렇게 커졌느냐?"

"날씨가 추워서 긴 옷을 껴입었더니 그렇습니다."

"그럼 얼굴은 왜 가리고 있느냐?"

"오다가 돌부리에 걸려 넘어져서 생채기가 났습니다."

그래서 도령이 계모를 데리고 들어갔어. 그러니까 그만 계모가 버들잎 도령을 죽이고 말았단다. 그래 놓고 계모는 집으로 돌아와서 의붓딸을 또 쫓아냈어.

"어서 나가! 이제 다시는 집에 들어오지 마라!"

딸은 하는 수 없이 집을 나갔지. 갈 데가 없으니까 버들잎 도령을 찾아갈 수밖에. 그런데 바위 앞에서 아무리 불러도 도령이 안 나와. 죽은 사람이 나올 수 있나. 아무리 불러도 안 나오니까 바위 둘레를 빙빙 돌면서 여기저기 살펴보았어. 그랬더니 바위틈에 조그마한 구멍이 뚫려 있거든. 구멍이 작아서 어른은 못 들어가고, 몸집이 작은 아이만 들어갈 수 있겠더래. 그래서 거기로 들어갔어.

들어가 보니 참 기가 막히네. 도령이 자는 듯이 죽어 있거든. 슬프고 가엾어서 엉엉 울었어. 눈물이 마르도록 울다가 보니, 전에 버들잎 도령이 준 병이 생각나거든.

'이 병은 큰일이 닥쳤을 때 쓰라고 했지. 이보다 더 큰일이 어디 있으려고.'

이렇게 생각하고 먼저 빨간 병을 꺼내서 뚜껑을 열어 보았어. 그랬더니 이게 웬일이야. 병 주둥이에서 빨간 연기가 솔솔 나오더니 죽은 도령 얼굴에 핏기가 사르르 돌지 않겠어? 이번에는 얼른 파란 병 뚜껑을 열었어. 그랬더니 파란 연기가 솔솔 나오면서 도령이 새근새근 숨을 쉰단 말이야. 마지막으로 노란 병 뚜껑을 열었더니 도령이 잠자다 일어나는 것처럼 기지개를 켜면서 벌떡 일어나네.

"버들잎 도령님!"

"네가 나를 살려 냈구나."

얼마나 기쁜지 둘이서 덩실덩실 춤을 추었어. 그때 하늘에서 일곱 빛깔 무지개가 두둥실 뜨더니, 초가집 마당으로 넘실넘실 내려오더래. 둘이서 그 무지개를 타고 하늘로 높이높이 올라갔어. 아마 둘이는 아직까지 하늘나라에서 잘 살고 있을 거야.

쿵쿵절싸 지팡이

옛날 옛적 어느 산골 마을에 어떤 아주머니가 혼자서 살았더래. 시집온 지 한 달 만에 남편을 잃고, 아이도 없이 혼자 살았더래.

날이면 날마다 무명길쌈을 하는데, 목화를 가져다가 씨아로 씨를 빼고, 물레로 실을 자아 베틀로 베를 짜네. 베를 짜서 고운 무명 베를 폭폭이 말라다가 옷을 짓네. 옷을 지어 산지사방 이웃에게 나눠 주지. 큰 옷은 어른 주고 작은 옷은 아이 주고, 중의는 지어서 남정네 주고 적삼은 지어서 여인네 주고, 이렇게 여럿에게 나눠 주지. 그러니까 이웃 사람들이 '저 아주머니는 무명 베도 곱게 짜지만 마음씨는 더 곱다'고 칭찬이 자자했어.

하루는 아주머니가 마루에 앉아 물레로 실을 잣고 있는데, 웬 늙은 스님이 동냥을 왔어. 동냥을 와서 목탁을 두드리며 염불을 외거든. 얼른 뒤주에서 쌀을 한 됫박 퍼내다가 스님에게 갖다 줬어. 그런데 웬일인지 스님은 받지 않고 가만히 서 있기만 하더래. 쌀이 적어서 그런가 하고 뒤주 밑을 박박 긁어 쌀을 있는 대로 다 퍼다 줬어. 그래도 받지 않고 가만히 서 있기만 하더래.

쌀은 그만두고 베를 달라고 저러시나 하고, 길쌈해서 장만해 둔 일곱 새 무명 베를 곱게 접어 갖다 줬어. 그래도 스님은 받지 않더래. 베가 나빠서 그런가 하고 제일 고운 아홉 새 무명 베를 갖다 줬어. 그래도 받지 않더래.

"아이고, 스님. 이것도 안 받으시면 더 드릴 것이 없습니다. 용서해 주십시오."

그랬더니 스님은 아무 말도 하지 않고, 들고 있던 지팡이를 건네주고는 바람같이 가 버리더래. 지팡이를 들고 "스님, 스님!" 부르면서 따라갔지만 어느새 자취 없이 사라졌더래. 할 수 없이 돌아와서 지팡이를 마루 한 구석에 세워 두었지.

하루는 아주머니가 마루에 앉아 물레를 왱왱 돌리면서 노래를 불렀어.

"이 고운 무명 길쌈 뉘 주자고 이리 하나."

이렇게 구성지게 노래를 부르니까, 마루 구석에 세워 놓은 지팡이가 흔들흔들하더니 마루 가운데로 쿵덕쿵덕 뛰어나오지 뭐야. 그러더니 저 혼자 마루 위를 쿵쿵 뛰어다니면서,

"쿵쿵절싸 잘한다. 좋은 때가 있으리."

하고 장단을 맞춰 노래를 부른단 말이야. 하도 신기하고 재미있어서 또 한 번,

"이 고운 무명 길쌈 뉘 주려고 이리 하나."

하고 노래를 불렀더니,

"쿵쿵절싸 잘한다. 좋은 때가 있으리."

하면서 지팡이가 마루를 쿵쿵 뛰어다니거든.

그때부터 아주머니는 지팡이를 벗 삼아 길쌈을 했지. 아주머니가 노래를 부르면 지팡이도 따라서 장단을 맞추면서 쿵쿵 뛰어다니고, 이렇게 재미나게 살았어. 이웃 사람들이 소문을 듣고 와서 자기네들도 해 보겠다고 물레를 돌리면서 노래를 불렀지. 그런데 지팡이는 언제 그랬냐는 듯이 꿈쩍도 하지 않더래.

그런데 이 소문이 퍼지고 퍼져서 임금 귀에까지 들어갔어. 임금이 이 이

상한 지팡이를 구경하고 싶어서 사람을 보냈어. 아주머니는 물레와 지팡이를 가지고 가마를 타고 임금이 사는 대궐에 갔지.

가서 넓은 마루에 물레를 벌여 놓고 왱왱 돌리면서,

"이 고운 무명 길쌈 뉘 주려고 이리 하나."

하고 노래를 부르니까,

"쿵쿵절싸 잘한다. 좋은 때가 있으리."

하면서 지팡이가 마루 위를 신나게 쿵쿵 뛰어다니거든.

이 임금한테는 하나뿐인 아들이 있었어. 그런데 이 아들이 날 때부터 말 못하는 벙어리에다 손을 못 펴는 조막손이야. 그 때문에 임금이 자나깨나 걱정이었거든. 이 아들이 임금 옆에 서 있다가, 지팡이가 춤추고 노래하니까 저절로 신이 났어. 그래서 자기도 마루 가운데로 나와서 물레질을 하다가 덩실덩실 춤을 췄어. 춤을 추다가 신명이 날 대로 나니까 자기도 모르게,

"쿵쿵절싸 잘한다. 좋은 때가 있으리."

하고, 말문이 탁 틔었지 뭐야. 말을 하게 되니까 너무 기뻐서 손뼉을 짝짝 치다 보니 손도 쫙 펴지고 말이야. 아들이 말도 잘하게 되고 손도 펴지니까 임금이 기뻐서 아주머니를 아예 대궐에서 살게 하고 대접을 아주 잘해 줬어.

그리고 나중에 임금이 죽고 나서 아들이 새 임금이 되었을 게 아니야? 새 임금은 이 아주머니를 수양어머니로 삼아서 아주 잘 살았대. 지팡이 말대로 좋은 때가 왔지 뭐야.

땅속 나라 괴물

 옛날 옛날에 웬 신랑이 장가를 갔어. 새색시 얻어서 장가를 갔지. 장가간 지 사흘 되던 날, 들에 나가서 일을 하고 와 보니 글쎄 새색시가 없어졌어. 장가간 지 사흘 만에 색시를 잃고 나니 하늘이 무너져 내리는 것 같지. 그런데 가만히 살펴보니 마당에 커다란 발자국이 찍혀 있더래. 얼마나 큰 발자국인지, 그 속에 사람이 들어가서 누워도 될 만큼이야. 이런 발자국이 마당에서 시작해서 사립문 밖으로 띄엄띄엄 찍혀 있거든.
 '이 발자국 주인이 색시를 데려간 게 틀림없어. 이 발자국을 따라가면 색시를 찾을 수 있을 테지.'
 신랑이 이렇게 생각하고 발자국을 따라갔어. 발자국은 산을 넘고 강을 건너 끝도 없이 찍혀 있어. 산을 넘고 강을 건너 자꾸자꾸 따라갔어. 가다가 비를 만났어. 억수 같은 소낙비가 사흘 밤낮을 쉬지 않고 쏟아졌대. 그래서 그만 발자국이 비에 씻겨가 버렸어. 발자국이 없어졌으니 무얼 보고 따라가나?
 그래도 신랑은 자꾸자꾸 갔어. 어디든지 가다 보면 색시를 찾을 수가 생기겠지 하고 하염없이 가는 거지. 산을 넘고 강을 건너 자꾸만 가는데, 몇 날 며칠이 됐는지도 몰라. 가다가 지쳐서 무덤가에 누웠어. 무덤가 잔디밭에 누웠다가 잠이 들었어. 자다 보니 누가 불러. 웬 할아버지가 나타나서 자기를 불러. 머리도 하얗고, 수염도 하얗고, 입은 옷도 하얗고, 머리에서 발끝까지 온통 하얀 할아버지가 큰 소리로 꾸짖더란다.

"네 이놈! 아내가 괴물에게 잡혀가 고생하는데 여기서 낮잠이나 자느냐? 어서 일어나서 파랑새를 따라가거라."

깜짝 놀라 깨어 보니 꿈이더란다. 정신을 차리고 보니, 언제 왔는지 파랑새 한 마리가 나뭇가지에 앉아 지절거리고 있겠지. 자던 자리에는 썩은 고깃덩이와 생선 한 마리와 뼈다귀가 놓여 있고.

썩은 고깃덩이와 생선 한 마리와 뼈다귀를 주워 가지고 파랑새를 따라갔어. 파랑새는 이 나무에서 저 나무로 훌쩍훌쩍 날아가고, 신랑은 파랑새를 따라 펄쩍펄쩍 뛰어가고, 이렇게 자꾸만 가는 거지.

가다가 나무꾼을 만났어. 나무꾼이 나뭇짐을 한 짐 지고 가다가, 펄쩍펄쩍 뛰어가는 신랑을 보고 물었어.

"어딜 그리 바삐 가시오?"

"장가간 지 사흘 만에 색시를 잃어버려서 색시 찾으러 간답니다."

"나도 딸을 잃었다오. 나랑 함께 갑시다."

나무꾼과 함께 파랑새를 따라 하염없이 갔어.

가다가 석수장이를 만났어. 석수장이가 길가에서 돌을 깨고 있다가 두 사람을 보고 물었어.

"어딜 그리 바삐 가시오?"

"장가간 지 사흘 만에 색시 잃은 신랑은 색시 찾으러 가고, 딸을 잃은 나무꾼은 딸 찾으러 간답니다."

"나도 아들을 잃었다오. 나도 데려가 주오."

석수장이도 따라나섰어. 셋이서 파랑새를 따라 하염없이 갔어. 가다가 고리백정을 만났어. 고리백정이 고리버들로 광주리를 만들고 있다가 세 사람을 보고 물었어.

"어딜 그리 바빠 가시오?"

"장가간 지 사흘 만에 색시 잃은 신랑은 색시 찾으러 가고, 딸을 잃은 사람은 딸 찾으러 가고, 아들 잃은 사람은 아들 찾으러 간답니다."

"나도 아우를 잃었소. 나도 따라갈 거요."

넷이서 파랑새를 따라갔어. 산을 넘고 강을 건너 쉬지 않고 가다 보니, 깊디깊은 산속에 들어가게 됐어. 도대체 사람이라고는 아무도 와 보지 않았을 것 같은 산중인데, 파랑새가 커다란 바위 위에 올라앉더니 더 가지 않고 지절거리기만 하지.

'저 바위 속에 길이 있나 보다.'

바위를 들어 보니 꿈쩍도 않는구나. 밀어 봐도 안 되고 당겨 봐도 안 되는구나. 석수장이가 뾰족망치로 바위를 쪼았어. 뚝딱뚝딱 쉬지 않고 사흘 밤낮을 쪼았더니 바위가 두 쪽으로 갈라지면서 시커먼 굴이 나타나지.

땅 밑으로 뚫린 굴이 얼마나 깊은지 끝이 안 보여. 나무꾼이 사흘 밤낮을 쉬지 않고 칡 줄기를 잘랐어. 잘라서 지게로 서른 짐이나 날라 왔지. 셋이서 칡으로 동아줄을 꼬는데, 쉬지 않고 사흘 밤낮을 꼬았어. 삼천 발이나 꼬았지. 고리백정이 고리버들 가지를 잘라다 껍질을 벗기고 사흘 밤낮 동안 광주리를 만들었어. 그 광주리를 동아줄 끝에다 매달았어.

한 사람씩 광주리 속에 들어가면 나머지 셋이서 줄을 잡고 내려 주기로 했어. 먼저 나무꾼이 광주리를 타고 굴속으로 내려갔어.

"가다가 무서우면 동아줄을 흔들어요."

나무꾼은 반도 못 내려가서 동아줄을 흔들었어. 셋이서 줄을 당겨 나무꾼을 올려 주었어.

다음에는 석수장이가 광주리를 타고 내려갔어. 석수장이는 반쯤 내려가다가 줄을 흔들었어. 줄을 당겨 석수장이를 올려 주었어.

다음에는 고리백정이 광주리를 타고 내려갔어. 고리백정은 반 넘어 내려가다가 줄을 흔들었어.

줄을 당겨 고리백정을 올려 주었어. 이제 신랑이 내려갈 차례야.

"내가 줄을 흔들기 전에는 절대로 줄을 당기지 말아요."

신랑이 광주리를 타고 내려갔어. 깜깜한 굴속을 자꾸만 내려갔지. 무서워도 꾹 참고 끝까지 내려갔어. 드디어 신랑 발이 바닥에 닿았어. 땅속 나라에 닿은 거지. 휘휘 둘러보니 환한 빛이 한 줄기 보이더래. 빛을 따라갔지.

굴이 점점 넓어지더니 커다란 솟을대문이 앞을 가로막는구나. 대문 왼쪽에는 천년 묵은 큰 개가 허연 이빨을 드러내고 으르렁거리고 있지. 오른쪽을 바라보니 천년 묵은 고양이가 눈에 불을 켜고 갸르릉거리고 있지. 대문 위에는 천년 묵은 까마귀가 발톱을 세우고 까옥거리고 있지.

꿈속에서 하얀 할아버지에게 얻은 것이 무엇이냐. 썩은 고깃덩이와 생선 한 마리와 뼈다귀로구나. 뼈다귀는 개를 주고, 생선은 고양이 주고, 썩은 고깃덩이는 까마귀에게 던져 줬지. 짐승들이 달려들어 음식을 먹는 사이에 대문을 빠져나왔어.

대문을 지나니 넓고 환한 세상이 나오는데, 마을 한복판에 고래등 같은 기와집이 있고 기와집 앞에 우물이 하나 있더래. 우물 옆에 버드나무가 한 그루 서 있기에 그 위에 올라갔어. 버드나무 위에 숨어 있으니, 한참 뒤에 웬 색시가 물동이를 이고 우물에 물을 길으러 오는구나. 가만히 보니 바로 제 색시거든. 장가간 지 사흘 만에 잃어버린 새색시를 이제야 만났구나.

색시가 물을 한 동이 가득 퍼 담을 때, 버들잎을 한 줌 주르르 훑어서 물동이 위에 떨어뜨렸어. 그러니 색시가 구슬프게 노래를 불러.

"버들잎아 지지 마라. 네가 지면 내 눈에서 눈물 진다."

색시가 물을 쏟고 다시 한 동이 가득 퍼 담거든. 또 버들잎을 주르르 훑어서 물동이 위에 떨어뜨렸어.

"버들잎아 지지 마라. 네가 지면 내 눈에서 눈물 진다."

색시가 물을 쏟고 다시 한 동이 가득 퍼 담을 때, 또 버들잎을 한 줌 훑어 물동이 위에 떨어뜨렸어. 그제서야 색시가 고개를 들어 위를 쳐다보는구나.

"아이고, 서방님. 여기까지 어찌 오셨나요?"

"당신을 구하려고 먼 길을 달려왔소."

둘이서 눈물을 흘리며 반가워하다가 색시가 말하기를,

"여기 사는 괴물은 석 달 열흘 동안 밖에 나가 사냥하고 석 달 열흘은 집에서 잠을 잔답니다. 그놈이 나간 지 열흘밖에 안 되어서 석 달 뒤에나 돌아오니, 그동안 숨어서 기다리세요. 괴물과 싸워서 이기시려면 보통 힘으로는 안 되니, 그동안 부지런히 힘을 기르세요."

하지. 색시가 신랑을 데리고 뒷산에 올라가 커다란 동굴 안에 숨겨 주었어. 동굴 안에 숨어 있으니, 때마다 색시가 와서 산삼 달인 물을 한 그릇 주지. 그 물을 먹으니 기운이 펄펄 솟아나. 낮에는 들킬까 봐 동굴 안에서 자고, 밤이 되면 나와서 힘을 길렀어.

처음에는 색시가 커다란 돌절구통을 가리키며,

"괴물은 저 절구통으로 개울 건너편까지 팔매질을 한답니다. 서방님도 그만큼 힘을 기르세요."

하기에, 신랑이 그 절구통을 겨우 들고 던져 보니 발 앞에 떨어져. 밤낮으로 힘을 내어 던졌더니 사흘 뒤에는 서너 발짝 앞에 떨어지고, 열흘 뒤에는 여남은 발짝 앞에 떨어지고, 보름 뒤에는 개울에 풍덩 빠질 만큼 되었어. 그리고 한 달 뒤에는 개울 건너편까지 절구통을 씽씽 던지게 되었어.

다음에는 색시가 커다란 연자맷돌을 가리키며,

"괴물은 저 돌로 제기차기를 한답니다. 서방님도 그만큼 힘을 기르세요."
하기에, 그 돌을 발로 차 보니 꿈쩍도 않는구나. 밤낮으로 용을 쓰며 발로 찼더니 사흘 뒤에는 움찔움찔 움직이고, 열흘 뒤에는 대굴대굴 굴러가고, 보름 뒤에는 공중으로 차올리게 되었어. 그리고 한 달 뒤에는 연자맷돌로 제기차기를 툭탁툭탁 맘대로 할 수 있게 되었어.

그다음에는 색시가 커다란 바윗덩이 다섯 개를 가리키며,

"괴물은 저 바윗덩이로 공기받기를 한답니다. 서방님도 그만큼 힘을 기르세요."

하기에, 그 바윗덩이를 들어 보니 꿈쩍도 않거든. 밤낮으로 땀을 뻘뻘 흘리며 들었더니 사흘 뒤에는 들썩들썩 움직이고, 열흘 뒤에는 무릎까지 올라오고, 보름 뒤에는 두 손으로 던져 올리게 되었어. 그리고 한 달 뒤에는 바윗덩이로 공기받기를 쿵쾅쿵쾅 맘대로 할 수 있게 되었어.

이제 석 달이 지나 괴물이 돌아오는 날이 되었어. 괴물이 삼십 리 밖에 오니 땅이 우르르 흔들리고, 이십 리 밖에 오니 산이 와르르 흔들리고, 십 리 밖에 오니 집이 콰르르 흔들리더래. 그러더니 우지끈 뚝딱 쿵 하고 벼락치는 소리가 나면서 괴물이 나타났어. 몸집은 집채만 하고 머리가 아홉 개나 달렸는데 온몸에는 비늘이 돋아서 번쩍번쩍해.

괴물이 잔치를 벌이는데, 소와 돼지를 통째로 삶아 놓고 장독만 한 항아리에 술을 가득 채워 통째 마시지. 머리 하나에 세 항아리씩 스물일곱 항아리나 벌컥벌컥 마시더니 곯아떨어져서 잠이 들었어. 신랑이 얼른 괴물이 자는 방에 들어가서 벽에 걸린 칼집에서 큰 칼을 빼냈어. 그러니까 칼집이 '쩌렁' 하고 울잖아. 그 소리에 잠이 깬 괴물이 신랑에게 달려들었어. 신랑이 칼을 들어 괴물의 목을 내리쳤어. 머리가 뎅강 잘리는가 했더니 도로 목에 달라붙어. 머리 아홉 개를 내리 뎅강뎅강 잘랐는데도 금세 팔딱팔딱 달라붙

어. 이렇게 싸우다 보니 신랑이 먼저 지치지. 지치면 큰일 아니야?

그때 색시가 치마폭에다 재를 담아 와서 떨어진 머리에 뿌렸어. 그러니까 못 달라붙지. 떨어진 머리 아홉 개에 다 재를 뿌렸어. 머리가 못 달라붙으니까 죽은 거지.

괴물을 물리치고 나서 곳간 문을 열어 보니, 한 곳간에는 온갖 보물이 가득 들어 있고 또 한 곳간에는 잡혀 온 사람들이 가득 들어 있지. 나무꾼 딸도 있고, 석수장이 아들도 있고, 고리백정 아우도 있지. 보물을 말에 싣고 사람들을 데리고 괴물 집을 나왔지.

동아줄을 타고 내려온 곳에 가 보니, 아직도 동아줄이 늘어져 있더래. 먼저 사람을 광주리에 태우고 줄을 흔드니까 줄이 둥실둥실 올라가. 사람들을 다 올려 보내고 보물도 광주리에 실어 다 올려 보냈어. 이제 신랑과 색시가 올라갈 차례지. 그런데 줄이 안 내려와. 아무리 기다려도 안 내려와. 땅 위에 있는 세 사람이 보물을 자기네들이 다 차지하려고 줄을 안 내려보낸 거지.

"이제 어떻게 하나, 어떻게 하면 좋지?"

신랑과 색시는 다시 땅속 나라로 갔어. 땅속 나라에서 이리저리 헤매다가, 강가에서 낚시를 하고 있는 할아버지를 만났어. 어쩐지 어디서 많이 본 듯한 할아버지더래. 누굴까? 아, 바로 신랑이 꿈속에서 본 그 할아버지로구나.

할아버지에게 물어보았어.

"할아버지, 어떻게 하면 땅 위 세상으로 나갈 수 있나요?"

할아버지가 손뼉을 탁탁 치니까 강 건너편에서 하얀 두루미 한 마리가 훨훨 날아와.

"이 두루미를 타고 가거라."

그리고 망태에서 잉어 일곱 마리를 꺼내 줘.

"가다가 두루미가 '후유!' 하고 한숨을 쉬면 기운이 빠진 것이니, 이 잉어를 한 마리씩 두루미 입에 넣어 주어라. 두루미가 기운이 빠졌는데도 먹이를 안 주면 떨어져 죽을 것이다."

신랑과 색시가 두루미를 탔어. 신랑은 두루미 머리 쪽에 타고 색시는 두루미 꼬리 쪽에 탔어. 두루미는 둘을 태우고 훨훨 날개를 치면서 굴 밑으로 가더니, 힘차게 위로 날아올랐어. 조금 날아가다가 기운이 빠졌는지 "후유!" 하고 한숨을 쉬거든. 얼른 잉어 한 마리를 입에 넣어 주었어. 조금 가다가 "후유!" 하면 또 한 마리 넣어 주고. 이렇게 해서 여섯 마리를 다 먹이고 한 마리가 남았어.

그런데 이를 어째. 신랑이 잉어 한 마리를 떨어뜨려 버렸네. 아직 땅 위로 올라가려면 한참을 더 날아가야 하는데, 이를 어째.

조금 가다가 두루미가 또 "후유!" 하고 한숨을 쉬는구나. 먹일 잉어가 없으니 어떻게 하나. 두루미 날갯짓은 점점 느려지는데.

신랑이 눈을 질끈 감고 제 팔꿈치를 두루미 입에 들이밀었어. 두루미가 팔꿈치 살을 덥석 베어 물더니, 기운을 차려 다시 훨훨 날아 올라가지. 겨우겨우 땅 위로 올라왔어.

땅 위로 올라온 두루미가 목을 길게 빼어 팔꿈치 살을 토해 내더니, 신랑 팔꿈치에 붙이고 부리로 쓰다듬지. 그러니까 금세 살이 붙고 아물었어. 그런데 떼어 냈다가 다시 붙인 살이 어디 본디 살만큼이야 하겠어? 그때부터 팔꿈치 살이 흔들리게 되었대. 어디 팔꿈치 살을 잡고 흔들어 봐. 흔들흔들 흔들리지.

신랑과 색시는 잘 살았더란다. 오래오래 살아서 어저께까지도 살았더란다.

● ― 이야기를 들려주고 나서

〈주먹이〉는 주먹이 처지가 되어서 이야기를 들어 보면 훨씬 재미있을 것 같습니다. 보통 사람이야 어디 황소나 물고기 뱃속에 들어갈 수 있나요? 소리개에게 채여갈 일도 도무지 없지요. 누구든지 자기가 주먹만큼 작아진다고 생각해 보면 작은 짐승이나 벌레 처지도 훨씬 잘 이해하게 될 것입니다. 우리도 어려움을 많이 겪는데, 우리보다 작은 짐승들은 얼마나 힘들까요?

〈두꺼비 신랑〉에서 두꺼비는 겉보기에 징그럽고 흉한 동물입니다. 그래서 남들에게 늘 푸대접을 많이 받지요. 옛날에 농사짓고 살던 백성들도 그랬을 것 같습니다. 벼슬아치나 양반들에게서 사람다운 대접을 받지 못했을 테니까요. 두꺼비가 허물을 벗고 보면 인물이 훤한 새신랑이 되는 것처럼, 이 땅의 백성들도 겉모습을 헤치고 속을 들여다보면 참으로 귀한 사람들일 테지요. 백성들이 없으면 누가 농사를 지어 먹을 것을 대 주고 누가 베를 짜서 옷을 지어 주었겠습니까? 그런데도 사람들은 겉모양만 보고 남을 함부로 대하는 수가 많지요. 두꺼비가 허물을 벗기 전에는 업신여기다가, 허물을 벗고 사람이 된 뒤에야 알아보는 것처럼 말입니다. 허물을 벗지 않아도 사람 속내를 아는 사람이 정말로 슬기로운 사람이 아닐까요?

〈짐승 말을 알아듣는 아이〉에 나오는 짐승들은 왠지 사람보다 낫다는 생각이 듭니다. 원숭이들은 세 가지 보물을 두고 싸웠지만, 그게 결코 욕심낼 물건이 아니란 걸 알고는 선뜻 내버렸지요. 아무리 귀한 물건이라도 나쁜 데 쓰면 나쁜 물건이 되고, 아무리 보잘것없는 물건이라도 좋은 일에 쓰면 귀한 물건이 된다는 이치를 원숭이들은 알고 있었나 봅니다. 또 까치는 은혜를 갚을 줄 알았고, 황새와 거북이는 남이 묻는 걸 잘 가르쳐 주었으니 훌륭하지요. 그런데 임금은 자기 마음에 안 든다고 약속을 쉽게 어겼을 뿐 아니라 사람을 죽이려고까지 했으니 어찌 짐승보다 낫다고 할 수 있겠습니까?

〈버들잎 도령〉에서 계모는 아주 나쁜 사람으로 그려져 있습니다. 계모를 나쁘게 그리는 건 어느 옛이야기에서나 공통된 성질이지요. 힘없는 의붓자식 처지에서 이야기가 펼쳐지다 보니 생긴 성질이라 할 수 있습니다. 사실은 계모가 계모라서 나쁜 게 아니라 힘없는 어린아이를 괴롭히니까 나쁘다고 해야겠지요. 그리고 딸은 버들잎 도령한테 도움을 받았지만, 그냥 가만히 앉아서 도움을 기다리기만 했던 것은 아니지요? 제 힘으로 참나물과 산딸기를 찾으려고 애썼고, 또 제 힘으로 버들잎 도령을 살려 내기도 했지 않습니까? 이런 대목은, 아무리 어렵고 힘들어도 제 살 궁리는 제가 해야 한다는 생각에 닿아 있는 것 같습니다.

〈쿵쿵절싸 지팡이〉에서는 임금 아들이 지팡이와 함께 신명나게 춤추고 노래 부르다가 병이 나았는데, 여기에 아주 깊은 뜻이 숨어 있는 듯합니다. 임금 아들처럼 백성들보다 높은 자리에 있는 사람들은 대체로 자기들이 백성들과 달라야 한다고 생각하는데, 그게 바로 병이지요. 무명길쌈 같은 일은 백성들이 하는 일이고, 그 일을 함께 하며 춤추고 노래하는 일은 바로 백성들과 한자리에 서는 일이 아니겠습니까? 그렇게 백성들과 한자리에 서고 나서야 병이 다 나았다니 새겨볼 만하지 않습니까?

〈땅속 나라 괴물〉은 참 재미있고 가슴 졸이게 하는 이야기입니다. 이 이야기를 듣고 나면 누구든지 용기가 생길 듯합니다. 신랑이 겪은 어려움에 견주면 우리에게 닥치는 어려움쯤이야 아무것도 아닐 테니까요.

2부
참 신기하고 무서운 이야기

옛날 옛적, 호랑이 담배 피울 적에 어떤 사람이 길을 가다가 말뚝에 걸려 넘어졌대요. 이 사람이 화가 나서, "이놈의 말뚝 뽑아 버려야지" 하고 말뚝을 당기니까 말뚝이 뽑히면서 이야기가 주렁주렁 달려나오더랍니다. 신기한 이야기, 우스운 이야기, 무서운 이야기가 밑도 끝도 없이 달려나오더래요.

신기한 나뭇잎

옛날에 한 사람이 소금장사를 했더래. 소금짐을 지고 여기저기 떠돌아다니면서 소금을 파는데, 하루는 어떤 고개를 넘게 되었어. 고갯마루에 올라서니 마침 길가에 커다란 참나무가 있는데, 그늘이 넓어서 쉬기에 좋겠거든. 그래서 참나무 아래에 소금짐을 받쳐 놓고 쉬었지. 담배를 한 대 피우면서 쉬다 보니까, 사마귀란 놈이 풀섶에서 슬금슬금 기어 나오더니 참나무에서 잎을 하나 따 가지고 이마에다 딱 붙이더라는 거야. 그러니까 그만 사마귀란 놈이 안 보여. 그렇게 해 가지고 매미 옆으로 슬슬 다가가도 매미가 눈치를 못 채지. 매미란 놈은 가만히 있다가 사마귀한테 잡아먹히더라지 뭐냐.

사마귀가 매미를 잡아먹고는 그 나뭇잎을 떼어서 돌멩이에 턱 떨어뜨리니까, 이번에는 돌멩이가 갑자기 안 보여. 소금장수가 더듬더듬 나뭇잎을 찾아서 들어내니까 돌멩이가 다시 보이더래.

'야, 이건 참 이상한 나뭇잎이로군.'

소금장수는 그 나뭇잎을 주머니에 잘 넣어 가지고 갔어.

이 마을 저 마을 돌아다니면서 소금을 다 팔고 집으로 돌아갔지. 사립문 앞에서 그 나뭇잎을 꺼내어 이마에 딱 붙이고 집 안으로 들어갔거든. 그런데 식구들이 아무도 몰라. 인사도 하지 않고 아는 체도 안 해. 소금장수가,

"애비가 밖에 나갔다 들어왔는데 인사도 하지 않느냐?"

하고 아이들을 나무랐지. 그랬더니 아이들이,

"어, 이상하다. 아버지 목소리는 들리는데 아버지는 왜 안 보이지?"
하고 두리번두리번 살피기만 하는 거야.

소금장수가 이마에서 나뭇잎을 뚝 떼어 내니까 그제서야,

"아버지, 언제 오셨어요?"
하면서 아는 체를 하고 인사도 하지 않겠어?

소금장수는 다시 나뭇잎을 이마에다 딱 붙였어. 그러니까 아이들이,

"어, 아버지가 어디 가셨지? 방금 여기 계시던 아버지가 갑자기 어디 가셨을까?"
하고 자기를 찾느라고 야단법석이야.

소금장수는 이 신기한 나뭇잎을 어디에 쓸까 하고 궁리하다가 사냥을 하는 데 쓰기로 했어. 나뭇잎을 이마에 붙이기만 하면 자기 모습이 안 보이게 되니 사냥하기에 좀 좋아? 아무리 가까이 다가가도 산짐승들이 모를 테니 말이야.

그래서 이 사람은 그날부터 소금장사를 그만두고 산에 가서 사냥을 했어. 나뭇잎을 이마에 붙이기만 하면 가까이 다가가도 산짐승들이 가만히 있기 때문에 쉽게 잡을 수 있었어. 산토끼나 노루는 말할 것도 없고 꿩이나 메추라기도 손쉽게 잡았지. 그물을 가지고 멧돼지나 호랑이를 잡기도 했어. 이렇게 잡은 산짐승을 팔아서 곡식도 사고 옷도 사서 아주 잘살았지.

이웃에 사는 사람이 보니까 참 이상하거든. 소금장사를 하던 사람이 갑자기 사냥을 하기 시작하더니 날마다 산짐승을 주렁주렁 잡아 온단 말이야. 그래서 하루는 이 사람을 찾아와 물었어.

"여보게, 자네는 무슨 재주로 그렇게 사냥을 잘하나?"

"그게 다 이 나뭇잎 덕택일세."

"예끼 이 사람아. 그깟 나뭇잎으로 어떻게 산짐승을 잡아?"
"이 나뭇잎을 이마에 붙이면 감쪽같이 안 보이게 되니까 그렇지."
 그러고는 나뭇잎을 이마에 딱 붙여 보였어. 그러니까 갑자기 사람이 안 보이지. 나뭇잎을 뚝 떼어 내니까 안 보이던 사람이 다시 보이거든. 이웃 사람이 그만 눈이 휘둥그래졌어.
"그것 참 신기하군. 그 나뭇잎을 어디서 얻었나?"
 이 사람이 장사하러 다니다가 아무 고개에서 나뭇잎을 얻게 되었노라고 소상하게 일러 주었어. 이웃 사람은 그 말을 듣고 자기도 그 나뭇잎을 얻어 보겠다고 집을 나섰어. 가르쳐 준 고갯마루에 올라가서 참나무 밑에 앉아 쉬면서 사마귀가 나뭇잎을 가지고 나타나기를 기다리는 거지. 그런데 아무리 기다려도 사마귀가 안 나타나.
 이 사람이 그만 조바심이 나서,
 '에이, 저 참나무 잎사귀 가운데 틀림없이 그 이상한 나뭇잎이 있으렷다.'
하고서 참나무에 올라가 막대기로 나뭇잎을 죄다 두들겨 떨어뜨렸어. 그걸 모조리 커다란 자루에 주워 담아 가지고 집으로 돌아왔단 말이야.
 집에 돌아와서는 그 많은 나뭇잎을 방바닥에 수북이 쌓아 놓고 보물 나뭇잎을 찾는다고 아주 야단이 났어. 식구들을 앞에다 앉혀 놓고 나뭇잎을 하나 이마에 붙이고는,
"어때? 내가 보이니, 안 보이니?"
하고 물어보는 거야. 식구들은 잘 보이니까 보인다고 대답하지. 그러면 그 나뭇잎은 제쳐놓고 다른 나뭇잎을 이마에 붙이고는,
"자, 이번에도 내가 보이니?"
하고 물어. 이번에도 잘 보이니까,

"예, 보여요."

하면 그 나뭇잎을 제쳐놓고 또 다른 나뭇잎을 이마에 붙이고,

"보이니?"

하고,

"예, 보여요."

하면 그 나뭇잎을 제쳐놓고 또 다른 나뭇잎을 이마에 붙이고 똑같은 걸 물어본단 말이야.

"보이니?"

"예, 보여요."

"보이니?"

"예, 보여요."

"보이니?"

"보여요."

"보이니?"

"보여요."

이렇게 밤이 이슥하도록 "보이니?" "보여요" 하면서 똑같은 걸 묻고 대답하기를 되풀이했대. 그런데 아무리 나뭇잎을 이마에 붙여도 잘 보이기만 하니까 식구들이 그만 지쳐서 하나둘 쓰러져 잠이 들어 버렸어. 맨 끝에 남은 아들도 졸려서 눈이 가물가물하는데, 아버지가 자꾸만 "보이니?" "보이니?" 하고 똑같은 걸 물어보니까 나중에는 귀찮아서,

"안 보여요."

해 버렸지. 아버지는 반가워서,

"그래? 정말 안 보여?"

하고 다시 묻지만 아들은 하도 졸립고 귀찮아서,

"예에……. 난 그만 잘래요."
하고 쓰러져서 쿨쿨 잠들어 버렸어.

이 사람은 이제야 보물 나뭇잎을 찾았다고 좋아라 하면서 그 나뭇잎을 비단 주머니에 잘 넣어 두었어. 이튿날 날이 밝자마자 이 사람이 나뭇잎을 이마에 딱 붙이고 장터에 나갔지.

'에헴, 이제는 아무도 날 알아보지 못하렷다.'

그만해도 좋으련만,

'옳지, 아무도 못 볼 테니 돈이나 실컷 훔쳐야지.'
하고 나쁜 마음을 먹었으니 탈이지. 아무 가게에나 들어가서 돈궤를 열고 돈을 꺼내 가지고 나오려는데,

"아, 어떤 놈이 남의 가게에 함부로 들어와서 돈을 훔쳐 가느냐?"
하고 주인이 달려들어 흠씬 두들겨 주고 내쫓았대. 그런 이야기야.

호랑이 잡은 피리

 옛날에 어떤 사람이 아들 삼형제를 두고 죽게 됐어. 죽을 날이 가까워 오니까 재산이라는 재산은 모두 남에게 다 줘. 집 없는 사람에게는 집을 주고, 옷 없는 사람에게는 옷을 주고, 논밭이고 곡식이고 모두 가난한 사람에게 다 나누어 주었단 말이야. 그래 놓고는 삼형제를 불렀어.
 "얘들아, 이제 내가 가진 거라고는 이 세 가지 물건뿐이다. 이걸 너희들에게 줄 테니 잘 쓰도록 해라."
하고서 맏이에게는 지팡이를 주고, 둘째에게는 궤짝을 주고, 막내에게는 피리를 줘. 그러고는 세상을 떠났어.
 삼형제가 아버지 장례를 치르고 나니 앞일이 막막해. 집이고 논밭이고 모두 남의 것이 됐으니 당장 살 곳도 없단 말이야. 그래서,
 "우리 여기 이대로 있다가는 굶어 죽을 일밖에 없으니 다른 데로 가서 살아 보자."
하고 셋이서 길을 떠났어. 가다 보니 세 갈래 길이 나오거든.
 "여기서 헤어지자. 저마다 한 갈래 길로 가서 무슨 일이든 하다가, 살 만하면 여기 다시 모여서 집을 짓고 살자."
 이렇게 약속을 하고 헤어졌어. 맏이는 왼쪽 길로 가고, 둘째는 가운데 길로 가고, 막내는 오른쪽 길로 갔어.

맏이는 지팡이 하나를 달랑 들고서 하염없이 갔어. 가다가 배고프면 밥도 얻어먹고, 날이 저물면 남의 집 헛간에서도 자고, 이렇게 자꾸 갔지.

그런데 하루는 아주 인심이 고약한 동네에 갔나 봐. 날이 저물었는데도 아무도 재워 주지 않거든. 하는 수 없이 산에 올라가서 어느 무덤 옆에서 자게 됐어.

자다 보니까 옆에서 부스럭부스럭하는 소리가 들린단 말이야. 이게 무슨 소린가 하고 일어나서 살펴보니까, 여우가 무덤을 파헤치느라고 부스럭부스럭거려. 여우란 놈이 무덤을 파헤치더니 해골 바가지를 꺼내 가지고 제 얼굴에 뒤집어쓰더래. 그리고 재주를 한번 홀딱 넘으니까 할머니 모습으로 둔갑을 하더란 말이지.

이튿날 날이 밝으니까 여우가 할머니가 돼 가지고 마을로 내려가더래. 맏이는 그 뒤를 살살 따라갔지. 한참 가다가 보니 마을이 있는데, 어느 집에서 잔치를 하고 있어. 신부 집에서 신랑을 맞아들이고 잔치를 하는 거지. 할머니가 잔칫집으로 들어가거든. 맏이도 따라 들어갔지.

잔칫집 사람들이 할머니를 보더니,

"아이고, 밤나뭇골 할머니가 먼 길을 오셨군요. 어서 들어오세요."

하고 반갑게 맞아들이더래.

그리고 신부 옆자리에 앉히고 음식을 한 상 대접하더란 말이야. 할머니가 음식을 먹는 체하다가 신부를 툭 건드리니까 그만 신부가 쓰러져. 쓰러져서 영 못 일어나게 되니까 집안 사람들이 난리가 났지.

이때 맏이가 썩 나서서,

"내가 신부 아픈 것을 고쳐 보겠습니다."

하고는, 아버지에게 물려받은 지팡이로 할머니를 마구 후려갈겼어. 그러니까 잔칫집 사람들이,

"저런 몹쓸 놈이 할머니를 때리네. 저놈 잡아라!"

하고 달려든단 말이야. 그래도 그냥 버티고 서서 할머니를 후려갈기니까, 할머니가 그만 꼬리 아홉 달린 여우가 돼서 나가떨어지거든. 그러니까 쓰러졌던 신부가 부스스 일어나 앉는데, 아픈 데도 없이 멀쩡해.

그제서야 잔칫집 사람들이 사정을 알고 맏이에게 고맙다고 대접을 잘해 줘. 그리고 돈까지 두둑이 주더란 말이지. 그 돈을 받아 가지고 갈림길 있는 데로 와서 집을 짓고 살았어. 논도 사고 밭도 사서 농사지으며 잘 살았지.

둘째는 궤짝을 짊어지고 갔지. 가다가 남의 집 농사일도 해 주고, 그 값으로 밥도 얻어먹고 잠도 자고 하면서 갔어. 하루는 길을 걸어가는데 웬 젊은 색시가 헐레벌떡 달려오더니,

"살려 주세요, 살려 주세요."

한단 말이야. 어떻게 살려 주면 되느냐 물으니까,

"도적이 나를 죽이려고 따라오니 어디든 좀 숨겨 주세요."

하거든. 그래서 얼른 색시를 궤짝 속에 숨겨 줬어.

그 궤짝을 짊어지고 가는데, 웬 험상궂게 생긴 사람이 칼을 빼어 들고 달려와. 달려와서는 둘째더러,

"여기 여자 하나 가는 거 못 봤느냐?"

하고 묻더래.

"여보시오, 나는 무거운 짐을 지고 가는데 사람이 가는지 오는지 알 게 뭐요? 난 그런 것 못 보았소."

하고 시치미를 뚝 떼니까 그만 가 버리더래. 도적이 멀리 가고 안 보이게 되자 궤짝에서 색시를 꺼내 놓았지. 색시는 죽을 목숨을 살려 주어서 고맙다고 절을 열두 번도 더 하더니,

"저 도적이 우리 집 식구를 다 죽이고 재산을 빼앗아 갔으니 이제는 갈 데

도 없습니다. 부디 저를 데려가 주십시오."

이러거든. 그래서 색시를 데리고 갈림길 있는 데로 왔어. 와 보니 벌써 형이 와서 살고 있기에 그 옆에다 집을 짓고 살았어. 색시하고 결혼해서 아들딸 낳고 잘 살았지.

막내는 피리를 허리춤에 차고 여기저기 다녔지. 가진 거라고는 피리밖에 없으니 밤낮 피리를 불면서 다니는 거지. 그러다 보니 피리를 아주 썩 잘 불게 되었어. 구슬픈 가락을 불면 듣는 사람이 저절로 눈물이 나고, 흥겨운 가락을 불면 듣는 사람이 저절로 춤이 덩실덩실 나올 만큼 잘 불었단 말이야. 막내가 길에서 피리를 불면, 사람들이 잘 분다고 돈을 조금씩 줘. 그 돈으로 밥도 사 먹고 잠도 자고 하면서 돌아다녔어.

그런데 하루는 산속에 들어갔다가 날이 저물었어. 잘 데가 없으니까 나무 밑에서 잠을 자는데, 한밤중에 사방에서 파란 불이 번쩍번쩍하더래. 가만히 보니까 그게 모두 호랑이 눈이지. 호랑이들이 사람을 잡아먹으려고 슬슬 몰려온단 말이야. 막내는 얼른 나무 위로 올라갔어.

그러니까 호랑이들이 목말을 타고 올라오네. 큰 호랑이가 맨 밑에서 앞발로 나무 둥치를 버티고, 그 위에 좀 작은 놈이 올라타고, 그 위에 더 작은 놈이 올라타고, 이렇게 자꾸자꾸 올라온단 말이야. 그래서 막내가 앉아 있는 나뭇가지 바로 밑에까지 올라왔어. 막내는,

"아이고, 내 팔자야. 이제 죽게 되었구나. 아버지가 큰형에게 물려주신 것처럼 지팡이나 물려주셨으면 그걸 가지고 호랑이를 두들겨 패기라도 하지, 이럴 때 피리를 어디에 쓴담."

하고 탄식하다가,

"에라, 죽을 때 죽더라도 피리나 한번 실컷 불어 보자."

하고 피리를 불었어. 삘리리 삘리리 아주 구슬픈 가락을 불었지. 아 그러니

까 호랑이들이 모두 눈물을 줄줄 흘리네. 옳다구나 하고 이번에는 흥겨운 가락을 막 불었어. 삘리 삘리 삘리리 신나게 부니까, 호랑이들이 어깨를 들썩들썩하고 궁둥이를 빼딱빼딱하면서 춤을 추거든. 그 바람에 목말이 와르르 무너지면서 위에 있던 호랑이들이 모두 떨어져 죽었어. 밑에 있던 호랑이는 깔려 죽고.

막내는 호랑이를 많이 잡아 가지고 갈림길 있는 데로 돌아왔어. 와 보니 두 형들이 벌써 와서 살고 있거든. 그 옆에다 집을 짓고 살았대. 호랑이 가죽을 팔아 살림 밑천을 마련해 잘 살았지.

삼형제가 모두 오래오래 잘 살았더란다.

꽁지 닷 발 주둥이 닷 발

옛날 어떤 산골에 홀어머니가 어린 아들 하나를 데리고 살았어. 어머니는 들에 가서 나물 캐고, 아들은 산에 가서 나무하고, 이렇게 오순도순 잘 살았지. 그런데 그렇게 그냥 잘 살기만 하면 이야기가 안 되겠지?

하루는 아들이 산에 가서 나무를 한 짐 해 가지고 집에 돌아와 보니, 어머니가 안 보여. 아무리 찾아도 없어. 그래서 이웃집에 가서 물었지.

"우리 어머니는 어디 가셨나요?"

"아이고, 네 어머니는 커다란 새한테 잡혀갔다. 꽁지 닷 발, 주둥이 닷 발 되는 새 두 마리가 와서 네 어머니 채 갔다."

이것 참 큰일 났지. 아들이 어찌나 분한지, '내가 그놈의 새를 꼭 찾아서 어머니를 구해 와야지' 하고 마음을 단단히 먹고 집을 나섰어.

한참 가다 보니 길가에 논이 있는데, 이 논이 너비는 한 자밖에 안 되는데 길이는 끝이 안 보일 만큼 길어. 그런 논에서 웬 사람이 모를 심고 있거든.

"여보세요, 여보세요. 꽁지 닷 발, 주둥이 닷 발 되는 새가 우리 어머니 채 가는 것 못 보셨나요?"

하니까,

"이 논 삼십 리에 모를 다 심어 주면 가르쳐 주지."

한단 말이야. 그래서 모를 심어 줬지.

길이가 삼십 리 되는 논에 모를 다 심어 주니까, 고맙다고 볏짚 태운 재를 한 되 주면서,

"저기 좁디좁은 고개 너머로 날아갔다."

하고 가르쳐 줘. 그래서 볏짚 태운 재를 봉지에 싸서 허리춤에 달고, 고개를 넘어갔지.

겨우 고개를 넘어서 또 한참 가다 보니, 산비탈에 기우뚱한 고추밭이 있거든. 땅이 워낙 기울어서 사람이 앉으면 모로 넘어질 정도란 말이야. 그 밭에서 웬 사람이 줄에 매달려 김을 매고 있어.

"여보세요, 여보세요. 꽁지 닷 발, 주둥이 닷 발 되는 새가 우리 어머니 채 가는 것 못 보셨나요?"

"이 고추밭 다 매 주면 가르쳐 주지."

그래서 줄에 매달려 그 기우뚱한 밭에 김을 다 매 줬어. 그러니까 고맙다고 고춧가루 한 봉지를 주면서,

"저기 구름 아래 큰 산 너머로 날아갔다."

하고 가르쳐 주거든. 그래서 고춧가루 봉지를 소매 속에 넣고 큰 산을 넘어갔지.

겨우 산을 넘어서 또 한참 가다 보니, 까치 한 마리가 참나무 가지에다 둥지를 틀고 있더래.

"까치야, 까치야. 꽁지 닷 발, 주둥이 닷 발 되는 새가 우리 어머니 채 가는 것 못 보았니?"

"벌레 한 소쿠리 잡아다 주면 가르쳐 주지."

그래서 벌레를 한 소쿠리 잡아다 줬어. 그러니까 고맙다고 삭정이 한 단을 주면서,

"저기 병풍 같은 바위산 너머로 날아갔다."

하고 가리키는데, 보니 천 길도 넘어 보이는 벼랑이 깎아지른 듯하거든. 까치가 준 삭정잇단을 어깨에 둘러메고 그 바위산을 넘어갔어.

겨우겨우 넘어가니까, 이번에는 다람쥐 한 마리가 나무 구멍에 들락날락하고 있더래.

"다람쥐야, 다람쥐야. 꽁지 닷 발, 주둥이 닷 발 되는 새가 우리 어머니 채 가는 것 못 보았니?"

"상수리 한 말 주워다 주면 가르쳐 주지."

그래서 온 산을 헤매고 다니며 상수리를 한 말 주워다 줬어. 그러니까 고맙다고 도꼬마리 한 줌을 주면서,

"저기 가시넝쿨 뒤덮인 산 너머로 날아갔다."

하거든. 도꼬마리를 귀주머니에 넣고 산을 넘는데, 그 산에는 온통 가시넝쿨이 빽빽이 들어차 있어서 발 디딜 틈도 없어. 가시에 긁히며 자빠지며 겨우겨우 산을 넘어갔지.

넘어가서 가만히 살펴보니까 산속에 커다란 바위굴이 하나 있는데, 바위가 온통 새 발톱에 긁혀 있더래.

'옳지, 바로 저 굴속에 있겠구나.'

하고 살금살금 다가가 보니, 동굴 어귀에 커다란 바위문이 있는데, 그게 꽉 닫혀 있어. 칡넝쿨을 걷어다가 동아줄을 만들어 문고리에 걸고 힘껏 당겼지. 그러니까 바위문이 스르르 열리더래.

들어가 보니 동굴 속이 훤하게 넓은데, 거기에 큰 집이 한 채 있어. 집 안으로 들어가 보니, 쇠창살로 막힌 방에 어머니가 갇혀 있거든. 얼마나 반가운지 쇠창살 사이로 손을 붙잡고 둘이서 엉엉 울었어.

"어머니, 꽁지 닷 발, 주둥이 닷 발 되는 새가 오기 전에 어서 도망가요."

"그렇지만 이 쇠문은 그놈의 새가 죽기 전에는 안 열리니 어쩌면 좋으냐?"

쇠문을 아무리 열려고 해도 안 열리더래. 그래서 할 수 없이 벽장 속에 가만히 숨어 있었지.

한참 있으니까 꽁지 닷 발, 주둥이 닷 발 되는 새들이 날아오더니,

"흠흠, 어디서 사람 냄새가 나지?"

하고 이리저리 살피더니 못 찾겠으니까,

"문 닫고 잠이나 자자."

하고 모두들 바위문을 닫는다고 우르르 나가. 그 틈에 살짝 나왔지. 모심는 사람이 준 재를 방에다가 뿌리고, 마당에는 고추밭 매는 사람이 준 고춧가루를 뿌렸어. 부엌에는 다람쥐가 준 도꼬마리를 주르르 흩어 뿌려 놓고, 부엌 아궁이에는 까치가 준 삭정이를 잔뜩 집어넣었어. 그리고 다시 벽장 속에 들어가 숨어 있었지.

조금 있으니까 새들이 들어와. 들어와서 잠을 잔다고 방에 누우니 재가 풀썩풀썩 일거든.

"아이쿠, 매캐해. 마당에 나가서 자자."

마당에 나가 누워 보니 고춧가루가 풀풀 일거든.

"아이쿠, 매워. 부엌에서 자자."

부엌에 들어가서 누우니 도꼬마리가 등을 콕콕 찔러 대지.

"아이쿠, 따가워. 가마솥에 들어가서 자자."

꽁지 닷 발, 주둥이 닷 발 되는 새들이 모두 커다란 가마솥에 들어갔지. 아들이 그걸 보고 벽장에서 살금살금 나와서 솥뚜껑 위에 큰 돌멩이를 눌러놓고 삭정이에 불을 지폈어. 불이 활활 타니까 꽁지 닷 발, 주둥이 닷 발 되는 새들이 처음에는,

"아이구, 따뜻하다, 따뜻하다."

하더니, 불을 자꾸 때니까,

"아이구, 그만 때라, 그만 때라."

하더래. 그러다가 그만 바싹 타 버렸지.

그렇게 새들이 다 죽고 나니까 쇠문이 스르르 열리더래. 어머니하고 아들은 집으로 돌아와서 잘 살았지. 그런데 그 꽁지 닷 발, 주둥이 닷 발 되는 새들이 죽어서 글쎄 모기가 됐나 봐. 모기 주둥이가 얼마나 길어. 꽁지도 길지. 그것들이 그래서 사람을 자꾸 문대.

노루가 된 동생

옛날 옛적, 호랑이 담배 피울 적 이야기야. 그때 세상에는 물이 귀했대. 물이 귀해서 산에는 샘물이 마르고 들에는 강물이 말랐어. 삼 년마다 한번씩 비가 오는데, 사람들은 이때 빗물을 받아 두었다가 삼 년 동안 먹곤 했지.

샘물이고 강물이고 다 말라붙어도 딱 한 군데 물이 괴는 곳이 있었어. 거기가 어디냐 하면 짐승 발자국이었지. 그런데 짐승 발자국에 괸 물을 먹으면 짐승이 되었다지 뭐야. 노루 발자국에 괸 물을 먹으면 노루가 되고, 사슴 발자국에 괸 물을 먹으면 사슴이 되고, 토끼 발자국에 괸 물을 먹으면 토끼가 되고, 그랬대.

그때 어느 산골에 오누이가 단둘이 살았어. 열예닐곱 살 먹은 누나하고 여남은 살 먹은 남동생하고 단둘이 사는데, 먹고살 길이 있어야지. 먹고살 길이 없으니까 여기저기 돌아다니며 밥도 얻어먹고 그렇게 살았어. 둘이서 바람아 바람아 돌아다니다가 하루는 산속에 들어가게 됐지. 그런데 동생이 물이 먹고 싶다고 막 울어. 그런데 물이 없잖아. 동생은 자꾸 울며 보채고, 샘물은 아무리 찾아봐도 없고, 그래서 하는 수 없이 노루 발자국에 괸 물을 떠다 먹였어.

그랬더니 동생이 그만 노루가 되어 버렸어. 조그마한 새끼노루가 되어 가지고 눈물을 흘리며 운단 말이야.

"아이고, 이를 어째."

 노루가 된 동생 목을 끌어안고 같이 울었어. 둘이서 해가 넘어가는 것도 모르고 슬피슬피 울고 있었지.

 그때 이 산속에 사냥을 하러 온 사냥꾼 총각이 있었어. 이 사냥꾼이 말을 타고 가는데, 어디서 구슬픈 울음소리가 들리거든. 울음소리를 따라가 보니까, 웬 처녀가 노루 목을 끌어안고 슬피 울고 있단 말이야. 어찌 된 일이냐고 물으니까 이렇게 저렇게 되어서 운다고 그러거든.

 사냥꾼이 오누이를 데리고 집으로 돌아왔어. 그리고 처녀와 결혼을 했어. 노루가 된 동생도 그 집에서 함께 살았지. 마당가에다 나무로 노루 집을 만들어 주니까, 거기에서 밥도 먹고 잠도 자고 그렇게 살았어.

 남편이 날마다 사냥하러 나가면 오누이만 남아서 집을 보는 거지. 누나는 날마다 동생을 씻어 주고 닦아 주고 밥도 먹여 주고, 이렇게 극진히 보살펴 주었어. 그러다가 슬프면 둘이서 붙잡고 울기도 하고.

 남편은 사냥하러 나가면서 늘 "나 없는 동안에 아무도 집에 들이지 마오" 하고 신신당부를 해. 그런데 하루는 남편이 사냥을 나간 사이에 웬 할머니가 찾아왔어. 꼬부랑 허리에 지팡이를 짚고 찾아와서는,

"이 불쌍한 늙은이 밥 한 술 주오."

한단 말이야. 남편이 '아무도 집에 들이지 말라'고 했지만, 할머니가 너무 불쌍해 보여서 도저히 박절하게 내쫓지 못하겠거든. 그래서 할머니를 집 안으로 불러들였어. 그리고 밥을 한 그릇 잘 차려 줬어. 할머니가 밥 한 그릇을 다 먹더니,

"색시, 여기 오는 길에 은비녀를 잃어버렸다오. 나는 눈이 어두워 찾지를 못하니 색시가 좀 찾아 주구려."

이러거든. 누나가 그 말을 듣고 은비녀를 찾으러 집 밖으로 나갔어. 할머니는,

"여기서 잃었나? 저기서 잃었나?"

하면서 누나를 데리고 자꾸만 멀리 가는 거지. 낭떠러지 위에 가더니,

"옳아, 내가 여기서 은비녀를 잃어버린 게 틀림없어. 여기서 찾아봐요."

이런단 말이야. 누나는 낭떠러지 위에서 허리를 굽히고 은비녀를 찾기 시작했지. 그때 할머니가 누나 뒤로 가서는 낭떠러지 밑으로 떠다밀어 버렸지 뭐야. 누나는 그만 깊디깊은 낭떠러지 밑으로 떨어지고 말았어.

그래 놓고 할머니가 재주를 팔딱팔딱 넘으니까, 이게 웬일이야. 금세 누나하고 똑같은 젊은 색시 모습으로 변해 버리네. 그렇게 둔갑을 해 가지고 집으로 돌아와서는 사냥꾼을 기다리는 거지.

저녁이 되니까 사냥꾼이 사냥을 해 가지고 돌아올 게 아니야? 가짜 색시가,

"아이고, 이제 오세요? 어서 저녁밥 드셔야지요."

하고 남편을 반갑게 맞아들인다고 난리가 났어. 그런데 노루 집에서 노루가 자꾸만 울거든. 앞발로 문을 드득드득 긁으면서 구슬프게 운단 말이야. 그 소리를 듣고 사냥꾼이,

"당신 동생이 슬피 울고 있으니 어서 가서 달래 주구려."

하니까,

"아니, 저걸 없애 버리는 게 좋겠어요. 원, 시끄러워서 견딜 수가 있나."

이런단 말이야.

"무슨 소리요? 당신이 그렇게나 애지중지하던 동생인데, 정신이 나갔소?"

남편이 야단치니까 가짜 색시는 아무 말 못 하고 입만 샐쭉샐쭉하고 있겠지.

노루는 세상이 떠나갈 듯이 자꾸만 울어. 노루는 다 알고 있는 거지. 누나

는 낭떠러지에 떨어져 죽고, 할머니가 누나 모습으로 둔갑을 해서 저러고 있다는 걸 다 안단 말이야. 그래서 슬피슬피 우는 거지.

노루는 울다가 울다가 노루 집을 부수고 밖으로 뛰쳐나왔어. 있는 힘을 다해서 낭떠러지로 뛰어갔어.

집에 있던 사냥꾼이 왜 저러나 하고 따라가 봤더니, 노루가 낭떠러지 위에서 왔다 갔다 하며 슬피슬피 울고 있거든. 낭떠러지 아래를 한번 보고, 사냥꾼을 한번 보고, 이러면서 운단 말이야.

'틀림없이 저 낭떠러지 밑에 무엇이 있나 보다.'

사냥꾼이 얼른 낭떠러지 밑으로 내려가 봤어. 가 보니까 글쎄 거기에 자기 부인이 쓰러져 있거든.

"아이쿠, 여보. 이게 무슨 일이오?"

그러고 있는데, 저쪽에서 누가 달려와. 달려오면서,

"여보, 여보!"

하는데, 사냥꾼이 가만히 보니까 자기 부인이거든. 너무 똑같아서 누가 진짜이고 누가 가짜인지 모르겠단 말이야. 그래서 어쩔 줄을 모르고 있어. 이쪽 한번 바라보고 저쪽 한번 바라보고, 이러기만 하지.

그때 노루가 낭떠러지 밑으로 내려왔어. 내려와서 자기 누나한테 달려가더니 볼을 비비면서 마구 울어. 그러니까 죽은 줄만 알았던 누나가 부시시 일어나네. 노루가 하도 반가워서,

"누나!"

하고 큰 소리로 불렀어. 자기도 모르게 사람 소리를 낸 거지. 그랬더니 신기하게도 사람이 됐어. 다시 옛날 모습으로 돌아온 거야. 너무 기뻐서 둘이서 얼싸안고 막 울었어. 그러니까 가짜 부인이 슬금슬금 꽁무니를 빼는 거야. 사냥꾼이 모든 걸 알아차리고 얼른 활을 빼서 쏘았지. 그랬더니 벌렁 나자

빠지는데, 꼬리 아홉 달린 여우가 나자빠지더래. 천년 묵은 여우가 할머니로 둔갑했다가 젊은 색시로 둔갑한 거지.

이런 일이 있고부터 비가 많이 와서 강물이 흐르고 샘물이 다시 펑펑 솟아났어. 그다음부터는 노루 발자국에 괸 물을 먹어도 노루가 되는 일은 없더래.

지리산 사냥꾼 아들

오늘은 호랑이 이야기 좀 해 볼까? 우리 나라 호랑이는 다른 나라 호랑이처럼 사납지 않고 성질이 순하단다. 사람을 함부로 해치지 않지. 그게 왜 그런고 하니, 지리산 사냥꾼 아들이 길을 잘 들여 놓아서 그렇단다. 어떻게 길을 들였느냐고? 이제부터 하는 이야기를 잘 들어 보렴.

옛날 지리산에는 호랑이가 많이 살았는데, 이놈들이 아주 사나워서 사람을 마구 잡아먹었다는구나. 그중에도 천년 묵은 호랑이가 제일 사나웠다는데, 이놈은 밤이면 밤마다 마을에 내려와서 사람이고 집짐승이고 닥치는 대로 잡아먹었단다.

그런데 이 산 밑에 한 사냥꾼이 살았어. 이 사람은 가랑잎 위를 걸어다녀도 소리 하나 내지 않고 다닐 만큼 날쌔고, 활을 한번 쏘았다 하면 제아무리 빠른 짐승도 한 살에 맞히는 재주꾼이었대. 그런데 이 사람이 천년 묵은 호랑이 잡는다고 지리산에 들어가더니 그만 나올 줄을 몰라. 호랑이한테 잡아먹힌 거지.

이 사냥꾼에게 아들이 하나 있었어. 그런데 이 아이는 자기 아버지가 호랑이에게 잡아먹힌 것을 몰라. 워낙 젖먹이였을 때 아버지가 변을 당했는데다가 어머니가 아들 기죽을까 봐 그런 얘기를 숨겨 왔기 때문이지. 어머니는 아들에게 사냥을 시키지 않으려고 활이고 화살이고 죄다 헛간에 숨겨 놓고 글공부만 시켰어. 글공부하러 글방에 가는 것은 좋은데, 글쎄 글방 아이들이 얘만 보면 자꾸 놀려 대거든. '호랑이 밥의 자식'이라고 말이야. 참다 못해서 하루는 어머니에게 물었어.

"어머니, 글방 아이들이 나보고 '호랑이 밥의 자식'이라고 놀리는데, 우리 아버지가 정말 호랑이 밥이 되었나요?"

어머니가 하는 수 없이 사실대로 다 말해 주었지.

"얘야, 네 아버지는 훌륭한 사냥꾼이었단다. 가랑잎 위를 걸어다녀도 소리 하나 내지 않고 다니는 날쌘 사람이라 아무리 빠른 짐승도 놓치는 법이 없었는데, 어쩌다가 천년 묵은 호랑이에게 잡아먹히고 말았어."

하면서 감추어 뒀던 활과 화살을 보여 주었어.

아들은 그날부터 글공부를 그만두고 활쏘기 연습만 하는 거야. 어머니가 걱정이 돼서,

"얘야, 글공부는 어찌하고 날마다 활만 쏘느냐?"

하면,

"아버지를 잡아먹은 호랑이를 제 손으로 꼭 잡고 말겠어요. 그러려면 저도 아버지처럼 훌륭한 사냥꾼이 되어야 할 테니 연습을 게을리할 수는 없지요."

이러면서 하루 종일 활쏘기 연습을 한단 말이야.

이러구러 몇 해가 지나서 제법 활을 잘 쏘게 되니까 아들은 아버지 원수를 갚는다고 지리산으로 들어가려고 한단 말이야. 어머니가 기겁을 하고 말렸어.

"안 된다, 얘야. 천년 묵은 호랑이가 얼마나 사나운지 알고 그러느냐? 공연히 너까지 호랑이에게 잡아먹힐라."

그래도 아들은 부득부득 호랑이 잡으러 가겠다고 하거든. 어머니는 어떻

게든 아들을 보내지 않으려고 거짓말을 했어.

"네 아버지는 십 리 밖에 나무 잎사귀도 쏘아 맞히는 재주가 있었느니라. 그런 재주를 가지고도 호랑이에게 당했으니, 네 솜씨로는 어림도 없다. 그러니 꼭 가려거든 연습을 더 하려무나."

그러니까 아들은 아직 때가 되지 않았구나 생각하고 활쏘기 연습을 더 부지런히 했단다. 날마다 십 리 밖에서 나뭇잎을 쏘아 맞히는 연습을 했지. 그래서 드디어 십 리 밖에서 나무 잎사귀를 쏘아 맞힐 만큼 활을 잘 쏘게 됐어.

"어머니, 이제 십 리 밖에서 나뭇잎을 쏘아 맞힐 수 있습니다. 그러니 호랑이 잡으러 가겠습니다."

그래도 어머니는 고개를 내저으며 말렸어.

"네 아버지는 십 리 밖에서 내가 물동이를 이고 오면, 화살 하나를 쏘아서 물동이에 구멍을 내고 또 하나를 쏘아서 구멍을 막아 물이 새지 않도록 하는 재주가 있었느니라. 그런 재주로도 천년 묵은 호랑이를 못 당했으니, 그 솜씨로는 아직 멀었다."

물론 이것도 아들을 보내지 않으려고 꾸며 낸 말이었지. 그런데 아들은 그날부터 십 리 밖에서 물동이에 화살로 구멍을 냈다가 다시 막는 연습을 하기 시작하는 거야. 날마다 부지런히 연습을 해서 드디어 그런 재주를 익혔어.

"어머니, 이제 십 리 밖에서 물동이를 쏘아 구멍을 냈다가 다시 막을 수 있습니다. 그러니 호랑이 잡으러 가겠습니다."

그래도 어머니는 허락을 안 해 줘. 어떻게든 아들을 붙잡으려고 또 거짓말을 했단다.

"네 아버지 재주가 그뿐인 줄 아느냐? 아버지는 활을 쏘아 바위도 깨뜨렸단다. 그만 힘이 있고서야 호랑이를 당할 수 있느니라."

이쯤 되면 제아무리 고집 센 아들도 마음을 고쳐먹겠지 했는데 웬걸, 아들이 그날부터 화살로 바위를 깨뜨리는 연습을 하기 시작한단 말이야. 손에 피멍이 맺히도록 밤낮을 가리지 않고 연습하더니, 드디어 화살로 바위를 깨뜨릴 만큼 힘을 길렀어.

"어머니, 이제 화살로 바위를 깨뜨릴 수 있습니다. 그러니 호랑이 잡으러 가겠습니다."

이제는 어머니도 더 말릴 수가 없게 됐지. 그래서 찹쌀로 주먹밥을 만들어 주면서 몸조심하라고 신신당부를 하고 아들을 보냈어.

아들은 어머니가 준 찹쌀 주먹밥을 봇짐 속에 넣고 길을 떠났어. 산속으로, 산속으로 자꾸만 들어가는 거지. 산이 점점 깊어지면서 길도 없어지고 온통 바위와 숲뿐인데, 하루 종일 걸어가다 보니 날이 저물었거든. 그런데 마침 그 깊은 산속에 외딴집이 한 채 있고, 거기서 불빛이 새어 나오더래. 거기에 가 보니, 머리가 하얗게 센 할머니가 혼자서 집을 지키고 있더란다.

"젊은이는 이 깊은 산중에 어찌 들어왔나?"

그래서 아버지 원수를 갚으려고 천년 묵은 호랑이를 잡으러 왔다고 했어.

"천년 묵은 호랑이는 여간 재주로는 잡지 못할 텐데, 무슨 재주를 가지고 있나?"

그래서 집에서 익힌 세 가지 재주를 말해 주었지.

"효성도 지극하고 재주도 뛰어나니 호랑이와 싸울 만하군. 그런데 그놈은 번개같이 날쌔서 날아오는 화살도 척척 받아 내니 조심하게나. 또 가죽이 무쇠처럼 단단하니, 호랑이 몸 중에서 제일 무른 곳을 찾아 활을 쏘아야 할 걸세."

이렇게 일러 주고는, 이튿날 날이 밝으니까 산삼을 넣어 만든 주먹밥을 몇 덩이 주면서 몸조심하라고 신신당부를 해. 할머니가 준 산삼 주먹밥을 봇짐 속에 넣어 가지고 또 길을 떠났어.

험한 산속으로 한참 더 들어가니까, 어디서 천둥이 치는 것처럼 큰 소리가 들리더래. 소리나는 쪽으로 살금살금 가 보았더니, 바위 위에 집채만 한 호랑이 한 마리가 앉아 있는데, 눈에서 파란 불이 이글거려.

'옳지, 저놈이 바로 우리 아버지를 잡아먹은 놈이로구나.'

아들은 재빨리 활에 살을 재워 호랑이를 겨냥하고 쏘았어. 십 리 밖에서 나뭇잎 쏘아 맞히는 솜씨로 말이야. 그런데 이게 웬일이야. 호랑이가 얼마나 날쌘지 날아오는 화살을 다 피하더란 말이야. 몸을 이리저리 움직이니까 화살이 그냥 피융피융 스쳐 지나가고 말거든. 이래서는 안 되겠다 하고 연거푸 번개같이 활을 쏘아 댔어. 물동이에 구멍 뚫을 때 연습한 것처럼 말이지. 그러니까 호랑이가 앞발 뒷발을 들어서 화살을 척척 받아 내는데, 과연 가죽이 무쇠처럼 단단하여 화살이 뚝뚝 부러지더래.

한참 동안 그렇게 호랑이와 싸우다 보니 그만 힘이 빠졌어. 그 틈에 호랑이는 온 산이 쩌렁쩌렁 울리도록 큰 소리를 내면서 아들을 덮치는 거지. 아들은 겨우 나무 위로 몸을 피했어. 그리고 어머니가 준 찹쌀 주먹밥과 할머니가 준 산삼 주먹밥을 얼른 입안에 넣고 먹었어. 그랬더니 새 힘이 펄펄 살아나더래.

호랑이는 몸을 훌쩍 날리더니 아들이 올라가 있는 나무를 통째로 삼킬 듯이 덮쳐 오는 거야. 입을 딱 벌리고 달려오는 것을 보니, 문득 할머니가 '호랑이 몸 중에서 제일 무른 곳을 찾아 활을 쏘아라' 하고 말한 게 생각나거든. 호랑이 가죽이야 무쇠처럼 단단하더라도 입속은 무를 게 아니야. 얼른 입속을 겨냥해서 힘껏 활을 쏘았지. 바위를 깨뜨릴 때 연습한 것처럼 온 힘을 다해서 쏘았어. 갑자기 입속에 화살을 맞은 호랑이가 아파서 입을 더 크게 벌리고 '어흥!' 하는 소리를 내거든. 그 틈을 타서 입속에 연거푸 화살을 날렸지. 그랬더니 그 큰 호랑이가 그 자리에서 꼬꾸라져 죽더란다.

 천년 묵은 호랑이를 잡고 나니, 어디서 왔는지 다른 호랑이가 수도 없이 몰려와서 넙죽 엎드리더래. 그러고는 살려 달라는 듯이 앞발을 모으고 싹싹 빌더래.

 "너희들을 다 살려 줄 터이니 이제부터는 절대로 사람을 해치지 말아라."

 그러니까 호랑이들이 모두 고개를 끄덕끄덕하더래. 그다음부터는 호랑이가 마을로 내려와 사람을 해치지 않게 되었단다. 우리 나라 호랑이가 왜 다른 나라 호랑이처럼 사납지 않게 되었는지 이제 알겠지?

 사냥꾼 아들은 어떻게 되었느냐고? 그야 어머니 모시고 잘 살았지. 지금도 지리산 밑에 살고 있는지 몰라.

복덩어리 총각

옛날에 한 총각이 홀어머니를 모시고 살았어. 그런데 살림살이가 지지리도 가난해. 아무리 부지런히 일을 해도 찢어지게 가난하기는 매한가지거든. 하도 가난하니까 나이가 서른이 넘도록 장가도 못 갔어. 살기가 어려워서 이웃 사람들에게 푸념을 하면,

"그게 다 팔자일세. 타고난 복이 없어서 그런 걸 어떡하나."

하고 말지.

"그러면 타고난 복은 누가 준대요?"

총각이 궁금해서 물으면,

"그야 하늘나라에 사는 옥황상제가 주시는 거지."

하거든.

'그렇다면 옥황상제를 찾아가서 물어나 봐야겠다. 나는 왜 이리 복이 없는지, 그 까닭이라도 알아봐야겠어.'

이렇게 총각이 마음을 단단히 먹었어. 어머니한테 하직 인사를 드리고 집을 나섰지. 하늘나라에 가는 길을 모르니, 그저 발길 닿는 대로 자꾸만 갈 수밖에. 가다 보니 날이 저물었는데, 마침 길가에 아담한 집이 한 채 있거든. 들어가서 하룻밤 묵고 가게 해 달라고 했어. 그 집 주인은 젊은 색시인데, 대접을 아주 잘해 줘. 어디 가느냐고 묻기에 하늘나라에 옥황상제 만나

러 간다고 했더니,

"그러면 제 부탁 한 가지만 들어주세요. 저는 시집을 갔다 하면 그날로 남편이 죽고 말아요. 남들은 다 제 팔자가 사나워서 그렇다는데, 어떻게 하면 좋은지 옥황상제님에게 좀 물어봐 주세요."

하거든.

"그러지요. 이렇게 대접을 잘 받고 그런 심부름쯤 못 해 드리겠소?"

이렇게 약속을 하고, 다음 날 날이 밝자 또 길을 떠났어. 산길로 들어서서 한참 가는데, 길가에 있는 밭에서 어린아이 셋이 부지런히 일을 하고 있어. 무슨 일을 하나 하고 가만히 살펴보니, 아이들이 꽃나무에 물을 주고 있더래. 그런데 아직 꽃이 하나도 피지 않았어.

"무슨 꽃나무이기에 그렇게 물을 줘도 꽃이 피지 않느냐?"

총각이 물으니까,

"이건 황금으로 만든 꽃나무인데요, 왜 꽃이 피지 않는지 우리도 모르겠어요. 하늘나라 옥황상제님이나 아실까."

하거든.

"그래? 내가 지금 옥황상제님을 만나러 가는 길인데……."

"그러면 우리 꽃나무에 왜 꽃이 피지 않는지 좀 여쭈어 봐 주세요."

"그거야 어렵지 않지."

그러고 또 길을 떠났어. 자꾸 가다 보니 큰 강이 나와. 강 저편이 하늘과 맞닿아 있는데, 도무지 강을 건널 길이 없어. 사공도 없고 배도 없단 말이지.

"여기까지 와서 하늘나라에 못 가는구나."

하고 한탄을 하니까, 강물이 쩍 갈라지면서 커다란 이무기가 고개를 쑥 내밀어.

"어딜 가려고 이 강을 건너려 하시오?"

"하늘나라에 옥황상제님 만나러 간단다."

"그럼, 내 등에 업히시오. 이 강만 건너면 하늘나라요."

그래서 이무기 등에 업혀 강을 건너는데, 이무기가 또 부탁을 하네.

"나는 천년 동안 여기서 용 될 날만 기다리고 있다오. 옥황상제님을 만나거든 내가 아직까지 왜 용이 못 되는지 좀 물어봐 주시오."

"그러고말고. 이렇게 강을 건네준 은혜에 견주면 그런 심부름이야 아무것도 아니지."

이렇게 해서 이무기 덕분에 하늘나라에 가게 됐지. 옥황상제가 사는 큰 집 앞에 이르니, 문지기가 못 들어가게 길을 막는구나.

"나는 옥황상제님께 여쭈어 볼 게 있어서 먼 길을 왔으니 들여보내 주시오."

"안 돼요, 안 돼."

이렇게 옥신각신하고 있는데, 안에서 옥황상제 목소리가 들려.

"밖이 왜 이리 시끄러우냐?"

문지기가 이러이러해서 그렇다고 아뢰니까 옥황상제가 들어오라고 허락을 하네. 얼른 들어가서 넙죽 엎드렸지.

"상제님, 저는 아무리 부지런히 일을 해도 밤낮 가난하게 산답니다. 제게는 왜 이렇게 복이 없는지 여쭈어 보러 왔습니다."

"허허, 사람마다 타고난 복이 다르지만, 애써 남을 도우면 없는 복도 생기는 법이라네."

총각은 오는 길에 부탁받은 것도 하나하나 물어보았어. 그랬더니,

"남편 잃은 색시는 남을 잘 돕는 사람에게 시집가면 될 것이고, 꽃 못 피우는 아이들은 정성이 모자라서 그런 게야. 꽃나무는 금으로 만들 것이

아니라 정성으로 가꾸어야지. 그리고 이무기에게는 욕심이 많아서 용이 못 된다고 이르게나. 하나만 있으면 될 여의주를 두 개씩이나 가지고 있어서 그런 거라고."

하고 자세하게 가르쳐 주거든. 총각이 고맙다고 절을 꾸벅꾸벅 하고, 이제 돌아오는 거지. 큰 강가에 이르니 이무기가 또 나와서 강을 건네주거든.

"내가 부탁한 것은 물어보았소?"

"여의주를 두 개씩이나 가지고 있어서 용이 못 된다는군."

"그렇군요. 이제 여의주 하나는 소용이 없으니 당신이 가지시오."

이무기가 여의주 하나를 총각에게 주더니, 금세 용이 되어 하늘나라로 휘익 날아가. 여의주 하나를 얻어 가지고 가다가 꽃나무에 물 주는 아이들을 만났지.

"옥황상제님은 만나 보셨나요?"

"그래, 꽃나무는 금으로 만들 것이 아니라 정성으로 가꾸어야 한다고 그러시더군."

"아, 그렇구나. 이제 금은 소용없으니 아저씨가 가지세요."

아이들이 금으로 만든 꽃나무를 총각에게 주고는, 밭을 다시 일구고 씨를 뿌리니 금세 싹이 나. 총각은 금을 많이 얻어 가지고 갔지. 가다 보니 길가에서 색시가 기다리고 있어.

"옥황상제님이 뭐라고 하시던가요?"

"남을 잘 돕는 사람에게 시집가면 된다고 하셨소."

"듣고 보니 남을 잘 돕는 사람이란 바로 당신이군요. 남의 부탁을 이렇게 잘 들어주셨으니까요."

그래서 색시와 함께 집으로 돌아왔어. 돌아와서 홀어머니 모시고 잘 살았단다.

마을 사람들은 모두 총각이 복을 많이 얻어 왔다고 그랬대. 여의주 같은 보배 얻고, 금도 많이 얻고, 게다가 색시까지 얻어 장가들었으니 그게 복이 아니고 뭐겠어.

신돌이, 선돌이, 부돌이

옛날에 나이도 똑같고 몸집도 비슷한 세 아이가 같은 글방에 다녔어. 그런데 이 세 아이에게는 소원이 한 가지씩 있었어. 한 아이는 신선이 되는 게 소원이어서 이름을 '신돌이'라 했고, 또 한 아이는 글 잘하는 선비가 되는 게 소원이어서 '선돌이'라 했지. 또 한 아이는 부자가 되는 게 소원이라 '부돌이'라고 했어.

세 글동무가 공부를 아주 열심히 했나 봐. 그래서 배우는 책을 죄다 줄줄 외게 됐어. 하루는 글방 훈장님이 셋을 불러다 놓고,

"너희들이 그동안 글공부를 부지런히 해서, 이제 내가 더 가르칠 것이 없구나. 그러니 이제부터는 내 곁을 떠나서 너희들끼리 공부를 하여라."

하더래. 그래서 셋이 조용한 산속에 가서 글공부를 하기로 했어. 훈장님과 부모님께 하직 인사를 드리고 산으로 들어갔지. 마침 깊은 산속에 빈 절이 있어서, 거기서 잠도 자고 밥도 지어 먹으며 글공부를 했더래.

셋이서 약속을 하기를, 아침밥은 신돌이가 짓고 점심밥은 선돌이가 짓고 저녁밥은 부돌이가 짓기로 했어. 그런데 밥을 지어 상을 차려 오는 품이 셋이 저마다 다르더란 말이지.

신돌이는 밥을 그릇에 퍼 담을 때 두 동무 것을 먼저 수북하게 담고, 남은 것을 제 밥그릇에 퍼 담아. 그러니까 늘 자기는 찌꺼기밥이나 누룽지 차지

지. 그래도 군말 한번 하는 법이 없어.

선돌이는 밥을 어떻게 퍼 담느냐 하면, 세 밥그릇에 저울로 단 듯이 똑같이 밥을 담아. 모자라면 모자라는 대로, 넘치면 넘치는 대로 똑같이 담아 놓으니 누가 더 잘 먹고 못 먹고 할 것이 없지.

부돌이는 늘 자기 밥그릇에 먼저 밥을 수북이 퍼 담고 나서 남은 찌꺼기와 누룽지를 두 동무 밥그릇에 퍼 담아. 그러니 아무리 양식이 모자라도 제 밥그릇은 늘 푸짐하지. 그래도 다른 두 동무는 알고도 모르는 체, 쓰다 달다 말이 없었어.

이렇게 하루 세끼를 먹으며 공부를 하니 신돌이는 날이 갈수록 몸이 야위고, 선돌이는 날이 가도 어제가 오늘 같고, 부돌이는 날이 갈수록 피둥피둥 살이 쪘어. 이렇게 살다 보니 삼 년이 후딱 지나갔거든. 이제 글공부도 할 만큼 해서 산을 내려가기로 했지.

"이제 우리 여기서 헤어지자. 저마다 소원을 이루고 십 년 뒤에 여기서 다시 만나자."

이렇게 약속을 하고 헤어졌단다.

그 뒤에 선돌이는 글공부를 더 많이 해서 소원대로 이름난 선비가 되었어. 과거에 급제해서 벼슬도 하고 말이야. 벼슬 자리에 있으면서 나라일을 칼로 무 자르듯이 경우 바르게 딱딱 잘하니까, 사람들이 과연 선비 중의 선비라고 추어주고 그래. 소원대로 잘 되었지.

그러다 보니 두 동무들과 약속한 날이 되었거든.

'신돌이, 부돌이는 어떻게 되었을까? 소원대로 신선 되고 부자 되어 잘 살고 있을까?'

하면서, 도포 입고 갓 쓰고 옛날에 공부하던 산속으로 들어갔단 말이야. 가 보니 옛날 절이 있던 자리에 절은 온데간데없고 아담한 초가집이 한 채 있더래. 뜰에는 갖가지 꽃이 활짝 피었고 그윽한 향기가 집 안에 가득한데 쌍무지개가 초가지붕에 두둥실 걸려 있더래. 경치가 하도 아름다워서 입을 딱 벌리고 바라보고 있으니, 집 안에서 하얀 옷 입은 사람이 굽은 지팡이를 짚고 걸어나오거든. 가만히 보니까 바로 신돌이야.

"자네는 소원대로 신선이 되었네그려."

"자네는 소원대로 선비가 됐군."

둘이서 얼싸안고 반가워했지. 신돌이가 선돌이를 데리고 집 안을 여기저기 구경시켜 주는데, 신선이 사는 집은 좁아도 넓더래. 동쪽 창문을 열고 보니 봄 경치가 나타나서 온갖 꽃이 울긋불긋 피어 있고, 남쪽 창문을 열어 보니 여름 경치가 나타나서 푸른 숲이 우거져 있더래. 서쪽 창문을 열고 보니 단풍이 한창인데 온갖 곡식과 과일이 무르익고, 북쪽 창문을 열어 보니 흰 눈이 가득 쌓여 눈이 부시더래.

선돌이가 이렇게 좋은 구경을 실컷 하고 보니, 부돌이 소식이 궁금해지지 않겠어?

"부돌이는 왜 여태 안 올까? 약속을 잊어버렸나?"

그랬더니 신돌이가 한숨을 쉬면서 하는 말이,

"부돌이는 벌써 여기 와 있다네."

하거든. 그게 무슨 말이냐고, 어디 있느냐고 물으니까 신돌이가 들고 있던 지팡이로 주춧돌 아래를 가리킨단 말이야. 거기를 보니까, 글쎄 커다란 구렁이 한 마리가 또아리를 틀고 이렇게 쳐다보고 있더란 말이지.

"저 구렁이가 부돌이란 말인가?"

하니, 신돌이가 고개를 끄덕끄덕해.

"아니, 어쩌다가 부돌이가 구렁이가 되었단 말인가?"

"부돌이는 욕심을 버리지 못하고 자꾸 남의 것을 탐내다가 그만 하늘의 벌을 받았다네."

십 년 전 셋이서 글공부할 때도 제 밥그릇만 채우더니, 그 뒤로도 욕심을 못 버려서 죗값을 치르나 봐. 아무리 죗값을 치른다고 해도 옛 동무가 저런 꼴을 하고 있으니 얼마나 불쌍하겠어. 선돌이가 신돌이를 붙잡고 사정을 해.

"여보게, 아무려나 같이 공부하던 글동무인데 불쌍해서 못 보겠네. 자네는 신선이니 무슨 수가 없겠는가?"

그러니까 신돌이가 한참 동안 궁리를 해. 그러더니 구렁이더러,

"여보게, 뒤뜰에 가면 복숭아 나무가 하나 있으니, 거기 가서 복숭아를 있는 대로 다 따 오게나."

하고 심부름을 시켜. 구렁이가 된 부돌이가 그 말을 듣고 스르르 뒤뜰로 갔어. 구렁이를 보내 놓고 나서 신돌이가 하는 말이,

"만약에 부돌이가 복숭아를 그대로 다 가지고 오면 하늘의 용서를 받아 다시 사람이 될 수 있을 걸세."

이러거든. 조금 있으니까 구렁이가 복숭아를 세 개 입에 물고 와. 신돌이가 그걸 보더니 한숨을 쉬면서 고개를 절레절레 흔든단 말이야.

"왜 그러는가? 부돌이가 뭘 또 잘못했는가?"

"뒤뜰에 열린 복숭아는 네 개인데, 자기가 한 개를 따 먹고 세 개만 가지고 왔어. 아직도 욕심을 못 버린 게야. 도대체 사람 노릇을 할 수 없는 심보니 난들 어쩌겠는가."

그 소리를 들은 구렁이는 눈물을 철철 흘리면서 어디론가 스르르 사라져 버리더래. 그 뒤로 신돌이, 선돌이는 오래오래 잘 살았는데 부돌이는 다시 나타나지 않더란다. 지금도 구렁이로 살고 있는지 몰라.

여우 누이

옛날 옛날 어느 마을에 아들 셋 가진 부부가 살았단다. 그런데 이 부부는 평생 예쁜 딸 하나 낳는 것이 소원이야.

'어떻게 하면 우리도 남들처럼 귀여운 딸 낳고 살아 볼까.'

하다가, 신령님께 빌기로 했어. 뒷산 동굴 앞에 상을 차려 놓고 맑은 물 떠다 놓고 날마다 빌었어.

"신령님, 우리에게도 예쁘고 귀여운 딸 하나만 점지해 주십시오. 비나이다, 비나이다."

이렇게 석 달 열흘 동안 빌었단 말이야.

그런데 그 동굴 속에는 천년 묵은 여우가 한 마리 살고 있었어. 이 여우는 천년이나 살아서 꼬리가 아홉 개나 달리고, 못 부리는 요술이 없단 말이지. 이 여우가 굴속에서 들어 보니, 웬 부부가 날이면 날마다 딸 낳게 해 달라고 빌거든.

'옳지, 내가 아기로 둔갑을 해서 저 집 딸이 되어야지. 그러면 짐승이고 사람이고 마음 놓고 잡아먹을 수 있을 테니.'

이렇게 해서 꼬리 아홉 달린 여우가 딸로 태어나게 됐단다. 그런 줄도 모르는 아버지 어머니는 소원대로 예쁜 딸을 낳았다고 좋아했지. 불면 날아갈세라 쥐면 꺼질세라 온갖 정성을 들여서 키웠어.

그런데 이 딸이 예닐곱 살쯤 되면서부터 글쎄 집안에 이상한 일이 생기기 시작하는 거야. 밤새 집짐승들이 죽어 넘어지는 거지. 자고 일어나 보면 소 한 마리가 죽어 있고, 또 자고 일어나 보면 말 한 마리가 죽어 있고, 이렇단 말이야.

보다 못한 아버지가 큰아들더러 밤새 집짐승들을 지켜보라고 일렀어. 그래서 큰아들이 그날 밤에 잠을 안 자고 외양간 뒤에 숨어서 집짐승들을 지켰어. 초저녁에는 정신을 바짝 차리고 살폈는데, 밤이 이슥하도록 아무 일이 없으니까 그만 앉은자리에서 잠이 들어 버렸지 뭐야. 세상 모르고 쿨쿨 자다가 아침이 되어 일어나 보니, 외양간에 소가 한 마리 죽어 넘어져 있거든.

"도대체 간밤에 무슨 일이 있었기에 소가 또 죽었느냐?"

아버지가 물으니까 큰아들은 할 말이 없지. 세상모르고 잠이 들어 버렸다고 하면 꾸중을 들을 것 같으니까,

"밤새 지키고 있었는데 아무것도 못 보았습니다."

하고 얼렁뚱땅 둘러댔어. 아버지는 혀를 끌끌 차더니 둘째 아들더러 밤새 지켜보라고 했어. 둘째 아들도 초저녁에는 정신을 차리고 지켰는데, 밤이 깊어도 아무 일이 없으니까 그만 저도 모르게 하품이 나오면서 깜빡 잠이 들어 버렸어. 한번 잠이 드니까 아침까지 세상모르고 자 버렸지. 이튿날 아침에 깨어 보니 또 소 한 마리가 죽어 넘어져 있단 말이지.

"그래, 너는 무엇을 보았느냐?"

아버지가 물으니까 둘째 아들도 아무것도 못 보았다고 그러거든. 그래서 이번에는 막내아들에게 지켜보라고 했어. 막내는 잠이 들까 봐 바가지에 찬물을 떠다 놓고 얼굴에 끼얹어 가면서 지켜보았지. 초저녁부터 밤이 이슥할 때까지는 아무 일도 없더래. 그런데 새벽달이 뜰 때쯤 되니까 누이동생이

자는 방에서 문이 스르르 열리지 뭐야.

그러더니 누이동생이 살금살금 마당으로 내려온단 말이야. 여기저기 두리번거리며 살피더니 가만히 부엌으로 들어가더래. 조금 뒤에 손에다 참기름을 발라 가지고 나와서는 외양간으로 가더란 말이지. 그러더니 소 입에다 손을 집어넣어서 간을 끄집어내더라는 거야. 그러니까 소는 그 자리에서 푹 꼬꾸라져 죽어 버리지 뭐야. 누이동생은 소간을 허겁지겁 먹어치우고 나서 다시 방으로 살그머니 들어가더란 말이야.

이튿날 아침에 아버지가 나와 보니 또 소가 죽어 넘어져 있거든.

"막내야, 너는 잘 지켜보았겠지?"

"예, 아버지. 정말 끔찍한 것을 보았습니다."

막내는 아버지에게 간밤에 본 것을 낱낱이 이야기했어. 그랬더니 아버지는,

"당치도 않는 거짓말을 하는구나. 애비가 누이동생을 귀여워하니까 시샘이 나서 그런 애매한 소리를 하느냐? 그런 소리 하려거든 당장 나가거라."

하면서 막내아들을 내쫓지 않겠어?

쫓겨난 막내는 그저 발길이 닿는 대로 걸어갔어. 한참 가다 보니 강가에서 어린아이들이 커다란 자라 한 마리를 잡아 가지고 놀고 있더래. 가까이 가 보니까 자라가 글쎄 눈물을 뚝뚝 흘리고 있거든. 어찌나 불쌍하던지 아이들에게 돈을 주고 그 자라를 샀어. 그러고는 물속에 도로 넣어 주었지.

그리고 다시 길을 걸어가는데, 갑자기 강물이 두 갈래로 쩍 갈라지더니 물속에서 하얀 말을 탄 아이가 썩 나오지 않겠어? 아이가 절을 하면서,

"저는 용왕의 아들입니다. 용궁으로 당신을 모셔 가려고 하니 어서 이 말을 타십시오."

하더래. 무슨 영문인지 몰라서 어리둥절해 있으니까,
"당신이 아까 살려 준 자라가 바로 저입니다. 세상 구경을 하러 물 밖으로 나왔다가 그만 아이들에게 붙잡혔는데, 덕분에 살아났습니다. 용궁에 모시고 가서 목숨을 살려 주신 은혜에 보답하려고 합니다."
한단 말이야. 그래서 말을 탔어. 말이 물속에 풍덩 빠지는가 했더니 눈 깜짝할 사이에 용궁으로 가더래. 용궁에 가니 용왕이 반갑게 맞아들이고 대접을 아주 잘해 주더래. 며칠 동안 대접을 잘 받고, 이제 물 밖으로 나갈 때가 됐거든. 용왕이 고맙다고 몇 번이나 인사를 하고서는,
"아들을 살려 주신 은혜를 갚으려고 하니, 무엇이든지 소원이 있으면 말하시오."
하거든. 용궁에 있으면서도 자나깨나 집 걱정을 하던 참이었거든. '아버지 어머니는 무사하실까? 형님들도 다 괜찮을까?' 하고 말이야. 그래서 집에서 일어났던 일을 낱낱이 말해 줬어. 그러고는,
"어떻게 하면 그 못된 것을 물리칠 수 있겠습니까?"
했더니, 용왕이 조그마한 병을 주더래. 하얀 병, 노란 병, 파란 병, 빨간 병, 이렇게 네 개를 주면서,
"이것을 잘 간직하고 있다가 아주 급할 때 쓰시오."
하더란 말이야. 그리고 말을 한 필 내주면서 타고 가라고 그래. 그래서 병 네 개를 허리춤에 차고 말을 타고 물 밖으로 나왔어. 그리고 집으로 다시 돌아갔지.

집에 가 보니, 그사이에 무슨 일이 있었는지 집이 다 허물어져서 쑥대밭이 되어 있더래. 그리고 집짐승이란 집짐승은 다 죽어서 뼈가 마당에 즐비하더래. 아버지 어머니와 형들도 안 보이고, 빈집에는 찬바람만 씽씽 불더란 말이야.

숨을 죽이고 살펴보는데, 다 찌그러진 방문이 스르르 열리더니 누이동생이 뛰쳐나오지 않겠어?

"아이고, 오빠. 이제 왔어? 어서 들어와."

하면서 소매를 잡아끄는데, 가만히 보니 누이동생 눈이 빨갛고 입이 귀까지 찢어져 있거든. 막내는 등골이 서늘해졌지만 어쩔 수 없이 누이동생에게 이끌려 방으로 들어갔어. 누이동생은 밥을 차려 준다면서 부엌으로 나가는데, 실꾸리를 풀더니 한쪽 끝은 제 오빠 몸에 매고 한쪽 끝은 자기가 들고 나가거든. 그사이에 도망갈까 봐 그러는 거지.

막내아들은 '이러고 있다가는 나까지 변을 당하겠구나' 싶어서 얼른 실을 풀어서 문고리에다 매어 놓고 몰래 밖으로 나왔어. 그러고는 말을 타고 마구 달아났지. 그런데 얼마 가지 않아서 누이동생이 뒤에서 따라오는 거야.

"히히, 오빠. 히히, 오빠. 밥을 차려 준다는데 왜 그냥 가?"

이러면서 따라오거든. 무서워서 말에게 채찍질을 해 가며 더 빨리 달아났지. 그랬더니 누이동생이 꼬리 아홉 달린 불여우가 되어서 쏜살같이 뛰어온단 말이야.

"아이고, 분해. 말 한 끼, 사람 한 끼, 두 끼 먹을 것을 놓치는구나. 아이고, 분해."

이러면서 따라오는데, 어찌나 빨리 뛰어오는지 금세 말 꼬리를 붙잡을 만큼 가까이 왔단 말이야. 이거 안 되겠다 싶어서 얼른 허리춤에 차고 있던 노란 병을 뒤로 던졌어. 그랬더니 병이 구르면서 커다란 바위산이 생기는 거야. 여우가 그 바위산을 넘느라고 낑낑거리는 틈에 빨리 달아났지.

그런데 어떻게 바위산을 넘었는지, 얼마 못 가서 또 여우가 뒤쫓아와. 말 꼬리를 붙잡을 만큼 따라오기에 이번에는 하얀 병을 던졌지. 그랬더니 병이 깨지면서 큰 가시덤불이 생기거든. 여우가 가시덤불을 뚫고 나오느라고 버둥거리는 틈에 마구 달아났어.

그런데 여우가 가시덤불을 헤치고 나와서 또 바짝 따라오지 않겠어? 따라와서 말 꼬리를 붙잡으려고 앞발을 내민단 말이야. 그래서 얼른 파란 병을 내던졌지. 그랬더니 병에서 물이 콸콸 쏟아지더니 그 둘레가 온통 물바다가 되었어. 여우가 물에 빠져서 허우적거리는 동안에 멀리멀리 달아났지.

이제는 못 따라오겠지 하고 한숨 돌리는데, 이게 웬일이야. 여우가 물을 함빡 뒤집어쓰고 또 따라오거든. 말을 달려 달아났지만 어느새 말 꼬리를 붙잡을 만큼 가까이 따라온단 말이야. 그래서 하나 남은 빨간 병을 냅다 뒤로 던졌어. 그랬더니 병에서 '펑!' 하는 소리가 나더니 그 둘레가 금세 불바다가 되는 거야. 불길이 크게 일면서 활활 타오르니까, 제아무리 천년 묵은 여우라도 어쩔 수 없었던지 그만 불에 타서 죽고 말았대.

막내아들은 겨우겨우 목숨을 건져서 집으로 돌아왔어. 오래오래 살아서 어저께까지도 살았다지.

꼭두각시와 목도령

옛날에 꼭두각시라는 처녀가 살았는데, 마음씨는 착해도 생김새가 볼품없었나 봐. 몸집은 절구통처럼 뚱뚱하고 머리는 장구처럼 모가 나고 얼굴은 퉁방울눈에 게딱지코에 주걱턱이라, 보는 사람마다 웃거나 혀를 찼다지.

꼭두각시는 홀아버지와 단둘이 살았는데, 집안 살림이 지지리도 가난하여 고생이 이만저만이 아니었대. 손이 부르트도록 농사를 지어도 겨우 입에 풀칠이나 하는 형편이었다는구나. 못생긴 데다가 가난하여 혼수 밑천도 없으니 누가 이런 처녀를 색시로 삼으려 하겠어? 그래서 나이 서른이 넘도록 시집도 못 갔대.

그런데 하루는 고개 너머 산 너머 먼 산골에서 웬 사람이 찾아왔어. 그 산골에 목도령이라는 총각이 있는데, 꼭두각시에게 장가들었으면 좋겠다고 하더란 말을 전하거든. 꼭두각시네 아버지는 얼른 그러자고 했어. 그래서 혼인 날만 정해지기를 기다리고 있었어. 그런데 아무리 기다려도 목도령네 집에서는 아무 소식이 없더란 말이야. 날이 가고 달이 가고, 해가 두 번 바뀌었는데도 감감무소식이더란 말이지. 그사이에 꼭두각시네 아버지는 병으로 세상을 떠나고, 이제 꼭두각시 혼자 남게 되었거든.

꼭두각시는 자기가 직접 목도령을 찾아가는 수밖에 없다고 생각하고 혼자서 길을 떠났어. 귓결에 들은 목도령네 동네로 마냥 걸어갔지. 고개를 넘고 산을 넘어 하루 종일 걸어도 목도령네 동네는 나서지 않아. 날이 저물어 큰 나무 밑에서 쪼그리고 앉아 밤을 새우고, 날이 밝아서 다시 걸어갔어. 그렇게 하루 종일 걸어가도 목도령네 동네는 나서지 않아. 날이 저물어 오늘도 또 한데서 밤을 새워야 하나 하고 걱정하다 보니, 저만치 불빛이 반짝이는 집이 보이더란다.

오늘은 저 집에서 묵어 가야겠다 생각하고 불빛을 찾아갔어. 가 보니 다 쓰러져 가는 오막살이더래. 지붕은 짚이 썩어서 비가 새고, 수숫대로 엮은 울바자는 낡아서 너덜너덜거리는 낡은 집이더란 말이야. 주인을 찾으니 컴컴한 불 밑에서 짚신을 삼던 할아버지가 나와. 하룻밤 묵어 가게 해 달랬더니 그러라고 하지. 꼭두각시가 할아버지에게 물어보았어.

"영감님, 혹시 이 근방에 목도령네 집을 아시는지요?"

"왜 그러시오? 우리 아들이 바로 목도령이오만."

꼭두각시는 깜짝 놀라 일어나서 얼른 노인에게 큰절을 올렸어.

"제가 바로 목도령과 혼인하기로 약속한 꼭두각시입니다."

그랬더니 노인이 얼마나 반가워하는지 몰라.

"아이구, 우리 며늘아기가 왔네그려. 보다시피 우리 집 살림이 워낙 가난하여 아들 장가보낼 밑천을 장만하지 못해 혼인 날도 받지 못했더니, 며늘아기가 제 발로 찾아왔네. 이런 경사가 어디 있담."

조금 있으니까 목도령이 들어오는데, 얼굴은 박박 얽은 데다가 팔다리를 제대로 못 쓰는 총각이더래. 팔은 덜덜 떨고 다리는 절룩절룩 절더란 말이지. 그래도 꼭두각시는 실망하기보다 가엾은 생각이 먼저 들었지.

그다음 날로 꼭두각시는 목도령과 혼례를 치렀어. 그리고 억척같이 일을 했어. 남의 집 품도 팔고, 못 쓰는 땅을 일구어 밭을 갈고 씨를 뿌리며 밤낮으로 일을 했지. 목도령도 성하지 않은 몸으로 꼭두각시와 함께 부지런히 일을 했어. 산에 가서 나무도 하고 밭에 거름도 내고 틈만 나면 남의 집 궂은 일도 해 주고, 이렇게 힘들여 일을 했지.

그렇게 두 사람이 몸을 아끼지 않고 일한 덕분에 살림이 점점 불어나게 됐어. 논도 사고 밭도 사고, 외양간에는 소도 사다 매어 놓고, 오막살이이긴 하지만 집도 깨끗하게 손질해서 아주 재미나게 사는 거지.

그런데 꼭두각시네가 제법 살림을 일구었다는 소문이 퍼지니까 고을 사또가 가만히 두질 않네. 한 해 농사 애써 지어 곳간에 넣어 두면 세금으로 다 거두어 가고, 툭하면 비석을 세운다 관청을 새로 짓는다 하면서 돈을 거두어 가고, 나중에는 사또 생일잔치에 쓴다고 외양간에 매어 놓은 소까지 끌고 가 버리지 않겠어? 이래서 다시 빈털터리가 되고 말았어. 게다가 목도령 아버지까지 화병으로 세상을 떠나고 말았지 뭐야.

"이래 가지고는 여기서 살 수 없으니 다른 데로 갑시다."

"그래요. 아주 사람 없는 산골에 가서 살아요."

이렇게 해서 두 사람은 동네를 떠나 산속으로 들어갔어. 높은 산을 여러 번 넘어 몇 날 며칠을 가다가, 하루는 산속에 있는 외딴집에서 하룻밤을 묵게 되었어. 그 집에는 머리가 하얀 할머니가 혼자 살고 있었는데, 밤새 이런 저런 이야기를 나누면서 그동안 겪은 일을 죽 이야기해 주었단 말이야. 그러니까 할머니가 생전 처음 보는 새파란 나물을 한 줌 주면서,

"길 가다가 시장하거든 이거라도 잡수시구려."

하네. 그러고 나서 붉은빛이 도는 물을 조롱박 바가지에 가득 담아 주면서,

"길 가다가 목 마르면 이걸 드시구려."

하거든. 그걸 받아 가지고 날이 밝기를 기다려 또 길을 떠났어. 가다가 배가 고프기에 새파란 나물을 입안에 넣고 우물우물 씹어 먹었지. 그랬더니 팔다리에 힘이 펄펄 솟아나더래. 팔을 떨고 다리를 절던 목도령도 언제 그랬나

는 듯이 성한 몸이 됐지. 하도 신기하고 고마워서 할머니가 사는 집 쪽을 보고 수도 없이 절을 했어.

그리고 나서 한참 가다가 목이 마르기에 할머니가 조롱박 바가지에 담아 준 물을 나누어 마셨어. 그랬더니 온몸이 나른해지면서 졸음이 오더래. 그래서 그 자리에 쓰러져 잠이 들었어.

실컷 자고 일어나니 온몸이 날아갈 듯이 가뿐한데, 앞을 보니 언제 생겼는지 널찍한 풀밭이 훤히 펼쳐져 있더래. 가만히 보니 농사짓기 참 좋겠거든. 그래서 그 자리에 집을 짓고 농사를 지으며 살았어. 깊은 산속이라 세금 거두어 갈 사람도 없으니 마음 놓고 사는 거지.

이렇게 살다가 하루는 둘이서 밭을 가는데, 호미 끝에 무엇이 댕그랑거리더래. 조심조심 파내어 보니 오래된 호로병이 나오더래. 안을 들여다보니 아무것도 없는데, 그래도 혹시 쓸모가 있을까 해서 집으로 가져와 처마 밑에 달아 놓았어.

그리고 나서 며칠 뒤에 스님 한 분이 집 앞을 지나다가 들렀단 말이야. 꼭두각시와 목도령은 산속에서 처음 맞는 손님이라 아주 반갑게 맞아들였지. 그런데 스님이 처마 끝에 매달아 놓은 호로병을 보더니 깜짝 놀라면서,

"저것을 어디서 얻었소?"

하고 물어. 그래서 밭을 갈다가 주웠노라고 했더니,

"언젠가 새파란 나물과 붉은빛이 도는 물을 드시지 않았소?"

하거든. 그래서 할머니에게 나물과 물을 얻어먹은 적이 있다고 했지. 스님은 고개를 끄덕이더니,

"그 할머니가 바로 관음보살님이오. 새파란 나물은 힘이 솟는 약풀이고, 붉은 물은 눈이 밝아지는 약물인데, 그것을 둘 다 먹어야만 이 호로병이 눈에 보인다오. 이 병을 거꾸로 들고 무엇이든지 가지고 싶은 것을 말해

보시오."
하고는 어디론가 가 버리더래.

　스님이 가르쳐 준 대로 호로병을 거꾸로 들고,

　"쌀이 조금 있었으면 좋겠네."

하니까, 병 속에서 하얀 쌀이 꾸역꾸역 나오지 않겠어?

　"따뜻한 옷 한 벌 있었으면……."

했더니 옷이 나오고 말이야.

　두 사람이 이걸 보고는,

　"이런 좋은 보물을 산속에서 우리만 쓸 수는 없으니, 다시 사람 사는 곳으로 갑시다. 가서 다른 사람들과 함께 씁시다."

하고 다시 사람 사는 마을로 돌아왔어. 병에서 나온 물건을 온 마을 사람들에게 다 나누어 주고, 온 나라 사람들에게도 나누어 줘서 가난한 사람이 한 사람도 없게 되었다는구나. 지금은 왜 가난한 사람이 있느냐고? 꼭두각시와 목도령이 죽고 난 다음에는 호로병에서 아무것도 나오지 않아서 그렇지.

고생 바가지

한 나그네가 먼 길을 가는데, 그만 산속에서 날이 저물었단다. 아무리 둘러보아도 쉬어 갈 곳은 보이지 않고 날은 점점 어두워지는데 길은 갈수록 험해지더란다. 게다가 길을 잘못 들어서 가시덤불 속을 헤매게 되었으니 엎친 데 덮친 격이지.

한참을 그렇게 헤매다 보니 저 멀리서 불빛이 하나 깜박거리더래.

'아, 저기 사람 사는 집이 있나 보다. 이제 살았구나.'

나그네는 좋아라고 그 불빛을 찾아갔지.

가까이 가 보니 벼랑 밑에 조그마한 초가집이 있는데, 거기서 희미한 불빛이 새어 나오더라는 거야.

나그네는 얼른 큰 소리로 주인을 불렀어.

"여보세요, 길 잃은 나그네를 하룻밤만 재워 주세요."

그러니까 방 안에서 하얀 치마 저고리를 입은 색시가 나오더래. 나와서 나그네를 아래위로 죽 훑어보더니,

"우리 집은 나그네를 재우는 주막이 아니지만, 산속에서 길을 잃었다니 딱하군요. 들어와서 쉬어 가세요."

하고 앞장서서 방으로 들어가더래.

나그네가 색시를 따라 방으로 들어갔지. 들어가서 한참 앉아 있으니까 색

시가 저녁상을 차려 가지고 들어와. 몹시 시장하던 참이라 얼른 숟가락을 들고 밥을 먹으려고 하는데, 아무래도 밥이 좀 이상해. 가만히 들여다보니까 밥에 사람 이빨 같은 게 섞여 있더라지 뭐냐. 국이나 한술 뜨려고 숟가락으로 국을 휘휘 저어 보니까 글쎄 사람 손가락 같은 게 여기저기서 툭툭 튀어나오더래. 간장을 한술 떠 보니 색깔이 온통 새빨간 핏빛이야.

'아이쿠. 이게 사람 집이야, 귀신 집이야?'

나그네가 그만 등골이 서늘해져서 숟가락을 탁 놨지. 그러고 나서 살펴보니까 그사이에 색시가 어디로 갔는지 없어졌어. 그런데 부엌에서 무슨 소리가 나.

"사악 사악 사악 사악……"

칼 가는 소리 같단 말이야. 머리끝이 쭈뼛해져서 문구멍으로 가만히 내다보니까 아니나 다르랴, 색시가 시퍼런 칼을 슥슥 갈고 있겠지. 그런데 치마 밑으로 털이 부숭부숭한 꼬리가 삐죽이 나와 있더라지 뭐야.

'이크, 내가 여우굴에 들어왔구나.'

나그네는 몰래 뒷문을 열고 살금살금 밖으로 나갔어. 부엌문 뒤에 숨어서 어쩌나 봤더니, 여우가 칼을 갈아 들고 제가 있던 방으로 쓱 들어가. 가 보니 사람이 없거든. 그러니까 허둥지둥 밖으로 나와서 두리번두리번 살피더니 아래쪽 길로 쫓아간단 말이야. 그사이에 나그네는 얼른 위쪽 길로 달아났어. 한참 달아나다가 얼핏 뒤를 돌아보니까 어느새 여우가 칼을 들고 뒤따라와. 짊어진 보따리도 팽개치고 걸음아 날 살려라 하고 마구 달아났지. 가시덤불에 찔리고 나뭇가지에 걸리고, 엎어지고 자빠지며 정신없이 달아났어.

그렇게 한참 달아나다가 산모퉁이를 딱 돌아서니까, 불이 환하게 켜진 기와집이 턱 나타나더래. 마루에는 젊은이가 한 사람 앉아 있고 마당에는 하인들이 왔다 갔다 하는 게 사람 사는 집이더란 말이지. 나그네는 이제야 살았다 하고 그 기와집으로 뛰어들어갔어.

"사람 살려요! 저 뒤에 여우가 따라와요!"

그러니까 마루에 앉아 있던 젊은이가 마당으로 썩 내려오면서,

"네 이놈, 잘 왔다. 우리 어머니를 속이고 도망치더니 잘 되었다. 애들아, 어서 이놈을 골방에 가두어라."

하고 고래고래 소리치지 뭐야. 하인들이 우르르 달려들어 나그네를 번쩍 들어다 골방에 처넣고 자물쇠를 절거덩 잠가 버리는구나.

이게 무슨 일인가 하고 문틈으로 내다보니까, 마루에 앉아 있던 젊은이고 마당에 돌아다니던 하인들이고 죄다 꽁무니에 털이 부숭부숭한 짐승 꼬리를 차고 있거든.

'아하, 이것들이 모조리 여우로구나. 어미여우를 간신히 피해 왔더니 이제는 아들여우에게 잡혔구나.'

이렇게 탄식을 하고 있는데, 아들여우가 시퍼런 칼을 들고 골방으로 들어와. 이제는 꼼짝없이 죽게 됐지 뭐야. 나그네가 정신을 가다듬고 여우에게 말을 걸었어.

"죽기 전에 마지막 소원 한 가지만 들어주시오."

"무슨 소원이냐?"

"지금 목이 몹시 마르니 물 한 동이만 마시게 해 주시오."

그랬더니 여우가 물을 한 동이 갖다 주면서,

"어디 실컷 마셔 보아라. 조금 뒤에 잡아먹으러 올 터이니."

하고는 문을 잠그고 가 버리더래. 나그네는 얼른 물동이에서 물을 퍼내어 흙벽을 축였어. 흙은 물이 묻으면 축축해져서 잘 떨어지잖아? 물 한 동이를 다 벽에다 축이니까 흙벽이 물에 흠뻑 젖었어. 물러진 벽을 한사코 파내어

겨우 사람 하나가 빠져나갈 만한 구멍을 뚫었어.

그때 밖에서 여우가 자물쇠를 여는 소리가 철컥 하고 들리지 뭐야. 에구 뜨거라 하고 얼른 구멍으로 빠져나갔지. 나가 보니, 이건 또 뭐야. 한 발 앞이 바로 낭떠러지야 글쎄. 한 발만 내디디면 바로 벼랑 아래로 떨어질 지경이거든. 여우는 벌써 바로 뒤에서 구멍에 몸을 디밀고 나오려고 하지, 발밑은 천 길 벼랑 끝이지, 이것 참 야단났네.

'에라, 여우에게 잡혀 죽느니 차라리 낭떠러지로 떨어져 죽는 게 낫겠다.'

나그네는 눈을 딱 감고 벼랑 아래로 몸을 던졌어. 그런데 뛰어내린 곳이 이상하게도 푹신해. 푹신해서 아무 데도 안 다쳤지.

'아이고, 하느님, 고맙습니다.'

하는데, 그 푹신한 것이 움찔 올라오더니 후닥닥 뛰어 달아난단 말이야. 그게 호랑이 등이야. 떨어진다는 게 낭떠러지 밑에서 잠자고 있던 호랑이 등에 떨어졌나 봐. 그나저나 마구 달리는 호랑이 등에서 떨어지면 죽을 테니 어떻게 해. 호랑이 목을 꼭 끌어안고 그대로 업혀 갔지 뭐. 호랑이는 단숨에 제 새끼가 있는 굴로 달려가더래.

거기에다 나그네를 내려놓으니, 호랑이 새끼들은 어미가 먹을 것을 물어 왔다고 나그네에게 달려들어 발톱으로 할퀴고 이빨로 물어뜯고 야단법석이 났지. 그걸 보고 어미호랑이는 어디론가 나가 버리더래.

다행히 호랑이 새끼들이 어려서 나그네에게 큰 상처는 못 입혔나 봐. 나그네는 죽을힘을 다해 새끼호랑이들을 떼어 놓고 엉금엉금 기어 호랑이굴을 벗어났어. 그리고 굴 밖에 있는 큰 나무 위로 올라가 숨어 있었지.

조금 있으니까 여우들이 떼를 지어 몰려오더래. 호랑이가 나그네를 업어 가는 것을 보고 따라왔나 봐. 여우들이 호랑이굴에 막 들어가려고 할 때 어

참 신기하고 무서운 이야기

미호랑이가 돌아왔어. 어미호랑이는 여우들이 제 새끼를 해치려는 줄 알고 다짜고짜 여우들에게 달려들어 한바탕 싸움이 벌어졌어. 서로 물고 뜯고 할퀴고 으르렁 캥캥 어흥 깽깽 야단법석이 났지. 여우가 아무리 떼로 덤벼도 사나운 호랑이를 당할 수 있겠어? 끝내 호랑이에게 다 물려 죽고 말았지. 호랑이도 그 많은 여우를 당하느라 지쳐서 벌렁 쓰러지고.

그사이에 나그네는 나무에서 내려와 멀리멀리 도망쳤대. 그러다 보니 날이 훤히 샜는데, 하룻밤 동안 고생이란 고생은 다 겪은 셈이지. 그래서 이 이야기 제목이 '고생 바가지'란다.

● ─ 이야기를 들려주고 나서

〈호랑이 잡은 피리〉에 나오는 지팡이나 궤짝, 피리 같은 물건은 보잘것없어 보이지만 주인공을 살리는 데 저마다 큰 구실을 했습니다. 이런 물건들은 흔하다고 해서 푸대접 받기 일쑤인데, 따지고 보면 아주 귀한 물건이지요. 우리 둘레에 흔히 널린 물건일수록 값진 것이 많다는 것은 새겨볼 만한 가르침입니다. 사람도 그렇지 않을까요? 가장 가까운 데 있고 흔히 볼 수 있는 사람이 가장 귀한 사람이라는 것! 텔레비전에 나오는 유명한 사람보다 날마다 만나는 우리 식구와 이웃이 우리에게는 더 소중한 사람 아닐까요?

〈노루가 된 동생〉은 슬픈 이야기지만, 끝에 가서는 다 잘되었으니 다행입니다. 옛이야기는 열에 아홉은 "그래서 잘 살았더란다" 하고 끝나는데, 이것이 우리를 '대신 겪기'의 즐거운 세상으로 이끌어 줍니다. 끝에 가서는 다 잘될 줄 알면서도 위태위태할 때마다 마음 졸이는 것이 또한 옛이야기의 맛이겠지요.

〈지리산 사냥꾼 아들〉에서처럼, 옛이야기에 나오는 우리 호랑이는 그리 사납지 않은 경우가 많습니다. 호랑이뿐 아니지요. 우리 나라 산과 들에 사는 짐승들은 다 순하답니다. 왜 그럴까요? 산짐승이고 들짐승이고 자기가 살아가는 환경을 닮게 마련이겠지요. 우리 백성들은 옛날부터 목숨 가진 것을 함부로 해치지 않는 걸 자랑으로 여겼습니다. 나무고 풀이고 짐승이고 다 함께 살아갈 이웃으로 여겼지요. 자연을 마구 건드려서 득을 보려 하기보다 생긴 대로 가만히 두고 서로 도움을 주고받자는 마음이 짐승들조차 순하게 만든 것 같습니다.

〈신돌이, 선돌이, 부돌이〉에서 부돌이는 어쩌자고 그렇게도 욕심을 못 버렸을까요? 참 딱한 일입니다. 아무리 큰 잘못을 저질러도 뉘우치고 마음을 고쳐먹으면 하늘도 용서해 줄 텐데 말입니다. 어쩌면 이 세상 사람들 모두가 이야기 속 세 글동무처럼 살고 있는지도 모르겠습니다. 어떤 사람은 자기를 희생하면서 남을 위해 살고, 어떤 사람은 저도 살고 남도 살도록 공평하게 하고, 어떤 사람은 제 욕심만 차리느라 남이야 어찌 되었든 나 몰라라 하지 않습니까?

〈꼭두각시와 목도령〉에 나오는 주인공은 아주 못생겼지요. 서양의 백설 공주 이야기나 신데렐라 이야기, 백조 왕자 이야기 같은 걸 보면 얼굴 예쁜 사람이 모두 착하게 그려집니다. 반면에 못생긴 사람은 죄다 나쁜 사람으로 나오지요. 그런데 이 세상 사람들이 정말로 다 그럴까요? 얼굴 예쁜 사람이 착하고, 못생긴 사람이 나쁘고? 그렇지는 않겠지요. 이 이야기에 나오는 꼭두각시와 목도령은 못생기고 몸이 성하지도 않지만 마음씨만은 그 누구보다 아름답지요. 겉모습보다는 속마음이 중요하다는 생각이 들게 하는 이야기입니다.

〈복덩어리 총각〉을 보면, 옛날 사람들은 복을 거저 얻는 것이 아니라 힘 들이고 애를 써야 받는다고 생각했나 봅니다. 총각은 아무리 일해도 가난을 벗어나지 못했는데, 이렇게 고생한 사람이 어디 한둘뿐이었을까요? 우리 조상들은 거의 모두가 이렇게 어렵사리 살았지요. 총각이 얻은 복은 옥황상제가 거저 준 복이 아니라 남을 도와주고 얻은 복이었습니다. 복이라는 건 가만히 앉아서 공짜로 얻는 게 아니라 힘써 일하고 남을 도와주는 대가로 얻는 거라는 가르침도 새겨들을 만합니다.

3부
깔깔 웃다가 깨닫는 이야기

옛이야기에는 모두 귀한 가르침이 들어 있습니다. 옛사람들이 오랜 세월 동안 살아오면서 몸으로 가슴으로 깨우친 것이지요. 그렇지만 이야기를 듣거나 읽을 때는 꼭 가르침을 배우려고 애쓰지 않아도 됩니다. 재미있고 흥겹게 듣거나 읽으면 그만이지요. 그러다가 저절로 깨닫는 게 있으면 더욱 좋고요.

배고프니 먹고 보자

 옛날 옛적에 어느 부잣집에서 머슴살이하는 총각이 있었어. 머슴살이를 하다 보니 주인에게 구박도 많이 받고 억울한 일도 종종 당했지만, 그때마다 넉살 좋게 받아넘겨서 뭐 그다지 손해 안 보고 살아왔어. 사는 형편이 어려우면 넉살도 좋아지는 법이지.
 눈이 많이 내린 어느 해 겨울이야. 겨울철에는 농사를 안 지으니까 주인이나 머슴이나 한가한 날이 많지. 하루는 주인이 산에 사냥을 가자고 해. 산에 눈이 쌓이면 짐승 발자국을 찾기가 쉽거든. 주인과 머슴은 준비를 단단히 해 가지고 사냥을 갔어.
 그런데 그날따라 짐승이 도통 잡히지 않더래. 산짐승들이 다 어디로 갔는지, 한나절이 넘게 돌아다녀도 겨우 꿩 한 마리밖에 못 잡았거든. 그런데 슬슬 배가 고파 오기 시작한단 말이야. 눈 쌓인 산속에 뭐 먹을 만한 것이 있나. 그저 꼬르륵꼬르륵 배에서 나는 소리를 들어 가며 돌아다녔지. 한참을 더 돌아다녀도 사냥 못 하기는 매한가지고, 배는 점점 더 고파지고, 사정이 딱하게 되었어.
 배고픈 것을 못 참기는 주인 쪽이 더하지. 저는 여태 배 곯아 본 적이 없거든. 머슴이야 배 곯기에 이골이 났으니 이만한 것쯤이야 너끈히 참아 내지만 말이야. 주인이 아무래도 안 되겠던지, 머슴더러 꿩을 불에 구우라고 하네. 머슴은 여기저기 뛰어다니며 마른 삭정이를 따다가 불을 지폈어. 그리고 꿩을 불 위에 올려 놓고 굽기 시작하는데 고기 익는 구수한 냄새가 솔솔 풍기니까 배가 점점 더 고파지거든. 주인이 가만히 생각해 보니, 저놈의 꿩을 둘이 나누어 먹어서야 양이 차지도 않을 것 같단 말이야. 그렇다고 머슴더러 먹지 말라 하고 저 혼자 먹을 수는 없겠거든. 어떻게 하면 저걸 혼자서 다 먹어 치울꼬 궁리를 하다 보니 좋은 수가 떠올랐어.

'저놈이 무식해서 글을 모르니, 글 짓는 내기를 하면 틀림없이 내가 이기렷다.'

주인이 짐짓 기분이 좋은 체하면서 수작을 거는구나.

"애야, 오랜만에 산에 와 보니 흥이 절로 나는구나. 우리 이럴 게 아니라 글을 한 수씩 지어 보는 게 어떠냐."

"저야 무식해서 어디 글을 알아야지요."

"글을 알고 모르고가 무슨 상관이냐. 그저 흥이 나는 대로 말을 맞추면 되는 게지. 그런데 글을 그냥 지어서야 쓰겠느냐. 저 꿩고기를 걸고 내기를 하자꾸나. 누구든지 먼저 글을 짓는 사람이 고기를 먹기로 하고 말이야."

눈칫밥에 이골이 난 머슴이 그 속셈을 모를까. 그렇지만 주인이 내기를 하자는데 안 한다고 했다가는 다음에 어떤 구박이 돌아올지 모르니 어떻게 해. 그저 그러자고 했지. 주인은 좋아라고 다음 수작을 내놓는구나.

"그럼 어디 운을 떼어 볼까. 옳지, '고'자가 좋겠군. 높은 산에 올라왔으니 높을 '고'자가 제격이지. '고'자를 네 번 써서 글을 지어 보자꾸나."

"'고'자를 네 번 써서 글을 짓는다고요?"

"그렇지. 어디 그럼 글을 지어 볼까?"

주인은 나무등걸에 걸터앉아 몸을 이리저리 흔들면서 글을 짓는다고 흥얼흥얼하겠지. 속으로는 저런 무식쟁이하고 글 짓는 내기를 하는 판이니 꿩고기는 이제 내 것이나 마찬가지라고 좋아하면서 말이야. 꿩고기는 불 위에서 연신 구수한 냄새를 풍기는데, 주인은 느긋하게 앉아서 글귀를 생각하느라 눈을 지그시 감고 있거든.

이때 머슴이 잽싸게 모닥불 위에 얹힌 꿩고기를 한 점 뚝 떼어 입에 넣으면서,

"익었고 설었고 배고프니 먹고 보자."

이러는구나.

주인은 글을 짓는다고 한창 흥얼흥얼하고 있는데, 머슴이 갑자기 꿩고기를 떼어 먹으니 화가 머리끝까지 뻗쳤어.

"이놈아, 이게 무슨 짓이냐?"

머슴은 고기를 질근질근 씹으면서 능청을 떠네.

"무슨 짓이라니요? 누구든지 글을 먼저 지은 사람이 고기를 먹기로 하지 않았습니까? 제가 글을 먼저 지었으니 먹는 것인데 왜 화를 내시는지 모르겠습니다."

"뭐라고? 네가 언제 글을 지었단 말이냐?"

"나리도 참. 아까 제가 글 외는 것을 못 들으셨습니까? '익었고 설었고 배고프니 먹고 보자' 틀림없이 '고'자를 네 번 써서 글을 지었는데 왜 그러십니까?"

주인이 그만 말문이 탁 막히지. 할 말이 없으니 입만 딱 벌리고 머슴 얼굴만 멀뚱멀뚱 바라보고 있어. 머슴은 남은 꿩고기를 반으로 뚝 잘라서 주인 앞에 내밀며,

"이걸 드십시오. 나리야 글을 못 지었으니 잡수실 수 없지만, 창자야 글 지은 사람 창자나 못 지은 사람 창자나 마찬가지 아니겠습니까요."

하더라다.

한평생 쓰고도 남는 물건

옛날 어떤 마을에 살림이 넉넉한 부자가 살았어. 그 마을에서 둘째가라면 서러워할 만큼 부자인데도 늘 돈을 더 벌었으면 하고 안달을 하며 살았지.

이 사람이 하루는 이웃 마을 잔칫집에 간다고 옷을 잘 차려입고 길을 떠났어. 한참 가다가 개울을 만났거든. 돌다리도 없는 개울이라 바지를 걷어붙이고 물을 건넜어. 그런데 웬 나그네가 개울 한복판에서 허리를 굽히고 물속에 손을 넣어 바닥을 더듬고 있지 않겠어? 무슨 물건을 찾는 것 같은데, 아마 개울을 건너다가 뭘 빠뜨렸나 봐.

"여보, 나그네. 무얼 잃어버렸소?"

"별것도 아니외다."

나그네는 거들떠보지도 않고 자꾸 무엇인가 찾기만 하지. 부자는 그럴수록 궁금증이 생긴단 말이야.

"좀 압시다그려. 무얼 잃어버렸기에 그리 열심히 찾으시오?"

그제서야 나그네는 마지못해 허리를 펴더니,

"그렇게 알고 싶으시면 가르쳐 드리리다. 그 물건은 내가 한평생 쓰고도 남는 물건이라오. 한평생 쓰고도 남을 물건."

하고는, 다시 허리를 굽혀 찾는구나. 부자는 그만 부쩍 입맛이 당기지 뭐야.

'한평생 쓰고도 남는 물건이라, 그것 참 굉장한 물건인가 보군. 틀림없이

값이 많이 나가는 물건일 게야.'

이렇게 생각하니 그냥 지나칠 수가 있어야지. 얼른 팔을 걷어붙이고,

"나도 좀 찾아보리다. 그렇게 귀한 물건을 잃어버렸다는데 모른 체하고 그냥 지나쳐서야 사람 도리가 아니지요."

하고는 개울속에 첨벙첨벙 들어가서 물속을 뒤지기 시작했어. 연신 물속을 뒤지면서도 속으로는 궁리가 한창이지.

'한평생 쓰고도 남는 물건이라니 대체 무엇일까? 돈이 가득 든 전대일까? 값비싼 보석일까? 내 눈에 띄기만 하면 몰래 슬쩍 집어넣어 버려야지. 자기가 찾아낸대도 이렇게 애쓰는 걸 보면 절반쯤 뚝 떼어 줄지 누가 아나?'

이렇게 생각하니 신명이 나서 몸을 아끼지 않고 개울 바닥을 이 잡듯이 뒤지네그려. 게다가 나그네에게 열심히 찾는 걸 보이느라고 이리 첨벙 저리 첨벙, 저런 야단이 없구나. 옷이 다 젖는 줄도 모르고 한참 동안 그렇게 찾았지.

한참을 그러다 보니 나그네가 물속에서 무엇을 주웠는지,

"어이쿠, 이제야 찾았군."

하고 몸을 일으키거든. 대체 무엇일까 하고 눈이 등잔만 해져서 바라보니, 에게, 이게 뭐야. 그게 붓이로구나. 글씨 쓸 때 쓰는 조그만 붓이란 말이야. 부자는 맥이 탁 풀리고 어이가 없어지면서 그만 화가 머리끝까지 뻗치지.

"여보, 그래 그 잘난 게 한평생 쓰고도 남는 물건이란 말이오? 사람을 속여도 분수가 있지."

부자는 지금까지 헛수고한 것이 원통해서 펄쩍펄쩍 뛸 지경인데, 나그네는 그저 싱글벙글 웃기만 하네.

"그렇소이다. 이게 내가 한평생 쓰고도 남을 물건이지요. 이걸 가지고 한

평생 글을 쓰다가 죽으면 아들놈에게 물려줄 거요."

부자는 나그네에게 속았다고 생각하니 부아가 치밀어올라 견딜 수가 없어.

"그러면 진작에 붓을 잃었다고 하지, 왜 한평생 쓰고도 남을 물건이라고 해서 이 고생을 시키는 거요?"

나그네는 어이가 없는지 허허 웃기만 해.

"허허, 별사람 다 보겠군. 어떻게 말하나 마찬가지 아니오. 그리고 나는 당신더러 찾아 달라고 부탁한 적도 없는데 공연히 남의 일에 뛰어들어서 말고생을 시키니, 그 까닭을 모르겠소이다."

이러고 나그네는 휘적휘적 가 버리더래. 부자는 공연한 욕심 때문에 실컷 고생하고도 고맙다는 말은커녕 핀잔만 잔뜩 들은 거지.

메주 도사

 옛날에는 도사들이 많이 있었대. 도사는 무엇이든지 마음먹은 대로 할 수 있는 사람이야. 도술을 부려서 산을 바다로 만들 수도 있고, 사람을 짐승으로 만들 수도 있지. 그런데 도사가 도술을 부리는 것은 다 사람 마음을 부리는 거라지.
 옛날 어느 주막집에 선비들이 많이 들었어. 과거 보러 가는 선비, 벼슬길에 올라 한양 가는 선비, 벼슬하다가 고향에 내려가는 선비, 이렇게 여러 선비들이 한 주막집에 들었거든. 마침 방이 모자라서 모두 한방에서 지내게 됐단다. 모두들 옷을 잘 차려입고 점잔을 빼며 앉아 있었지.
 그런데 이 주막집에 웬 노인이 찾아들었어. 허름한 옷을 입고 해어진 갓을 쓴 노인인데, 빈방이 없어서 선비들이 든 방을 함께 쓰게 됐거든.
 "실례하오. 이 늙은이도 여러 훌륭하신 선비님 틈에 끼게 됐구려."
 노인이 점잖게 인사를 했지만 선비들은 모두 왼고개를 틀고 입을 삐쭉거려.
 '쳇, 어디서 거지가 하나 굴러들었군.'
 노인 차림새가 워낙 말이 아니었기 때문이지. 허름한 옷에는 땟국이 주르르 흐르고 갓은 해어져서 너덜거리니 영락없는 거지꼴이지 뭐야.
 "우리 아까 하던 이야기나 마저 합시다."

선비들은 노인을 본체만체하고 저희들끼리만 수작을 해. 노인은 그러나마나 한쪽 구석에 앉아서 선비들 노는 것을 구경만 하고 있었지.

선비들은 저 꼴보기 싫은 노인을 얼른 내쫓아 버리고 싶은 마음이 들었어. 그래서 일부러 내기를 했어.

"우리 이럴 게 아니라 목침을 돌리면서 시 짓기 내기를 합시다. 방도 비좁고 하니 누구든지 시를 못 짓는 사람은 이 방에서 나가기로 하고 말이오."

"그거 좋은 생각이오."

이렇게 해서 시 짓기 내기를 했어. 한 사람이 시를 짓고 나면 목침을 옆 사람에게 돌리는 거야. 목침을 받은 사람은 또 시를 짓고 나서 목침을 옆으로 돌리고 말이야. 이렇게 나가다가 목침이 노인에게 돌아가게 됐거든.

"자, 늙은이도 시를 한 수 지으시오. 못 지으면 이 방에서 나가야 하오."

노인은 허허 웃더니,

"나는 시를 지을 줄 모르니, 그 대신 그림을 한 폭 그리면 어떻겠소이까."

하고 선비들을 죽 둘러보겠지. 선비들은 저런 거지꼴을 한 늙은이가 그림을 그리면 얼마나 잘 그리랴 싶어서,

"그러시오. 그 대신 잘 그리지 못하면 나가야 하오."

했지.

노인은 낡은 봇짐 속에서 종이와 붓을 꺼내더니 슥슥 그림을 그리기 시작하더래. 먼저 아득하게 산을 그리고 하늘을 그리더니, 시퍼런 바다를 종이에 가득 그리더래. 그러고 나서 바다 위에 배 한 척을 척척척 그리더란 말이야. 선비들이 모두 그 손놀림에 정신이 팔려 있다가, 노인이 "엇!" 하고 소리를 지르기에 정신을 차려 보니, 이게 웬일이야.

방 안에 있던 사람들이 갑자기 배 안에 있지 뭐야. 사방을 둘러보니 아득한 바다뿐이야. 시퍼런 물결은 출렁출렁하고 배는 이리저리 흔들리니 모두

들 얼이 빠졌지.

"대체 이게 어찌 된 일이오?"

선비들이 놀라서 노인에게 물었어. 노인은 그 말에 대답은 하지 않고,

"모두들 뱃전을 꼭 잡아요. 잘못해서 배가 뒤집히면 우리 모두 죽습니다."

하지. 모두들 납작하게 앉아서 뱃전을 꼭 잡고 있었어.

배는 물결에 실려 둥실둥실 떠가더니 어느새 작은 섬에 닿았어.

"잘 들으시오. 이 섬에는 겉보기에 아주 먹음직스러워 보이는 복숭아가 있을 거요. 그것을 따 먹으면 나이가 절반이나 젊어지지만, 절대로 따 먹지 마시오. 죽을지도 몰라요. 그 대신 겉보기에 쭈글쭈글하고 볼품없는 복숭아는 따 먹어도 좋소. 그걸 먹으면 나이가 곱절이나 늙어 버리지만 살길이 생길지도 모르니."

노인이 이렇게 일러 주었어. 섬에는 과연 복숭아 나무에 복숭아가 주렁주렁 많이도 열려 있더래. 어떤 것은 보기에도 먹음직스럽게 반들반들 윤이 나고, 어떤 것은 보기에도 흉하게 말라 비틀어져 있더란 말이지. 선비들은 너나 할 것 없이 겉보기에 좋아 보이는 복숭아를 따 먹었어. 나이가 절반이나 젊어진다니까 말이야. 먹고 나서는 집에 가져가려고 더 따 넣었지. 어떤 이는 양손에 들고도 모자라 입에 물기도 하고, 어떤 이는 소매 속에 집어넣기도 했어.

그렇게 한참 복숭아를 따다 보니 노인이 오라고 불러. 가 보니 다시 배를 타라는 거야. 선비들은 이제 집으로 가게 됐다며 좋아라 배를 탔지.

그런데 한참 가다 보니 갑자기 거센 바람이 불고 물결이 크게 일면서 배가 기우뚱거리기 시작하더래. 게다가 비도 억수같이 쏟아지고 말이야. 배가 금방이라도 뒤집혀 버릴 것 같거든. 선비들은 모두 죽는다고 아우성을 쳤

어. 그러니 노인이 선비들을 막 나무라는구나.

"당신네들이 내 말을 안 듣고 먹지 말라는 복숭아를 따 먹어서 이 지경이 되었소. 겉보기만 좋으면 다 좋은 줄 아시오? 겉이 아니라 속내를 볼 줄 알아야지. 이제 하늘의 벌을 받아 우리는 꼼짝없이 죽게 되었소."

그러니 선비들은 울고불고 난리가 났어.

"아이고, 이제는 죽었구나. 젊어지는 복숭아를 먹고 젊어져 보지도 못하고 죽는구나."

"아이고 하느님, 살려 주십시오. 우리가 잘못했습니다."

이때 주막집 주인이 부엌에서 음식을 장만하다가 보니, 손님 방에서 갑자기 웬 울음소리가 들리거든. 무슨 일인가 하고 달려가 방문을 열어 보니, 이게 무슨 꼴이람. 점잖은 선비들이 모두 방바닥에 주저앉아 울고불고 야단났단 말이야. 모두들 갓끈이고 옷고름이고 아무렇게나 풀어헤치고 방바닥을 치며 '아이고, 아이고' 서럽게 울고 있겠지. 게다가 더 우스운 꼴은 모두들 메주 부스러기를 입에 물고 손에 쥐고 있는 거야. 가만히 보니 천장에 매달아 놓은 메줏덩이를 죄다 부서뜨려 놓았네 글쎄.

주막집 주인이 기가 막혀 선비들을 흔들어 깨웠어.

"점잖으신 선비님들이 이게 무슨 꼴입니까. 정신 차리세요."

그제서야 정신을 차리고 보니, 바다도 배도 온데간데없고 자기들은 방에 앉아 있거든. 옷고름이고 갓끈이고 함부로 풀어 헤친 채로, 메줏덩이를 잔뜩 부서뜨려 입에 물고 말이야. 모두들 누가 볼세라 매무새를 고친다 메주 부스러기를 켁켁 게워낸다 부산을 떨었지. 소매 속에 넣은 메주를 슬그머니 꺼내어 놓기도 하고 말이야. 그사이에 노인은 어디로 갔는지 보이지 않더래. 아마 그 노인이 도사였나 봐.

요술 항아리

옛날에 한 농사꾼이 괭이로 밭을 파 일구고 있었어. 한창 신나게 괭이질을 하다 보니, 괭이 끝에 무엇이 '댕그랑' 하고 닿는 소리가 나겠지. 무엇이 묻혀 있나 보다 하고 조심조심 파내니까 커다란 항아리가 하나 나오더래. 몸집이 큰 사람도 넉넉히 들어갈 만큼 큰 항아리더라는 거야. 그런데 군데군데 금이 가고 일그러진 데다가 볼품이 없어서 뭐 그다지 쓸모 있어 보이지는 않거든.

'이걸 어쩐다? 내다 버리려니 아깝고, 그렇다고 딱히 쓸모도 없고······.'

농사꾼은 망설이다가 그 항아리를 집으로 가져왔어. 집이 워낙 가난하여 그릇이 모자라니 혹 쓸 일이 생길지도 모르겠다 하고서 말이야. 그걸 뒤꼍에 갖다 놓고, 넣을 것이 없으니까 우선 손에 든 괭이를 집어넣어 뒀지.

그래 놓고 하루가 지났어. 이튿날 아침에 일하러 가려고 항아리 안에 들어 있는 괭이를 꺼내지 않았겠어? 그런데 이게 웬일이야. 방금 틀림없이 괭이를 꺼냈는데, 항아리 안에는 똑같은 괭이가 또 한 자루 들어 있지 않겠어? 하도 이상해서 항아리 안에 들어 있는 괭이를 또 꺼내 보았어. 그랬더니 항아리 안에는 똑같은 괭이가 또 한 자루 들어 있더래, 글쎄. 꺼내면 또 들어 있고, 꺼내면 또 들어 있고, 아무리 꺼내도 똑같은 괭이가 수도 없이 들어 있더란 말이야.

'야, 이것 참 신기한 항아리로군.'

농사꾼은 어떻게 되나 보려고 엽전 한 닢을 항아리 안에 넣었다가 꺼내 봤지. 그랬더니 항아리 안에 똑같은 엽전이 또 한 닢 들어 있어. 그걸 꺼내고 나니 또 한 닢이 들어 있겠지.

옷을 넣었다가 꺼내면 똑같은 옷이 또 들어 있고, 쌀을 한 됫박 넣었다가 꺼내면 쌀이 한 됫박 또 들어 있고……. 무엇이든지 넣었다가 꺼내면 똑같은 것이 자꾸만 나오는 항아리야. 농사꾼은 보물을 얻었다고 아주 기뻐했지.

이 소문이 퍼지고 퍼져서 마을 사람들이 모두 알게 되었는데, 이 마을에는 아주 욕심 많고 감때사나운 영감이 살고 있었어. 이 영감이 소문을 듣고 나니 욕심이 나서 견딜 수가 있나.

'에그, 아까워라. 그 항아리가 내 것이라면 한 달이고 두 달이고 돈만 꺼낼 텐데. 그러면 세상에서 제일가는 부자가 될 텐데. 어떻게 하면 그 항아리를 손에 넣을꼬.'

이렇게 밤낮으로 궁리하던 영감이 갑자기 무릎을 치며 벌떡 일어났어. 뭔가 좋은 생각이 떠올랐나 봐. 영감이 부리나케 농사꾼 집으로 달려가는구나.

"여보게, 자네 집에 있는 항아리를 어디서 얻었는가?"

"앞산 밑에 있는 우리 밭에서 파냈지요."

영감이 그 소리를 듣더니 입이 함박만 해지면서 손뼉을 치는구나.

"그러면 그렇지. 이제 그 항아리는 내 것일세."

"……."

농사꾼은 어안이 벙벙해서 아무 말도 못 하고 있구나.

"이 사람아, 그 밭을 언제 누구에게 샀는가?"

"그야, 한 십 년 전에 영감님한테서 샀지요."

"그것 보게. 그 항아리는 원래 내 것일세. 나는 자네한테 밭만 팔았지 항아리는 팔지 않았거든."

농사꾼은 억울했지만, 듣고 보니 그럴 듯하기도 해서 항아리를 돌려주려고 했어. 그런데 사정을 알게 된 마을 사람들이 나서서 경우에 없는 소리라고 거들거든. 욕심 많고 감때사나운 영감이 얼마나 미웠으면 그럴까.

달라거니 안 된다거니, 여럿이서 옥신각신하다가 고을 원님에게 가서 재판을 받기로 했어. 모두들 항아리를 들고 원님을 찾아갔지. 찾아가서 사정이 이러이러하니 판결을 해 주십사 했단 말이야. 그런데 원님은 원님대로 항아리에 욕심이 생겼어.

'내가 저 항아리를 가졌으면 임금님도 부럽잖게 살 텐데……. 참으로 남 주기 아까운 물건이로다.'

드디어 원님이 판결을 내리는데,

"너희들 말을 들어 보니 양쪽 말이 다 그럴 듯하다. 원래 밭 임자는 진작에 항아리가 제 밭에 묻혀 있었던 것이니 임자가 될 수 있느니라. 항아리를 파낸 사람은 제 손으로 항아리를 얻었으니 또한 임자가 될 수 있느니라. 그러니 공평하게 하자면 항아리를 반으로 나누어야 할 터인데, 그렇게 하면 깨져서 못 쓰게 되지 않겠느냐. 그러니 이 항아리를 나라에 바치도록 하여라. 그러면 서로 싸우는 일도 없어질 것이니 좀 좋으냐."

이러는구나. 옛날 고을 원님 말은 아무도 어길 수 없으니 어떻게 해. 농사꾼과 욕심쟁이 영감은 입맛만 쩍쩍 다시다가 빈손으로 돌아가 버렸지.

원님은 입이 헤벌어져서 항아리를 자기 집 대청에 갖다 놓았어. 그리고 사방팔방 귀하다는 물건을 구하느라 정신이 없어. 귀한 물건만 구해다가 항아리에 집어넣을 속셈이지.

그런데 이 원님에게는 나이 여든이 넘은 아버지가 있었어. 원님 아버지가 대청에 나와 보니 여태 못 보던 항아리가 놓여 있거든. 무엇이 들어 있나 하고 발돋움을 해서 큰 항아리 속을 들여다보았어. 어두워서 잘 안 보이니까 자세히 보려고 고개를 항아리 안으로 들이밀었지. 그러다가 그만 항아리 속에 쑥 빠지고 말았지 뭐야. 이것 참 큰일났네. 원님이 귀한 물건 구하느라고 분주하게 돌아가다 보니,

"아범아, 아범아. 나 좀 꺼내 다오!"

하는 소리가 들리지 않겠어? 얼른 달려가 보니 자기 아버지가 항아리 속에 들어가 있거든.

"아이고, 아버지. 거긴 왜 들어가셨어요?"

간신히 아버지를 꺼내 놓고 보니, 항아리 안에서 또 소리가 들려.

"아범아, 아범아. 나 좀 꺼내 다오!"

항아리 속을 들여다보니 자기 아버지가 또 거기에 들어 있겠지. 겨우 꺼내 놓으니까 또 항아리 안에서 소리가 들려.

"아범아, 아범아. 나 좀 꺼내 다오!"

아버지를 꺼내 놓으면 또 항아리 안에 아버지가 들어 있고, 꺼내 놓으면 또 들어 있고, 자꾸자꾸 꺼내다 보니 온 대청이 원님 아버지로 가득 찼어. 원님은 아버지를 꺼내다 말고 누가 진짜 아버지인지 알아보려고,

"아버지!"

하고 불러 보았지. 그랬더니 그 수많은 아버지들이 다 같이,

"왜 그르느냐?"

하고 대답하겠지. 원님은 기가 막혀 아버지를 더 꺼내지도 못하고 멍하니 서 있기만 했어.

그런데 항아리에서 나온 원님 아버지끼리 서로 싸움이 붙었구나.

"다들 썩 물러가거라. 내가 진짜 원님 아버지다."

"네가 뭔데 원님 아버지 행세를 하려고 드느냐? 나야말로 진짜 원님 아버지다."

"뭐라고? 가짜 주제에 큰소리를 쳐? 내가 진짜인 줄 모르느냐?"

이렇게 서로 실랑이를 하며 옥신각신하는 거지. 수많은 원님 아버지들이 서로 밀고 당기고 엎치락뒤치락하다가 항아리에 부딪치니까 그만 항아리가 와장창 깨져 버렸지 뭐야. 항아리는 못 쓰게 되었고, 아버지는 대청에 가득하고, 원님은 하도 어이가 없어서 한숨만 푸푸 내쉬고 있더라나. 제 욕심에 제가 당한 거지 뭐.

씨 뿌리는 강아지

 옛날 어느 곳에 형제가 살았단다. 형은 부자로 잘살면서도 욕심이 많았나 봐. 아우네 집에 가 보고 탐이 나는 것이 있으면 제멋대로 가져가면서도 아우한테는 아무것도 주지 않았다니까. 아우는 가난하게 살면서도 남을 잘 도와줬나 봐. 형이 아무리 제 물건을 가져가도 화를 내기는커녕 더 가져갈 것이 없느냐고 물어봤다니까.
 봄이 되어 아우가 밭을 갈았어. 남의 집 소를 두 마리 빌려다가 쟁기를 지워 가지고 부지런히 밭을 갈았지. 그런데 밭을 다 갈아 놓아도 씨 뿌릴 일이 태산 같거든.
 '이럴 때 씨 뿌려 줄 사람이 있으면 얼마나 좋을까.'
 이렇게 생각하는데, 어디서 왔는지 강아지 한 마리가 나타나더래. 목에다 씨광주리를 걸고 나타나서 앞발로 씨를 뿌리고 뒷발로 흙을 덮고, 이렇게 일을 척척 도와준단 말이야. 일을 얼마나 잘하는지 아우가 밭을 갈기가 바쁘게 뒤따라오면서 씨를 다 뿌려 주겠지.
 점심때가 되어서 점심을 먹게 되었는데, 점심밥을 하나만 싸 왔지 뭐야. 일꾼이 하나 더 생길 줄 누가 알았나. 아우는 자기가 먹을 밥을 강아지에게 다 먹였어.
 "옛다, 강아지야. 너야말로 큰 일꾼이니 많이 먹어라."

강아지는 밥을 다 먹더니 밭 옆에 있는 길로 나가. 가더니 길 가운데에 벌렁 드러누워 늘어지게 한숨 자는구나. 강아지가 일을 많이 해서 고단한가 보다 생각하고 아우도 밭둑에 앉아서 잠깐 쉬었어.

그때 황아장수가 비단바리를 말에다 싣고 지나다가 강아지를 보고 불평을 늘어놓아.

"여보시오, 댁의 강아지가 길 가운데 드러누워 잠을 자니 사람이 지나는데 걸리적거리지 않소."

아우는 웃으면서 좋은 말로 달랬지.

"딴은 그렇소만, 그 강아지가 한나절 씨 뿌리느라 고단해서 그러니 사정을 좀 봐주시구려."

황아장수가 그 말을 곧이들으려 하나.

"예끼 여보슈, 강아지가 어떻게 씨를 뿌린단 말이오? 그런 거짓말일랑 저승 가서나 하시오."

"글쎄 나도 믿기지 않소만, 한나절 내내 우리 밭에서 씨를 뿌린 걸 내 눈으로 똑똑히 본 다음에야 어떡하겠소."

그래도 황아장수는 믿을 수 없었던지 내기를 하자고 그러네.

"그 말이 정말이라면 내가 가지고 있는 비단을 다 주리다. 그 대신 거짓이면 댁의 소 두 마리를 주시오."

"그게 소원이시라면 그러시오."

아우가 일어나 밭을 갈기 시작하니까, 강아지가 발딱 일어나더니 씨광주리를 목에 걸고 밭으로 쪼르르 달려오겠지. 그러고는 앞발로 씨를 뿌리고 뒷발로 흙을 덮고 아주 부지런을 떨면서 일을 한단 말이야. 보고 있던 황아장수는 입을 딱 벌리고 그 모양을 바라보고만 있지.

"어떻소? 이제야 믿겠소?"

"그것 참 신기한 강아지로군. 약속한 대로 비단을 다 주리다."

"그럴 것 없소. 누군들 강아지가 씨 뿌린다는 말을 곧이듣겠소. 어서 가던 길이나 가시구려."

그 뒤로도 지나는 사람마다 그 모습을 보고 신기한 강아지라고 입이 닳도록 칭찬을 하지. 그러다 보니 소문이 짜하게 퍼졌나 봐.

욕심쟁이 형이 소문을 듣고 달려왔어. 달려와서는,

"이 어리석은 놈아. 그래, 그 신기한 강아지를 공짜로 구경시킨단 말이냐?"

하고 펄펄 뛰더니,

"그 강아지는 내가 좀 빌려 가야겠다."

하고 강아지를 데리고 가 버리지 뭐야.

형은 자기 집 소 두 마리를 끌고 강아지를 데리고 가서 밭을 갈았어. 형이 소를 몰고 밭을 가는 동안 강아지는 앞발로 씨를 뿌리고 뒷발로 흙을 덮고 일을 아주 잘해. 그런데 점심때가 되자 형은 싸 가지고 온 점심밥을 혼자서 다 먹어 버리고 강아지에게는 밥알 하나도 주지 않네. 강아지는 쫄쫄 굶고 있다가 길 가운데로 가서 드러누웠지.

형은 옳다구나 하고 사람이 지나가기만을 기다렸어. 마침 소금장수가 소금을 한 짐 지고 지나는 걸 보고 형이 대뜸 불러 세웠어.

"여보시오, 길 가운데 드러누운 강아지가 어떤 강아지인 줄 아시오? 그 강아지로 말하자면 저 혼자서 씨를 뿌리는 신기한 놈이라오."

"에이, 농담 마시오."

"그럼 내기하시려오? 내 말이 정말이면 그 소금짐을 다 주시오. 만약 거짓이면 이 소 두 마리를 줄 테니."

"그러지요."

형은 소금 한 짐 벌었다고 좋아라 하며 밭을 갈았어. 그런데 이게 웬일이야. 형이 밭을 갈아도 강아지는 꼼짝도 않는구나. 밥을 못 먹어서 기운이 빠졌는지, 아무리 불러도 못 들은 체하고 잠만 자지 뭐야. 그래서 형은 소 두 마리를 잃고 말았어.

형은 화가 머리끝까지 나서 잠자는 강아지를 냅다 걷어찼지. 그 바람에 강아지는 그만 죽고 말았어. 형은 죽은 강아지를 아무 데나 내버리고 씩씩거리며 집으로 돌아갔어.

아우가 강아지를 찾으러 형네 집에 가 보니 강아지는 없고 형 혼자서 씩씩거리고 있거든.

"형님, 강아지 구경시키고 돈 많이 버셨나요?"

"이놈아, 너 때문에 소 두 마리만 잃었다. 그 못된 놈의 강아지가 말을 안 듣지 뭐냐. 그래서 걷어찼더니 죽어 버리더라."

"아이고 형님, 그 불쌍한 것을 죽이다니요."

아우는 울면서 강아지를 찾으러 갔어. 죽은 강아지를 안고 집에 와서 뒤뜰에 고이고이 묻어 주었단다.

그런데 이듬해 봄이 되니까 강아지 무덤에서 파란 싹이 돋아나더래. 이 싹이 무럭무럭 자라더니 커다란 배나무가 되었어. 가을이 되니까 그 배나무에서 참배가 주렁주렁 열리는데 어찌나 달고 맛있는지 몰라. 실컷 먹고도 남아서 장에 내다 팔아 돈을 많이 벌었지.

욕심쟁이 형이 이 소문을 듣고 가만 있을 수 있나. 다짜고짜 아우 집에 가서 강아지 무덤을 파헤쳤지. 고이 묻힌 강아지 주검을 꺼내다가 자기 집 뒤뜰에 묻었어.

형이 묻은 강아지 무덤에서도 배나무 싹이 났어. 무럭무럭 자라서 커다란 배나무가 되었지. 가을이 되니까 열매가 주렁주렁 잘도 열렸어. 형이 얼씨구나 좋다 하고 열매를 따려고 하자, 그만 열매가 저절로 우르르 떨어지면서 형을 묻어 버렸대. 그 배는 돌덩이같이 단단한 돌배였다는군.

팥죽 할멈과 호랑이

옛날 어느 산골에 할머니가 혼자서 살았단다. 혼자 살면서 콩도 심고 팥도 심고 농사를 지었단다. 하루는 팥밭을 매고 있는데 아, 집채만 한 호랑이 한 놈이 어기적어기적 산에서 내려와. 내려와서,

"할멈, 할멈. 나하고 밭매기 내기하자. 할멈이 이기면 그만이고, 내가 이기면 할멈을 잡아먹고."

이러거든. 할머니가 듣고 보니 기가 막혀. 뭐 그런 내기가 다 있느냐 말이야. 그래도 호랑이 우격다짐이니 어떻게 해. 할 수 없이 밭매기 내기를 했어. 그런데 호랑이가 그 큰 발톱으로 호비작호비작 매 나가니까 따라갈 수가 있어야지. 그래서 할머니가 졌어. 호랑이란 놈이 입을 딱 벌리고,

"내가 이겼으니까 잡아먹어야지."

하고 덤벼들거든.

"아이고, 호랑아. 내가 이 팥밭 매느라고 무진 고생을 했는데, 이 팥을 다 키워서 팥죽이나 쑤어 놓거든 잡아먹어라."

호랑이가 가만히 생각해 보니, 그렇게 되면 팥죽도 빼앗아 먹고 할머니도 잡아먹고 좀 좋아. 그럼 그러지 하고 산으로 올라갔어.

할머니가 팥을 다 가꾸어서 이제 거둘 때가 되었지. 팥을 거두는데 호랑이가 내려왔어.

"할멈 잡아먹으러 왔다."

"이 팥을 거두어서 팥죽이나 쑤어 놓거든 잡아먹어라."

그러니까 호랑이는 그냥 돌아갔어. 팥죽 먹을 욕심으로.

할머니가 팥을 다 거두어서 떨었어. 떨어 가지고 키에 담아 까부는데 호랑이가 찾아왔어.

"할멈 잡아먹으러 왔다."

"그래, 이 팥을 다 까불어서 내일 저녁에 팥죽 쑤어 놓거든 와서 잡아먹어라."

그래서 호랑이는 또 그냥 돌아갔지.

이튿날 할머니가 팥죽을 쑤어서 한 동이 퍼 놓고는 앉아서 울어. 죽게 되었으니까. 한참 엉엉 울고 있는데 달걀이 대굴대굴 굴러 와.

"할머니, 할머니. 왜 울우?"

"오늘 저녁에 호랑이한테 잡아먹히게 돼서 운다."

"팥죽 한 그릇 주면 내 당하지."

그래서 팥죽 한 그릇 줬지. 주니까 먹고 나서 부엌 아궁이에 묻어 달래. 부엌 아궁이에 달걀을 묻어 주고, 또 엉엉 울었지. 울다 보니 자라가 엉금엉금 기어 와.

"할머니, 할머니. 왜 울우?"

"오늘 저녁에 호랑이한테 죽게 돼서 운다."

"팥죽 한 그릇 주면 내 나서지."

그래서 또 한 그릇 줬지. 자라는 팥죽을 먹고 나서 물두멍*에 넣어 달라네. 물두멍에 넣어 주고, 또 엉엉 우니까 맷돌이 왈캉달캉 굴러 와.

■ 물을 길어 담아 두는 큰 항아리.

"할머니, 할머니. 왜 울우?"

"오늘 저녁에 똑 죽게 돼서 운다."

"팥죽 한 그릇 주면 내 맞서지."

또 한 그릇 줬지. 맷돌은 부엌 천장에 매달아 달래. 그래서 매달아 줬어. 그러고 나서 또 엉엉 울고 있으니까 송곳이 팔딱팔딱 뛰어와.

"할머니, 할머니. 왜 울우?"

"오늘 저녁에 죽게 돼서 운다."

"팥죽 한 그릇 주면 내 거들지."

또 줬지. 송곳은 부엌 바닥에 세워 달라네. 세워 주니까, 이번에는 멍석이 둘둘 굴러 와.

"할머니, 할머니. 왜 울우?"

"오늘 저녁 죽게 돼서 운다."

"팥죽 한 그릇 주면 내 도와주지."

또 주니까 멍석은 마당가에 눕혀 달래. 눕혀 놓고 나니까, 지게가 어쩌어쩡 걸어와.

"할머니, 할머니. 왜 울우?"

"죽게 돼서 운다."

"팥죽 한 그릇 주면 내 살려 주지."

그래서 마지막 남은 팥죽 한 그릇을 퍼 주니까, 지게는 대문간에 세워 달래. 대문간에 지게를 세워 줬지.

이제 할머니가 방에 앉아 있으려니까 호랑이가 썩 들어오거든. 들어오는데 불을 뚝 껐지.

"이 못된 할망구야, 나 들어가는데 불은 왜 꺼?"

"아이, 내가 껐나? 너 들어오는 바람에 꺼졌지."

할머니가 부지깽이를 호랑이에게 던져 줬어.

"이걸 아궁이에 넣고 불을 붙여서 환하게나 해 놓고 잡아먹어라."

호랑이가 부지깽이를 받아서 불을 당기려고 아궁이에 집어넣었어. 그러니까 아궁이 속에 있던 달걀이 불덩어리가 돼서 탁 튀어나와 호랑이 눈을 때리네.

"앗 뜨거, 앗 뜨거!"

호랑이가 엉겁결에 눈을 씻으려고 물두멍에 손을 넣으니까, 거기 숨어 있던 자라가 손을 물고 늘어지지.

"아이고 아야, 아이고 아야!"

그때 천장에서 맷돌이 뚝 떨어지면서 호랑이 머리를 내리치네. "아이쿠!" 하고 주저앉으니까 바닥에 세워 놓은 송곳이 엉덩이를 찌르지. 그때 마당가에 누워 있던 멍석이 와서 호랑이를 뚜르르 마니까, 지게가 와서 짊어지고 갔지.

그래서 어떻게 됐느냐고? 그건 아무도 몰라. 할머니는 잘 살아서, 엊그저께까지 살더래.

장돌뱅이 도둑

옛날에는 집집마다 소가 있었지. 농사를 지으려면 소가 꼭 있어야 했거든. 소에다 쟁기를 지워 논밭도 갈고, 소 등에 무거운 짐도 실어 나르고, 이렇게 했지.

한 농사꾼이 소를 두 마리 길렀어. 어미소 한 마리하고 송아지 한 마리를 길렀지. 그런데 조상님 제삿날이 다가오게 됐어. 제사를 지내려면 고기야 떡이야 과일이야 음식을 많이 장만해야 하니 돈이 들지 않아? 마침 집에 돈이 없어서 송아지를 팔기로 했어. 어미소는 농사를 지어야 하니 팔아서는 안 되겠고, 그러니 어린 송아지를 팔 수밖에.

이 사람이 송아지를 끌고 장에 갔어. 장에 가서 좋은 값을 받고 팔았지. 돈을 아낀다고 배가 고픈데도 국밥 한 그릇 안 사 먹고 그냥 돌아섰어. 돈을 허리춤에 잘 간수해 가지고 집으로 돌아오는 길인데 아뿔싸, 고갯마루에서 도둑을 만났어. 가파른 고갯길을 올라오느라 가빠진 숨을 고르고 있는데,

"게 섰거라!"

하고 웬 험상궂은 놈이 뒤따라오더니,

"가진 돈을 다 내놓아라. 송아지 판 돈을 다 내놔."

하고 을러대지 않겠어? 이 도둑이 장에서 송아지 판 것을 다 보고서 뒤따라왔나 봐. 뒤따라오다가 호젓한 고갯마루에서 덮친 게지.

송아지 판 사람이 정신을 가다듬고 차근차근 이야기를 했어.

"여보시오, 무슨 사정으로 이런 짓을 하는지 모르겠으나, 이 돈은 조상님 제사를 모실 돈이오. 그러니 며칠만 참아 주오."

그러니 도둑이 어이가 없나 봐.

"며칠만 참으라니? 그러면 며칠 뒤에 돈을 주기라도 하겠다는 거냐?"

"보아하니 사정이 딱한 것 같은데, 제사를 지낸 다음에 내가 돈을 마련해 주겠소."

도둑이 그 말을 믿을 리 있나.

"누가 그 말을 믿을 줄 아느냐. 그런 말로 나를 속이고 도망가려는 게지. 잔말 말고 어서 돈을 내놔."

이렇게 옥신각신하는데, 마침 고을 원님 행차가 그 길을 지나가게 됐어. 원님이 가마를 높이 타고 사령과 나졸을 거느리고 지나다가 그 모습을 보게 됐단 말이야.

"웬 사람들이 길에서 저렇게 소란을 피우고 있느냐. 어서 불러서 까닭을 알아보아라."

그래서 두 사람이 원님 앞에 불려 갔어. 도둑은 이제 죽었구나 하고 벌벌 떨지. 남의 돈을 빼앗으려고 했던 일이 다 들통나게 될 테니까 말이야. 그런데 송아지 판 사람은 원님에게 사실대로 일러바치지 않고 다른 말을 하는구나.

"저 사람은 제 친구인데, 제가 오래 전에 저 친구 돈을 빌려 쓴 일이 있습니다. 오늘 길에서 오랜만에 만나 저 친구는 어서 돈을 갚으라고 하고, 저는 며칠만 참아 달라고 하고, 그러느라고 좀 시끄럽게 되었습니다."

원님이 들어 보니 대수롭지도 않은 일이거든. 그래서,

"서로 잘 의논해서 좋게 해결하도록 해라."

하고 그냥 가 버렸어.

도둑은 관가에 끌려가서 호된 벌을 받을 줄 알았는데, 일이 이렇게 되고 보니 고맙기도 하고 쑥스럽기도 하단 말이야. 나쁜 짓을 했는데도 일러바치기는커녕 오히려 자기를 감싸 주니 몸둘 바를 모르겠거든.

"세상에 댁 같은 사람이 다 있는 줄 몰랐소이다. 난들 이런 짓을 하고 싶어서 하겠습니까. 하도 가난하여 먹고살 길이 없어 장돌뱅이짓을 하다가, 장에서 송아지를 팔아 큰돈을 받는 것을 보고 그만 욕심이 생겼지요. 부디 용서하고 얼른 가 보십시오."

이러고 몇 번이나 머리를 조아리더니 훌쩍 달아나더래.

이 사람은 집에 돌아와 송아지 판 돈으로 조상님 제사를 잘 모셨지. 제사를 지낸 다음 날, 이 사람이 외양간에 가더니 어미소를 끌고 나오네. 아내가 그걸 보고 웬일인가 하고 물었어.

"농사철도 아닌데 소는 왜 끌어내세요?"

"이 소를 내다 팔아야겠소."

아내가 영문을 몰라 어리둥절하지.

"송아지를 팔아 제사를 잘 모셨는데, 또 어디 돈 쓸 데가 있어서 어미소까지 팔려고 그러세요?"

남편은 며칠 전에 도둑 만난 이야기를 다 했어.

"그 사람이 얼마나 사정이 딱했으면 그런 짓을 다 했겠소? 그래서 조상님 제사를 모시고 나서 돈을 주기로 약속을 했소. 이 소를 팔아서 돈을 마련해야지요."

그리고 장에 가서 소를 팔았어. 소 판 돈을 가지고 장돌뱅이들을 찾아다니며 수소문을 했지. 어찌어찌해서 전날 그 도둑을 다시 만났어.

"약속대로 돈을 가지고 왔으니 어서 받으시오."

이 사람이 소 판 돈을 다 내놓으니까, 도둑이 그만 땅에 넙죽 엎드리더니 눈물을 줄줄 흘리는구나.

"이러지 마십시오. 며칠 전에도 나쁜 짓 하려는 나를 오히려 구해 주시지 않았습니까? 그 은혜만 해도 평생 잊지 못할 터인데 어찌 돈을 받겠습니까."

서로 받으라느니 못 받겠다느니 하다가, 함께 소 판 사람 집으로 갔어. 도둑은 아주 새사람이 된 거지. 장돌뱅이 노릇을 그만두고 이 집 농사를 거들며 함께 살았다는 이야기야. 새로 소도 사고 논밭도 사고 해서 잘 살았더란다.

느티나무 총각

옛날 어느 마을에 할아버지하고 할머니가 단둘이 살았어. 농사를 짓고 살았지. 그런데 한 해 겨울에 눈이 너무 많이 와서 마을 사람들이 나무를 못 했어. 산에 눈이 너무 쌓이니 나무를 할 수 있나. 겨울에는 그저 아궁이에 나무를 듬뿍듬뿍 집어넣고 군불을 넉넉하게 때야 방이 뜨끈뜨끈해서 잘 지내지. 그런데 땔나무가 없으니 모두들 추위에 떠는 거야.

이 마을에 오래 묵은 느티나무가 한 그루 있었어. 마을 젊은이들이 그 느티나무라도 베어다 때야겠다고 도끼랑 톱이랑 들고 나서는 거야. 할아버지가 그걸 보고,

"여보게들, 그 나무는 오랫동안 우리 마을 사람들이 위하던 나무라서 베면 안 되네."

하고 말렸어.

"그럼 땔감은 없고 눈은 이렇게 쌓였고, 어떻게 해요?"

"정 그러면 우리 집 행랑채를 헐어다가 나눠 때게나. 느티나무는 베지 말고."

행랑채는 머슴이 들어 사는 집인데, 그걸 헐어서 기둥이고 서까래고 땔감으로 쓰라는 거지. 그 말을 듣고 할머니가 나와서 걱정을 해.

"내년 봄에는 머슴을 들여야 할 텐데 행랑채를 헐어 버리면 어떻게 해요?

그간 느티나무 베어 때든 말든 그냥 두지 뭘 그래요?"

그래도 할아버지는 어림없어.

"죽은 나무라면 모를까, 산 나무를 함부로 베면 못 써요. 저 나무가 없으면 여름에 마을 사람들이 어디 가서 땀을 식혀? 그러니 아무 말 말고 우리 집 행랑채를 헐어다 때게나."

그러니까 마을 젊은이들이 느티나무는 그냥 두고 할아버지네 행랑채를 헐었어. 집을 허니까 나무가 많이 나올 게 아니야? 그걸 나눠다가 땔감으로 썼대. 그래서 모두들 겨울을 잘 났지.

그렇게 하고 나서 이듬해 봄이 되었거든. 봄이 되니까 이제 농사를 시작해야 할 것 아니야? 할아버지 할머니는 늙어서 농사지을 힘이 없으니까 일 잘하는 머슴을 구해야지. 그런데 머슴이 살 행랑채를 헐어 버렸으니 어째. 아무도 머슴 살겠다고 찾아오는 사람이 없네. 할머니가 안달이 났어.

"그것 봐요. 행랑채가 없으니 머슴도 못 들이지. 이제 올 농사는 어떻게 할 거예요?"

"허허, 머슴이 없으면 우리가 농사짓지."

할아버지는 태평으로 그러고 있어.

하루는 할아버지가 소죽을 끓이다 말고 방에 들어가서 저녁밥을 먹고 있는데, 웬 떠꺼머리 총각이 왔어. 이 총각이 아무 말도 없이 소죽을 퍼다가 소에게 먹이고 마당도 쓸고, 아주 부지런을 떨면서 일을 하거든. 할아버지가 내다보고는,

"자네는 어디서 온 누구인데 우리 집에 와서 그러고 있는가?"

하고 물으니까 이 총각이,

"이 집에 머슴 살러 왔습니다."

하거든. 들던 중 반가운 소리지.

"우리 집에는 행랑채가 없다네. 그래도 머슴 살 텐가?"

"괜찮습니다. 낮에 와서 일하고 밤에는 우리 집에 가서 자지요."

"그럼 사경은 얼마나 쳐 줄까?"

"저는 일도 잘 할 줄 모릅니다. 그저 일 배우는 셈치고 시키는 일만 할 테니 사경 걱정은 마세요."

이렇게 해서 머슴을 두게 됐어. 이 총각이 날마다 와서 일을 해 주는데, 일을 참 잘하더래. 그러다가 못자리 할 때가 됐는데, 이 총각이 좋은 논 다 놔 두고 찬물 솟아나는 샘가에다 못자리를 하지 뭐야.

"이 사람아, 좋은 논자리도 많은데 하필이면 찬물에다가 못자리를 하나 그래."

"예, 올해는 날이 무척 가물 것 같아서 그럽니다."

그런데 못자리를 다 하고 나니까 그때부터 정말로 날이 가물어. 비가 안 오니까 논에 물이 다 마르지. 그래서 다른 논에는 모가 다 말라 죽는데, 할아버지네 논에는 샘물이 자꾸 솟아나서 모가 아주 잘 자라거든. 모심기할 때가 됐는데, 딴 사람들은 모가 없어서 못 심어. 물이 말라 모가 죄다 말라 죽었으니까 말이야. 그런데 할아버지네 모는 얼마나 잘 되었는지 다 심고도 남아서 온 마을 사람들에게 다 나누어 줬어. 그래서 온 마을 농사가 다 잘 되었대.

그리고 할머니가 늙어서 팔다리가 자꾸 쑤시고 아프다고 하니까 총각이 할머니 팔다리를 주물러 줘. 그러니까 신기하게도 아픈 데가 없어지고 기운이 펄펄 나더래. 또, 할아버지가 이가 빠져서 음식을 잘 못 먹으니까 총각이 할아버지 잇몸을 살살 어루만져 줘. 그러니까 글쎄 할아버지 잇몸에서 새 이가 쏙쏙 돋아나더래. 갓난아기 이 돋아나듯이 말이야.

그럭저럭 가을이 되어서 가을걷이를 다 하고 나니 총각이 하직 인사를 해.

"그동안 일 잘 배우고 갑니다."

"그동안 우리가 고마웠네. 어쨌든 사경이나 받아 가지고 가게."

할아버지가 사경을 쳐 주려고 하니까 총각은,

"저는 사경 받으려고 일한 것이 아니라 은혜를 갚으려고 일한 것이니 그만두십시오. 앞으로도 이 집 농사 잘될 것이고, 할머니 팔다리도 안 아플 것입니다. 할아버지 이도 튼튼해질 것입니다."

하고는 훌훌 떠나버리더래. 이 총각이 바로 느티나무 총각인가 봐. 오래 묵은 나무는 신통한 힘을 가지고 있어서 이렇게 곧잘 사람 모습이 되기도 한다지.

그 뒤로 마을 사람들은 느티나무를 더 잘 위하고, 농사도 잘되어서 잘 살았더란다.

지네 처녀와 지렁이

옛날에 한 사람이 살았는데, 이 사람이 가랑이가 찢어지게 가난해. 여덟 식구가 굶느니 먹느니 하면서 사는데, 한 해 섣달에는 양식이 바닥났어. 온 식구가 쫄쫄 굶고 앉아 있거든. 섣달 그믐날 저녁에 가만히 생각하니까 이것 참 기가 막혀. 내일이 설날인데 아침거리가 없어. 아무리 가난해도 설날이 되면 떡국 끓여 차례 지내고 설빔 차려입고 세배 다녀야 하는 게 아닌가. 그런데 이건 뭐 떡국은 고사하고 밥 한 술 못 먹게 생겼으니 기가 막혀도 한참 막히지. 까짓것 저 혼자뿐이면야 굶든 먹든 견디겠는데, 아내하고 여섯 자식이 쫄쫄 굶고 앉아 있는 꼴은 차마 볼 수가 있어야지.

"에잇, 이렇게 사느니 나가 죽어 버릴란다. 죽으면 아무것도 안 뵐 테니."

하고 이 사람이 집을 나왔어. 목매달아 죽으려고 새끼줄을 가지고 뒷산에 올라갔어. 아예 사람 자취도 없는 곳에 가서 죽으려고 말이야. 산 중턱쯤에 가서 소나무에 올라갔어. 올라가서 새끼줄 한쪽 끝은 목에 걸고 다른 쪽 끝은 소나무 가지에다 매었거든. 뛰어내리면 목이 매달려 죽게 말이야. 막 뛰어내리려고 하는데 저 아래에서 사람이 올라와. 사람이 와서 보면 밧줄을 끌른다 뭐다 해서 귀찮겠거든.

'안 되겠다. 저 사람이 지나가거든 죽어야지.'

하고 그냥 소나무 위에 동그마니 앉아 있었어. 그런데 올라오던 사람이 다른 데로 안 가고 곧장 소나무 밑으로 와. 가만히 보니까 곱게 차려입은 처녀인데, 머리에 떡시루를 이고 오더래. 와서 소나무 밑에다 시루를 내려놓더란 말이야. 그래 놓고서 "비나이다, 비나이다" 하면서 뭐라고 중얼중얼 빌어. 한참 그렇게 빌더니,

"거기 나무 위에 있는 어른, 이리 내려와서 떡 좀 드세요."

하지 뭐야. 나무 위를 쳐다보지도 않고서 말이야. 아까부터 한 번도 올려다본 적이 없는데 말이야. 보통 사람이 아닌가 봐.

이 사람이 할 수 없이 나무에서 내려왔어. 내려오니까 떡을 주면서 먹으라네. 까짓것, 이왕에 죽으려고 마음먹은 것, 죽기 전에 떡이나 실컷 먹어 보자고 주는 대로 받아 먹었어. 떡 한 시루를 다 먹고 나니,

"어르신은 무슨 사연이 있어서 아까운 목숨을 끊으려 하시나요?"

하고 묻지. 목매달아 죽으려고 했던 것까지도 훤히 다 알고 있더란 말이지. 그래서 딱한 사정을 다 이야기했어. 처녀가 다 듣고 나더니,

"그럼 우리 집으로 가세요. 설 쇨 돈을 마련해 드릴 테니까."

이러거든. 물에 빠진 사람 지푸라기라도 잡는다고, 긴가민가하면서도 따라 갔지. 따라가 보니 산 밑에 못 보던 오막살이가 있는데, 그리로 들어가. 들어가니까 돈궤가 수북한데, 다 텅텅 비고 궤짝 하나에만 돈이 가득 들어 있더래. 그 돈궤를 주면서,

"이것을 갖다가 쌀도 사고 옷도 사고 해서 설 잘 쇠세요. 죽기로 먹은 마음 가지고 아득바득 살면 어떻게든 못 살겠어요."

이런단 말이야. 고맙기가 그지없지. 돈궤를 메고 막 나오려는데 처녀가 하는 말이,

"가다가 상제를 만나거든 어떻게든 피해 가세요. 그 사람 말을 들었다가는 큰일납니다."

이러는구나. 그 말만 하고 말아. 아니나 다를까 가는 길에 상제 한 사람을 만났어. 상복 입고 굴건을 쓴 상제가 다리 밑에서 쓱 나오더니,

"당신, 지금 어떤 처녀한테 돈 얻어 오는 길이지?"

하거든. 그래서 그렇다고 하니,

"그게 사람이 아니고 천년 묵은 지네야. 그 지네 말대로 했다가는 큰일 나. 내 말을 못 믿겠거든 그 집에 다시 가 봐. 문으로 들어가지 말고 뒷담을 넘어 들어가서 문구멍 뚫고 들여다봐. 참말로 지네거든 '저 지네 봐' 하고 소리를 질러. 그러면 그 지네는 죽고 당신이 살아. 아무 말도 안 하면 지네는 살고 당신이 죽어."

아, 이런단 말이야. 이것 참 야단났네. 처녀는 상제 말 들으면 큰일난다고 하고, 상제는 처녀 말 들으면 큰일난다고 하니 대체 누구 말을 들어야 하나?

그러나마나 집에 와서 처녀가 준 돈으로 쌀도 사고 옷도 사고 해서 설을 참 잘 쇠었어. 아내하고 아이들 배불리 먹이고 설빔도 곱게 차려 입히고 하니, 오랜만에 사람 사는 것 같거든. 그런데 상제가 한 말이 당최 마음에 걸려 견딜 수 있나. 그 처녀가 지네라고 한 말이 생각나서 자꾸 찜찜하단 말이야.

"에이, 누구 말이 맞는지 가서 알아나 봐야지."

하고, 그길로 처녀네 집으로 갔어. 상제 말대로 문으로 안 들어가고 뒷담을 넘어 들어갔지. 들어가서 문구멍을 뚫고 들여다보니, 아이고 이게 뭐야. 사람 팔뚝만 한 지네 한 마리가 어금엉금 기어다니고 있네. 상제가 말한 그대로거든.

'이걸 어쩌나. 저 지네 봐 하고 소리지르면 저 지네가 죽고, 아무 말도 안 하면 내가 죽는다고 했지. 이걸 어떻게 해야 하나.'

그런데 아무리 생각해도 그 지네를 죽게 할 수는 없겠더래.

'아무리 흉한 지네일망정 내 목숨을 살려 주고 우리 식구를 도와줬는데 어찌 죽게 할 수 있나. 차라리 내가 죽고 말지.'

이렇게 생각하고 그냥 아무 말도 안 했대. 아무 말도 안 하고 도로 담을 넘어 나왔어. 그렇게 나와 있어도 자기가 안 죽고 살아 있거든. 상제 말대로 되려면 자기가 죽어야 하는데 말이야. 이상해서 처녀네 집 문을 두드렸어. 그랬더니 곱게 차려 입은 처녀가 나와. 나오더니 반갑게 맞아들이고는,

"그래, 가시다가 상제를 만났나요?"

하고 묻지. 그래서 사실대로 다 얘기했어. 아까 문구멍으로 지네를 본 것까지 다 말했어. 그러니까 처녀가 참 좋아하더래.

"저는 하늘에서 죄를 짓고 내려온 선녀랍니다. 사람이 볼 때는 처녀 모습이 되었다가 사람이 안 보면 지네 모습이 되지요."

그러면서 이야기를 하는데, 자기는 정해진 날까지 죽을 사람 백 사람 목숨을 구해야 죄를 씻고 다시 하늘로 올라간다는구나. 그 상제도 하늘에서 죄를 짓고 내려온 사자인데, 사람이 볼 때는 상제 모습이 되었다가 사람이 안 보면 지렁이가 된다네. 그런데 지렁이는 산 사람 백 사람 목숨을 죽여야 도로 하늘로 올라갈 수 있대.

"어르신이 내가 백 번째로 살린 사람이랍니다. 그래서 이제 나는 죄를 씻고 하늘로 올라가게 됐어요. 아까 나를 보고 '저 지네 봐' 했으면 어르신이 죽었을 것입니다. 그러면 지렁이가 백 사람을 죽여서 하늘로 올라가게 되지요. 나는 살렸던 사람이 도로 죽어서 하늘로 못 올라가고 죽게 되고요. 아무 말도 안 했기 때문에 어르신도 살고 나도 살게 됐습니다."

그러는데 갑자기 회오리바람이 불면서 사방이 자욱해지더래. 한참 뒤에 정신을 차리고 보니 처녀도 집도 온데간데없더래. 집이 있던 자리는 온통

쑥대밭이 되고 말이야. 거참, 이상한 일도 다 있다 하고 집으로 돌아오는 길에 다리를 지나게 됐어. 그런데 글쎄 다리 밑에 커다란 지렁이가 죽어 자빠져 있더래. 절굿공이만 한 큰 지렁이가 말이야. 죽일 사람 백 명을 못 채우고 날짜가 지나가 버려서 제가 죽은 거지, 그게.

열어도 자옹 닫아도 자옹

옛날 옛적 어떤 곳에 아버지가 딸 셋을 데리고 살았어. 아버지는 부지런히 일을 해서 제법 살림을 일구고 살았지. 그러니까 딸들에게 좋은 옷도 입히고 맛난 음식도 먹일 수 있었거든. 아버지는 딸들이 과연 그 은혜를 알고 있는지 그게 궁금했어. 그래서 하루는 딸들을 불러다 놓고 물어보았지.

"얘, 큰애야. 너는 누구 복으로 이렇게 잘 먹고 잘 입고 사느냐?"

그러니까 큰딸은,

"예, 아버지 복인 줄 압니다."

하고 대답하지. 아버지는 아주 마음이 흐뭇해져서 "암, 그래야지" 하고 좋아했단다. 그리고 둘째 딸에게도 물어보았어.

"둘째야, 너는 누구 복으로 잘 먹고 잘 입고 사느냐?"

"그야 아버지 복으로 이렇게 잘살지요."

아버지는 둘째 딸 대답도 마음에 들어서 "아무렴, 그렇고말고" 하면서 기뻐했대. 그리고 막내딸에게도 똑같은 걸 물어보았어.

"막내야, 너는 누구 복으로 사느냐?"

아버지는 막내딸도 '아버지 복입니다' 할 줄 알았지. 그런데 막내딸은,

"저는 제 복으로 삽니다."

하지 뭐야. 아버지는 화가 벌컥 나서,

"뭣이 어째? 네 복으로 산다고? 애비 은혜도 모르는 고얀 것 같으니라고. 어디 썩 나가서 네 복으로 잘 살아 보아라."
하고 막내딸을 내쫓아 버렸어.

쫓겨난 막내딸은 이리저리 돌아다니다가 산속에 들어가게 됐지. 산속에서 한참 헤매다 보니 마침 다 쓰러져 가는 오막살이가 있거든. 다리도 아프고 배도 고프고 하여 그 집에 들어갔어. 들어가 보니 머리가 하얀 할머니하고 떠꺼머리 총각이 살고 있더래. 총각은 산속에서 숯을 구워 팔아 먹고사나 봐. 숯구이 총각이라서 온몸이 새까매. 숯에 그을려서 그런 거지.

부엌에 가 보니 꼴이 말이 아니야. 깨진 오지솥에다가 이 빠진 사발과 몽당숟가락이 부뚜막에 뒹굴더라지.

'불쌍한 사람들이군. 내가 이 두 사람을 도와주어야겠다.'

막내딸은 솥을 깨끗이 씻은 다음 밥을 짓고 산나물을 뜯어 반찬을 만들어 가지고 방에 들어갔어. 할머니와 총각은 오랜만에 맛난 밥을 먹어 보는지 마파람에 게 눈 감추듯 하더래. 할머니는 밥을 다 먹고 나더니 막내딸 손을 잡고 놓지를 않네.

"색시 같은 사람이 우리 며느리가 되면 얼마나 좋을꼬."

"저도 마땅히 갈 곳이 없으니 그렇게 하지요."

이렇게 해서 막내딸은 숯구이 총각의 아내가 되었어. 산속에서 살려니 고생이 이만저만이 아니었지만 꾹 참고 살았어. 밥 짓고 빨래하고 틈틈이 산밭도 갈면서 부지런히 일을 했지.

하루는 남편을 따라 숯가마에 가 보았는데, 숯가마가 온통 번쩍번쩍하더래. 가마를 쌓은 돌에서 여기저기 번쩍번쩍 빛이 나. 가만히 보니까 그게 돌이 아니고 금덩어리야. 그런데도 숯구이 남편은 그게 금인지도 몰라. 평생 산속에서 숯만 굽고 살았으니 돌인지 금인지 알 턱이 있나.

색시는 숯가마에서 금덩어리를 하나 빼 가지고 집으로 돌아왔어. 이튿날 아침에 남편에게,

"오늘은 장에 가서 이걸 팔아 오세요."

하고 금덩어리를 내주었지. 영문을 모르는 남편은 고개만 갸우뚱하지.

"그 누런 돌멩이를 누가 사겠소?"

"글쎄, 그런 걱정 말고 팔아 오기나 하세요. 값이 얼마냐고 묻거든 그저 제값만 쳐 달라고 하세요."

남편이 장에 가서 금덩어리를 내놓으니 사람들 입이 딱 벌어져. 워낙 값진 것이라 모두들 구경만 하고 아무도 사겠다는 사람이 없어. 날이 저물 무렵이 되어서야 한 사람이 와서 보고는 값을 얼마나 받겠느냐고 묻더래.

"그저 제값만 쳐 주십시오."

아내가 시킨 대로 그랬지.

"천 냥이면 되겠소?"

"뭐라구요?"

하도 많은 값을 불러서 깜짝 놀라 되물었는데, 저쪽에서는 너무 적어서 그러나 보다 하고 값을 더 불러.

"그럼 이천 냥 내리다."

"뭐라구요?"

이번에도 놀라서 그러는 걸 모르고 값을 더 올려.

"그럼 삼천 냥."

"뭐라구요?"

"그럼 오천 냥."

"뭐라구요?"

"그럼 만 냥. 더는 안 되겠소."

"……."

 어안이 벙벙해서 돈을 받았지. 이렇게 해서 남편이 돈을 아주 많이 벌어 왔어. 그 돈으로 논도 사고 밭도 샀지.

 얼마 뒤에 또 금덩어리 하나를 팔아서 소도 사고 말도 사고, 또 하나 팔아서 고래등 같은 기와집도 지었어. 이제는 아주 큰 부자가 되어서 사는 거지.

 이렇게 잘살다 보니 색시가 아버지 생각이 난단 말이야. 그래서 고향 집으로 가 보았어. 그런데 집은 벌써 다른 사람에게 팔리고 아버지는 어디로 갔는지 없어. 아버지는 첫째 딸과 둘째 딸을 시집보내고 혼자서 살다가 떠난 거야. 두 딸을 시집보내느라 살림 밑천이 동이 났거든. 그런데 두 딸네 집에 가 보아도 반겨 주지 않으니까 혼자서 집을 나간 거지. 비렁뱅이가 되어서 여기저기 빌어먹으며 돌아다니는 신세가 되었단 말이야.

 막내딸은 아버지를 찾으려고 대문을 새로 달았어. 재주 많은 목수를 불러다가,

 "대문을 새로 달되, 열어도 '자옹' 닫아도 '자옹' 소리가 나게 달아 주세요."

 하고 부탁했어. 이 막내딸 이름이 '자옹'이거든. 재주 많은 목수가 대문을 다는 데 석 달 열흘이 걸렸대. '자옹, 자옹' 소리가 나게 달려니까 그렇지.

 그래 놓고 비렁뱅이가 동냥을 오면 잘 줬어. 곡식도 주고 돈도 주고 밥도 주고 아주 잘 줬단 말이야. 그러니까 산지사방 소문이 짜하게 퍼졌어. 아무 데 아무 집에 가면 동냥을 아주 잘 준다고 소문이 퍼진 거지. 그렇게 되니 세상 비렁뱅이란 비렁뱅이는 다 모여든단 말이야. 동냥 잘 준다니까 마구 몰려와서 얻어 가.

 하루는 웬 늙은 비렁뱅이가 왔는데, 동냥을 주려고 문을 여니까 이 사람이 깜짝 놀라. 문에서 '자옹' 소리가 나니까. 다른 비렁뱅이는 '자옹' 소리를

들어도 그만이었는데 이 사람은 깜짝 놀라거든. 그러면서,

"이상하다, 이상하다."

하고 중얼거려.

"무엇이 그리 이상합니까?"

"대문 소리가 우리 막내딸 이름 소리하고 똑같아서 그러지요."

그제서야 아버지가 온 걸 알고,

"아버지! 이제야 찾았군요."

하고 달려가 얼싸안았지.

"애야, 너 볼 면목이 없구나."

아버지는 부끄러워서 낯을 붉혔어. 그렇지만 딸은,

"괜찮아요, 아버지. 이것도 다 제 복인걸요."

하더래. 딸은 아버지 모시고 오래오래 잘 살았다지.

● ― 이야기를 들려주고 나서

〈배고프니 먹고 보자〉에서 우리는 무엇을 배울 수 있을까요? 날 때부터 귀한 사람, 천한 사람이 따로 없다는 것이 아닐까요? 사람은 태어날 때부터 누구든지 똑같이 귀한데도, 어리석은 사람들은 마치 신분, 성별, 살색, 하는 일에 따라 귀천이 있는 것처럼 생각하지요. 이 이야기에서 주인이 건 내기는 바르고 떳떳한 내기가 아니었습니다. 내기처럼 서로 겨루는 일은 양쪽 조건이 똑같아야 떳떳하지요. 글을 배운 사람과 글을 못 배운 사람이 글 짓는 내기를 하는 것은 공정하지 못합니다. 애초에 내기가 공정하지 못했으니 머슴이 한 일은 그에 대한 항의였을 것입니다. 마지막에 머슴이 한 말은 귀담아 들을 만합니다. "글 지은 사람 창자나 못 지은 사람 창자나 창자는 마찬가지입니다."

〈한평생 쓰고도 남는 물건〉에서처럼, 욕심쟁이는 언제나 제 욕심에 제가 걸려 넘어지는 법이지요. 부자가 처음부터 남을 돕겠다고 물건을 찾았으면 그게 붓이든 돈이든 무슨 상관이었겠습니까? 욕심을 부리다 보니 끝이 허망한 게지요. 일이 잘되고 못되고는 다 마음 쓰기에 달린 듯합니다.

〈메주 도사〉에서 점잔을 빼던 선비들은 도술에 걸려 큰 망신을 당했습니다. 이 또한 제 무덤을 제가 판 격이지요. 메줏덩이를 복숭아라고 뜯어 먹고, 곧 죽게 되었다고 울고불고했으니 그런 망신이 어디 있습니까? 선비들은 도술에서 풀려난 뒤에 무엇을 깨달았을까요?

〈요술 항아리〉에서는 욕심 많은 영감이 농사꾼에게서 항아리를 빼앗았지만,

그걸 더 큰 욕심쟁이인 고을 원님에게 빼앗김으로써 결국 화를 면합니다. 그저 욕심만 많은 사람보다 권세로 그 욕심을 채우려는 사람이 더 나쁘다는 것을 일깨워 주는 듯합니다.

〈씨 뿌리는 강아지〉에서 우리는 착한 사람은 복을 받고 나쁜 사람은 벌을 받는다는 것을 배울 수 있습니다. 착한 일에 대한 믿음은 우리 삶에 든든한 버팀목이 될 것입니다. 그런데 옛이야기에 심술쟁이 형과 착한 아우 이야기가 많은 까닭은 무엇일까요? 아무래도 아우 쪽이 형보다 힘이 약하기 때문이지요. 옛이야기는 언제나 힘이 약한 쪽을 편드니까요. 사실은 형이라고 해서 다 욕심쟁이고 아우라고 해서 다 착한 것은 아니니, 이 세상 형들은 조금도 속상해할 것 없겠습니다.

〈팥죽 할멈과 호랑이〉에서 할머니는 호랑이보다 힘이 약합니다. 그뿐 아니라 달걀, 자라, 맷돌, 송곳, 멍석, 지게도 다 호랑이보다 힘이 약합니다. 그런데도 힘을 합침으로써 호랑이를 물리칠 수 있었지요. 아무리 힘이 약한 사람들도 똘똘 뭉쳐 힘을 합치면 사납고 힘센 상대를 거뜬히 물리칠 수 있다는 이야기입니다.

〈장돌뱅이 도둑〉처럼 이 세상에는 본바탕부터 나쁜 사람은 없는 것 같습니다. 어찌어찌하다가 나쁜 짓을 하게 되면 다른 사람들에게 손가락질을 받고, 그러면 마음이 비뚤어져서 더 나쁜 짓을 하고, 이렇게 되는 수가 많지요. 이런 사람이 은혜를 입고 감동을 받으면 새사람이 되어 착해진다는 이야기입니다.

〈느티나무 총각〉에서 보듯이 목숨 가진 것은 다 소중합니다. 살아 있는 나무도 목숨이 있으니 소중하지요. 목숨 가진 것을 귀하게 여기고 보살피면 반드시 보답을 받게 된다는 이치를 옛사람들은 이런 이야기 속에 숨겨 놓은 듯합니다.

〈지네 처녀와 지렁이〉는 은혜를 알고 갚으면 다 잘된다는 이야기입니다. 만약에 가난한 사람이 자기만 살려고 "저 지네 봐" 하고 소리쳤다면 어떻게 됐을까요? 지네도 죽고 자기도 죽었겠지요. 은혜를 갚으려고 죽음을 택한 것이 결국 모두를 살리는 길이 되었습니다.

〈열어도 자웅 닫아도 자웅〉 이야기를 듣고 나면 누구나 용기가 생길 듯합니다. 막내딸은 집에서 쫓겨나서도 제 살 궁리 제가 다 해서 잘 살았으니까요. 아무리 가까운 사람이라도 나를 대신해서 살 수는 없는 법이지요. 아버지 어머니도 마찬가지입니다. 누구든지 언제까지나 아버지 어머니한테 기대어 살 수는 없지 않습니까?

4부
새록새록 일깨우는 이야기

옛이야기 속 가르침은, 이래라 저래라 윽박지르는 가르침이 아니라, 은근히 마음을 건드려 고개를 끄덕이게 하는 가르침입니다. 옛날에는 어린이들이 이야기를 들으면서 세상을 바르게 살아가는 법을 배웠지요. 그 아이들이 어른이 되면 또 아들딸에게 이야기를 들려주었고요. 그러면서 모두가 착하고 곧은 마음을 가꿀 수 있었던 게 아닐까요?

호랑이 잡는 기왓장

 옛날 옛적, 어떤 선비가 조선 팔도 좋은 경치 구경하러 나섰어. 우리 나라에 경치 좋은 곳이 좀 많아. 지리산, 설악산, 오대산을 다 둘러보고 이제 금강산 구경하러 갔지. 금강산에 터억 들어서서 어느 골짜기를 지나는데, 아 웬 젊은이가 두 손에 기왓장을 들고 획획 내두르고 있지 않겠어? 숲이 자욱하게 우거져서 한 치 앞도 잘 안 보이는 곳인데, 그 숲에다 대고 기왓장을 정신 없이 휘두르고 있더란 말이야.
 "아, 젊은이는 왜 그러고 있소?"
 하도 이상해서 물어봤지. 그랬더니,
 "돈 벌려고 이러지요."
하면서 연신 기왓장을 휘둘러 대겠지. 땀을 뻘뻘 흘리면서 말이야. 선비가 그만 귀가 솔깃해졌지 뭐야. 돈 벌려고 그런다니까 저도 욕심이 생긴 거지.
 "그러고 있으면 돈이 생기오?"
 "그럼요. 이렇게 몇 번 내두르면 바로 이 숲속에서 금싸라기가 술술 나오지요. 한번 해 보시려오?"
 기왓장만 내두르면 숲속에서 금싸라기가 나온다니 그게 말이나 되나. 그래도 선비는 금이 생긴다니까 욕심이 나서 곧이들었지.
 "어, 그것 나도 좀 해 봅시다."

얼른 기왓장을 받아들고 한바탕 휘둘러보았지. 그러는 사이에 젊은이는 냅다 도망가 버리더라는 거야. 그런데 아무리 기왓장을 휘둘러도 금싸라기는커녕 아무것도 나오지 않더란 말이지. 그래서 기왓장 내두르기를 그만두고,

'허, 별 싱거운 사람 다 보겠네.'
하면서 막 돌아서려는데, 숲속에서 무엇이 부시럭거리더래.
"옳지, 이제 금싸라기가 쏟아져 나오려나 보다."

좋아라고 뒤를 돌아다보니까, 이게 웬일이야. 금싸라기가 나오는 게 아니라 집채만 한 호랑이 한 마리가 숲에서 불쑥 튀어나오지 뭐야. 그러고는 입을 딱 벌리고 선비를 잡아먹으려고 달려든단 말이야.

'아이쿠, 이거 야단났군.'

급한 김에 기왓장을 다시 주워 들고 마구 내둘렀지. 그랬더니 호랑이가 슬금슬금 도로 숲속으로 들어가더래. 숲이 자욱하니 금세 호랑이가 안 보이지. 이제 살았다 하고 막 돌아서려니까, 호랑이가 또 '어흥!' 하면서 튀어나오지 뭐야. 또 기왓장을 마구 내둘렀지. 그러니까 도로 숲속으로 들어가.

막 돌아서면 호랑이가 튀어나오고, 기왓장을 휘두르면 도로 들어가고, 이러니 어떻게 해. 그저 죽어라고 기왓장을 휘두르고 있을 수밖에. 땀을 뻘뻘 흘리면서 한사코 그러고 있어야지 뭐 어떻게 할 수가 없어.

"아이고, 내가 속았구나. 금싸라기가 나온다는 말에 욕심이 생겨서 이 힘든 일을 떠맡게 되었구나. 아이고, 내 팔자야."

선비는 신세타령을 해 가며 하루 종일 기왓장을 휘두르고 있었어. 땀으로 멱을 감고 아주 지쳐서 헐떡거리면서도 그러고 있을 수밖에 없었지.

그러다 보니 해가 설핏하니 기울었는데, 어떤 신랑이 그 옆을 지나가게 됐어. 처가에 간다고 떡이야 술이야 고기야 담뿍 장만해서 짊어지고 지나가

더란 말이지.

'옳지, 저 신랑을 꾀어서 이 지긋지긋한 일을 떨궈 버려야지.'

자기도 젊은이에게 당했으니까 똑같이 속여 보리라 하고,

"여보시오, 신랑."

하고, 가는 신랑을 불러 세웠지.

"왜 그러시오?"

"이 기왓장 한번 내둘러 보시려오?"

"그건 뭣 하러 내둘러요?"

"이걸 여기서 이렇게 내두르면 저 숲속에서 금싸라기가 술술 나온다오."

이 신랑이 욕심이 없었으면 점잖게 사양하고 그냥 갈 길이나 갔겠지. 그런데 금이 나온다는 소리에 그만 욕심이 생겼나 봐.

"그게 정말이오?"

"정말이 아니면 내가 여기서 왜 이러고 있겠소?"

"그러면 어디 나도 좀 해 봅시다."

이래서 신랑이 기왓장을 넘겨받았지. 선비는 뒤도 안 돌아보고 냅다 달아나 버리고, 신랑 혼자서 기왓장을 휘휘 내두르고 있는 거야. 아무리 휘둘러도 무엇이 나와야 말이지. 에라, 그만두자 하고 막 돌아서려는데 숲속에서 호랑이가 '어흥!' 하고 튀어나오지 뭐야.

'아이쿠, 나 죽었다. 이제 보니 내가 속았구나.'

뒤늦게 속은 걸 알아차렸지만 이미 때는 늦었으니 어떻게 해. 신랑도 어쩔 수 없이 밤새도록 죽어라고 기왓장을 내두르고 있었어.

죽을 고비를 넘긴 선비는 그길로 금강산을 나와서 또 좋은 경치 구경하러 다녔대. 묘향산, 백두산을 다 구경하고 이제 집으로 돌아가려고 내려오는 참이지.

그사이에 몇 달이 지나갔는데, 내려오다가 또 금강산을 지나치게 됐나 봐. 금강산에 들어서서 전에 기왓장 휘두르던 골짜기를 다시 지나가게 됐지. 그 신랑은 어찌 됐으며 호랑이는 어찌 됐나 하고 궁금하게 여기면서 그 자리에 가 보니까, 이게 웬일이야. 이번에는 웬 삿갓 쓴 중이 기왓장을 휘두르고 있더란다. 그사이에 여러 사람이 기왓장을 넘겨받았나 봐.

중이 등에 짊어진 바랑이 들썩들썩하도록 기왓장을 내두르다가 선비를 보자,

"여보시오, 선비."

하고 부르겠지.

"왜 그러시오?"

"여기서 이것을 내두르면 숲에서 금싸라기가 술술 쏟아져 나온다오. 한번 해 보시려오?"

선비는 껄껄 웃으며,

"아, 그것 내가 전에 해 본 것이오. 나는 이제 금싸라기가 필요 없으니 스님이나 많이 하시오."

하고 성큼성큼 가던 길을 가더라는 이야기야.

산삼을 지킨 이무기

옛날에 참 가난한 농사꾼이 살았어. 이 사람이 한겨울에 먹을 것은 다 떨어지고 양식 구할 도리는 없고 하니까, 나무라도 해다가 팔아먹으려고 산에 갔지. 산에 가서 나무할 것을 찾아 이리저리 돌아다니다가 깎아지른 듯한 벼랑 위에까지 가게 됐어. 벼랑 위에서 무심코 아래를 굽어보니, 그 험한 벼랑 가운데에 파릇파릇한 풀잎사귀 같은 것이 많이 보이더래. 눈을 닦고 가만히 내려다보니, 아 이런 횡재가 있나. 그게 죄다 산삼이더라지 뭐야.

산삼이라면 값이 엄청나게 나가는 약풀이거든. 그것 몇 뿌리만 캐면 저 같은 농사꾼 십 년 농사 지은 것보다 더 나을 터이니 그게 횡재가 아니고 뭐겠어. 그런데 이게 깎아지른 듯한 벼랑 한가운데에 있으니 그게 탈이지. 어떻게든 내려가 보려고 버둥거리며 용을 써 보았지만 소용이 없어. 도무지 발 디딜 곳이 있어야 말이지.

한참 동안 용을 쓰다가 안 되겠으니까 이 사람이 그냥 벼랑 위에 주저앉아 있어. 산삼 캐러 벼랑 아래로 내려가지도 못하고, 그렇다고 그냥 지나가자니 발길이 안 떨어져서 그런 게지.

그런데 그때 마침 한동네에 사는 이웃 사람이 나무하러 산에 왔다가 거기를 지나가게 됐어.

"어, 김서방 아닌가. 자네 거기서 뭘 하고 있나?"

"저 벼랑 가운데 산삼이 많이 있는데, 캐러 내려가지 못해 이러고 있다네."

이웃 사람이 벼랑 끝에 와서 아래를 굽어보더니 얼른 좋은 수를 하나 내지.

"좋은 수가 있네. 내 칡으로 동아줄을 꼬아서 발채를 매달아 내려뜨릴 터이니 자네가 그걸 타고 내려가 산삼을 캐면 되지 않겠나."

듣고 보니 참 좋은 수거든. 그래서 칡으로 든든한 동아줄을 꼬았지. 동아줄 끝에 발채를 매달고 거기에 이 사람이 탔어. 이웃 사람이 동아줄을 잡고 슬슬 늘어뜨려 주어서 산삼이 있는 곳까지 내려갔지. 산삼을 죄다 캐니까 발채에 하나 가득 찰 만큼 많더래. 그걸 발채에 담아 가지고 이웃 사람더러 끌어올리라 했지.

그런데 산삼을 올려 보낸 다음에 아무리 기다려도 동아줄이 안 내려오네. 이 고약한 이웃 사람이 산삼을 저 혼자 차지하려고 그만 줄을 내던지고 도망가 버렸지 뭐냐. 그러니까 꼼짝없이 벼랑 가운데 갇힌 꼴이 됐단 말이야. 아래를 내려다보아도 천 길 벼랑이고 위를 쳐다보아도 깎아지른 벼랑이니, 나는 새가 아니고서는 꼼짝달싹도 할 수가 없지. 겨우 발 디딜 자리밖에 없는 곳에서 꼼짝도 못 하게 되었으니 이를 어째.

이 사람이 온 하루를 꼬박 그렇게 벼랑에 붙어서 지냈어. 그러고 나니 기운도 빠지고 허기가 져서 곧 쓰러질 지경이 됐는데, 위에서 무엇이 스르르 내려와.

가만히 보니까 커다란 이무기 한 마리가 벼랑을 타고 내려오는데, 이것이 얼마나 큰지 꼬리는 벼랑 위에 있고 머리는 바로 코앞에 있어. 큰 입을 쩍 벌리니 도끼날 같은 이빨이 번쩍번쩍해.

'아이고, 이제는 죽었구나.'

눈을 질끈 감고 이무기한테 잡아먹히기만을 기다렸지. 그런데 웬일인지 이무기가 저를 잡아먹지는 않고 비늘로 툭툭 건드리기만 하더래. 스르르 눈을 떠 보니 이무기가 발 앞에 커다란 몸뚱이를 들이대고 있잖겠어?

'나더러 저 등에 타라는 말인가?'

생각하고 이무기 등에 넙죽 올라탔지. 그랬더니 이무기가 이 사람을 등에 태우고 스르르 벼랑을 기어오르는 거야. 기어올라서 벼랑 위에다 이 사람을 턱 내려놓더니 숲속으로 스르르 사라지더래.

이 사람이 이무기 덕에 목숨을 건지고 산을 내려오다 보니, 아 글쎄 산삼 가지고 도망간 이웃 사람이 길가에 쓰러져 죽어 있더라지 뭐야. 산삼이 가득 담긴 발채는 지게에 얹혀 그대로 있는데. 가만히 살펴보니 이웃 사람 목에 커다란 이무기 이빨 자국이 나 있더라는 거야. 그러니까 나쁜 짓 하고는 못 살지.

이 사람은 산삼을 가지고 내려와서 마을 사람들에게 골고루 나누어 주고, 남은 것은 팔아서 논도 사고 밭도 사고 아주 잘 살았대. 아흔아홉 살까지 살았대.

쌀 나오는 구멍

옛날 어느 절에서 있었던 이야기야. 그 절에는 스님이 딱 한 분 있었는데, 이 스님은 참 정성스럽게 부처님을 섬겼어. 하루도 쉬지 않고 염불을 외고 불경을 읽고, 이렇게 부지런히 공부를 했어. 어떤 때는 밥 먹는 것도 잊어버리고 하루 종일 불경을 읽다가 지쳐서 쓰러지기도 했어. 그러다 보니 몸이 점점 쇠약해져서 나중에는 마을에 시주 얻으러 갈 힘도 없어졌어. 그런 데다가 먹을 양식도 다 떨어졌단 말이야.

밥을 안 먹고 버티는 것도 하루 이틀이지, 몇 날 며칠을 굶으면서 불경만 읽다 보니 다 죽게 생겼거든. 이래서는 안 되겠다 하고 겨우겨우 일어나 절 뒤에 있는 산으로 올라갔어. 풀뿌리라도 캐어 먹으려고 말이야.

엎어지며 자빠지며 산을 오르다 보니, 바위 앞에 무엇인가 허연 것이 눈에 띄더래. 가까이 가 보니 조그마한 바위 구멍 앞에 쌀이 수북하게 쌓여 있더라지 뭐야. 처음에 스님은,

'내가 며칠을 굶었더니 헛것이 다 보이는군.'

하고 생각했지만, 아무리 눈을 씻고 봐도 틀림없는 쌀이더래.

'이상하다. 이 산속에 누가 쌀을 갖다 놓았을까?'

스님은 이상하게 생각하면서도 그 쌀을 가지고 가서 밥을 지어 먹었어. 밥을 먹고 나니 기운이 나서 다시 불경을 읽고 염불을 외면서 공부를 했지.

이렇게 며칠 동안 공부하다 보니 또 배가 고파지거든. 나무 껍질이라도 벗겨 먹으려고 또 산으로 올라갔어. 그런데 참 이상한 일도 다 있지. 그 바위 구멍 앞에 갔더니 또 쌀이 수북하게 쌓여 있더라지 뭐야. 며칠 전에 쌀을 얻었던 바로 그 자리에 말이야.

'그것 참 이상한 일이군.'

스님은 또 그 쌀로 밥을 지어 배불리 먹었어. 그 뒤로는 언제든지 배가 고파지면 뒷산 바위 구멍 앞에 가는 거야. 가기만 하면 언제든지 쌀이 수북하게 쌓여 있곤 하지.

'이건 틀림없이 부처님께서 주신 선물이로구나. 내가 마음 놓고 불경 공부를 하라고 이렇게 때마다 쌀을 내려 주신 게지.'

스님은 이렇게 생각하고 더 부지런히 공부를 했어.

그런데 이 절에 다른 스님 한 분이 또 공부를 하러 왔어. 이 스님은 염불 외고 불경 읽는 것은 뒷전이고, 그저 날마다 먹을 것이 모자란다고 투덜거리는 게 일이야.

"이렇게 배가 고파서야 어떻게 공부를 할 수 있담."

새로 온 스님이 늘 배가 고프다고 불평하니까, 주인 스님은 전보다 더 자주 쌀 나오는 구멍으로 가서 쌀을 얻어 와야 했어. 이틀이 멀다 하고 가는 거지. 그렇게 쌀을 얻어 와서 밥을 많이 지어 줘도 새로 온 스님은 여전히 투덜대기만 하더래.

"이까짓 밥 한 그릇 먹고 어떻게 염불을 왼담."

주인 스님은 이제 하루에 한번씩 쌀 나오는 구멍에 가서 쌀을 얻어 와야만 해. 새로 온 스님이 워낙 밥을 많이 먹으려 하니까.

그런데 새로 온 스님은 아침마다 주인 스님이 슬그머니 나가서 쌀을 한 됫박씩 가져오는 것을 이상하게 생각했어. 절 안에는 도대체 쌀을 넣어 둔 곳간이 없는데 말이야. 그래서 하루는 주인 스님 뒤를 살금살금 따라가 보았지. 그랬더니 주인 스님이 뒷산 바위 구멍 앞에서 쌀을 가져온단 말이야.

'저기에 쌀을 모아 둔 것일까?'

주인 스님이 돌아간 뒤에 그곳에 가 봤더니 아무것도 없고 그저 바위에 조그마한 구멍이 뚫려 있거든. 이상하게 생각하고 그날은 그냥 돌아왔어.

이튿날 아침 일찍 새로 온 스님은 몰래 뒷산 바위 구멍 앞에 가 보았지. 가 보니 과연 구멍 앞에 쌀이 수북하게 쌓여 있단 말이야.

'옳지, 이 구멍이 쌀 나오는 구멍이렷다.'

이렇게 생각하고 구멍을 들여다보니 욕심이 버럭 솟아오르거든.

'이 구멍 속에는 쌀이 끝도 없이 들어 있겠군. 아예 이곳을 파서 쌀을 다 꺼내면 부자가 되겠구나.'

욕심쟁이 스님은 곡괭이를 가져다가 바위를 깨뜨리고 구멍을 파헤쳤어. 그런데 아무리 파 들어가도 쌀이 나오지 않더래. 자꾸자꾸 파니까 흙탕물이 와르르 쏟아져 나오면서 구멍이 메워져 버리더래. 그리고 그다음부터 그곳에서 다시는 쌀이 나오지 않게 됐다는 이야기야.

불씨 꺼뜨린 며느리

옛날에는 집집마다 불씨를 아주 귀하게 간수했대. 요새처럼 성냥이 흔하지 않아서 그러기도 했지만, 어떤 일에나 정성을 다한다는 뜻도 있었지. 불씨를 어떻게 간수하느냐 하면, 아궁이에 깊숙이 불잉걸을 넣고 재를 두껍게 덮어서 다독거려 놓는 거야. 그러면 밤새 불이 꺼지지 않고 살아 있지. 아침에 아궁이 재를 헤치면 불잉걸에 불이 벌겋게 남아 있단 말이야. 거기에 짚이나 삭정이로 불을 당겨서 쓰곤 했지.

어느 집에서나 불씨를 오래 꺼뜨리지 않고 간수하는 것을 큰 자랑으로 여겼어. 그만큼 정성을 들였다는 뜻이 되니까. 만약에 불씨를 꺼뜨리면 아침밥을 굶어야 했단다. 왜 그런고 하니 불씨가 없으면 이웃집에 가서 불을 얻어 와야 하는데, 이른 아침에는 아무도 불씨를 빌려 주지 않는 풍습이 있었단다.

어느 집에 며느리가 새로 들어왔어. 혼례를 다 치른 다음에 시어머니가 며느리를 불러서 단단히 일렀어.

"이제부터 네가 불씨를 맡아서 간수해라. 이 불씨는 지금까지 칠 대를 내려온 불씨란다. 그러니 꺼뜨리지 않도록 조심해야 한다."

며느리는 그날부터 정성 들여 불씨를 간수했어. 칠 대를 내려온 불씨라고 하니, 자기가 꺼뜨렸다가는 그런 망신이 없겠거든. 조상님 뵐 낯도 없고 말이야.

저녁때가 되면 아궁이에 이글이글 타는 불잉걸을 넣고 재를 덮어 아기 재우듯이 다독다독 두드렸지. 아침에 눈을 뜨면 아궁이부터 헤집어서 불씨가 살아 있나 보는 거야. 불씨가 빤하게 살아 있으면 "후유!" 하고 마음을 놓는 거지. 이렇게 이틀을 무사히 보냈어.

그런데 사흘째 되는 날 새벽같이 아궁이에 가 보니 불씨가 꺼져 버렸어. 며느리는 눈앞이 아득해지지. 엊저녁에 그렇게나 정성 들여 묻어 놓은 불씨가 어이없게도 밤새 꺼져 버렸으니 말이야. 정신을 차리고 가만히 살펴보니, 글쎄 누가 아궁이에다 물을 듬뿍 뿌려 놨어. 물을 뿌려 놓았으니 불씨가 살아 있을 리 있나.

칠 대를 내려오는 불씨를 꺼뜨려 놓았으니 집안이 발칵 뒤집혔지. 시어머니는 화가 머리끝까지 나서 길길이 뛰는구나.

"시집온 지 사흘 만에, 칠 대를 내려오는 불씨를 꺼뜨렸으니 이런 망신이 어디 있느냐. 너는 우리 집 며느리 될 자격이 없으니 당장 나가거라."

불씨 한번 꺼뜨렸다고 며느리를 쫓아내는 법이 어디 있어. 그것도 누가 일부러 물을 뿌려서 그렇게 된 건데 말이야. 하지만 옛날에는 시어머니가 나가라면 나가야지 별수가 없었단다. 당장 쫓겨날 판인데 시아버지가 나서서 말려 주었어.

"불씨 꺼뜨린 것이 잘못이긴 하지만, 어찌 불이 사람보다 귀하겠느냐? 이제부터 조심하도록 해라."

이렇게 해서 겨우 쫓겨나지는 않았지만, 며느리는 망신살이 뻗쳤지. 시어머니 눈밖에 난 것은 말할 것도 없고 이웃 사람 보기에도 부끄럽게 되었단 말이야. 며느리는 억울하고 분해서, 어떻게 해서든지 아궁이에 물을 뿌린 사람을 찾아내겠다고 단단히 별렀어.

그날 밤에 며느리는 아궁이에 불씨를 묻어 놓고 부엌문 뒤에 숨어서 지켜보았어. 또 누가 밤새 물을 뿌리러 올까 봐 그러는 거지. 그런데 밤이 이슥하도록 아무도 오지 않더래. 오늘은 아무 일 없나 보다 하고 그냥 방에 들어가서 잤어. 그런데 아침에 아궁이에 나가 보니 글쎄 또 누가 물을 뿌려 불을 꺼뜨려 놓았지 뭐야. 며느리는 그만 까무러칠 뻔했어.

두 번씩이나 불씨를 꺼뜨려 놓았으니 어떻게 되겠어. 시어머니는 이제 못 참겠다고, 당장 나가라고 소리를 질러. 이번에도 시아버지가 나서서 쫓겨나는 것은 겨우 면했지.

"너도 불씨를 꺼뜨리고 싶어서 그랬겠느냐. 하지만 또 한번 불씨를 꺼뜨렸다가는 나도 어쩔 수 없으니 마음을 단단히 먹도록 해라."

시아버지 덕분에 고비는 넘겼지만, 생각할수록 분하고 원통하단 말이야. 누가 일부러 자기를 곯려 주려고 마음먹지 않은 다음에야 이럴 수가 있겠어. 며느리는 무슨 일이 있어도 불씨 꺼뜨린 사람을 찾아내고야 말겠다고 벼르고 별렀어.

이웃집에서 불을 얻어다가 아궁이에 묻어 놓고, 그날 밤에 며느리는 잠을 안 자고 지켰어. 부엌문 뒤에 숨어서 밤새 지켜보았지. 밤이 이슥하도록 아무도 나타나지 않더래. 새벽 첫닭이 울 때까지도 아무 일이 없더란다. 그런데 새벽닭이 두 번째 울 때쯤 되니까 시커먼 것이 살금살금 나타나 아궁이 쪽으로 가지 않겠어? 가만히 보니까 조그마한 사내아이더래. 사내아이는 아궁이 앞에 가더니 다짜고짜 아궁이에다 오줌을 누는 거야.

'아하, 여태 저 녀석이 새벽마다 아궁이에 오줌을 누어서 불씨를 꺼뜨렸군.'

며느리는 잽싸게 뛰어가 아이를 붙잡으려고 했어. 그런데 아이는 그사이에 눈치를 채고 막 달아나.

"게 섰거라!"

며느리가 소리를 지르며 쫓아가니까 아이는 쪼르르 뒷산으로 달아나. 자꾸 따라갔지. 숲속으로 들어가. 또 따라갔지. 바위 뒤에 숨어. 바위 뒤로 돌아갔지. 그러다가 붙잡았어.

아이를 붙잡아서 정신 없이 집에 돌아와 보니, 글쎄 그게 아이가 아니고 커다란 산삼이더래. 산삼이 오래 묵으면 아이로 둔갑도 하고 그러거든.

"이것은 틀림없이 산신령님이 내리신 선물이다. 불씨를 칠 대나 지켜 온 정성을 갸륵하게 여겨 보내신 것이로구나."

"우리 며느리가 아니었으면 이 귀한 것을 얻지 못할 뻔했구나."

집안 사람들이 모두 좋아하고, 그 뒤로 며느리를 금이야 옥이야 떠받들었다는 이야기야.

천 냥짜리 아버지

아주 오랜 옛날, 일찍이 부모님을 여의고 단둘이 사는 부부가 있었대. 세상에는 늙으신 부모님 모시는 걸 꺼리는 사람도 있지만, 이 사람들은 평생 부모님 모시고 살아 보는 게 소원이야.

하루는 남편이 장에 갔는데 장꾼들이 이상한 소리를 하고 다니더래.

"자네도 소문 들었나? 돈 천 냥에 아버지를 판다지."

"응, 살다 보니 별일도 다 보겠네. 아무리 세상이 야박하기로 아버지를 어떻게 팔아?"

듣고 보니 하도 이상해서 사람들을 붙잡고 물어보았어.

"방금 들으니 아버지를 파는 사람이 있다는데, 그게 정말입니까?"

"정말이다마다요. 저기 방도 붙어 있는걸요."

사람들이 가리키는 곳에 가 보니, 과연 돈 천 냥에 아버지를 판다는 방이 붙어 있거든.

'허, 그것 참. 나 같은 사람은 아버지가 없어서 아쉬워하는데, 어떤 사람은 아버지를 팔아 버리겠다니. 세상 참 고르지 않군.'

남편이 집에 돌아와서 아내에게 그 이야기를 해 줬어. 아내도 어이가 없는지 멍하니 듣고 있더니, 갑자기 무릎을 탁 치네.

"여보, 좋은 수가 있어요. 우리가 그 아버지를 사서 모십시다."

아들도 그러고 싶지만 돈 천 냥이 어디 있어야지.

"우리한테는 열 냥 돈도 없는데 어떻게 산단 말이오."

"돈이야 꾸어 쓰면 되지만, 그 아버지를 우리가 안 사면 얼마나 고생하시겠어요. 아버지를 팔아 치우려는 아들하고 같이 사는 마음이 오죽하겠어요."

남편도 그러자고 했지. 그날부터 둘이서 여기저기 돈을 구하러 다녔어. 아무리 돌아다녀도 천 냥이나 되는 돈을 선뜻 꾸어 주는 사람이 없더래. 어떤 사람은 돈이 있어도 콧방귀를 뀌면서 안 빌려 주고, 어떤 사람은 참 좋은 일이라고 칭찬하면서도 돈이 없어 못 빌려 주고, 이러니 할 수 있나. 몇 날 며칠을 돌아다니다가 실망하고 집으로 돌아오는데, 산 밑에 못 보던 오막살이가 한 채 있더래. 저런 집에 웬 돈이 있을까 하면서도 속는 셈치고 들어가 보았지. 가 보니 머리가 하얀 할머니가 짚신을 삼고 있겠지.

"할머니, 혹시 돈 천 냥이 있으면 좀 꾸어 주십시오."

천 냥이 뉘 집 강아지 이름이냐고, 늙은이를 놀리느냐고 야단칠 줄 알았는데 그게 아니야.

"천 냥은 뭣에 쓰려고 그러우?"

그래서 사실대로 다 말해 줬지. 아버지를 판다는 사람이 있기에 우리가 사서 모시려는데 돈이 없어서 그런다고 말이야. 그러니까 이 할머니가,

"아버지를 사면 어떻게 모시려우?"

하고 묻겠지.

"저희 내외는 돈이 없으니 크게 호강시켜 드릴 수는 없습니다. 그렇지만 정성을 다하면 마음이야 편하게 못 해 드리겠습니까."

그랬더니 할머니가 돈 천 냥을 선뜻 내주더래.

얼마나 고마운지 절을 열두 번도 더 하고 나왔지. 그길로 아버지를 판다

는 집을 물어물어 찾아갔어. 아버지를 팔아먹을 지경이면 틀림없이 찢어지게 가난한 집이려니 했는데 그게 아니더라는군. 제법 갖출 건 갖추고 사는 집이더란 말이야.

'보아하니 형편이 그리 어려워 보이지도 않는데 무엇이 아쉬워서 아버지를 다 팔려고 한담.'

이렇게 생각하고 집 안으로 들어가서 주인을 찾았지. 험상궂은 망나니가 나오려니 했는데, 뜻밖에도 점잖은 노인이 나오더래.

"무슨 일로 오셨소?"

"아버지를 판다는 소문을 듣고 왔습니다만, 집을 잘못 찾은 것 같습니다."

"그렇다면 바로 찾아오셨소. 그래 돈은 가지고 왔소?"

점잖은 노인이 그렇게 나오니 더 기가 막히지. 아무려나 돈을 주고 얼른 불쌍한 아버지를 모시고 가려고 돈을 내놓았어. 그랬더니 노인은 아버지를 내줄 생각은 않고,

"그래, 젊은이들은 아무 쓰잘 데 없는 늙은이를 사서 뭐 하려고 그러시오?"

하고 묻겠지. 아버지를 팔아먹는 주제에 별것을 다 묻는다 싶었지만,

"우리 내외는 어려서 부모님을 여의고 외롭게 살아서 평생 부모님을 모시고 사는 것이 소원이었답니다. 비록 남의 부모님이라도 정성을 다해 모시려고 합니다."

했지. 그랬더니 노인이 무릎을 탁 치면서,

"이제야 소원을 풀었구나. 이제야 자식을 얻었어."

하고 두 부부 손을 잡고 덩실덩실 춤까지 추는구나. 웬일인가 하고 눈을 뚱그렇게 뜨고 있으니 노인이 차근차근 이야기를 해 줘.

"사실은 내가 바로 팔려 갈 아버지라네. 내게는 자식놈도 없다네. 그 방도 내가 거짓으로 써서 붙인 게지. 내 늘그막에 하늘이 도왔는지 산삼 세 뿌리를 얻어 큰돈을 벌었는데, 그 돈으로 나 혼자 호강하며 살면 뭐 하겠나. 양아들을 얻어 외롭지 않게 살고 싶었지. 사실대로 알리면 돈에 탐을 내고 찾아오는 사람이 있을까 봐 그런 헛소문을 낸 거라네. 이제 바라던 아들을 얻었으니 소원을 풀었어."

이렇게 해서 두 부부는 바라던 아버지를 얻고, 노인은 바라던 아들과 며느리를 얻었다는 이야기야. 참, 돈 천 냥을 꾸어 준 할머니도 함께 모셔다가 살았다지. 오래오래 살아서 어저께까지 살았대.

말하는 원숭이

옛날에 형제가 살았는데, 형은 부자로 잘살고 동생은 못 살아. 늙으신 홀어머니가 있는데, 형이 안 모시고 동생이 모시고 살거든. 동생은 가난하니까 늘 남의 집에 가서 일을 해 주고 곡식을 조금 얻어 와서 밥을 지어 어머니를 드리고, 이렇게 살았어.

하루는 추운 겨울날인데, 형이 일하러 오라고 동생을 불렀어. 동생이 형네 집에 가서 일을 해 주고 나니까 쌀밥을 한 그릇 퍼 주더래. 그런데 동생은 밥을 앞에 두고도 먹지를 못해. 집에 있는 어머니 생각이 나서 못 먹겠거든. 양식이 모자라서 어머니는 늘 보리밥이나 보리죽을 먹는데, 저 혼자 쌀밥을 먹으려니 목구멍에 넘어가야 말이지.

"나 이거 가지고 가서 어머니하고 같이 먹겠어요."

하니까 형수가 하는 말이,

"어머니 드릴 것은 따로 한 그릇 퍼 놓았으니 그냥 먹고 가세요."

이러겠지. 그래서 밥을 다 먹었어. 다 먹으니까 형수가 밥이라고 그릇을 보자기에 꼭 싸 주더란 말이야.

그걸 받아 들고 집에 갔어.

"어머니, 이거 형수가 어머니 잡수시라고 보냈어요."

"아이구, 그 애가 웬일로 밥을 다 준다니?"

좋아라고 밥그릇 뚜껑을 열어 보니, 이게 뭐야. 더러운 개똥이 한 사발 들어 있구나. 동생은 그걸 마당에 내던지고 어머니 목을 끌어안고 밤새도록 울었대.

"어머니, 내일은 제가 나무해다 팔아서 꼭 흰 쌀밥 지어 드릴게요."

아침에 일어나 어머니와 함께 보리죽을 한 사발씩 끓여 먹고, 동생은 산에 나무하러 갔어. 겨울이라서 눈이 펄펄 내리는데, 나무를 하면서 생각해 보니 걱정이 태산이야. 설은 다가오는데 양식이 없으니까 그렇지.

"설 눈은 쌓이고, 설 밥은 없고, 늙으신 우리 어머니는 어찌 할꼬."

이렇게 한탄을 하면서 나무를 했어. 그런데 저 아래서 누가,

"설 눈은 쌓이고, 설 밥은 없고, 늙으신 우리 어머니는 어찌 할꼬."

하면서 흉내를 낸단 말이야. 하도 이상해서 또 한 번,

"설 눈은 쌓이고 설 밥은 없고, 늙으신 우리 어머니는 어찌 할꼬."

했더니 저 아래서 또,

"설 눈은 쌓이고, 설 밥은 없고, 늙으신 우리 어머니는 어찌 할꼬."

하고 똑같이 흉내를 내거든. 거 이상하다 하면서 나무를 했지. 하다가 개암나무 밑에서 개암을 하나 주웠어. 그래서 그걸 호주머니에 넣으면서,

"옳지, 이놈은 우리 어머니 주고."

했더니 저 아래서도,

"옳지, 이놈은 우리 어머니 주고."

한단 말이야. 개암 하나를 또 주워서,

"옳지, 이놈은 내가 먹고."

하니까 저 아래서 또,

"옳지, 이놈은 내가 먹고."

하거든. 그렇게 흉내내는 소리가 재미나서 자꾸 말을 했지. 그러니까 저 아

래에서도 자꾸 따라해.

　나무 한 짐을 다 해서 짊어지고 내려오다가 소리 나는 곳에 가 보았지. 가 보니까 원숭이란 놈이 앉아서 그렇게 흉내를 내고 있더란 말이야. 하도 재미나고 이상해서,

"너 나하고 우리 집에 가련?"

하니까 원숭이도,

"너 나하고 우리 집에 가련?"

하고 납죽납죽 흉내를 내는구나. 그래서 그놈을 안고 집에 돌아왔어. 집에 데려다 놓으니 시렁에 쪼르르 올라가서 앉아 있다가 누가 말을 하면 납죽납죽 따라하고 그러지. 동생과 어머니는 그게 귀여워서 데리고 노느라 시간 가는 줄 몰랐어.

　동생네 원숭이가 사람 말을 흉내낸다는 소문이 퍼지고 퍼져서 먼 데 사람들도 다 알게 됐어. 사람들이 신기한 원숭이 구경한다고 동생 집에 구름처럼 몰려들거든. 그 사람들이 구경 잘하고 가면서 돈을 한 푼씩 주고 가니까 금세 돈이 많이 생기더란 말이야. 그걸로 논도 사고 밭도 사고 해서 걱정 없이 살게 됐어. 원숭이 덕분에 잘살게 된 거지.

　그런데 형이 그 소문을 듣고 찾아왔어. 어머니가,

"얘, 한 삼 년 소식도 없더니 그래 잘 있었니?"

하고 반가워하는데 형은 대꾸도 않고 동생에게,

"너 그 원숭이 사흘만 빌려 다오."

하지. 동생이 군말 않고 빌려 줬어. 그런데 사흘이 지나고 나흘이 지나도 안 돌려줘. 아흐레가 지나고 열흘이 지나도 안 돌려주기에 동생이 형네 집에 찾아갔어.

"형님, 원숭이 잘 있나 보러 왔습니다."

"그놈의 벙어리 원숭이 말이냐? 그거 아무 소용도 없더라."

"어디에 있나요?"

"한 번도 흉내를 안 내니 그놈의 원숭이를 어디에 써? 뒷마당에 내던졌더니 죽어 버리더라."

동생이 엉엉 울면서 죽은 원숭이를 찾아 안고 집에 왔어. 집에 와서 마당가에 고이고이 묻어 줬지.

그런데 하룻밤 자고 나니까 원숭이 무덤에서 대나무싹이 나더래. 대나무싹이 하루 한 뼘씩 자라더니, 댓잎에서 쌀이 쏟아져. 쌀이 소르르솔솔 떨어져서 그 밑에다가 그릇을 갖다 놓으면 한나절에 꼭 한 그릇씩 찬단 말이야. 그걸로 점심밥 지어 먹고 나면 저녁때까지 소르르솔솔 떨어져서 또 한 그릇이 차. 아침이 되면 또 한 그릇이 차고. 더도 덜도 말고 꼭 두 식구가 하루 세 끼 먹을 만큼 쌀이 쏟아지더래. 그러니 양식 걱정 없이 살지.

그 소문을 듣고 형이 또 왔어.

"너 왔느냐? 잘 있었니?"

어머니가 반기는데 형은 거들떠보지도 않고 동생더러,

"저 대나무 좀 뽑아 다오. 사흘만 쓰고 돌려줄 터이니."

하겠지. 동생은 이번에도 군말 않고 대나무를 뽑아 줬어. 그런데 사흘이 지나고 나흘이 지나도 안 돌려줘. 아흐레가 지나고 열흘이 지나도 안 돌려주기에 동생이 형네 집에 찾아갔어.

"형님, 대나무 잘 있나 보러 왔습니다."

"그 먹통 대나무 말이냐? 그거 아무 소용도 없더라."

"어디에 있나요?"

"쌀이라는 게 하도 감질나게 떨어지기에 한꺼번에 많이 나오라고 밑둥에 구멍을 뚫었더니 죽어 버리더라."

동생은 한숨을 쉬면서 집에 돌아왔어. 그런데 집에 와 보니 원숭이 무덤 자리에 또 파란 대나무싹이 뾰족 올라오더래. 그게 쑥쑥 자라면서 댓잎에서 또 쌀이 쏟아지고 말이야. 동생은 어머니 모시고 잘 살았대. 형은 어떻게 됐느냐고? 그야 폭삭 망해서 아주 거지꼴이 됐지. 나중에는 마음을 고치고 동생네 도움을 받아 그럭저럭 살았다더군.

건달 농사꾼

옛날 어느 산골에 형제가 살았어. 농사를 짓고 살았지. 산골이라 논농사는 못 짓고 밭농사를 지었는데, 밭농사라는 것이 얼마나 손이 많이 가. 단단한 땅을 파 일구어서 흙덩이를 잘게 부수고 골을 지어 자갈돌을 말끔히 들어낸 다음에 씨를 뿌려야 싹이 잘 나고, 싹이 나면 북을 주고 두드리며 밴 곳은 솎아 주고 성긴 곳은 모종을 내 줘야 잘 자라고, 자라면 김매고 거름 주며 보살피기를 자식 돌보듯 해야 곡식이 잘 여물거든. 그러니 봄부터 가을까지 쉴 틈 없이 일을 해야지 잠시라도 게으름을 피웠다간 농사를 망치고 말지.

형제가 같이 농사를 짓는데, 어찌 된 일인지 형네 농사는 해가 갈수록 잘되고 아우네 농사는 날이 갈수록 오그라들어. 형네 곳간에는 해마다 곡식 가마니가 수북수북 쌓이는데 아우네는 겨울이 다 가기도 전에 양식이 떨어지고 말지. 그러면 아우는 할 수 없이 형네 집에 가서 곡식을 꾸어다가 겨우 입에 풀칠을 하고, 이렇게 살았단 말이야.

어느 해 봄에 아우네 집에 또 양식이 떨어졌어. 그래서 아우는 할 수 없이 또 형을 찾아갔지.

"형님, 먹을 것은 고사하고 당장 조밭에 뿌릴 씨가 없어 큰일이에요. 올해도 조 한 가마만 꾸어 주세요."

그러니까 형은 아우를 곳간에 데리고 가더니 아주 잘 여문 조를 골라 한 가마 퍼 담아 주더래. 그러면서,

"이건 우리 집에서 제일 잘 여문 조이니, 올해 조 농사를 지어 거두거든 꼭 이렇게 실한 걸로 갚아 주게나."

한단 말이야.

아우가 들어 보니 좀 서운해. 그도 그럴 것이, 형이 여태까지 곡식 섬을 꾸어 주면서 이렇게 토를 단 적은 없었거든. 지난해만 해도 형제 사이에 꾸니 무어니 할 게 있느냐, 곳간에 가서 쓸 만큼 마음대로 퍼 가라며 선선히 양식을 꾸어 주던 형이 이러니 저러니 군소리를 갖다 붙이니 서운할밖에. 그렇지만 당장 밭에 뿌릴 씨가 없는 터에 마달 수도 없어서 조 한 가마 꾸어 가지고 왔어.

그걸 밭에 뿌려 가꾸어서 조 몇 섬을 거두었지. 형이 한 말도 있고 해서, 여느 해 같으면 김 한 벌 매고 말 것을 두 벌이나 매고, 뒷거름도 두 번 져다 부어서 제법 여문 조를 거두었단 말이야. 마당질이 끝나는 대로 선 참에 조 한 가마 실하게 퍼 담아 가지고 형을 찾아갔어.

"형님, 지난 봄에 꾸어 간 조 한 가마 지고 왔으니 받으세요."

"그래, 아무리 형제 사이라도 꾸어 간 것은 제때 갚아야지. 자네 조 농사가 얼마나 잘되었는지 어디 한번 볼까."

형이 이러면서 아우가 지고 온 조 가마를 풀어 헤쳐 낟알을 하나하나 만져 보더니, 글쎄 이마를 잔뜩 찌푸리면서 손을 내젓지 뭐야.

"이거야 원, 쭉정이가 이렇게 많아서야 이걸 곡식이라고 할 수가 있나. 이런 건 못 받겠네. 다음 해에 농사를 더 잘 지어서 가져오게나."

아우가 듣고 보니 기가 탁 막혀. 제딴에는 농사 잘 짓는다고 두 벌 김매고 두 벌 거름 주어 애써 가꾼 것인데, 그깟 쭉정이 좀 섞였다고 타박을 하며

물리치다니 형제 사이에 이럴 도리가 있느냐 싶은 거지. 섭섭한 마음에 한마디 대꾸도 않고 조 가마니를 도로 지고 뒤도 안 돌아보고 집으로 돌아왔어.

그러고 나서 이듬해에는 큰마음 먹고 농사를 더 잘 지었어. 꾸어 쓴 조를 갚으러 갔다가 쭉정이가 섞였다고 형한테 구박받은 것이 못내 마음에 걸려서 아주 야무지게 농사를 지었지. 김도 세 벌씩이나 매고 거름도 세 벌 져다 부어서 이삭을 참 여물게 만들어 거두었단 말이야. 그걸 잘 떨어서 한 가마 짊어지고 형네 집에 갔지. 지난해 섭섭했던 마음이 아직도 한구석에 남아 있는 터라 아무 말 없이 형 앞에 조 가마를 쿵 하고 내려놓았어. 이만큼 실하게 농사지은 것을 가지고 왔으니 어디 트집을 잡을 테면 잡아 보라는 듯이 말이야. 그러나마나 형은 이번에도 가마니를 풀어 헤쳐 조 낟알을 한 움큼 집어 들고 이 잡듯이 살펴보더니,

"곡식 여문 것은 눈으로만 봐서는 모르는 걸세. 물에 담가 봐야 알지."
하면서 물을 한 동이 떠다 놓고 낟알을 하나씩 담가 보는 거야. 낟알은 거지반 물에 가라앉았지만 물에 둥둥 뜨는 것도 꽤 있더란 말이지.

그러니 형이 또 그걸 못 받겠다고 내치지 뭐야.

"여보게, 우리 집 조는 물에 담가도 뜨는 것이 없네. 내년 농사 잘 지어서 내가 꾸어 준 조마냥 잘 여문 것으로 다시 가져오게나."

아우가 듣고 보니 화가 머리끝까지 뻗치지. 남도 아닌 형제 사이에 이럴 수가 있나 싶거든. 아무리 잘 여문 조를 꾸어 줬기로소니 낟알을 하나하나 물에 담가 보면서까지 실한 것만 골라 받자고 드니 이렇게 야박한 인심이 어디 있느냐 이거지. 하도 야속하고 억울해서 눈에 눈물을 그렁그렁 매달고 집에 돌아왔어.

그러고 나서 이듬해에는 아주 이를 악물고 농사를 지었어. 형이 무슨 트

집을 잡으려 해도 못 잡게끔 아주 실하디실한 조를 거두리라 하고서 말이야. 이른 봄부터 조밭에 매달려 씨 뿌리고 솎아 주고 북을 주고 김을 매고, 참 있는 정성 없는 정성 다 들여 자식 키우듯이 키웠어. 김도 네 벌씩이나 매고 거름도 네 벌씩이나 져다 부었지. 그랬더니 이해 조 농사는 정말 잘됐어. 물레토리* 같은 조이삭이 주렁주렁 매달리고 낟알은 어느 하나 버릴 것이 없이 잘 여물었어.

아우는 마당질을 끝내자마자 실한 조를 한 가마 짊어지고 형네 집에 갔지.

"형님, 조 받으세요. 이건 손발이 부르트도록 농사지어 거둔 조이니 물에 담가 보든지 키로 까불어 보든지 마음대로 하세요. 이제는 굶어 죽더라도 다시는 형님한테 손 벌리지 않겠어요."

아우는 분이 날 대로 나서 짊어지고 온 조 가마를 형 앞에 내동댕이쳤어. 그러나마나 형은 접때 그랬던 것처럼 조 낟알을 하나하나 살펴보더니,

"참 조가 개암같이 잘 여물었네. 자네 이 조 가꿀 때 김은 몇 벌이나 매고 거름은 몇 벌이나 줬는가?"

하고 묻겠지.

"네 벌 김매고 네 벌 거름 준 것이니 어디 흠을 잡을 테면 잡아 보세요."

아우는 아직도 분이 안 풀려 불뚝거리는데, 형은 껄껄 웃다가 아우를 덥석 껴안고 등을 두드리며 좋은 말로 달래 주더래.

"이 조는 도로 가지고 가서 자네 식구들과 먹게나. 내가 처음부터 조를 받으려고 그랬던 게 아니야. 아우가 워낙 건달농사를 하기에 그 버릇 고치려고 그랬던 것이니 그 정성대로만 농사를 짓고 살게."

■ 물레에서 빼낸 실을 감은 뭉치.

아우는 그제서야 형 뜻을 알아차리고, 그 뒤부터 참 정성을 다해 농사를 지어서 형처럼 곳간에 곡식을 그득 쌓아 놓고 살게 됐대. 삼 년 농사로 배울 걸 다 배워서 상농군이 된 거지. 그러기에 농사가 잘되고 못되고는 농사꾼 손끝에 달렸다고들 그러지 않나.

신기한 샘물

 옛날에 가난한 나무꾼이 살았어. 이 나무꾼이 하루는 산에 가서 나무를 하는데 노루 한 마리가 절뚝절뚝 달려오더래. 가만히 보니까 뒷다리에 화살이 박혀 있어. 아마도 사냥꾼에게 쫓기는 신세인가 봐. 어찌나 불쌍하던지 얼른 나뭇짐 속에 숨겨 주었어.

 그러고 나서 나무를 하고 있는데, 아니나 다를까 활을 든 사냥꾼이 헐레벌떡 달려와서,

"이리로 화살 맞은 노루 한 마리 오는 것 못 보았소?"

하고 묻겠지.

"못 보았는걸요."

 그랬더니 사냥꾼은 그냥 가 버리더래.

 사냥꾼이 아주 멀리 가서 안 보이게 되었을 때 나뭇짐을 헤치고 노루를 꺼내 주었어. 그리고 뒷다리에 박힌 화살도 뽑아 주었지. 노루는 고맙다는 듯이 머리를 끄덕끄덕하면서 절을 하더니 절뚝거리면서 걸어가. 저렇게 다친 다리로 어디를 가나 하고 나무꾼이 가만가만 뒤따라가 보았지. 노루는 깊은 골짜기로 들어가더니 커다란 바위 밑에서 걸음을 멈추더래. 바위 밑에는 조그마한 옹달샘이 있는데, 물이 아주 맑아 보여. 노루가 뒷다리를 샘물에 담그니까 신통하게도 상처가 말끔히 낫지 뭐야. 노루는 언제 다리를 다

쳤냐는 듯이 껑충껑충 뛰어 어디론가 가 버리겠지. 그것 참 신기한 샘물이구나 생각하고, 샘물이 있는 자리를 잘 보아 두었지.

며칠 뒤에 나무꾼이 나무를 하다가 그만 낫에 손을 베었어. 손에 피가 철철 흐르니 야단났지. 며칠 전에 노루가 가던 옹달샘이 생각나서 얼른 그리로 달려갔어. 다친 손을 샘물에 담갔더니 금방 피가 멎고 상처가 감쪽같이 아물어 버리지 뭐야. 그것 참 신통하지.

그러고 나서 나무꾼은 누구든지 다친 사람을 보면 샘이 있는 자리를 일러 줬어. 나무꾼이 일러 준 대로 샘을 찾아가 다친 곳을 물에 담근 사람은 감쪽같이 나았지.

다친 사람뿐이 아니고 신경통에 걸린 사람, 몸에 버짐이 난 사람도 그 샘물에 아픈 곳을 담그기만 하면 신통하게도 나아 버린단 말이야. 그러니 소문이 퍼져서 먼 곳에 사는 사람들도 막 몰려오게 되었대. 하루에도 몇백 명이 몰려와서 병을 고쳐 가거든. 참 좋은 일이지 뭐야.

그런데 이웃 마을에 욕심쟁이 영감이 살았어. 이 영감이 소문을 들어 보니 배가 아파 견딜 수가 없어.

'아이고, 바보 천치 같은 나무꾼 녀석 같으니라고. 내가 먼저 알았으면 샘물을 돈 받고 팔아서 부자가 되었을 텐데. 한 쪽박에 한 냥씩 받아도 하루에 몇백 냥을 벌 텐데. 아이고 배야.'

욕심쟁이가 배를 앓다가 못해 나무꾼을 찾아갔어.

"여보게, 자네가 찾아냈다는 샘물을 나한테 팔게나. 내 돈을 두둑이 줄 터이니."

착한 나무꾼은 펄쩍 뛰지.

"샘물을 팔다니요. 그 샘물은 제 것도 아니려니와, 사고팔고 하는 것도 아니올시다."

이렇게 되자 욕심쟁이는 못된 꾀를 냈어. 살림을 다 팔아서 돈을 바리바리 싣고 고을 원을 찾아갔지. 고을 원에게 은근슬쩍 돈을 바치고 나서,

"아이고, 사또. 이런 원통한 일이 어디 있겠습니까요. 그 샘물로 말씀드릴 것 같으면 예전에 저희 할아버지가 사냥하다가 찾아낸 것이랍니다. 할아버지가 돌아가실 때 그 샘물을 저에게 물려주시면서, 아무에게도 알리지 말고 요긴하게 쓰라고 해서 지금까지 숨겨 왔던 것이랍니다. 그런데 이제 와서 남들이 제 것인 양 쓰고 있으니 이런 당치않은 일이 어디 있습니까요. 사또께서 그 샘물을 도로 찾아 주시면 물값을 받아 반을 바치겠습니다요."

이러고 거짓말을 늘어놓았지. 고을 원도 그게 거짓말인 줄 뻔히 알지만, 돈을 많이 받은 데다가 물값을 받으면 반을 바치겠다니 욕심이 스물스물 솟아오르지. 그래서 은근슬쩍 욕심쟁이 편을 드는구나.

"그것이 이치에 맞는 말이로구나. 여봐라, 이제부터 그 샘물은 이 사람 것이니 아무도 주인 허락 없이 함부로 쓰지 못하게 하렷다."

욕심쟁이는 얼씨구나 좋다 하고, 그날부터 샘가에 울타리를 치고 드나드는 사람들에게 돈을 받기 시작했지 뭐냐. 사람들은 어처구니가 없었지만, 고을 원을 등에 업고 장사를 하는데야 말릴 재간이 있나. 병은 고쳐야겠고 돈을 안 내면 들여보내 주지를 않으니, 울며 겨자 먹기로 한 쪽박에 한 냥씩 돈을 내 가며 샘물을 썼단다. 그 바람에 욕심쟁이는 아주 부자가 됐지.

그러던 어느 날 나무꾼이 나무를 해 가지고 오다가 발을 헛디뎌 그만 낭떠러지에 굴러떨어지고 말았어. 그 바람에 온몸에 상처를 입고 몸져눕게 되었지. 드러누워 있으면 나무를 할 수 없고, 나무를 못 하면 당장 끼니를 이을 수 없으니 어떻게 해. 아픈 몸을 겨우겨우 가누며 샘을 찾아갔지. 샘물에 몸을 적시면 나을 테니까 말이야. 그런데 욕심쟁이가 울타리를 치고 버티고

있는 바람에 들어갈 수가 있나.

"보다시피 온몸에 상처가 심합니다. 다친 곳에 물 한 쪽박만 적시게 해 주시오."

나무꾼이 애원을 해도 욕심쟁이는 막무가내로구나.

"돈만 내게. 돈만 낸다면야 한 쪽박 아니라 열 쪽박이라도 쓰게 해 주지."

돈이 없으니 어떻게 하나. 하는 수 없이 절뚝거리며 집으로 왔지. 나무꾼은 샘물 값이라도 벌려고 다음 날부터 억지로 일어나 산에 나무를 하러 갔어. 나무를 하다가 너무 지쳐서 그만 잠이 들었나 봐.

잠결에 발치께에서 무엇이 작신거리기에 눈을 떠 보니, 노루 한 마리가 와 있더래. 가만히 보니 지난날 사냥꾼에게 쫓기는 걸 살려 준 바로 그 노루 같거든. 어떻게 하나 보고 있으니까, 이 노루가 핼끗핼끗 돌아보면서 어디론가 자꾸 가려는 눈치야. 따라오라고 그러나 싶어서 따라가 보았지.

노루는 지난날 갔던 곳보다 더 아래쪽 골짜기로 내려가더니, 바위틈에 있는 옹달샘 앞에서 걸음을 멈추더래. 샘물을 한번 보고, 나무꾼을 한번 보고, 이러지 뭐야.

'옳지, 저 샘물에 몸을 적셔 보라는 뜻이렷다.'

나무꾼은 얼른 샘물을 떠다 다친 곳에 적셔 보았어. 그랬더니 신통하게도 상처가 말끔히 아물면서 온몸이 가뿐해지겠지.

마음씨 착한 나무꾼이 이 샘물을 혼자서 쓸 리 있나. 널리 소문을 내어 누구든지 쓰도록 했지. 다친 사람들은 너나 할 것 없이 모두 아래 골짜기 샘으로 모여들었어. 아, 똑같이 병 고치는 샘물인데 누가 돈 내고 쓰는 위 골짜기 샘으로 가려고 하겠어. 그러니 욕심쟁이가 지키는 샘에는 아무도 얼씬거리지를 않지. 게다가 그날부터 가뭄이 들어서 위 골짜기 샘물은 점점 물이 줄어들더니 며칠 뒤에는 아예 말라붙어 버렸다네.

욕심쟁이는 돈을 벌 수 없으니 또 배가 아프기 시작했어. 혼자서 끙끙 앓다가 또 나무꾼을 찾아갔지.

"여보게, 접때는 내가 실수를 했네. 내 웃돈을 얹어 줄 테니 자네 샘물하고 내 샘물을 맞바꾸세나."

나무꾼은 이번에도 펄쩍 뛰지.

"제 샘물이 어디 있다고 그러십니까. 아래 골짜기 샘물은 제 샘물이 아닙니다. 굳이 임자가 있다면 산짐승들이 임자겠지요."

욕심쟁이가 어디 그냥 물러설 사람인가. 이번에도 돈을 바리바리 싣고 고을 원을 찾아갔겠다.

"아이고, 사또. 원통합니다요. 원래 우리 할아버지가 찾아낸 샘물은 위 골짜기 것이 아니라 아래 골짜기 것이랍니다. 왠지 물이 빨리 마른다 했더니 가짜 샘물이라서 그런 줄 누가 알았겠습니까요. 아래 위 샘물을 맞바꾸게 해 주시면 물값을 받아 열에 일곱을 사또께 바치겠습니다요."

엉큼한 고을 원은 이번에도 욕심쟁이 편을 들지.

"여봐라, 아래 위 골짜기 샘물을 서로 맞바꾸도록 하여라."

이렇게 해서 욕심쟁이는 아래 골짜기 샘에 더 튼튼한 울타리를 치고 밤낮으로 지키며 물값을 받아 냈단다. 그런데 얼마 가지 않아서 큰 장마가 지는 바람에 아래 골짜기 샘터는 온통 흙탕물에 휩쓸려가 버렸다지. 튼튼하게 쳐 둔 울타리도 떠내려가 버리고, 울타리와 함께 욕심쟁이도 떠내려가 버렸대. 고을 원이 사는 집도 원과 함께 떠내려가고.

신기한 샘물은 영영 사라져 버렸을까? 아니야. 위 골짜기 샘에는 다시 맑은 물이 퐁퐁 솟아나기 시작했대. 나무꾼은 백성들한테 칭찬을 받으며 오래오래 잘 살았단다.

백 냥으로 살린 목숨

옛날 어느 시골에 나무장수가 살았어. 나무장수란 땔나무를 지게에 지고 이 동네 저 동네 팔러 다니는 사람이지. 이 사람이 한 해 동안 나무를 외상으로 팔고, 섣달 그믐께가 되면 돈을 받으러 다녔단 말이야. 섣달 그믐께가 되어서 외상값을 받으러 다니는데, 돈이 잘 걷혀서 모두 백 냥을 받았어. 그러니까 한 해 동안 일해서 번 돈이지, 그게.

돈 백 냥을 전대에 차고 집으로 돌아오는데, 강가에서 세 사람이 옥신각신하며 다투고 있더래. 늙은 할머니하고 젊은 아주머니, 그리고 여남은 살 되어 보이는 사내아이, 이렇게 셋이서 다투고 있더란 말이지. 뭐라고 다투는가 들어 보니, 글쎄 서로 강물에 빠져 죽겠다고 다투더라지 뭐냐.

"애야, 내가 살면 얼마나 더 살겠느냐. 험한 꼴 보고 사느니 강물에 빠져 죽을란다."

할머니는 이러고,

"어머님, 그런 말씀 마세요. 제 팔자가 사나워서 이 지경이 되었으니 제가 먼저 빠져 죽겠어요."

아주머니는 이러고,

"할머니, 어머니, 다 그만두세요. 정작 죽을 목숨은 제 목숨인데 두 분이 왜 이러세요?"

사내아이는 이러지. 나무장수가 들어 보니 하도 기가 막혀서, 세 사람을 붙잡고 물어보았어.

"대체 무슨 일로 이러시오?"

"댁이 알 바 아니오. 가던 길이나 가시오."

"아니, 멀쩡한 사람이 물에 빠져 죽겠다는 걸 어찌 그냥 두고 가겠소? 어디 말이나 들어 봅시다."

그러니까 할머니가 눈물을 줄줄 흘리더니 이야기를 늘어놓아.

"내가 복이 없어 남편 잃고 자식 잃고, 며느리하고 손주녀석 데리고 입에 풀칠이나 하면서 살아가는 처지라오. 지난해 흉년이 들어 먹을 것이 똑 떨어졌는데, 굶어 죽지 않으려고 부잣집에 돈 스무 냥을 꾸어 쓰지 않았겠소. 그게 이자가 붙어 백 냥이 되었는데 갚을 길이 없어, 빚 대신 어린 손주가 잡혀가 죽게 되었다오. 저 어린것이 죽는 꼴을 보고 어찌 산단 말이오."

듣고 보니 참 딱하기도 하지.

"아니 그래, 돈 백 냥 때문에 사람이 죽어요? 여기 백 냥이 있으니 가지고 가서 빚을 갚으시오."

나무장수가 외상값으로 받은 돈 백 냥을 몽땅 내놓았어.

"이걸 몽땅 우리 주고 나면 댁은 뭘 먹고 살려고 그러시오?"

"아, 사람이 죽게 됐는데 돈이 대수요? 어서 가지고 가요."

이래서 한 해 나무 팔아 번 돈을 모조리 줘 버리고 빈손으로 털레털레 돌아왔지. 집에 가니 아내가 나뭇값 다 받아 왔느냐고 묻거든. 오다가 이러이러한 일이 있어서 다 주고 왔노라 하니까,

"아이구, 잘했소. 세상에 돈 백 냥으로 죽을 목숨 셋을 살렸으니 그런 잘한 일이 어디 있소."

하고, 아내도 아주 좋아하지.

그런데 한 해 동안 먹고 살 돈을 다 줘 버렸으니 뭘 먹고 살아. 당장 끼니 이을 일이 막막하지. 아무리 애써 나무를 팔아 봐야 돈은 이듬해 섣달이나 되어야 생길 판이니 말이야. 나무장수가 궁리 끝에,

"우리 이러지 말고 어디 깊은 산속에 들어가서 화전이나 파먹고 삽시다."
하니까 아내도 그러자고 하지. 그래서 저 강원도 금강산으로 이사를 갔어. 금강산에 들어가서 화전을 일구어 근근이 먹고살았지. 산밭에 감자도 갈고 옥수수도 갈고 해서 그럭저럭 살다 보니 몇 해가 후딱 지났어.

그러던 어느 해 겨울에 눈이 많이 왔어. 눈이 많이 와서 하늘도 땅도 하얀데, 산에서 웬 늙은이가 자꾸만 뒹굴고 있더래. 일어났다가는 자빠져서 뒹굴고, 또 일어났다가는 자빠져서 뒹굴고, 이러거든. 기운이 빠져서 그러나 봐. 나무장수가 얼른 달려가서 할아버지를 업고 왔지. 업고 와서 따뜻한 방에 누이고 죽을 쑤어 먹이고 하니까 기운을 차리더래. 눈이 다 녹을 때까지 여기서 지내십사 하고 함께 살았어. 여름내 가으내 농사지어 놓은 감자야 옥수수야 많이 있으니까 그걸 삶아 먹고 같이 살았단 말이야.

그러다가 봄이 되어서 눈이 다 녹았어. 눈이 다 녹으니까 할아버지가 나무장수를 보고,

"이제 우리 집으로 갈라네. 그런데 내가 이 집에서 오랫동안 신세를 졌으니, 임자도 우리 집 구경하러 가세."
하거든. 자꾸 권하기에 그러마 하고 따라나섰지.

"임자는 그저 똑 내 발 디딘 곳만 따라 디디고 오게."

그래서 할아버지가 앞장서 가고, 나무장수는 뒤따라갔어. 그런데 참 신기하기도 하지. 할아버지가 디딘 발자국을 따라 디디고 가니까, 글쎄 잠깐 동안 백 리를 가더라지 뭐야. 그저 밥 한 끼 먹을 참에 몇백 리를 후딱 가더라

는 거야.

그렇게 몇백 리 가다가 보니 조그마한 동네가 나오더래. 동네 한가운데에 커다란 기와집이 몇 채 있고.

"저기 큰 기와집으로 먼저 가 있게나. 나는 볼일 좀 보고 갈 터이니."

할아버지가 이러고 나서 그만 간 곳이 없어.

아무리 기다려도 오지 않아. 하는 수 없이 그 기와집으로 들어갔지. 가 보니 훤칠한 젊은이가 나오더니,

"길 가다가 들르신 손님이신가 본데, 어서 들어오시지요."

하면서 반갑게 맞아 주더래. 그래서 방으로 들어갔지. 밥을 한 상 차려 주는 걸 잘 먹고 나서, 이런저런 이야기를 나누었지. 그러다 보니 지금까지 살아온 이야기를 하게 됐는데, 나무장수가 돈 백 냥으로 사람 목숨 셋을 살린 이야기를 했단 말이야. 그러니까 젊은이가 깜짝 놀라더니,

"아이고, 목숨을 살려 주신 은인을 이제야 만났습니다."

하고서 절을 넙죽 하더라네. 그 소리를 듣고 안방에서 할머니와 아주머니가 달려오는데, 가만히 보니 몇 해 전에 강물에 빠져 죽으려고 하던 사람들이지 뭐야.

"우리더러 은혜를 갚으라고 산신령님이 이리로 보내셨군요. 우리는 그 뒤로 하는 일마다 잘 풀려서 이렇게 잘 살고 있답니다. 이제부터는 우리가 모실 터이니 아예 우리 집으로 이사를 오시지요."

그래서 그 집으로 이사 와서 잘 살았더란다. 오래오래 살아서 그저께까지 살았다나.

배운 사위와 못 배운 며느리

옛날에 천석꾼 부자가 살았어. 이 사람에게는 외동딸이 있었는데, 금이야 옥이야 하며 아주 정성 들여 길렀지. 좋은 옷 입히고 맛난 음식 먹이고, 불면 날아갈세라 쥐면 꺼질세라 고이고이 길렀단 말이야. 그뿐이 아냐. 훌륭한 사람 만든다고 갓난아기 때부터 이것저것 가르쳤어. 글도 가르치고 그림도 가르치고 예의범절도 가르쳤지. 글 읽는 법은 말할 것도 없고, 시 짓는 법, 그림 그리는 법, 글씨 쓰는 법에다가 노래하는 법, 말 잘하는 법, 걸음 걷는 법까지 가르쳤거든. 이렇게 잘 가르쳐서 나이가 차니까 아주 훌륭한 색시감이 되었단 말이야.

"흠, 이만하면 가르칠 것은 모두 가르쳤겠다. 이제 좋은 가문에 시집보낼 일만 남았군."

천석꾼 부자는 아주 흐뭇해서 여기저기 시집보낼 곳을 알아보았어. 마침 이웃 동네 만석꾼 집에 좋은 신랑감이 있어서 그리로 시집보내기로 했지. 시집보내는 날 사돈 영감에게,

"저희 집 딸애는 어릴 적부터 배울 만한 것은 다 배웠답니다. 아마 사돈댁에 허물이 되는 일은 없을 게요."

하고 은근히 딸 자랑도 했단다.

만석꾼 집에서는 새로 들어온 며느리가 배울 것은 다 배웠다니까 무엇을

얼마나 배웠는지 알아보기로 했어. 시아버지가 며느리를 불러서 이것저것 물어보았지.

"얘, 아가야. 듣자니 너는 배운 것이 많다는데, 그래 뭘 배웠느냐?"

며느리는 자기가 배운 것을 글 외듯이 줄줄 외는구나.

"글은 천자를 읽어도 막힘이 없고 글씨는 열두 가지 모양을 익혔습니다. 운을 떼면 바로 시가 술술 나오고 책 서른 권을 한자리에서 다 욀 수 있습니다."

"그래. 그리고?"

"붓으로는 못 그리는 그림이 없고 하루에 열 폭 병풍 수를 놓습니다. 삼백 가지 노래를 부를 줄 알고 스무 가지 악기를 탈 줄 압니다."

"또?"

"여자로서 지켜야 할 예의범절을 다 익혔습니다. 말씨와 앉음새, 절하고 걸음 걷는 법도 배웠습니다."

"또?"

"……."

며느리가 자기가 배운 것을 그만큼 일러 주었는데 시아버지가 또 물으니 그만 말문이 막히지. 더 배운 것은 없으니 말이야.

"또 없느냐?"

"예, 그것뿐입니다."

시아버지는 뭐가 못마땅한지 고개를 절레절레 흔들어. 그러더니 이번에는 자기가 글 외듯이 줄줄 외네.

"곡식을 익혀 밥을 짓고 갖가지 나물로 반찬을 만들어 상 차리는 법은 배웠느냐?"

"못 배웠습니다."

"물레로 명을 잣고 베틀로 베를 짜서 중의 적삼, 치마저고리에 도포 두루마기 짓는 법은 배웠느냐?"

"그것도 못 배웠습니다."

"밭을 갈아 씨를 뿌리고 호미로 김을 매어 거름 주고 거두어서 도리깨로 마당질할 줄은 아느냐?"

"그런 것도 배우지 못했습니다."

시아버지가 혀를 끌끌 차더니 호령이 서릿발 같구나.

"네가 많이 배웠다더니 쓸모없는 것만 배웠구나. 일 중에서 농사지어 거두고 음식 장만하고 실을 자아 옷 짓는 일보다 더 중한 일은 없느니라. 너는 다시 친정에 돌아가 마땅히 배워야 할 것부터 배워 가지고 오너라."

이러고 친정으로 돌려보냈대. 며느리가 할 수 없이 친정으로 돌아와 이러이러한 까닭으로 다시 돌아왔다고 했지. 사돈이 되는 천석꾼 집에서 생각해 보니 괘씸하단 말이야. 만석꾼으로 사는 부잣집에서 며느리더러 온갖 험한 일을 다 배워 가지고 오라니 그런 심한 경우가 어디 있느냐 말이야.

"내가 우리 딸을 얼마나 애지중지 잘 키워 놓았는데 제가 그런 소릴 해. 그러면 제 자식은 얼마나 잘 가르쳤는지 어디 보자."

이러고 자기 사위를 불렀어. 그러니까 만석꾼 집 아들을 부른 거지. 불러 놓고,

"자네 아버지는 우리 딸더러 일이란 일은 다 배워 가지고 오라고 돌려보냈는데, 그래 자네는 일을 얼마나 배웠는가?"

하고 따지니까,

"예, 잘할 줄은 몰라도 굶어 죽지 않을 만큼은 배웠습니다."

하거든. 설마하니 만석꾼 부잣집에서 아들에게 험한 일을 가르쳤겠느냐 싶어서 이것저것 일을 시켜 보았어.

"자네, 나무할 줄 아는가?"

"예, 할 줄 압니다."

"그럼 산에 가서 나무 한 짐 후딱 해 오게나."

그러니까 사위는 지게를 덜렁 지고 나가더니 반나절도 안 돼서 나무를 산더미만큼 해 가지고 왔어. 몸에 익은 솜씨가 아니면 그렇게 못 하지.

"그러면 밭갈이 할 줄은 아는가?"

"예, 압니다."

"저기 소가 있으니 끌고 가서 밭을 갈고 오게."

사위는 황소에다 쟁기를 지워 가지고 밭에 나가더니, "이랴, 이랴!" 소를 몰아 번개같이 밭을 갈더래. 밭을 다 갈고는 오줌장군을 날라다 밑거름까지 듬뿍 주고 오더란 말이야.

"농사짓는 일은 그렇다치고 신 삼을 줄은 아는가?"

"예, 그것도 할 줄 압니다."

"한번 해 보게."

사위는 삼 껍질을 벗겨다가 야무지게 꼬아서 미투리 한 켤레를 본때 있게 삼아 놓거든. 장인이 탄복을 하지.

"자네는 만석꾼 집에 살면서 어찌 그리 일을 잘하는가?"

"어릴 때부터 아버지를 따라다니며 배운 것뿐입니다."

천석꾼 집에서는 그때부터 딸에게 온갖 일을 가르쳤어. 밥 짓고 옷 짓고 빨래하고 농사짓는 법을 다 가르쳐서 다시 시집으로 보냈단다. 만석꾼 시아버지는 그제서야 좋아하며 며느리를 잘 대접하더라는 이야기야.

아들을 구한 금덩어리

 옛날, 함경도 어느 두메산골 가난한 집에 나이 여남은 살 먹은 아이가 살고 있었어. 그런데 집안 살림이 찢어지게 가난해서 굶기를 밥 먹듯이 하다 보니 아궁이에 풀이 날 지경이거든. 보다 못한 아이가 하루는 아버지 어머니더러,

 "아버지 어머니, 저도 나이 열 살이 넘었으니 어디 간들 굶어 죽기야 하겠습니까. 제가 나가 남의 집 일이라도 해서 돈을 벌어 오겠습니다."

하면서 집을 나가겠다고 하네. 어린것이 오죽하면 저런 생각을 다 하랴 싶어 아버지 어머니는 가슴이 아팠어. 그래도 뾰족한 수가 없으니 어떻게 하나. 언제든지 일이 고되면 집에 돌아오라고 신신당부를 해서 내보냈지.

 아이는 집을 떠나 멀리멀리 갔어. 몇 날 며칠을 가다 보니 산속에서 금을 캐는 사람이 있겠지. 이런 데서 일하면 돈을 벌 수 있겠다 싶어서, 그 사람에게 일하게 해 달라고 부탁을 했어. 금 캐는 사람은 안 그래도 일손이 달리던 참에 잘되었다면서, 아이를 자기 집에 데리고 살면서 일을 시켰어.

 아이는 아주 부지런히 일을 했단다. 산에서 금 캐는 일이 어디 쉬운 일인가. 밤낮으로 땅을 파고 흙을 뒤져야 어쩌다가 쌀알만 한 금이 나오곤 하지. 그래도 아이는 불평 한마디 없이 죽자사자 일을 했어.

 그렇게 꼬박 다섯 해를 일하고 나니, 집 생각도 간절하고 부모님도 보고

싶어지더래. 그동안 아이가 워낙 부지런히 일한 덕분에 주인은 돈을 많이 벌었어. 이제 그만 집에 가 봐야겠다고 하니까, 주인이 어른 주먹만 한 것을 보자기에 싸 주면서,

"자, 이건 그동안 일한 품삯이다. 팔면 제법 큰돈을 받을 테니 잘 간수해 가지고 가거라."

하는데, 풀어 보니 커다란 금덩어리야.

아이는 금덩어리를 품에 고이 안고 집으로 갔어. 이것을 팔면 우리 식구 고생 안 하고 살겠다 싶어서 신바람이 나서 갔지.

가다가 날이 저물어 주막집에 들렀어. 주막집에서 하룻밤 자고 아침에 다시 길을 떠났는데, 한참 가다 보니 글쎄 품안이 허전하지 뭐야. 이를 어째. 금덩어리를 그만 주막에 두고 와 버린 거야. 혹시 잃어버릴까 봐 잘 때도 품안에 품고 잤는데, 아침에 옷매무새를 고친다고 꺼내 놓고는 그만 잊어버리고 왔네. 아이는 부랴부랴 오던 길을 되돌아갔어.

그런데 주막집 주인은 아이가 떠난 뒤에 금덩어리를 보고 깜짝 놀랐어. 그만한 금덩어리면 값이 많이 나가겠거든. 얼른 금덩어리를 감추어 놓고 이럴까 저럴까 망설였지.

'두고 간 걸 알면 틀림없이 다시 찾으러 오겠지. 못 보았다고 시치미를 떼고 내가 가질까?'

'그 아이에게는 무척 소중한 금덩어리일 텐데. 그냥 돌려줄까?'

이러고 있는데 아니나 다를까, 아이가 숨이 턱에 닿아서 달려오겠지.

"여보세요, 제 금덩어리 못 보셨나요? 다섯 해 동안 뼈 빠지게 일해서 받은 품삯이랍니다. 보셨으면 제발 돌려주세요."

아이가 애원하는 것을 보니 차마 모르겠다고 할 수 없겠거든. 주막집 주인은 잠깐 동안 나쁜 마음을 먹었던 것을 뉘우치고 금덩어리를 내줬어.

"옛다. 그러지 않아도 찾으러 올 줄 알고 잘 간수해 뒀단다."

"고맙습니다. 정말 고맙습니다."

아이는 절을 열두 번도 더 하고 금덩어리를 받아 가지고 갔어.

한참 가다가 강가를 지나는데, 강에서 "사람 살려!" 하는 소리가 들리지 않겠어? 어디서 그러나 하고 보니까, 강 한가운데에서 저만 한 아이가 물에 빠져서 허우적거리고 있지 뭐야. 구해 주고 싶지만 헤엄을 못 치니 어떻게 해.

"아이고, 저를 어째. 누가 좀 도와주세요!"

아이는 발을 동동 구르면서 사람들을 불렀어. 가까이 있던 어른들이 우르르 몰려왔어. 그런데 몰려든 어른들도 물에 못 뛰어들고 머뭇거리고만 있어. 간밤에 내린 비로 강물이 엄청나게 불어난 데다가 물살이 세어서 용기가 나지 않았던 게지.

"제발 저 아이를 좀 구해 주세요."

아이가 아무리 애원해도 어른들은 그저 머뭇거리며 바라다보고만 있겠지. 그대로 두면 물에 빠진 아이는 곧 죽을 것만 같단 말이야. 아이는 얼른 품속에서 금덩어리를 꺼냈어.

"누구든지 저 아이를 살려 주면 이 금덩어리를 드리겠습니다."

몰려든 어른들이 금덩어리를 보고 눈이 휘둥그래지겠지. 그중 한 나그네가 썩 나서더니,

"그게 정말 금이란 말이냐? 그렇다면 내가 나서지."

하고는 물에 풍덩 뛰어들더래. 나그네는 험한 물살을 헤치고 겨우 물에 빠진 아이를 구해 냈어. 아이는 약속대로 금덩어리를 나그네에게 줬지. 그리고 물에 빠진 아이를 등에 업었어.

"너희 집이 어디냐? 내가 데려다 주마."

물에 빠진 아이는 이리로 저리로 하면서 집을 가리켜 주지. 가르키는 대로 따라갔더니 글쎄, 자기가 묵은 바로 그 주막집이더래. 주막집 외아들이 강을 건너다 물에 빠진 거야.

"아이고, 내 아들이 이게 무슨 변이냐?"

주막집 주인이 달려들어 아들을 안고 난리법석을 쳐. 어떻게 된 일인지 이야기를 낱낱이 다 듣고는,

"정말 고맙다. 네가 우리 아들을 살렸구나. 그 귀한 금덩어리를 우리 아들 목숨하고 바꾸었으니, 내가 그 값을 다 쳐주마."

하고 돈을 많이 줬어.

아이는 집으로 돌아와서 아버지 어머니 모시고 잘 살았단다. 그다음부터는 어찌 된 일인지 농사도 잘되고 살림도 점점 늘어나더라나.

지붕에 올라가는 송아지

옛날 어느 마을에 두 집이 나란히 있었어. 윗집에는 김진사가 살고, 아랫집에는 이진사가 살았어. 식구도 두 집 다 열씩이고, 논도 두 집 다 열 마지기씩이야. 그런데 윗집 김진사네는 하는 일마다 잘 풀리고 아랫집 이진사네는 하는 일마다 꽉꽉 막혀. 김진사네가 소 한 마리를 사면 이진사네는 소 한 마리를 팔아먹고, 김진사네 곳간에 곡식이 꽉꽉 들어차면 이진사네 곳간에는 곡식이 야금야금 빠져나가. 그뿐 아니지. 김진사네 집에서는 날마다 웃는 소리가 끊이지 않는데, 이진사네 집에서는 날마다 다투는 소리가 끊이지 않거든.

하루는 아랫집 이진사가 윗집 김진사를 찾아갔어.

"여보게, 자네나 나나 똑같은 식구에 살림도 엇비슷한데 어째서 이렇게 다를 수 있는가? 자네 집은 해마다 살림도 늘고 잘 사는데, 우리 집은 해마다 살림도 줄고 식구들이 다투기만 하니 이게 어찌 된 일인가?"

이진사가 이렇게 푸념을 늘어놓으니까 김진사는 허허 웃지.

"내가 시키는 대로 하면 무슨 일이든지 잘될 걸세."

"어떻게 하는지 좀 가르쳐 주게나."

"당장 가서 자네 아들더러 송아지를 끌고 지붕에 올라가라고 해 보게."

"그러면 수가 나나?"

"그럼. 수가 나지."

이진사가 그 말을 듣고 집에 와서 아들을 불렀어.

"애야, 어서 송아지를 끌고 지붕에 올라가거라."

아들이 눈이 휘둥그래져서 제 아버지를 멀뚱멀뚱 쳐다보고만 있구나.

"왜 그러고 있느냐? 어서 송아지를 끌고 지붕에 올라가라니까."

그제서야 아들이 버럭 짜증을 내지.

"참, 아버지도. 망령이 드셔도 톡톡히 드셨나 봐. 송아지가 어떻게 지붕에 올라간대요?"

아들이 말을 안 들으니 어쩔 수가 있나. 다시 김진사네 집으로 갔어.

"아들놈이 내 말을 안 들어서 못 하겠네. 망령 들었다고 욕만 잔뜩 먹었다네."

김진사가 그 말을 듣고 고개를 끄덕끄덕해.

"내 그럴 줄 알았지. 그럼 이렇게 해 보게. 자네 며느리더러 소금 한 가마니를 요 앞 개울물에 담갔다가 꺼내 오라고 하게."

"그러면 좋은 수가 나나?"

"아무렴."

이진사가 다시 집에 와서 며느리를 불렀어.

"애야, 소금 한 가마니를 요 앞 개울물에 갖다 담갔다가 꺼내 오너라."

며느리도 어이가 없는지 눈만 멀뚱거리고 있다가,

"아이, 아버님도 참 망령이셔. 소금을 물에 담그면 죄다 녹아 버릴 텐데, 칠십 평생 사시면서 그런 이치도 모르셨어요?"

며느리도 말을 들을 생각을 않네. 할 수 없이 다시 김진사네 집에 갔어.

"그것도 도저히 못 하겠네. 며느리가 당최 말을 들어야지."

김진사가 또 고개를 끄덕끄덕하더니,

"그러면 내가 하는 걸 잘 보게."

하더니, 자기 아들을 불러.

"애야, 어서 송아지를 끌고 지붕에 올라가거라."

"예."

김진사네 아들은 군소리 한마디 없이 냉큼 외양간에 가더니 송아지 고삐를 끌고 나오는구나. 그러더니 지붕에 사다리를 걸쳐 놓고 올라가서 송아지 고삐를 잡아당겨. 송아지가 안 올라가려고 버티니까,

"이랴! 이놈의 송아지야. 우리 아버지가 지붕에 올라가라신다. 이랴!"

하고 고삐를 막 잡아당기지. 그래도 안 되니까 자기 아내를 불러.

"여보, 어서 와서 송아지 궁둥이 좀 받쳐 줘요."

그러니까 며느리가 나와서 송아지 엉덩이를 민다고 야단이야. 아이들도 우르르 나와서 밀어라 당겨라, 영차 영차 하고 한바탕 난리가 났지. 한참 그렇게 애를 쓰는 것을 보다가 김진사가,

"안 올라가거든 그만둬라."

하니까 모두들 그만두더래.

그다음에는 며느리를 불러 가지고 일을 시켜.

"애, 소금 한 가마니를 요 앞 개울물에 갖다 담갔다가 꺼내 오너라."

"예."

며느리도 군말 않고 부엌에 가서 소금 가마니를 들어올려. 끙끙 힘을 써도 무거워서 들 수 있어야지. 아들이 그걸 보고 냉큼 달려가서 마주 들더니, 개울로 성큼성큼 걸어가네. 그걸 보고 김진사가,

"그만두고 제자리에 갖다 놔라."

하니까 또 군말 없이 소금 가마니를 들어다가 부엌에 갖다 놓더래.

김진사가 이진사를 보고,

"이게 집안이 잘되는 수일세. 식구들이 서로 믿고 힘을 합해야 무슨 일이든지 잘된다네."

하겠지. 이게 끝이야.

● ── 이야기를 들려주고 나서

　〈호랑이 잡는 기왓장〉은 우리에게 욕심을 내지 말라고 가르쳐 주는 것 같습니다. 기왓장을 휘두른다고 금싸라기가 나올 리 없건마는, 욕심이 눈앞에 가득하면 마음이 흐려져서 아무 말이나 믿게 되나 봅니다. 그러나저러나 지금은 누가 기왓장을 넘겨받아서 휘둘러 대고 있을까요?
　〈불씨 꺼뜨린 며느리〉이야기를 듣고 보니, 옛사람들은 불씨 하나라도 참 소중하게 여겼다는 것을 알 것 같습니다. 그러고 보면 요즈음 사람들은 무슨 물건이나 너무 헤프게 쓰고 함부로 다루는 것 같지 않습니까?
　〈천 냥짜리 아버지〉에서 본 것처럼, 우리 나라 사람들은 예부터 늙으신 어른을 정성으로 모시는 것을 사람이 할 일 가운데 으뜸으로 여겼답니다. 효자도 그저 제 부모만 잘 모시면 되는 게 아니라, 남의 부모도 제 부모처럼 받들어야 제대로 된 효자로 쳐주었지요.
　〈건달 농사꾼〉을 듣고 보니 농사짓는 일이 얼마나 힘든 일인지 알겠습니다. 옛사람들은 이렇게 힘든 농사일도 행여 소홀히 할세라 이런 이야기를 만들었나 봅니다. 어릴 때부터 이런 이야기를 듣고 자란 사람은 건달농사를 안 짓겠지요.
　〈신기한 샘물〉의 줄거리를 떠올리며 이런 것을 생각해 봅니다. 산에 있는 샘물은 누구 것일까요? 산짐승과 산새, 나무와 바위, 풀과 꽃은 누구 것일까요? 우리가 발 디디고 사는 땅은 누구 것일까요? 이 모든 것에 주인이 있을까요? 주인이 있다면 특별한 한두 사람이어야 할까요, 아니면 우리 모두여야 할까요? 샘물을 팔고 사는 것과 비슷한 일이 오늘날 우리 둘레에서 일어나고 있지나 않은지요? 참 많은 것을 생각하게 하는 이야기입니다.

〈백 냥으로 살린 목숨〉에서처럼 남을 도와주면 언젠가는 복을 받게 마련이지요. 나무장수가 나무 팔아 번 돈으로 사람의 목숨을 살렸으니 얼마나 귀한 돈입니까? 잘 쓰면 이렇게 값어치가 크지만, 못 쓰면 돌덩이보다도 못한 게 바로 돈인가 봅니다.

〈배운 사위와 못 배운 며느리〉는 참 귀한 것을 가르쳐 주고 있는 것 같습니다. 흔히 잘 배웠느니 못 배웠느니 하는 말을 하는데, 무엇을 배워야 잘 배웠다고 할 수 있을까요? 뭐니 뭐니 해도 일하는 것부터 배워야 사람 노릇을 하지 않겠습니까? 만석꾼 아들은 아버지를 따라다니며 일을 배웠는데, 그게 바로 옛사람들이 자식을 가르치는 방법이었답니다. 요즈음 사람들은 쓸모없는 것을 배우느라고 한평생 헛고생하는 건 아닌지 모르겠습니다.

〈지붕에 올라가는 송아지〉는 식구들이 서로 믿으면 집안이 잘된다는 이야기지요. 김진사가 믿을 만한 사람이니까, 송아지를 지붕에 끌고 올라가래도 "다 그만한 까닭이 있어서 그러시는 거겠지" 하고 식구들이 다 믿고 따르지 않았겠습니까? 그렇게 서로 믿으면 안 될 일이 없다는 이야기 같습니다. 그런데 김진사가 송아지를 끌고 지붕에 올라가라고 한 것과 소금을 개울물에 담그라고 한 것은 옳은 일일까요? 옳지 못한 일이라면, 다른 식구들이 왜 그런 일을 해야 되느냐고 한번쯤 물어봐야 하는 것 아닐까요? 옛이야기에 담겨 있는 옛사람들 생각은 다 소중하지만, 소중하다고 해서 반드시 옳다고는 할 수 없답니다. 오늘날 우리 생각과 다른 점이 있다면 서로 견주어서 무엇이 옳고 그른지 잘 따져 봐야겠지요. 그것이 옛이야기를 참으로 사랑하는 일일 테니까요.

5부
은근슬쩍 놀려 주는 이야기

 여기에 실린 옛이야기는 모두 우스꽝스러운 이야기랍니다. 읽다 보면 저도 모르게 하하 웃게 되겠지만, 웃음 속에 귀중한 가르침을 담고 있는 것도 많아요. 그냥 웃어넘기기보다, 웃으면서도 무언가 깨닫고 고개를 끄덕일 수 있으면 좋겠습니다. 다만 이야기에서 무엇을 배우느냐는 것은 사람마다 다 다르겠지요.

왕굴장굴대

왕굴장굴대 이야기 들어 봤니? 왕굴장굴대라고 하는 것은 사람 이름인데, 이 사람이 남의 집 종살이를 했어. 한번은 주인집 도령이 과거 보러 가는데 왕굴장굴대가 경마잡이로 따라가게 됐어. 주인집 도령은 말을 타고 왕굴장굴대는 말고삐를 잡고, 이렇게 갔지. 말에다 밥 광주리를 달고 가는데, 한참 가다 보니 배가 고프거든. 그런데 주인집 도령은 밥을 저 혼자만 먹고 왕굴장굴대한테는 한술도 안 줘.

"도련님, 저도 배가 고픕니다요."

했더니,

"이놈아, 양반 배가 고프지 종의 배도 고프다더냐?"

하면서 길 재촉만 하거든. 주인집 도령이 오줌 누러 간 사이에, 왕굴장굴대가 남은 밥을 죄다 퍼먹고 대신 똥을 가득 넣어 놨어. 그리고 또 길을 가는데,

"도련님, 밥이 오래되면 똥 된대요. 그러니 어서 남은 진지 드십시오."

했단 말이야. 주인집 도령이 또 밥이나 한 술 먹어 볼까 하고 밥 광주리를 열어 보니 죄다 똥이거든.

"이크, 이게 웬 똥이냐?"

"그것 보십시오. 밥이 오래되면 똥이 된다고 그러지 않습니까요."

그러고 또 길을 가다가 주인집 도령이 돈을 주면서 떡을 사 오라네. 떡을 사 오면 또 저 혼자 먹을 게 뻔하지. 왕굴장굴대가 떡을 사 가지고 오면서 손으로 뒤적뒤적 만지며 온단 말이야.

"이놈아, 더럽게시리 왜 그러느냐?"

"오다가 머리가 가렵길래 긁었더니 이가 떡 속에 빠진 모양입니다요."

"에이, 이놈. 너나 처먹어라."

그래서 떡을 저 혼자 다 먹었어. 그러고 또 길을 가다가 주인집 도령이 돈을 주면서 술을 사 오라네. 술을 사 오면 또 저 혼자 다 먹을 게 뻔하지. 왕굴장굴대가 술을 사 가지고 오면서 손가락으로 휘휘 저어.

"이놈아, 더럽게시리 왜 그러느냐?"

"오다가 콧물이 술에 떨어져서 그걸 건져 내려고 그럽니다요."

"에이, 이놈. 너나 처먹어라."

그래서 술을 저 혼자 다 먹었어. 그러고 가다가 보니 길가에 주막이 있거든. 주인집 도령이 한참 동안 아무것도 못 먹어서 배가 고프지. 그래서 왕굴장굴대를 주막집 밖에 세워 놓고 혼자서 밥 먹으러 들어가네. 왕굴장굴대가 말고삐를 잡고 서 있으니, 나뭇짐을 덩그렇게 진 나무장수가 헐떡헐떡하면서 지나가거든.

"옛소, 이 말에 짐 싣고 가오."

하고 나무장수에게 말을 줘 버렸어. 그리고 고삐만 풀어 쥐고 서 있었지. 주인집 도령이 밥을 다 먹고 나와 보니 왕굴장굴대가 빈 고삐만 잡고 서 있단 말이야.

"이놈아, 말은 어떻게 하고 빈 고삐만 쥐고 섰느냐?"

"어라, 아까는 말이 달려 있었는데 언제 없어졌지?"

그러니까 주인집 도령이 화가 머리끝까지 나서 왕굴장굴대를 집으로 돌려보냈어. 돌려보내면서 왕굴장굴대 등에다가 편지를 쓰기를, '이놈은 주인 먹을 것을 다 가로채고 말까지 팔아먹은 놈이니 돌아가는 대로 때려죽이라' 고 써서 보냈단 말이야.

왕굴장굴대가 집으로 돌아가다가 길에서 스님을 만났지.

"스님, 제 등에 글자가 있는데 뭐라고 써 놨는지 보십시오."

스님이 등에 쓴 글자를 줄줄 읽는데, 들어 보니 집에 돌아가면 죽을 판이거든.

"아이고 스님, 저 좀 살려 주십시오. 배가 고파 도련님 잡술 것을 제가 먹고, 나무장수가 하도 힘들어 보이기에 말을 줬더니 그 죄로 죽게 됐습니다요."

"그만 일로 사람을 때려죽이라 하다니 참 고약한 주인이군. 내 이 글을 말끔히 지우고 다시 써 주지."

스님이 등에 글을 다시 쓰기를, '이 사람 덕분에 과거에 급제했으니 돌아가는 대로 종문서를 불에 태우고 논마지기를 많이 떼어 주라'고 썼어.

왕굴장굴대가 집에 돌아와서 등에 쓴 글을 보이니 집안 사람들이 그대로 해 줬지. 그래서 잘 사는데, 뒤늦게 주인집 도령이 과거에 떨어지고 돌아와 보니 그 꼴이란 말이야. 괘씸하기 이를 데 없어서 이놈을 당장 죽이리라 하고, 왕굴장굴대를 망태 속에 넣고 꽁꽁 묶어 가지고 산에 올라가 연못에 내던졌어. 그런데 망태가 떨어지다가 연못가 대추나무에 걸리는 바람에 거기에 대롱대롱 매달렸지.

왕굴장굴대가 대추나무에 매달려 있는데 마침 유기장수가 유기짐을 지고 다리를 절룩절룩하면서 지나가거든. 왕굴장굴대가 유기장수 들으라고 일부러 큰 소리로,

"어허, 좋을시고. 절던 다리 다 나았네. 어허, 좋을시고."

하니, 다리 저는 유기장수 귀가 번쩍 뜨이지.

"여보, 그게 무슨 소리요?"

"내가 오랫동안 다리를 절었는데, 누가 이러고 있으면 낫는다 해서 해 봤더니 정말 멀쩡하게 나았지 뭐요."

"아이고, 그거 나도 좀 해 봅시다."

유기장수가 유기짐을 벗어 놓고 달려들어 망태에 든 왕굴장굴대를 꺼내 놓고 제가 들어가 앉는구나. 그사이에 왕굴장굴대는 유기짐을 지고 가면서,

"이 유기는 내가 대신 팔아 줄 터이니 마음 푹 놓고 매달려 있으시오."

하고는 주인집으로 썩 들어갔어. 주인네 식구들은 연못에 던진 종이 다시 살아오는 걸 보고 기절초풍을 하지.

"이놈아, 연못에 빠져 죽은 놈이 웬일이냐?"

"웬일이나마나 도련님 덕분에 부자 됐습니다요. 연못속에 들어가 보니 이런 유기가 한도 끝도 없이 널려 있지 않겠습니까요? 다 가져올 수 없어서 우선 한 짐만 지고 나왔습지요."

주인네 식구들이 그 말을 듣고 너도나도 유기 줍겠노라고 우르르 달려가 연못속으로 풍덩풍덩 뛰어들지. 왕굴장굴대는 유기장수 매달린 곳에 가서 유기짐을 돌려주고 아주 먼 데로 가서 잘 살았단다.

나귀 방귀

옛날에 옛날에 어떤 사람이 나귀를 타고 먼 길을 가게 됐지. 나귀 잔등에 턱 올라앉아서 거드름을 잔뜩 피우며 갔지. 아무리 걸어도 다리 아픈 것은 나귀지 자기가 아니니까 이 사람은 그저 좋아서 콧노래를 흥얼거리며 갔지.

가다가 길에서 짐 진 사람을 만났어. 이 사람은 등에 무거운 보퉁이를 여러 개 짊어지고 땀을 뻘뻘 흘리면서 걸어가. 먼 길을 가느라고 지칠 대로 지쳤는데, 갈 길은 바쁘고 쉴 틈은 없어서 끙끙거리면서 힘들게 가.

한 사람은 나귀 등에 올라앉아 끄떡끄떡하며 가고, 한 사람은 무거운 짐을 지고 헐떡헐떡하며 갔어. 가다가 짐 진 사람이 하도 힘들어서 나귀 탄 사람에게 부탁을 했어.

"여보시오. 짐이 하도 무거워서 그러니 나귀 등에 짐 좀 얹어 주오."

그런데 나귀 탄 사람은 콧방귀를 픽 뀌면서 고개를 흔들어.

"그 짐을 올려놓으면 나는 어디에 타고 가라고 그러오? 안 돼요, 안 돼."

짐 진 사람이 다시 사정을 했어.

"이 짐을 다 얹어 달라는 게 아니라 보퉁이 하나만 얹어 달라는 말이오. 보퉁이 하나야 자리를 차지하면 얼마나 차지하겠소?"

그래도 나귀 탄 사람은 왼고개를 틀면서 손을 내저어.

"아무려나 내 자리 빼앗기기는 마찬가지 아니오? 안 돼요, 안 돼."

짐 진 사람은 하는 수가 없어서 한숨을 쉬면서 그냥 걸어갔어. 한 사람은 나귀 등에 올라앉아 콧노래를 흥얼거리면서 가고, 한 사람은 무거운 짐을 지고 땀을 빠작빠작 흘리면서 갔어.

한참 가다가 갈림길이 나왔어. 나귀 탄 사람은 왼쪽 길로 접어들고, 짐 진 사람은 바른쪽 길로 접어들었어.

짐 진 사람이 가다 말고 뒤돌아서서 나귀 탄 사람을 불러.

"여보시오, 나귀 탄 양반."

"왜 그러오?"

"내가 사람의 팔자를 좀 볼 줄 아는데, 당신 오늘 일진이 안 좋소."

"뭐가 안 좋다는 거요?"

"그 나귀가 방귀를 세 번 뀌면 당신은 크게 다칠 거요. 그러니 조심하오."

"별 싱거운 사람 다 보겠네. 쓸데없는 참견 말고 갈 길이나 얼른 가오."

나귀 탄 사람은 기분이 나빠져서 땡감 씹은 낯으로 툴툴거리지. 짐 진 사람은 그러나마나 제 갈 길로 후딱 가네.

이제 나귀 탄 사람은 혼자가 됐어. 옆에서 귀찮게 하는 사람이 가 버려서 속 시원하게 되었다고 좋아하면서 갔어. 나귀 등에 올라앉아 끄떡끄떡거리면서 갔어.

그런데 한참 가다 보니 나귀가 방귀를 '뽕' 하고 한 번 뀌네. 그 소리를 듣고 나귀 탄 사람은 기분이 몹시 언짢아졌어. 아까 짐 진 사람이 하던 말이 생각나서 그러지.

'에이, 그 싱거운 사람 때문에 아주 기분을 잡쳤는걸. 뭐가 어째? 나귀가 방귀를 세 번 뀌면 내가 크게 다친다고? 웃기는 소리 작작 하라지.'

그래도 왠지 마음이 편치 않아. 나귀가 방귀를 두 번 더 뀌면 참말로 다치는 게 아닐까 하고 겁이 슬슬 나. 그래서 콧노래도 못 부르고 몸을 잔뜩 움

은근슬쩍 놀려 주는 이야기 233

츠리고 가만히 있었지. 혹시 몸을 이리저리 움직이면 나귀가 무거워서 용을 쓰느라 방귀를 또 뀔까 봐 그러지.

그런데 그렇게 조심을 했는데도 한참 가다 보니 나귀가 두 번째 방귀를 '뿡' 하고 또 뀐단 말이야. 그 소리를 듣고 나귀 탄 사람이 그만 기겁을 해.

'이크, 이게 무슨 소리야? 또 방귀 소리가 아닌가? 아니, 이놈의 나귀는 어쩌자고 방귀를 또 뀌어?'

그러고 보니 정말로 겁이 덜컥 나. 이제 나귀가 한 번만 방귀를 더 뀌면 무슨 일이 생길지 모르니 겁이 안 나게 됐어? 그래서 아예 나귀 등에서 내려서 걸어가기로 했어. 공연히 나귀를 타고 가다가 이놈의 나귀가 힘이 들어서 용을 쓰느라 또 방귀를 뀌면 안 되니까. 이 사람이 나귀 옆에서 고삐를 잡고 가만가만 걸으면서도 자꾸 힐끗힐끗 나귀 눈치를 봐. 속으로는 '나귀야, 제발 방귀를 뀌지 말아라' 빌면서 말이야.

그런데 그렇게 눈치를 보며 걸어갈수록 마음이 안 놓여. 언제 나귀가 방귀를 또 뀔지 모르니까 말이야. 그래서 나귀를 세워 놓고 단단한 돌을 하나 주워다가 나귀 밑구멍을 꽉 막았어. 아예 방귀를 못 뀌게 하려고 그러지.

그래 놓고 나귀를 몰고 갔어. 이제 안심이다 하고서 말이야. 그런데 한참 가다 보니 아무래도 마음이 찜찜해. 돌멩이가 제대로 막혀 있는지 자꾸 걱정이 되거든. 그래서 또 나귀를 세웠어. 세워 놓고 나귀 등 뒤로 돌아가서 밑구멍 가까이에 얼굴을 대고 요렇게 들여다보았지. 돌멩이가 잘 막혀 있나 보려고 말이야. 그런데 그때 나귀가 그만 세 번째 방귀를 '뿡' 하고 뀔 게 뭐람. 나귀 딴에는 밑구멍을 돌멩이로 막아 놓아서 그동안 못 뀌었던 방귀를 한꺼번에 내놓은 것인데, 그 바람에 이놈의 돌멩이가 툭 튀어나와서 그만 이 사람 이마를 냅다 갈기네.

"이크, 이게 무슨 날벼락이람. 아이고 아야, 나 죽네."

이마에 돌벼락을 맞은 이 사람이 길바닥에 나뒹굴면서 죽는다고 소리치지. 그러니까 아까 그 짐 진 사람 말대로 되었지 뭐야. 나귀 방귀 세 번에 크게 다친다고 한 말이 꼭 들어맞았잖아. 허허.

바위로 이 잡기

옛날에 아주 힘이 센 장사가 살았어. 이 장사는 얼마나 힘이 센지 집채만 한 바위도 한번 '영차!' 하면 번쩍 들어올리고, 아름드리나무도 한번 '얏!' 하면 쑥쑥 뽑아. 그러니 마을에서는 아무도 당할 사람이 없지. 그 마을뿐이 아니지. 이웃 마을에도 그만큼 힘이 센 사람은 아무도 없어.

이 장사가 제 힘만 믿고 아무 데고 다니면서 뭐든지 제 마음대로 하니까 사람들이 모두 슬슬 피해 다니게 됐어. 그렇게 되니까 이 장사는 아예 마을을 떠나서 온 나라를 돌아다니면서 힘자랑을 했어. 조선팔도를 다 돌아다니면서 힘자랑을 했는데, 아무도 이 장사를 이기는 사람이 없었대. 고을마다 찾아다니면서 그곳에서 힘깨나 쓴다는 장사는 다 만나서 힘겨루기를 해 봤지만 번번이 이겼다지 뭐야. 그러니까 나라 안에서 으뜸가는 장사가 된 거지.

이제 뭐 더 힘겨루기할 데도 없으니까 이 장사가 힘자랑도 그만두고 털레털레 고향으로 돌아왔어. 돌아오는 길에 마을 앞산 고갯마루에 있는 너럭바위에 앉아 쉬고 있었지. 그렇게 쉬다 보니까 등이 따끔따끔해. 뭐가 이러나 하고 저고리를 벗어서 섶을 헤치고 들여다보니, 글쎄 저고리 안에 조그마한 이 한 마리가 벌벌 기어다니고 있지 뭐야.

"네 이놈, 잘 만났다. 조선팔도에서 으뜸가는 장사를 몰라보고 감히 나를 물어?"

 장사는 이를 잡아서 바위 위에 올려놓고, 이놈을 어떻게 죽이나 하고 생각하다가 옆에 있는 큰 돌멩이를 집어 들었어. 그리고 돌멩이로 이를 힘껏 내리쳤어. 그러고 나서 가만히 들여다보니, 이놈의 이가 죽지 않고 돌부스러기 속에서 벌벌 기어 나오지 뭐야. 돌멩이라고 하는 것이 울퉁불퉁해서 바위에 힘껏 내리쳐도 그 사이에 틈이 생기게 마련이지. 그러니까 그 조그마한 이가 맞아서 죽을 리가 있나.

 "엥? 이것이 안 죽었어?"

 장사는 분통이 터져서, 이번에는 아까보다 훨씬 큰 바윗덩이를 집어 들었어. 집어 들고 이가 기어다니는 바위 위에다 힘껏 내리쳤지. 그러니까 바윗덩이가 부서져서 산산조각이 났어.

 "이제는 죽었겠지."

하고 바위 부스러기를 헤치고 들여다보니 웬걸, 이란 놈은 아직도 죽지 않고 바위 부스러기 틈에서 벌벌 기어다니고 있지 뭐야. 바윗덩이는 돌멩이보다 더 크고 울퉁불퉁하니 그럴밖에.

 "이게 뭐야? 이놈이 아직도 안 죽었네."

 장사는 그만 약이 오를 대로 올라서, 이번에는 옆에 박혀 있는 집채만 한 바위를 통째로 뽑아 올렸어. 힘껏 들어 올려서 젖 먹은 힘까지 다 내어 바위를 메다꽂았지. 그 커다란 바위가 너럭바위 위에 내려꽂히면서 갈라지고 부서지니, 천둥 같은 소리에 온 산이 쩌렁쩌렁 울어.

 "이래도 안 죽었을라고."

하면서 바위 부서진 것을 들어내고 살펴보니, 이놈의 이가 아직도 거기에 벌벌 기어다니고 있네. 바위가 크면 클수록 틈도 많을 터이니 그 조그마한 이가 죽을 리 없지. 장사는 분이 오르다 못해 겁이 덜컥 났어.

"내 조선팔도를 돌아다니며 힘겨루기를 해서 진 일이 없었는데, 요렇게 조그마한 이를 못 당하다니. 이놈의 이가 나보다 힘이 세단 말인가."

그러고 있는데 웬 농사꾼이 지게를 지고 고개를 오르다가 그 꼴을 보고 수작을 걸어.

"게서 뭘 하시오?"

"보면 모르시오? 이를 죽이려고 이러지요."

"아니, 그 조그마한 이를 죽이려고 그 큰 바위를 썼단 말이오?"

"모르는 말씀 마시오. 이놈의 이가 얼마나 힘이 센지 저 큰 바위가 가루가 나도록 내리쳐도 죽지를 않소."

농사꾼은 그 말을 듣고 허허 웃더니,

"쓸데없는 짓을 하는구려. 내가 하는 걸 잘 보시오."

하고는, 이를 찾아내어 손톱으로 슬쩍 눌러 죽이거든. 그래 놓고 허허 허허 웃으면서 고개를 넘어 가 버린단 말이야. 힘센 장사는 그걸 보고 그만 두 눈이 사발만 해져서 멍하니 서 있어. 그러다가 한참 만에야,

"야, 저렇게 힘센 사람도 있구나. 내가 집채만 한 바위로도 못 죽인 것을 손톱 하나로 슬쩍 눌러 죽이다니. 저런 사람도 농사를 짓고 사는데 내 꼴이 이게 뭐람."

하더니, 그길로 마을에 내려가 부지런히 농사를 짓고 살았대. 뭐라고? 아, 그 뒤로는 절대로 힘자랑을 안 했지. 또 힘자랑하다가 무슨 망신을 당하려고. 허허.

재주 많은 여섯 쌍둥이

옛날 옛날 어느 곳에 재주 많은 여섯 쌍둥이가 살았어. 첫째 이름은 '천리보기만리보기'인데, 눈이 하도 밝아서 천리만리 떨어져 있는 것도 다 뵌다네. 둘째 이름은 '여니딸깍'인데, 손재주가 얼마나 좋은지 아무 문이나 손만 대면 딸깍 딸깍 열어. 셋째 이름은 '진둥만둥'인데, 힘이 워낙 세어서 아무리 무거운 짐을 져도 진 둥 만 둥 네 활개를 치면서 걸었대. 넷째 이름은 '맞아도간질'인데, 맷집이 하도 좋아서 두들겨 맞을수록 간지럽다고 웃었대나. 다섯째 이름은 '뜨거워도찰세'인데, 뭐 어떻게 된 영문인지 펄펄 끓는 물에 발가벗고 들어가서도 춥다고 덜덜 떨어. 여섯째 이름은 '깊으니얕으니'인데, 이건 또 무슨 영문인지 암만 깊은 물에 들어가도 물이 무릎 아래까지밖에 안 차올라.

이렇게 여섯 쌍둥이가 재주를 한 가지씩 가지고 살았는데, 어느 해 아주 큰 흉년이 들었어. 흉년이 들어서 온 동네 사람들이 다 굶어 죽게 생겼거든. 양식이 떨어져서 풀뿌리를 캐 먹고 나무 껍질을 벗겨 먹고, 나중에는 그것조차 모자라서 모두들 그냥 방구석에 드러누워서 죽기만을 기다리는 판국이란 말이야.

그런 판국에 하루는 여섯 쌍둥이가 산꼭대기에 올라갔어. 산꼭대기에서 천리보기만리보기가 턱 내려다보니, 온 세상이 다 굶는데 딱 한 군데 안 굶는 곳이 있더란 말이지. 거기가 어딘고 하니 바로 고을 사또가 사는 관청인데, 관청 곳간에 양식이 푸지게 쌓여서 썩어나고 있지 뭐야. 곳간 문을 꽉 잠가 놔서 다른 사람 눈에는 안 보여도 천리보기만리보기 눈에는 환하게 보이거든. 여섯 쌍둥이가 의논하기를,

"온 동네 사람 다 굶어 죽기 전에, 저 곳간에 든 곡식을 꺼내다가 풀어 먹이자."

하고, 그날 밤에 관청 곳간으로 갔어. 곳간 문을 쇠로 단단히 채워 놨지마는 뭐 걱정이 있나. 여니딸깍이 손을 탁 갖다 대니까 딸깍 열리지. 그러니까 진둥만둥이 곡식 가마니를 짊어지는데, 한 어깨에 서른 가마씩 두 어깨에 예순 가마를 짊어지고 나왔어. 나와서 그날 밤으로 굶는 사람들에게 풀어 먹였지. 온 동네 사람들이 다 배불리 먹고 남아서 이웃 동네에도 나눠 줬어.

그러고 나니 사또 사는 관청에서는 난리가 났지. 하룻밤 새 곳간에 숨겨 놓은 곡식이 반나마 없어졌으니 난리가 나지 안 나? 사또는 앉은자리에서 펄펄 뛰고, 관청에 딸린 사령들은 곡식 훔쳐 간 도둑 잡는다고 온 동네를 이 잡듯이 뒤지는 거지. 뒤져 보니 온 동네 사람들이 너나 할 것 없이 모두 솥에 밥을 그득 지어 놓고 있단 말이야. 어제까지 쫄쫄 굶고 드러누워 있던 사람들이 하룻밤 새 밥을 푸짐하게 지어 놓고 앉았으니 볼 것이 뭐 있나. 마구 끌고 가는 거지. 밥 지어 먹은 사람들은 어른이고 아이고 죄다 오라를 지워서 끌고 가. 그걸 보고 누가 나서겠어? 그렇지. 맞아도간질이 썩 나섰지.

"곡식 훔쳐 간 도둑이 여기 있으니 날 잡아가고, 죄 없는 사람들은 풀어 주오."

그러니까 사령들이 우르르 달려들어 맞아도간질을 잡아다 관가에 끌고 갔어. 끌고 가서 형틀에 묶어 놓고 볼기를 치는데, 곤장이 볼기에 철썩철썩 붙을 때마다,

"에그 간지러워, 헤헤헤. 에그 간지러워, 헤헤헤."
하고 웃어 댄단 말이야. 사또가 보니 참 어안이 벙벙, 때리면 때릴수록 간지럽다고 온몸을 비비꼬며 웃어제끼니 무슨 영문인지 알 수가 있나. 참말로 간지러워서 저러는지 부러 그러는지 도무지 모르겠단 말이야. 그래서,

"어디 내가 한번 맞아 보자. 정말로 간지러운가."
하고 제 발로 형틀에 올라가 엎드려서 엉덩이를 내놓고,

"얘들아, 인정사정 볼 것 없이 매우 쳐라."
하니까 사령들이 신이 나서 젖 먹은 힘까지 다 내어 곤장을 사또 엉덩이에 갖다붙이네.

"에구구, 나 죽네. 이놈들아, 그만 쳐라."
사또가 그만 기겁을 하고 나가떨어졌어. 그러고는 아무래도 안 되겠으니까,

"내일은 저놈을 끓는 물에 집어넣어야겠다."
하고서 맞아도간질을 옥에다 가뒀어.

그날 밤에 여니딸깍이 뜨거워도찰세를 데리고 옥에 가서 문을 딸깍 열고 맞아도간질을 내보내고 대신 뜨거워도찰세를 들여보냈어. 이튿날 날이 밝으니까 사또가 커다란 가마솥에 물을 펄펄 끓여 놓고, 옥에 갇힌 뜨거워도찰세를 데려다가 가마솥에 처넣었어. 그러니까 뜨거워도찰세는,

"에그 차가워, 에그 차가워. 에취취!"
하면서 오들오들 떨어. 아주 감기까지 들어서 재채기를 하느라고 야단법석이야. 사또가 보니 또 어안이 벙벙, 무슨 영문인지 알 수가 있나. 참말로 차가워서 저러는지 부러 그러는지 모르겠으니까 제 손을 가마솥에 쑥 집어넣어 봤어. 그러다가 아주 혼이 났지. 펄펄 끓는 물에 손이 데어서 말이야.

사또가 화가 머리끝까지 나서,

"안 되겠다. 내일은 저놈을 강물에 빠뜨려 버릴 테다."
하고서 뜨거워도찰세를 옥에다 가뒀어.

그날 밤에 여니딸깍이 깊으니얕으니를 데리고 옥에 가서 문을 딸깍 열고 뜨거워도찰세를 내보내고 대신 깊으니얕으니를 들여보냈어. 이튿날 날이 밝으니까 사또가 옥에 갇힌 깊으니얕으니를 데리고 깊은 강으로 갔어. 가서는 다짜고짜 깊으니얕으니를 강물에 떠밀어 빠뜨려 버렸어. 그런데도 깊으니얕으니는 무릎 아래까지밖에 안 차는 강물 속에서,

"에헤라 만수, 놀기 좋다. 놀기 좋아."
하면서 이리 첨벙 저리 첨벙 뛰어다니며 논단 말이야. 사또가 보니 어안이 벙벙, 영문을 몰라서 입이 딱 벌어져. 강물이 무척 깊은 줄 알았는데 깊으니얕으니가 뛰어노는 걸 보니까 하나도 안 깊어 보이거든. 그래서,

"엥? 저기가 저렇게 얕은가?"
하고 저도 물속으로 풍덩 뛰어들었다네. 그러니 일 났지. 물에 빠져서 허우적허우적, 사람 살리라고 소리를 지르고 원, 그런 난리가 없었대. 사또는 사령들이 건져 내서 겨우 물 밖으로 나왔지마는 그런 망신이 어디 있나. 망신만 된통으로 당하고, 아무리 해도 안 되니까 제풀에 지쳐 깊으니얕으니를 풀어 줬지. 여섯 쌍둥이는 그 뒤로 근심 걱정 없이 잘 살았단다.

꽁당 보리밥과 쌀밥

 머슴이라고 하는 것은 주인집에 얹혀 살면서 밤낮 일만 해 주고 큰소리 한번 못 쳐 보는 사람이지. 그것도 주인을 잘 만나야 밥이나 배부르게 먹지, 주인 잘못 만났다가는 배 곯으면서 일해야 하는 것이 머슴 팔자야.
 옛날 어느 마을에 머슴이 살았어. 그런데 주인 영감이 얼마나 인색한지 일만 죽도록 시키고 밥도 제대로 안 줘. 머슴 일이라는 게 얼마나 고된가. 그런 고된 일을 하려면 밥이라도 실컷 먹어야 기운이 나서 일을 잘할 것 아닌가. 그런데 끼니마다 밥이라고 준다는 게 살살 담아서 반 사발씩이야. 그것도 흰 쌀밥이면 누가 뭐래나. 날마다 순 꽁당 보리밥만 준단 말이야. 일 년 가야 쌀밥 구경 한번 못 해 봐. 곳간에는 쌀가마니를 그득 쌓아 놓고서 그러네.
 주인 영감도 저 하는 일이 경우에 없는 일이라는 걸 아는지, 한번은 머슴이 가을걷이를 하느라 논에서 벼를 베고 있는데,
 "올해는 벼가 잘 익었으니, 이 벼를 거두어서 자네 쌀밥 한번 푸짐하게 먹게 해 줌세."
하고 다짐 반 생색 반 큰소리를 쳐. 그런데 머슴은 그 말을 듣고도 좋아하는 기색이 없어. 그저 시큰둥하게 대답한다는 말이,
 "글쎄요, 제가 쌀밥을 먹게 될지 어떨지 두고 봐야지요."

이런단 말이야. 주인 영감은 그만 머쓱해졌지.

그러고 나서 며칠이 지났어. 벼를 다 거두어 말려서 이제 마당질을 하게 됐지. 머슴이 마당에서 벼이삭을 훑고 있는데, 주인 영감이 또 와서 생색을 내.

"이제 이 벼를 다 떨어서 찧으면 자네한테 쌀밥 한 그릇 수북하게 퍼 담아 주지."

그래도 머슴은 시큰둥하게 대답한다는 말이,

"글쎄요, 쌀밥을 먹게 될지 어떨지 두고 봐야지요."

하거든. 주인 영감이 슬그머니 부아가 나서,

"아, 이 사람아. 쌀밥을 먹게 해 준다는데 두고 보긴 뭘 두고 봐. 내 말을 못 믿겠다는 건가?"

하고 따지지. 그래도 머슴은,

"글쎄 두고 봐야 안다니까요."

하고 꾸무럭꾸무럭 일만 해.

그러고 나서 또 며칠이 지났어. 벼를 다 떨어서 방아를 찧게 됐지. 머슴이 방앗간으로 벼 가마니를 져다 나르고 있는데, 주인 영감이 지나가다가 또 그런 말을 해.

"이 벼를 찧으면 다 쌀이 될 터이니, 자네 쌀밥 먹을 날도 얼마 안 남았네 그려."

이번에도 머슴은,

"글쎄요, 쌀밥을 먹게 될지 어떨지 두고 봐야지요."

한단 말이야. 주인 영감이 버럭 역정을 내어,

"별 싱거운 놈 다 보겠군. 남의 말을 못 믿고 밤낮 두고 봐야 한다니 무슨 놈의 심보가 그래."

하고 지팡이로 땅을 쾅쾅 두드리지. 그래도 머슴은,

"아직 내 입으로 쌀밥이 들어가지 않았는데 그걸 어떻게 알아요? 두고 봐야 알지요."

하고 꾸무럭꾸무럭 일만 해.

그러고 나서 또 며칠이 지났어. 방앗간에서 벼를 다 찧어 와서 곳간에 그득하니 쌓아 놓게 됐지. 주인 영감은 머슴한테 고운 쌀밥 지어 주기가 영 내키지 않았지만 제 입으로 큰소리를 세 번이나 쳐 놓았으니 어쩔 도리가 있나. 부엌일 하는 사람에게 일러서 쌀밥을 한 사발 수북이 퍼 담아 가지고 상에 차려서 머슴에게 갖다 줬어. 이제는 정말로 머슴이 쌀밥을 먹게 되나 봐. 머슴이 상을 받아 놓고 막 먹으려고 하는데, 주인 영감이 어슬렁어슬렁 나타났겠다.

"이제 내 말을 믿겠나? 쌀밥을 먹게 되지 않았나?"

그런데 이 머슴 좀 보게. 밥숟갈을 뜨려다 말고 한다는 소리가,

"글쎄요, 쌀밥을 먹게 될지 어떨지 두고 봐야지요."

이러지 뭐야. 주인 영감이 그만 화가 머리끝까지 뻗쳤어.

"뭐가 어째? 사람을 놀려도 분수가 있지, 밥상을 눈앞에 받아 놓고도 두고 봐야 한다고? 에라, 이 고약한 놈."

주인 영감이 분을 못 이겨 밥상을 냅다 걸어차 버렸지. 그 바람에 밥상이 퍽 엎어지면서 쌀밥이 다 쏟아져 버렸지 뭐야. 그러니 머슴은 끝내 쌀밥을 못 먹게 된 거지. 머슴이 꾸무럭꾸무럭 일어나면서 하는 말이,

"그러기에 내가 뭐라고 그럽디까? 두고 봐야 안다지 않았습니까? 다 된 밥도 먹어야 먹은 것이지, 먹기 전까지는 두고 봐야 하는 법입니다."

하더라나. 주인 영감은 입이 열 개라도 할 말이 없게 돼 버렸지. 그다음부터는 생색도 안 내고 쌀밥을 아주 잘 주더라는군.

시아버지 팥죽땀

 오늘은 팥죽 먹으면서 팥죽땀 흘린 이야기 하나 할까. 팥죽땀이 뭐냐고? 그야 팥죽처럼 끈적끈적 줄줄 흐르는 땀이 팥죽땀이지.

 옛날 어느 집에 시아버지하고 며느리가 살았어. 시아버지는 시아버지대로 며느리 앞에서 흉 잡힐 짓을 안 하려고 애를 쓰고, 며느리는 며느리대로 시아버지에게 버릇없게 보이지 않으려고 애를 쓰고, 그렇게 서로 조심하면서 살았지.

 하루는 며느리가 팥죽을 한 솥 쑤었어. 며느리는 팥죽을 다 쑤어 놓고 물을 길으러 우물로 갔지. 그런데 그새 시아버지가 부엌에 가 봤어. 가 보니 팥죽이 솥에 가득 들어 있거든. 금방 쑤어서 김이 무럭무럭 나는 게 참 맛있어 보인단 말이야. 마침 배도 몹시 고프던 참이라 그걸 먹고 싶어서 견딜 수가 없어. 며느리에게 점잖게 보이려면 상을 차려 올릴 때까지 기다려야 하지만, 뱃속에서 꼬르륵꼬르륵 소리가 자꾸 나는데 참을 수가 있나.

 '에라, 며느리가 오기 전에 몰래 한 그릇 퍼먹고 보자.'

 시아버지는 팥죽을 큰 사발에 하나 가득 퍼 담았어. 그런데 여기서 먹다가 며느리가 돌아오면 그런 망신이 없겠거든. 그래서 팥죽 사발을 들고 뒤꼍으로 갔어. 며느리가 안 보는 데서 마음 놓고 먹으려고 말이야.

 그런데 그사이에 며느리가 물을 길어 가지고 돌아왔어. 며느리가 팥죽을

상에 차려서 시아버지께 드리려고 방에 들어가 보니 시아버지가 없지 뭐야. 시아버지에게 버릇없이 보이지 않으려면 시아버지가 돌아올 때까지 기다려서 상을 차려 올린 다음에 팥죽을 먹어야 하지만, 어디 그럴 수 있나. 김이 무럭무럭 나는 팥죽을 보니 먹고 싶어서 견딜 수가 없는걸.

'시아버지가 돌아오시기 전에 몰래 한 그릇 퍼먹어야겠다.'

며느리는 팥죽을 한 사발 퍼 가지고 먹으려고 했지. 그런데 가만히 생각해 보니 여기서 먹다가 시아버지가 돌아오면 얼마나 무안하겠어. 그래서 팥죽 사발을 들고 뒤꼍으로 갔어. 시아버지가 안 보는 데서 마음 놓고 팥죽을 먹으려고 말이야.

뒤꼍에서는 시아버지가 한창 팥죽을 맛있게 먹고 있었지. 아무도 안 보는 곳이니까 체면이고 뭐고 차릴 것이 있나. 땅바닥에 아무렇게나 쭈그리고 앉아서 팥죽 사발을 손에 들고 후루룩 냠냠 마구 먹어 댔지.

그런데 이게 웬일이야. 며느리가 팥죽 사발을 들고 뒤꼍으로 살금살금 들어오지 뭐야. 일껏 며느리에게 들키지 않으려고 뒤꼍에까지 와서 팥죽을 먹는데 하필이면 이럴 때 며느리가 불쑥 나타날 게 뭐람. 시아버지는 그만 질겁을 하고 벌떡 일어났어. 일어나긴 했는데, 손에 든 팥죽 사발을 어떻게 해. 몰래 팥죽 먹은 것을 며느리에게 들키면 큰일이니, 엉겁결에 팥죽 사발을 감춘다는 게 그만 머리에 뒤집어썼어. 팥죽 사발을 머리에 뒤집어쓰니 어떻게 되겠어? 팥죽이 얼굴로 줄줄 흘러내리지. 그런 꼴로 눈만 멀뚱멀뚱하고 서 있어.

며느리는 시아버지 몰래 팥죽을 먹으려고 뒤꼍으로 살금살금 들어가는데, 이게 무슨 날벼락이야. 아, 거기에 시아버지가 있지 뭐야. 뒤꼍은 식구들이 잘 드나들지 않는 곳이니까 마음 놓고 팥죽을 먹으려니 했는데, 하필이면 거기에 시아버지가 있을 게 뭐람. 며느리는 그만 속이 뜨끔해서 어쩔 줄을 모르고 서 있었어. 손에 팥죽 사발만 들지 않았어도 덜 무안할 텐데 말이야. 며느리는 안절부절못하다가 엉겁결에,

"아버님, 팥죽 잡수세요."

하면서 손에 든 팥죽 사발을 불쑥 내밀었어. 그러니까 시아버지는,

"애야, 나는 팥죽만 보아도 이렇게 팥죽땀이 줄줄 흐른단다."

하고 말았다나. 그러니까 그게 진짜배기 팥죽땀이지. 며느리는 팥죽 그릇을 쑥 내밀고 섰고, 시아버지는 팥죽 사발을 뒤집어쓴 채 팥죽땀을 줄줄 흘리고 섰고, 그랬다는 얘기지. 그런 이야기가 있어.

세상에서 가장 긴 이름

옛날에 어떤 부자가 꾀를 써서 내기를 했는데, 이 부자하고 내기를 한 사람은 죄다 졌어. 무슨 내기를 했는고 하니, 이름 열 번 부르기와 낟가리를 한 바퀴 돌아오기 내기야. 그러니까 부자가 낟가리를 산더미만 하게 쌓아 놓으면, 누구든지 돈 백 냥을 걸고 그 낟가리를 한 바퀴 도는 거지. 제 이름을 열 번 부르기 전에 낟가리를 한 바퀴 돌아오면 그 낟가리를 다 얻고, 그러지 못하면 돈 백 냥을 잃는 거야. 여러 사람들이 내기를 했지마는 부자를 이긴 사람이 아무도 없어. 왜 그런지 한번 생각해 봐. 내기를 시작하면 부자는 상대편 이름을 열 번 부르고 이름 불리는 사람은 부리나케 낟가리를 한 바퀴 도는데, 반 바퀴도 채 돌기 전에 부자가 이름 열 번을 다 불러 버리니까 그렇지. 장손이라는 사람이 내기를 한다고 치면 이렇게 되는 거지.

"자, 시작!"

하면 장손이는 짚신이 닳도록 낟가리를 냅다 돌지마는, 그사이에 부자는 입이 닳도록,

"장손아, 장손아, 장손아, 장손아, 장손아, 장손아, 장손아, 장손아, 장손아, 장손아."

하고 이름을 주루루 불러제끼니 당할 수가 있나. 그렇게 내기를 해서 부자는 돈을 많이 벌었지.

그런데 하루는 먼 데 사는 한 사람이 그 소문을 듣고 부자를 찾아왔어.

"내기를 하러 왔습니다."

부자는 또 돈 백 냥을 벌게 생겼다고 좋아하면서,

"그럼 어서 돈 백 냥을 내놓고 이름을 대시오."

하고 싱글벙글하지.

"그러지요. 돈은 여기 있소. 그리고 내 이름으로 말할 것 같으면……."

하고서 이 사람이 한숨 돌리고 나서 제 이름을 대는데,

"내 이름으로 말할 것 같으면 조선팔도장돌뱅이함경도장돌뱅이평안도장돌뱅이황해도장돌뱅이강원도장돌뱅이경기도장돌뱅이충청도장돌뱅이전라도장돌뱅이경상도장돌뱅이……."

하니까 부자가 그만 질겁을 하고,

"무슨 이름이 그렇게 기오?"

하는데, 이 사람은 손을 내저으며,

"아니, 아직도 안 끝났소. 내가 어디까지 했더라? 옳지, 경상도장돌뱅이 다음에 함흥장돌뱅이의주장돌뱅이평양장돌뱅이해주장돌뱅이강릉장돌뱅이충주장돌뱅이남원장돌뱅이상주장돌뱅이……."

하고 또 한숨 돌리고 나서,

"큰장골장돌뱅이안땅골장돌뱅이성냥골장돌뱅이망건골장돌뱅이밀개골장돌뱅이비녀골장돌뱅이송이골장돌뱅이꿉장골장돌뱅이오."

하거든. 부자가 들어 보니 이름이 하도 길어서 다 외지도 못하겠단 말이야. 그래서 종이를 주면서 여기에다 좀 적어 달라고 그랬어. 그러니까 이름 긴 사람이 자기 이름을 다 적어 주고 나서,

"자, 그럼 시작이오."

하고는 낟가리를 냅다 돌지. 부자는 종이를 들여다보면서 이름을 부르는데,

한참 동안 불러도 끝이 안 나. 그사이에 이름 긴 사람은 후딱 낟가리를 한 바퀴 돌아왔어. 다 돌아올 때까지 부자는 아직도 이 사람 이름을 반도 채 못 불렀어. 그래서 내기에서 졌지. 이름 긴 사람은,

"내가 내기에서 이겼으니 이 낟가리는 내 것이지만 이걸 안 가져갈 터이니, 그 대신 지금까지 내기에서 져서 백 냥씩 잃은 사람에게 돈을 되돌려 주시오."

하고 제 갈 길로 가 버리더래. 부자는 가는 사람을 뒤따라가면서,

"가기 전에 당신 이름이나 한번 더 말해 보오."

하니까,

"조선팔도장돌뱅이함경도장돌뱅이……."

하면서 그 긴 이름을 한 자도 안 틀리고 다 대는데, 그 이름을 다 듣자고 부자는 동구 밖까지 따라갔더래.

대문 밖에 소금 뿌려라

 입에 번지르르한 말만 잔뜩 붙은 사람치고 속 깊은 사람 없지. 이 이야기도 그렇게 말만 입에 붙은 사람들 이야기니 어디 한번 들어 보렴. 옛날에 나이 많은 할아버지 둘이 재 하나를 사이에 두고 이웃해서 살았어. 두 할아버지는 젊을 때부터 서로 가까이 지내는 사이였는데, 늘그막에 일거리도 없어지자 둘이 만나서 노는 것을 크나큰 즐거움으로 삼고 지냈지. 그런데 두 사람은 입만 열면 한다는 소리가,

 "우리가 이렇게 서로 의좋게 지내다가 누구든지 하나가 먼저 죽고 나면 남은 사람이 얼마나 쓸쓸하겠는가? 그러니 자네가 먼저 죽게 되면 꼭 나를 불러 주게나. 나도 곧 뒤따라갈 터이니."

 "그게 바로 내가 하고 싶은 말일세. 자네가 먼저 죽거든 망설이지 말고 나를 데려가게. 그게 내 소원일세."

이런단 말이지. 그러니까 누구든지 한 사람이 죽으면 자기도 따라서 죽겠다는 말인데, 이게 참말인지 입에 발린 말인지 누가 아나.

 그런데 한 할아버지 집에 오지랖 넓은 머슴 총각이 하나 있었거든. 이 머슴이 늘 두 할아버지 곁에서 심부름을 하면서 그런 말을 귀에 못이 박히도록 들었단 말이야.

 '두 할아버지가 걸핏하면 같이 죽자고 하는데, 그게 참말인지 어디 한번

"시험해 볼까?'

머슴이 이렇게 생각하고, 하루는 꼭두새벽에 재 너머 이웃 마을 할아버지네 집에 갔어. 문밖에서부터 숨이 턱에 닿도록 헐레벌떡 달려가서,

"영감님, 영감님. 우리 주인마님이 간밤에 돌아가셨습니다요."

했지. 그러니 이 할아버지가,

"뭐라고? 그 친구가 간밤에 죽었다고? 기어이 나를 두고 먼저 갔구나. 이러고 있을 게 아니라 어서 가 봐야지."

하면서 옷을 갖추어 입는다고 야단법석이야. 그사이에 머슴은 부리나케 재를 넘어 제 집으로 돌아와서 주인집 할아버지더러,

"주인마님, 방금 기별이 왔는데 재 너머 친구분께서 간밤에 돌아가셨답니다요."

했지. 주인집 할아버지가 깜짝 놀라며,

"뭐? 그 친구가 죽었다고? 어허, 큰일이로군. 어서 나들이옷을 내오너라."

하고 서둘러 길 떠날 채비를 하거든.

머슴은 이제 됐다 하고 주인집 할아버지 몰래 뒤를 따라갔어. 재 너머 저쪽에서는 이웃 마을 할아버지가 허겁지겁 올라오고, 이쪽에서는 주인집 할아버지가 헐레벌떡 올라가는 거야. 그러다 보니 두 할아버지가 고갯마루에서 딱 마주쳤단 말이야.

머슴이 가만히 보니까 먼저 주인집 할아버지가 친구 모습을 보더니,

"이크!"

하고 기겁을 하면서 슬금슬금 옆으로 피하더래. 재 너머 사는 할아버지도,

"에구머니!"

하면서 슬슬 뒷걸음질을 치더래. 둘이서 서로 힐끔힐끔 건너다보며 엉거주

춤 서 있다가 갑자기 입속으로 무슨 말을 중얼중얼하더니, 누가 먼저랄 것도 없이 냅다 오던 길을 되짚어 달아나더라는 거야.

머슴이 얼른 주인집 할아버지를 앞질러 집에 돌아와 있으니, 주인이 얼굴이 파랗게 질려 가지고 쉴 새 없이 뭔가 중얼거리면서 돌아오지 뭐야.

"주인마님, 뭘 그리 골똘히 외십니까?"

머슴이 능청을 떨면서 물으니까,

"귀신 쫓는 주문이다. 얼른 대문 밖에 소금 뿌려라."

하고는 밑구멍이 빠져라고 방으로 들어가더라나.

머슴이 그길로 재 너머 할아버지네 집 담 밖에 가서 일부러 주인집 할아버지 목소리를 흉내내어,

"여보게, 내가 왔네. 재 너머 친구가 왔어."

했더니 그 할아버지가 문을 꼭꼭 닫아 잠그면서,

"엣쇠, 산 사람 집에 귀신이 왜 왔느냐? 어서 물러가거라."

하더라나. 그러니 같이 죽자고 한 게 죄다 입에 발린 말이지. 하하.

달을 산 사또

 달이라고 하는 것은 차고 기우는 데에 다 때가 있는 법이지. 이건 너희들도 다 알지? 음력으로 보름이 될 때까지는 달이 점점 둥글게 차고, 보름이 지나면 점점 기울어서 그믐날이 되면 안 보이게 되잖아? 그런데 옛날에 이런 이치도 모르는 사또가 하나 있었나 봐.

 어떤 고을에 새로 사또가 갈려 왔는데, 이 사람이 백성 돌보는 일은 뒷전에 두고 하고한 날 술판을 벌여 놓고 노는 게 일이야. 처음 오던 날부터 저녁에 정자에 올라 잔치를 벌이더니, 그 뒤로도 이틀이 멀다 하고 그러고 논단 말이야. 그런데 마침 사또가 갈려 온 날이 음력으로 그믐께가 다 되었던 모양이야. 그러니 며칠 동안 밤마다 흥청망청 놀아도 달 구경을 못 했지. 사또가 달 좋은 건 알았던지 하루는 잔치를 하다가 말고 사람들에게 마구 불평을 늘어놓거든.

 "내가 여기에 온 지 닷새가 지났는데 어찌하여 아직 달이 한 번도 뜨지 않는고? 달이 없으니 잔치판을 벌여도 흥이 안 나는걸."

 그 소리를 듣고, 마침 잔치에 왔던 스님 한 사람이 대답을 했어.

 "사또, 오늘 같은 날 어찌 달이 뜨겠습니까?"

 오늘이 초하룻날이니 달초라서 달이 안 뜬다는 뜻으로 그렇게 말했는데, 사또는 말귀를 못 알아듣고 엉뚱한 소리를 하네.

"뭐라고? 그럼 이 고을에 내가 와서 달이 안 뜬단 말인가?"

스님이 들어 보니 참 기가 탁 막히거든. 세상에 무슨 달이 사람을 보아 가면서 뜨고 말고 하겠어? 그러고 보니 새로 온 사또라는 게 흥청망청 먹고 놀 줄만 알았지 세상 이치라고는 아무것도 모르는 숙맥이란 말이야. 달이 차고 기우는 때도 모르니 숙맥 중에서도 상숙맥이지 뭐야. 그래서 이 스님이 사또를 한번 곯려 줄 양으로,

"그렇습니다. 사또의 정성이 모자라서 달이 안 뜨는 것입니다."
했겠다.

"정성이 모자라서 달이 안 뜬다고? 그게 무슨 말인고?"

"이 고을에 새로 오셔서 잘 모르시는 것 같은데, 여기서는 부처님께 공양을 안 하면 달이 뜨지 않습니다."

능청스러운 스님은 아주 거짓말이 입에 붙었고, 멍청한 사또는 그 말을 곧이곧대로 듣는구나.

"그래? 그러면 얼마를 공양할꼬?"

"돈 쉰 냥만 바치시면 달을 볼 수 있을 것입니다."

사또는 이튿날 당장 사람을 시켜 돈 쉰 냥을 절에 보냈어. 그래 놓고 한 이틀 뒤에 또 번지르르하게 잔치를 벌였지. 해가 넘어가고 날이 어둑어둑해지니까, 아닌 게 아니라 서쪽 하늘에 눈썹 같은 초승달이 떠오른단 말이야. 그날이 바로 음력 초사흗날이니까 저녁 초승달이 뜨는 거지.

"옳지, 부처님께 공양을 한 보람이 있구나."

사또가 손뼉을 치며 좋아하다가 보니, 아무래도 달이 너무 작고 희미하거든. 같은 값이면 둥글고 환한 달이 떴으면 좋겠는데 말이야. 그래서 또 불평을 늘어놓았어.

"달이 뜨긴 떴으되 왜 저렇게 작고 희미하지? 좀더 큰 달을 뜨게 할 수는

없는가?"

그러니까 스님이 냉큼 그 말을 받아,

"사또께서 돈 쉰 냥을 공양하였으니 쉰 냥어치만 뜨는 것이지요. 좀 더 많이 바치시면 더 큰 달을 볼 수 있을 것입니다."

했겠다. 이번에도 사또는 깜빡 속아 넘어가서,

"그럼 얼마를 더 바치면 될꼬?"

하고 은근히 묻지.

"돈 백 냥만 더 바치십시오."

이튿날 날이 밝자마자 사또가 돈 백 냥을 절에 보냈어. 그래 놓고 한 닷새 지나서 또 잔치를 하는데, 아닌 게 아니라 달이 조금 더 밝고 커졌거든. 음력으로 초여드레쯤 되니까 제법 보기 좋은 반달이 뜬 거지. 그런데 아직도 달이 반쪼가리라서 그게 성에 차지 않는단 말이야.

"달이 더 밝고 커진 것은 틀림없는데, 아직도 마음에 들지 않는군."

그 말을 듣고 능청꾸러기 스님이 가만히 있을 수 있나.

"저 달은 사또께서 바치신 백 냥어치 달이니까요."

"그렇군. 그럼 얼마를 더 바치면 크고 둥근 달을 볼 수 있을꼬?"

"돈 천 냥이면 틀림없을 것입니다."

그래서 사또는 돈 천 냥을 절에 보냈어. 그러고 나서 한 이레 지난 다음에 또 잔치판을 벌였지. 그날이 마침 보름날이 되어서 어두워지자마자 동산에 쟁반 같은 보름달이 환하게 떠오른단 말이야. 그걸 보고 이 사또가 무릎을 탁 치면서 한다는 말이,

"허허, 그럼 그렇지. 이제야 달이 제대로 떴구나. 달이란 것은 본디 돈을 많이 먹여야 저렇게 살이 찐단 말이렷다."

하더라나.

거짓말로 장가들기

옛날에 어떤 할 일 없는 사람이 거짓말 내기를 했어. 무슨 내긴고 하니, 누구든지 거짓말 세 마디를 멋지게 잘하는 사람을 사위 삼겠다고 그러는 거지. 거짓말을 하되, 세 번 다 자기 입에서 거짓말이라는 말이 나오도록 해야 한다는 거였어. 그러니까 아무리 터무니없는 거짓말을 해도 이 사람이 '응, 그래, 그럴 법하구나' 해 버리면 아무것도 아니란 말이야.

그러나저러나 장가 못 간 노총각들이 색시 얻어 보겠다고 이 사람 집에 구름같이 모여들었어. 저마다 있는 꾀 없는 꾀를 다 짜내어 능청스럽게 말도 안 되는 거짓말을 늘어놓았지만 아무도 이기지를 못해. 세 마디 다 내놓기도 전에, '그래, 그래, 그건 거짓말도 아니다' 하고 내쫓아 버리니까 뭐 당할 사람이 없지.

하루는 이 집에 어떤 총각이 찾아왔어. 이 총각은 인물도 훤하고 허우대도 멀쩡해서 나무랄 데가 없는데, 집이 하도 가난해서 장가를 못 간 총각이야. 이 총각이 마당에 썩 들어서니까, 마침 이 집에서 벼를 베다가 마당질을 한다고 일꾼들이 바쁘게 일을 하고 있어. 그걸 보고는 이 총각이 배를 잡고 웃으면서 한다는 말이,

"아이고, 우스워라. 아직도 이렇게 구식으로 마당질을 하는 집이 다 있네."

하거든. 주인이 그 말을 들으니 은근히 화가 나지. 마당질하는 데 무슨 놈의 구식이 있고 신식이 있느냐 말이야. 그래서,

"그럼 신식으로 하면 어떻게 하나?"

하고 퉁명스럽게 물었지. 그러니까 이 총각이 입에 침도 안 바르고 거짓말을 술술 늘어놓아.

"그게 말이지요, 우리 집에서는 이렇게 합니다. 봄에 논둑을 쌓을 때 벼 키만큼 높이 쌓습니다. 그래 놓고 벼가 다 익으면 논에 물을 가득 대지요. 그러면 벼 밑동은 다 물에 잠기고 이삭만 물 위에 나올 것 아닙니까? 그러다가 날이 추워서 물이 꽁꽁 얼면 얼음판에 들어가서 도리깨로 이삭을 두들겨 패지요. 그러면 낟알이 아주 잘 떨어집니다."

주인이 들어 보니 이건 숫제 정신 나간 소리거든. 그런데도 총각은 시치미를 뚝 떼고 아주 정색을 하고 있단 말이야. 그래서,

"예끼, 젊은 사람이 무슨 거짓말을 그리 심하게 하나?"

하고 나무랐지. 총각은 그 말을 들었는지 못 들었는지 눈만 멀뚱멀뚱하고 있어. 그러다가 마당 한쪽 구석에 차려 놓은 새참 그릇을 보고는 또 배를 잡고 웃어.

"아이고, 우스워라. 이 집 새참에는 그 흔해 빠진 소고기 한 점 없네그려. 세상에 소고기 없이 무슨 밥을 먹는담."

주인이 들어 보니 부아가 치밀지. 소고기가 얼마나 귀하고 비싼 고기인데 제까짓 게 그런 소릴 해. 아무리 부잣집이라도 끼니마다 소고기 반찬을 먹지는 못할 텐데 말이야. 그래서,

"그럼 자네는 끼니마다 소고기를 먹는단 말인가?"

하고 볼이 잔뜩 부어서 물었지. 그랬더니 이 총각이 눈썹도 까딱 안 하고 또 터무니없는 거짓말을 술술 내놓아.

"그렇지요. 우리 집에서는 썩어 나가는 게 소고기랍니다. 어떻게 하느냐 하면요, 소를 기를 때 궤짝에다 넣어서 기르지요. 송아지를 궤짝에다 넣어 놓으면 이놈이 여물을 먹고 점점 자랄 게 아닙니까? 몸집이 커져서 궤짝 속에 꽉 차면 사발만 한 구멍을 하나 뚫어 놓지요. 그러면 이 구멍으로 살이 자꾸 삐져나옵니다. 베어 먹으면 또 나오고, 베어 먹으면 또 나오고, 이러니 흔해 빠진 게 소고기지요."

주인이 들어 보니 참 기가 탁 막혀. 그런 얼토당토않은 거짓말이 어디 있느냔 말이야. 그래서,

"자네는 입만 뻥긋하면 거짓말이군 그래."

했지. 그랬더니 이 총각이 싱긋이 웃으면서,

"그래요? 그럼 거짓말 두 마디 했습니다. 이제 한 마디 남았지요?"

하거든. 주인이 그제서야 아뿔싸 했지. 워낙 능청스럽게 거짓말을 해서 눈치도 못 챘지 뭐야. 그사이에 벌써 두 번이나 멋지게 당했단 말이야. 속이 쓰리지만 뭐 어떻게 해. 이왕에 당한 것은 당한 것이고, 이제부터는 절대로 안 넘어가야지 하고 주인이 아주 정신을 바짝 차렸어. 그러나마나 총각은 능글능글하게 웃으면서 또 거짓말을 늘어놓아.

"잘 들으십시오. 우리 집 뒷산에 돌부처가 하나 있고, 그 옆에는 배나무가 한 그루 있습니다. 그런데 그놈의 배나무가 어찌나 높은지 타고 올라가자면 한나절도 더 걸리지요."

"그래, 그건 거짓말도 아닐세."

"아니, 더 들어 보십시오. 저 같은 둔재가 그렇게 높은 곳에 어떻게 올라갑니까? 그래서 생각다 못해 긴 장대를 가지고 돌부처님 콧구멍을 살살 간질였지요. 그랬더니 부처님이 '에취!' 하고 재채기를 하시지 않겠습니까? 그 재채기 바람이 얼마나 센지 배나무에 열린 배가 모두 와르르 떨어

졌지요. 그걸 주워 보니 모두 스물다섯 접이나 됐습니다."

"헤헤, 그것도 거짓말 아니야."

"잠깐 기다리십시오. 그때 주운 배 스물다섯 접을 이 집에서 사 가지 않았습니까? 한 접에 백 냥씩 이천오백 냥어치를 외상으로 사 가시면서 올해 벼 마당질할 때 이자까지 붙여서 삼천 냥을 주기로 하셨지요? 제가 오늘 그 돈을 받으러 왔으니 어서 주시지요."

주인이 듣고 보니 이것 참 큰일났네. 그게 거짓말이 아니라고 했다가는 당장 돈 삼천 냥을 내놓아야 할 판국이니 어떻게 해. 오도가도 못하고 꼼짝없이 걸려든 꼴이지 뭐야. 궁리 끝에 하는 수 없이,

"에이, 그런 터무니없는 거짓말이 어디 있어?"

하고 말았지. 그러니까 총각은 빙글빙글 웃으면서,

"이제 거짓말 세 마디 다 했습니다, 장인 어른."

하더라나. 이게 거짓말 세 마디로 장가든 이야기야.

느린둥둥이, 벼락팽팽이, 약은살살이

옛날 옛날에 한 부자 영감이 살았는데, 이 사람 집에 머슴이 많아. 아이 보는 머슴 따로, 경마 잡는 머슴 따로, 심부름 시키는 머슴 따로, 이렇게 머슴을 여럿 거느리고 살았단 말이야. 그런데 이 영감 성미가 아주 까다로워서 머슴이 하는 일마다 참견을 하고 트집을 잡아. 보통 사람 같으면 그러려니 하고 넘어갈 일도 까탈을 부려서 이러니저러니 야단을 친단 말이야. 머슴이 하는 일이 도통 마음에 들지 않는다는 거지. 아이 돌보는 머슴은 성미 급하다고 트집, 경마 잡는 머슴은 빨리 안 간다고 트집, 심부름하는 머슴은 약지 못해서 늘 손해 본다고 트집이야. 이렇게 늘 머슴을 닦달하며 살다가, 한번은 아이 보는 머슴이 아이들을 마구 야단치는 걸 보고는,

"이놈아, 아이들이란 그저 느긋하게 다루어야지 그렇게 올러대면 쓰나. 어디 가서 성미 느긋한 머슴을 데려와야지 너 같은 놈은 안 되겠다."

하고는 제 마음에 드는 머슴을 찾는다고 아주 신들메*를 매고 나섰어.

나서서 여기저기 돌아다니다가 장터에 가게 됐지. 마침 단옷날이라 사람들이 장터에 씨름판을 벌여 놓았는데, 거기에 사람들이 아주 많이 모여 있거든. 그래서 구경꾼들 틈에 끼여서 씨름 구경을 했어.

▪ 신을 발에다 동여매는 끈.

한참 씨름 구경을 하고 있는데, 웬 사내아이가 숨이 턱에 닿아서 헐레벌떡 달려오더니 구경꾼들 가운데 한 사람을 붙들고 막 잡아끌어.

"아버지, 큰일났어요! 집에 불이 났어요!"

그런데 이 애비라는 사람은 눈도 깜짝 안 하고 팔짱을 턱 끼고 서서 씨름 구경만 하고 있어. 아이가 발을 동동 구르면서 마구 재촉을 하니까,

"가만 있어. 이 판 씨름이 아직 안 끝났어."

하면서 꿈쩍도 안 하네. 둘레에 있던 사람들이 기가 막혀서,

"여보게, 집에 불이 났다는데 그러고 있으면 어떡하나? 어서 가서 불을 꺼야지."

하고 성화를 대도 이 느림보는 거들떠보지도 않아.

"이 판 씨름 구경 다 하고 가서 불을 끌 터이니 상관 말어."

이러고 천하태평일세.

부자 영감이 그 꼴을 보니 참 세상에 보기 드문 느림보거든. 저런 사람을 아이 보는 머슴으로 삼으면 되겠다 싶어서, 그 느림보를 한쪽으로 데리고 가서 잘 구슬렸어.

"자네 보아하니 성미가 아주 느려터졌군. 우리 집 손자녀석들이 버릇없기로 말하면 길 안 든 생매 같은데, 다른 머슴에게 아이 보라고 시켰더니 죄다 성미가 급해서 한시를 못 참는다네. 내 사경을 후하게 쳐 줄 터이니 우리 집에 가서 손자녀석들을 좀 돌봐 주지 않겠나?"

그러니까 이 느림보가 느릿느릿 한다는 말이,

"그런 일이라면 자신 있습지요. 나는 옆에서 누가 벼락을 맞아도 하품만 나오니까요. 평생 놀라거나 서둘러 본 적이 없지요."

한단 말이야. 부자 영감이 얼씨구나 하면서 이 느림보를 집으로 데리고 갔어. 가서, 이름도 아주 '느린둥둥이'라고 지어 주고 아이 돌보는 머슴으로 삼

앉지. 그래 놓으니 이 느린둥둥이가 생매 같은 아이들을 돌보면서도 참 성한번 내는 법이 없어. 아이들이 장난을 하다가 장독을 깨도 하품만 늘어지게 하고, 아이들이 달려들어 제 수염을 다 잡아 뜯어도 히히 웃기만 하지. 그제서야 부자 영감이 마음에 차서 좋다고 그러네.

그렇게 살다가 한번은 말을 타고 먼 곳에 가는데, 경마 잡는 머슴이 좀 느긋하게 말을 몰았던 모양이야. 가다가 경치 좋은 곳에서는 말을 세우고 쉬기도 하고, 냇물이 깊은 곳을 만나면 말을 돌려 빙 돌아가기도 하고, 그랬단 말이지. 그랬더니 부자 영감이, 경마 잡은 머슴을 마구 야단쳐.

"이놈아, 말을 몰 때는 그저 앞만 보고 부리나케 가야지 그렇게 꾸물거려서야 원. 내 어디 가서 성미 급한 놈을 데려와야지 너 같은 놈은 안 되겠다."

이러고는 집에 돌아오자마자 영감이 제 마음에 드는 머슴을 찾는다고 또 나섰어.

나서서 한나절을 돌아다니다 보니 다리도 아프고 배도 고파서 장터 주막에 들게 됐지. 주막에 들어가서 점심을 시켜 놓고 앉아 있는데, 웬 사람이 먼지를 풀풀 일으키며 달려 들어오더니,

"여보 주인장, 여기 국밥 한 그릇 얼른 말아 주오."

하고는 마루에 걸터앉을 새도 없이,

"국밥 한 그릇 달랬더니 여태 뭘 하고 있어?"

하고 성화가 벼락 같아. 그러고는 주막 주인이 뭐라고 대답할 새도 없이,

"에잇, 이렇게 느려터져서야 국밥 먹기는 다 틀렸군."

하고는 바람을 쌩쌩 일으키면서 나가 버린단 말이야. 부자 영감이 그 꼴을 보니 참 세상에 보기 드문 벼락성미거든. 저런 사람을 경마 잡히면 안성맞춤이겠다 싶어서 얼른 그 뒤를 따라 나갔어. 나가 보니 성미 급한 사람은 벌

써 한달음에 동구 밖까지 가서 가물가물해. 마구 소리를 쳐 불러서 겨우 따라잡았지. 그리고 잘 구슬렸어.

"보아하니 자네 성미가 아주 급하더군. 우리 집 머슴이 느려터져서 경마를 잡히면 세월아 네월아 하고 간다네. 내 사경을 후히 쳐 줄 터이니 우리 집 말을 좀 끌어 주지 않겠나?"

그랬더니 이 성미 급한 사람이 한다는 말이,

"아 그런 일이야 나 말고 누가 하겠습니까요? 나는 꾸물대는 건 질색이지요. 어서 갑시다요. 그놈의 말 버릇부터 싹 고쳐 놓을 터이니."

하거든. 부자 영감이 좋아라고 이 성미 급한 사람을 집으로 데리고 갔어. 그리고 이름도 아예 '벼락팽팽이'라고 고쳐 부르면서 경마 잡는 일을 맡겼지. 그랬더니 아닌 게 아니라 이 벼락팽팽이는 말을 몰아도 벼락같이 팽팽 몰아치는 거야. 말이 한눈팔 겨를도 없이 마구 다그쳐서 십 리 길도 눈 깜짝할 새에 가 버린단 말이야. 그러니 부자 영감이 이제야 임자 만났다고 좋아하지.

그렇게 사는데, 한번은 심부름하는 머슴이 물건을 시세보다 비싸게 사 왔어. 그러니 부자 영감이 또 노발대발이지.

"이놈아, 너같이 어수룩한 놈한테 심부름을 두 번 시켰다가는 우리 집 살림 다 말아먹겠다. 어디 가서 약은 머슴을 구해 와야지, 이거야 원."

하고는 그길로 또 약은 머슴을 찾는다고 나섰어.

나서서 장터에 갔지. 장터 여기저기를 기웃거리다가 어느 가게 앞에 갔거든. 그런데 가게에 웬 사람이 커다란 병을 하나 들고 와서 주인더러,

"이 병에 참기름을 하나 가득 넣어 주오."

하더니, 주인이 참기름을 가득 넣어 주니까,

"아 참, 내 정신 좀 봐. 간장을 산다는 게 참기름을 샀네. 이 병을 도로 비우고 간장을 넣어 주오."

한단 말이야. 참기름이라는 게 끈적끈적해서 어디 잘 쏟아지나. 쏟아 내도 병 안에는 참기름이 잔뜩 묻어 있지. 주인이 할 수 없이 참기름이 잔뜩 묻은 병에 간장을 넣어 주니까,

"아 참, 내 정신 좀 봐. 어저께 간장을 한 단지나 사 놓고 깜빡했네. 어서 그 병이나 비워 주오."

하거든. 병을 비워도 끈적끈적한 참기름에다 간장까지 잔뜩 묻어 있을 게 아니야? 이 약은 사람이 그걸 들고 콧노래를 부르면서 집으로 가. 부자 영감이 그 꼴을 보니 참 세상에 보기 드문 꾀보거든. 저런 사람을 데려다 심부름을 시키면 살림이 늘겠다 싶어서 그 사람 뒤를 쫓아가서 슬슬 구슬렸어.

"여보, 자네 참기름하고 간장을 공짜로 얻는 솜씨가 어지간하이. 우리 집 머슴이 어수룩해서 물건을 사러 보내면 늘 속고 사 오니, 자네 같은 사람이 내 심부름을 해 주면 얼마나 좋겠나."

그러니까 이 약은 사람이 하는 말이,

"꾀를 쓰는 일이야 세상에서 나를 당할 사람은 없습지요. 영감님 심부름을 다 해 드릴 터이니 사경이나 후히 쳐 줍시오."

한단 말이야. 영감이 입이 헤벌어져서 이 약은 사람을 집으로 데리고 갔어. 약은 꾀를 살살 잘 쓴다고 이름도 '약은살살이'라고 부르고, 심부름 시키는 머슴으로 두었지. 이 약은살살이더러 물건을 사 오라고 심부름을 보내면 그저 그만이야. 돈 한 냥으로 두 냥짜리 물건을 사 오는 것은 예사고, 무슨 꾀를 쓰는지 값비싼 물건을 덤으로 얻어 오기도 하니 말이야. 그래서 부자 영감은 좋아라 했어.

그러다가 하루는 먼 곳에 말을 타고 갈 일이 생겼어. 벼락팽팽이에게 경마를 잡혔더니 참 벼락같이 팽팽 말을 모는데, 말고삐를 잡고 죽자사자 내달리는 거야. 넓은 길이고 좁은 길이고 숨 돌릴 틈도 없이 후닥닥 내달리니

말을 탄 영감은 그저 흐뭇해서,

 '내가 경마잡이 하나는 참 잘 골랐지. 암, 잘 고르고말고.'

하면서 갔어. 그런데 가다가 큰 물을 만났어. 물이 제법 깊어서 말을 타고 그냥 건너다가는 신이 물에 젖겠거든. 벼락팽팽이는 얼른 주인 영감을 제 어깨에다 태우더니,

 "이렇게 하고 물을 건너면 신이 젖을 일은 없겠습지요."

하고는 텀벙텀벙 물을 건넌단 말이야. 한 손으로는 목말 탄 영감을 붙잡고, 한 손으로는 말고삐를 잡고 벼락같이 냇물을 건너가. 영감이 목말을 타고 물을 건너 보니 하도 기분이 좋아서,

 "여보게, 집에 돌아가면 내 사경을 두 배로 올려 줌세."

했어. 그랬더니 벼락팽팽이가 벼락같이,

 "아이고, 고맙습니다요."

하면서 대뜸 허리를 잔뜩 굽혀 꾸벅 절을 하지. 그 바람에 어깨 위에 올라앉은 영감이 거꾸로 떨어져 냇물에 풍덩 처박히고 말았지 뭐야. 아 어깨에 사람이 올라앉아 있는 것을 생각 못 하고 냅다 절을 해 댔으니 그 지경이 될 수밖에.

 부자 영감은 물에 빠진 생쥐 꼴이 돼서 집으로 돌아왔어. 그런데 집에 돌아와 보니 막내손자가 안 보여. 다른 손자들은 온 집안을 쑥대밭으로 만들어 놓고 우르르 쿵쿵 쾅쾅 장난을 하고 있고, 그 옆에는 느린둥둥이가 천하태평으로 누워서 드르렁드르렁 코를 골며 자고 있는데 말이야. 안 그래도 물에 빠져서 화가 난 영감이 느린둥둥이를 흔들어 깨워 놓고 소리를 빽 질렀어.

 "이놈아, 막내손자 녀석은 어딜 갔느냐?"

 그랬더니 느린둥둥이는 늘어지게 하품을 하면서 부시럭부시럭 일어나서 한다는 말이,

"아, 막내도련님 말씀입니까요? 아까 우물 옆에서 놀다가 우물에 빠지는 걸 봤는뎁쇼. 아마 밥 한 끼 먹을 때는 지났을걸요."

이러네 글쎄. 부자 영감은 그만 기가 탁 막혀서 말문까지 막혀 버렸어. 한참 있다가 정신을 차리고 벼락팽팽이더러,

"뭘 하고 있느냐? 냉큼 우물에 들어가서 아이를 건져 오지 않고."

하고 호령을 했어. 벼락팽팽이는 그 말이 떨어지기가 무섭게 우물에 풍덩 뛰어들더니 단숨에 뭘 건져 왔지. 그런데 어찌나 벼락같이 허둥거렸는지 아이는 안 건져 오고 바가지를 하나 건져 왔네.

"이놈아, 누가 바가지를 건져 오랬느냐?"

영감이 두 발을 동동 구르면서 소리를 치니까 벼락팽팽이가 그제서야 정신을 차리고 다시 우물 속에 들어가서 진짜 아이를 건져 왔어. 새파랗게 질려 숨이 넘어가는 아이를 어찌어찌해서 가까스로 살려 놨지. 그래 놓고 한숨 돌리는데, 이번에는 약은살살이가 그새 어디에 갔다 왔는지 길쭉한 궤짝 두 개를 어깨에 둘러메고 와서 쿵 하고 마당에다 내려놓지 뭐야.

"이놈아, 그건 또 뭐냐?"

영감이 가만히 보니까 그게 글쎄 관이야. 죽은 사람을 넣어서 장사 지내는 관이란 말이야. 그게 작은 것 하나 큰 것 하나, 이렇게 두 개가 마당에 널브러져 있어. 영감이 얼이 다 빠져서 멀뚱멀뚱 관을 내려다보고 있는데, 약은살살이는 콧대를 잔뜩 쳐들고 한다는 말이,

"막내도련님 장사 지내려고 작은 관을 참한 걸로 하나 사 왔습지요. 그런데 이 약은살살이가 제값 주고 관을 하나만 가져오겠습니까? 영감님이 놀라 자빠져서 그길로 영영 못 일어나면 영감님 장사까지 지내려고 큰 것도 하나 슬쩍해 왔지요."

이러는구나. 영감이 그 말을 듣고는 참말로 기절해 자빠져 버렸더란다.

호랑이 꼬리와 호미

옛날 어느 곳에 농사꾼이 살았는데, 이 사람에게 아들이 하나 있었어. 농사꾼은 하나밖에 없는 아들을 어떻게든 잘 키워 보려고 어릴 때부터 글공부를 시켰지. 그것도 좋은 선생님한테 글을 배우라고 아예 서울로 보냈어. 아들은 집을 떠나 십 년 동안 글공부를 했어. 그러니까 논밭에 곡식이 어떻게 자라는지, 농사를 어떻게 짓는지는 하나도 모르고 그저 책만 읽고 글공부만 한 거지.

그럭저럭 십 년이 지나서 아들이 글공부를 마치고 집으로 돌아올 때가 됐어. 그때 농사꾼이 아들에게, 돌아올 때 호미를 하나 사 가지고 오라고 편지를 써 보냈어. 밭을 맬 때 쓰는 호미 말이야. 마침 그게 다 닳아서 하나 사 오라고 그랬단 말이야. 그런데 아들이 편지를 턱 받아 보고는 호미가 뭔지 몰라서 쩔쩔매는 거야. 아, 여태 농사짓는 것을 본 적이 없으니 호미가 뭔지 알 게 뭐야. 아들이 한참 동안 쩔쩔매다가,

'선생님이 모르는 것이 있을 때는 책을 찾아보라셨지.'

하고 책을 찾아봤어. 그런데 사람의 도리니 뭐니 하는 것만 잔뜩 적혀 있는 옛날 책에 농사짓는 연장 이름이 적혀 있을 리 있나. 한참 동안 이리 뒤적저리 뒤적 책을 찾다가 보니, 아 그놈의 호미가 딱 나온단 말이야.

"옳지, 여기 있구나. 호미라, 범 '호'자 꼬리 '미'자 호랑이 꼬리가 바로 호

미로구나."

한문 글자로 치면 그렇게 되는 것이지. 호랑이를 '호'라고 하고 꼬리를 '미'라고 하니까 '호미'라고 하면 호랑이 꼬리가 되는 셈이란 말이야. 아들은 책에 그렇게 쓰여 있으니까 그런 줄 알았지. 아들이 그날부터 호랑이 꼬리를 구한다고 온 장안을 돌아다녀. 그런데 호랑이 꼬리가 어디 쉽게 구할 수 있는 물건인가. 몇 날 며칠을 돌아다니다가 겨우 짐승 가죽을 파는 가게에서 어렵게 그놈의 호랑이 꼬리를 하나 샀어. 말하나마나 아주 큰돈을 주고 샀지.

이제 아들이 그놈의 호랑이 꼬리를 가지고 집으로 돌아갔어. 농사꾼은 십 년 만에 글공부를 마치고 돌아온 아들이 반갑기도 하지만, 농사짓는 일도 바쁘니까 호미부터 찾았어.

"그래, 사 오라는 호미는 사 왔느냐?"

"예, 여기 있습니다."

하고 아들이 뭘 턱 꺼내 놓는데 보니까 그게 호미가 아니고 호랑이 꼬리거든. 농사꾼이 기가 탁 막혀서,

"이놈아, 호미를 사 오랬더니 호랑이 꼬리는 왜 사 왔어?"

하고 야단을 쳤지. 그러니까 아들이 하는 말이,

"호미라고 하는 것은 호랑이 꼬리를 이르는 것이 아닙니까? 책에는 틀림없이 그렇게 쓰여 있습니다."

하지 뭐야.

그러고 나서 며칠 있다가, 아들이 방에서 책을 읽고 있는데 그만 초가 넘어져서 이불에 불이 붙었어. 솜이불에 불이 붙었으니 눈 깜짝할 사이에 불이 활활 번질 것 아니야? 온 방에 불이 나서 뜨겁고 연기가 자욱한데, 이놈의 아들은 불을 어떻게 끄는지 몰라서 쩔쩔매고 있어. 아, 여태 책만 읽고

글공부만 했지, 불이 나면 어떻게 끄는지 배웠어야 말이지.

'아이고, 이것 참 큰일났군. 어서 책을 찾아봐야지.'

아들은 그 난리통에도 불 끄는 법을 책에서 찾는다고 야단법석이야. 책을 이리 뒤적 저리 뒤적 넘기고 있는데, 그동안에도 불은 자꾸 번져 가니 이러다가는 아들이 곧 불에 타 죽게 됐지 뭐야. 그때 밖에 있던 농사꾼이 방에서 연기가 나는 걸 보고 불이 난 줄 알고 허겁지겁 달려와 물을 떠다 끼얹었어. 물을 몇 동이 갖다 끼얹어서 겨우 불을 껐지. 그제서야 아들은 책을 뒤적이다 말고,

"아, 여기 있구나. 수화상극이라, 물과 불은 서로를 이기니까 불은 물로 끄면 되겠구나. 어, 그런데 아버지는 글공부도 하지 않으셨는데 어떻게 불 끄는 법을 아셨어요?"

하더라나.

또 며칠 뒤에는 농사꾼이 흙담을 고치다가 그만 담이 무너지는 바람에 흙더미에 깔리고 말았어. 몸이 기우뚱하면서 넘어졌는데, 그 위에 흙이 쏟아져서 꼼짝을 할 수 없게 됐으니 큰일 아니야? 마침 집에 다른 사람은 없고 아들 혼자 방에서 책을 읽고 있는지라 농사꾼이 큰 소리로 아들을 불렀어.

"얘야, 어서 나와서 이 흙 좀 치워 다오."

그러자 아들이 방에서 책을 읽다 말고 밖에 나와 보더니,

"아이쿠, 아버지가 흙더미에 깔리셨군. 어서 책을 찾아봐야지."

하고는 방에서 책을 들고 나와 이리 뒤적 저리 뒤적 살피는 거야. 농사꾼이 기가 막혀 말도 못 하고 있는데, 아들은 그사이에 무슨 구절을 읽었는지,

"이런, 오늘 일진을 보니 손에 흙을 묻히지 말라고 쓰여 있군. 아버지, 오늘은 안 되겠습니다. 내일 치워 드리지요."

하더라나. 농사꾼이 어찌어찌 가까스로 흙더미에서 빠져나와서 탄식을 하

기를,

"내가 저놈을 잘 키우려고 어릴 때부터 글공부를 시켰는데, 이제 보니 말짱 헛것이로구나. 글공부 첫 십 년에 저리되었으니, 만약 십 년 공부를 더 시켰다가는 아예 사람을 버려 놓겠구나. 얘, 내일부터는 글공부 그만두고 살림 공부부터 해야겠다."

하더라는 이야기야.

●── 이야기를 들려주고 나서

　잘못을 저지른 사람을 일깨우는 길은 여러 가지입니다. 만약에 힘세고 높은 사람이 약하고 낮은 사람 잘못을 일깨우려면 그 방법은 쉽고도 많습니다. 꾸짖을 수도 있고 벌을 줄 수도 있고 가진 것을 빼앗을 수도 있을 테니까요. 하지만 약하고 낮은 사람이 힘세고 높은 사람 잘못을 일깨우기는 쉽지 않습니다. 이때 필요한 것이 그 잘못을 에둘러 은근히 꼬집는 풍자입니다.
　〈왕굴장굴대〉와 〈나귀 방귀〉 〈재주 많은 여섯 쌍둥이〉 그리고 〈세상에서 가장 긴 이름〉은 모두 풍자 이야기입니다. 자기만 아는 속 좁은 사람과 남의 일 나 몰라라 하는 욕심쟁이들을 속 시원하게 놀려 주고 있는 이야기지요. 놀리는 사람이 힘없고 가난하여 늘 당하기만 하는 사람이라는 점에서 제대로 된 풍자 이야기라 하겠습니다.
　〈달을 산 사또〉는 어리석은 벼슬아치를 슬쩍 놀려 주고 있는 이야기입니다. 이 이야기 속에서도 놀림을 받는 사람들은 권세 있는 벼슬아치거나 거만한 부자들이지요. 권세 있고 돈 많은 사람이라고 다 나쁜 것은 아니지만, 그런 사람들 가운데 나쁜 사람이 많은 것은 사실인가 봅니다. 아니면 옛이야기를 만든 사람들이 하나같이 힘없고 돈 없는 백성들인지라 억눌려 살다 보니 그런 이야기를 만들어 내게 되었는지도 모르지요.
　〈바위로 이 잡기〉는 힘만 믿는 사람을, 〈시아버지 팥죽땀〉은 공연히 체면만 차리려는 사람을, 〈꽁당 보리밥과 쌀밥〉이나 〈대문 밖에 소금 뿌려라〉는 말만 앞서는 사람을 놀려 주고 있는 이야기입니다. 그런가 하면 〈**느린둥둥이, 벼락팽팽이, 약은살살이**〉에서는 뭐든지 좋은 것만 찾는 사람이 제 꾀에 제가 속아 넘어가는 모습을 그리고 있고, 〈**호랑이 꼬리와 호미**〉는 우리에게 참다운 공부가 과연 무엇인지를 묻고 있는 듯합니다.

6부
배꼽 빠지게 우스운 이야기

"이야기는 이야기, 뙈기는 뙈기, 마른 논엔 깜부기, 진논엔 거머리, 나막신은 딸까닥, 짚신은 찌찍, 대문은 삐꺽, 거적문은 떨썩, 숟가락은 뎅뎅, 젓가락은 찌르르……" 이야기는 이야기일 뿐이니 그저 듣고 넘기면 그만입니다. 할아버지 할머니들이 구수하게 들려주는 이야기를 듣는 기분으로 편안하게 읽어 보세요.

바보 남편 인사 배우기

옛날 어느 마을에 내외가 살았는데, 남편이 미련하기가 짝이 없어서 인사하는 법도 몰랐어. 집에 손님이 와도 아무 말 못 하고 멀뚱멀뚱 쳐다보고만 있으니 참 한심하지.

손님이,

"오랜만이올시다. 그동안 잘 계셨소?"

해도 멀뚱멀뚱.

"집안 식구들은 다들 평안하시오?"

해도 멀뚱멀뚱.

"그럼 이만 가겠소. 편히 계시오."

해도 멀뚱멀뚱.

이러니 아내가 얼마나 답답하겠어. 보다 못해 하루는 아내가 남편을 앉혀 놓고 인사하는 법을 가르쳤어. 그런데 아무리 가르쳐도 안 돼. 실컷 가르쳐 놓으면 얼토당토않은 소리만 하니 어떻게 해. 손님이 오면 먼저 "어서 오시오, 들어와 앉으시오" 하라고 입이 닳도록 가르쳐 놓고,

"손님이 오면 먼저 어떻게 해야지요?"

하고 물으면,

"응, 그야 '벌써 가시려우? 그럼 안녕히 가시오' 하지."

한단 말이야. 그러니 속이 뒤집힐 노릇이지.

생각다 못한 아내가 한 가지 꾀를 냈어. 남편 발가락에다가 실을 매어 놓고, 그 실 끝을 문밖에서 아내가 잡고서는 한 번 잡아당기면,

"어이구, 어서 오시오. 들어와 앉으시오."

하고, 두 번째 잡아당기면,

"여보, 어서 밥이나 한 상 차려 오오."

하고, 세 번째 잡아당기면,

"차린 것은 없지만 많이 드시오."

하고, 네 번째 잡아당기면,

"벌써 가시려우? 그럼 안녕히 가시오."

하라고 일러 주고 그걸 여러 번 익혀 주었어. 여러 번 연습을 하니까 이제 그건 제법 잘하게 됐지.

그러다 보니 하루는 딸네 집에서 사돈이 오게 됐어. 아내는 미리 남편 발가락에다가 실을 매어 놓고, 그 끝을 문밖에서 잡고는 사돈이 들어가니까 한 번 잡아당겼지. 그러니까 남편은 얼른,

"아이구, 어서 오시오. 들어와 앉으시오."

하고 제법 인사를 잘한단 말이야. 사돈이 보니까 사람이 많이 달라졌거든. 전에는 만나도 인사 한마디 할 줄 모르던 사람이 아주 새사람이 되었네그려. 그때 아내가 밖에서 또 실을 잡아당기니까,

"여보, 어서 밥이나 한 상 차려 오오."

하겠지. 한참 뒤에 아내가 밥상을 갖다 놓고 나가서 또 실을 잡아당기니까,

"차린 것은 없지만 많이 드시오."

하고, 이렇게 척척 인사를 잘한단 말이야. 사돈이 이렇게 인사를 잘 받으니까 기분이 좋아서,

"아이구, 그러지 마시고 같이 드시지요."

하고 권해서 같이 밥을 먹었어.

그런데 밖에 있던 아내가 보니 부엌 두멍에 물이 다 떨어졌지 뭐야. 방 안에서는 두 사람이 밥을 먹고 있으니 하직 인사를 하려면 아직 멀었겠거든. 그래서 그사이에 물이나 길어 와야겠다고 물동이를 이고 우물로 갔어. 가면서 실 끝을 소뼈다귀에 묶어 놓고 갔어. 행여 바람에 날려갈까 봐 묶는다는 게 바쁘니까 우선 눈에 띄는 소뼈다귀에다 묶어 놓은 거지.

그런데 아내가 물 길으러 간 사이에 강아지가 문밖에 왔어. 강아지가 이놈의 뼈다귀를 보고 먹겠다고 낚아채니 이제 일 났지. 방 안에 있던 남편은 발가락에 매어 놓은 실이 당겨지니까 밥을 먹다 말고,

"벌써 가시려우? 그럼 안녕히 가시오."

한단 말이야. 사돈은 놀라서 눈이 똥그래지지. 밥 먹고 있는 사람보고 하직 인사를 하니까 이 사람이 제정신인가 싶어서 말이야. 그런데 일은 그다음에 더 크게 났지 뭐야. 강아지는 한번 뼈다귀를 낚아채 봐도 실에 묶여 있어서 잘 끌려오지 않으니까 그놈을 입에 물고 자꾸만 잡아당기거든.

그러니까 남편은 배운 대로 인사를 한다는 게 발가락이 당겨져서 아프니까 '아야' 소리를 넣어서,

"아야. 아이구, 어서 오시오. 들어와 앉으시오."

"아야. 여보, 어서 밥이나 한 상 차려 오오."

"아야. 차린 것은 없지만 많이 드시오."

"아야. 벌써 가시려우? 그럼 안녕히 가시오."

하고 자꾸 인사를 한단 말이야. 강아지가 또 자꾸자꾸 뼈다귀를 물고 잡아당기니까,

"아야. 아이구, 어서 오시오. 들어와 앉으시오. 아야. 여보, 어서 밥이나

한 상 차려 오오. 아야. 차린 것은 없지만 많이 드시오. 아야. 벌써 가시려우? 그럼 안녕히 가시오."

하고 발가락이 아픈데도 인사를 하느라 정신이 없어.

사돈이 그 꼴을 멍하니 쳐다보고 있다가 하도 기가 막혀서,

"여보, 사돈. 왜 그러시오? 어디 편찮으시오?"

하니까, 남편은 연신 인사를 하면서,

"아야. 아이구, 어서 오시오. 들어와 앉으시오. 사돈은 발가락이 안 아프니까 그렇지만, 아야. 여보, 어서 밥이나 한 상 차려 오오. 나는 발가락이 아파서 이런다오."

하더래. 하하하.

박박 바가지

옛날 어느 곳에 할아버지 할머니가 살았는데, 하루는 밤중에 도둑이 들었어. 도둑이 살금살금 집 안에 들어와서 이리저리 살피다가 마루 위로 기어 올라왔어. 그러니까 마룻장이 낡아서 삐그덕 삐그덕 소리가 나거든. 방 안에서 잠을 자던 할머니가 그 소리를 듣고 잠을 깼어. 그러고는 옆에서 자고 있는 할아버지를 깨웠지.

"여보, 영감. 밖에서 무슨 소리가 나는 걸 보니 도둑이 들었나 보우."

마루를 기어가던 도둑이 이 소리를 들으니 그만 가슴이 철렁 내려앉지. 그래서 들키지 않으려고 그 자리에 납작 엎드려 숨을 죽이고 가만히 있었어. 그런데 방 안에서는 할아버지가 잠을 깨서 하는 말이,

"도둑은 무슨 도둑. 마루 밑에서 쥐들이 설치는 모양이지."

하거든. 그래도 할머니는,

"아무래도 쥐 소리는 아닌 것 같았는데……."

하고 자꾸 미심쩍어한단 말이야. 도둑은 할아버지 할머니가 어서 마음을 놓으라고 '찍찍, 찍찍' 하고 쥐 소리를 냈어. 그러니까 할아버지는,

"그것 봐요. 저게 쥐 소리가 아니고 뭐야?"

하는데, 할머니는 또 미심쩍어서,

"이상하다. 쥐 소리치고는 너무 큰걸."

하지.

"그럼 고양이 소린게지."

그래도 할머니는,

"고양이 소리도 아닌데. 그러지 말고 어서 나가 보우."

하고 자꾸 채근을 해. 도둑이 들어 보니 이러다가는 꼼짝 없이 들키겠거든. 그래서 얼른 '야옹, 야옹' 하고 고양이 소리를 냈어.

"그럼 그렇지. 틀림없는 고양이 소리 아니오?"

할아버지는 잘 속아 주는데, 할머니는 이번에도 속지를 않네.

"고양이 소리치고는 너무 굵어요."

"고양이 소리가 굵으면 개 짖는 소리겠지."

도둑은 어서 빨리 할아버지 할머니가 마음 놓고 자라고 이번에는 '멍멍, 멍멍' 하고 개 짖는 소리를 냈어.

"그것 보라지. 개 짖는 소리가 틀림없구먼."

"아무려면 내가 개 짖는 소리를 못 알아들을까."

"그러면 송아지 소린게지."

도둑은 얼른 '음매, 음매' 하고 송아지 소리를 냈어.

"저것 보라니까. 송아지 소리 아니오?"

"아니에요. 송아지 소리하고도 달라요."

"그래요? 그럼 코끼리 소린가?"

할아버지는 잠도 쏟아지고 귀찮고 해서 아무렇게나 둘러댄 것인데, 정작 도둑은 등에 식은땀이 줄줄 흘러. 이번에는 코끼리 소리를 내야 할 판국인데, 도대체 코끼리 소리를 한 번이라도 들어 봤어야 말이지.

'에그, 내 팔자야. 그놈의 코끼리 때문에 들키게 생겼구나.'

도둑은 급한 김에 코끼리 소리를 낸다는 게 참 말도 안 되는 소리를 냈어.

"코코, 끼리끼리. 코코, 끼리끼리……."

그랬더니 방 안에서는 난리가 났지.

"에구머니! 저게 무슨 소리야? 내 생전 저런 소리는 처음 들어 보네. 여보, 영감. 저게 코끼리 소리요?"

그런데 할아버진들 코끼리 소리를 들어 본 적이 있나.

"코끼리 소린지 아닌지 알 게 뭐야. '코코' 하고 나서 '끼리끼리' 하는 걸 보니 코끼리가 저렇게 우는게지."

"아이구, 영감. 이 동네에 무슨 코끼리가 있다고 그러시우? 정신 차리고 어서 나가 봐요."

"알았어요. 내 나가 보지."

그제서야 할아버지가 부시럭부시럭 자리에서 일어나. 그러니까 도둑은 기겁을 하고 달아나는데, 얼마나 놀랐는지 달아난다는 게 부엌으로 들어갔어. 부엌으로 들어가 보니 어디 숨을 데가 있나. 여기저기 헤매다 보니 커다란 물항아리가 보이거든. 급한 김에 그 물항아리 속에 들어갔어. 들어가긴 갔는데, 얼굴은 숨길 수가 없거든. 물속에 얼굴까지 집어넣으면 숨이 막혀 죽을 테니 말이야. 그래서 얼굴만 물 위에 쏙 내놓고 앉아 있는데, 마침 항아리 안에 바가지가 하나 둥둥 떠 있지 뭐야. 옳다구나 하고 그 바가지를 뒤집어썼어.

할아버지는 마루에 나와서 여기저기 둘러봐도 아무것도 없으니까 부엌으로 들어갔어. 부엌 구석에 있는 항아리를 들여다보니까 바가지가 달랑 물 위에 나와 있거든. 할아버지가 그걸 툭툭 두드려 보면서,

"이건 뭐고? 바가지 같기도 하고 아닌 것 같기도 하고."

하니까, 도둑은 가슴이 섬뜩해서 얼른 주워섬긴다는 것이,

"박박, 바각 바각, 박박, 바각바각……."

했겠다. 그러니까 할아버지가 하는 말이,

"음, 틀림없는 바가지로군."

하면서 도로 들어가더란다.

거저 먹은 술

옛날에 막걸리 장수가 막걸리를 한 동이 짊어지고 술 팔러 나섰어. 이른 아침부터 해가 중천에 오를 때까지 이 동네 저 동네 다녀 보았지만 어찌 된 일인지 한 잔도 못 팔았어. 날은 찌는 듯이 덥고, 오래 걸어서 다리는 아프고 하여 길가 시원한 나무 그늘에 술짐을 벗어 놓고 앉아서 쉬었지.

그렇게 쉬다 보니 다른 술장수가 그 자리에 쉬러 왔어. 이 사람은 동동주를 파는 술장수인데, 말을 들어 보니 묘하게도 막걸리 장수와 처지가 똑같네. 자기도 이른 아침부터 술 팔러 다녔지만 아직 한잔도 못 팔았다고 그러지. 두 술장수가 똑같은 처지를 한탄하면서 한참 그렇게 쉬었어.

쉬다 보니 막걸리 장수가 술 한잔 생각이 난단 말이야. 아까부터 목이 말라 술 한 잔 생각이 간절했는데, 제 술은 팔 것이라 차마 먹을 수 없어서 참았거든. 그런데 마침 동동주 장수가 왔으니 이 사람 술을 한 잔 사 먹으면 되겠구나 싶어서 주머니를 뒤져 보니 엽전 한 닢이 나와. 그래서 동동주 장수에게 엽전 한 닢을 건네주고 술 한 잔을 샀어.

"여보, 목이 몹시 마르니 그 술 한 푼어치만 주오."

"그러시오. 이 술이 오늘 마수걸이로군."

동동주 장수가 큰 사발에 술을 듬뿍 따라 막걸리 장수에게 건네줬어. 막걸리 장수는 그걸 받아 꿀꺽꿀꺽 맛나게 들이켰지. 그걸 보니 동동주 장수도 마음이 끌리지 뭐야. 자기도 아까부터 목이 마른 것을 꾹 참고 있었거든. 마침 술 한 잔 팔아서 엽전 한 닢이 생겼으니, 이걸로 막걸리나 한 잔 사 먹어야겠다 하고 돈을 막걸리 장수에게 건네면서,

"엣소. 내게도 그 술 한 푼어치만 주구려."

했지. 이번에는 막걸리 장수가 마수걸이를 하게 됐다고 좋아하면서 막걸리를 사발에 철철 넘치게 따라 주네. 동동주 장수는 그 술을 받아 아주 맛있게 마셨지.

그런데 막걸리 장수가 가만히 생각해 보니, 아무래도 술 한 잔 가지고는 목마른 것이 시원하게 안 풀린단 말이야. 딱 한 잔만 더 마셨으면 좋겠거든. 그런데 마침 막걸리 한 사발 팔아서 돈 한 푼이 생겼으니 안성맞춤이지 뭐야. 막걸리 장수가 입맛을 쩍쩍 다시면서,

"아무래도 한 잔 가지고는 안 되겠는걸. 여기 한 푼어치만 더 따라 주오."

하고 냉큼 엽전 한 닢을 동동주 장수에게 건네줬지. 동동주 장수는 벌써 술을 두 사발째 팔게 됐으니 좀 좋아. 얼른 돈을 받고 술 한 사발 따라 줬어.

그런데 동동주 장수가 술을 팔고 보니 또 돈 한 푼이 생겼단 말이야. 안 그래도 막걸리 한 잔으로는 양이 차지 않았는데 잘되었지 뭐야. 다시 돈을 막걸리 장수에게 건네주면서,

"나도 한 잔으로는 양이 차지 않는구려. 그 술 한 푼어치만 더 마십시다."

하고 막걸리 한 사발을 사 먹었어.

그러고 보니 막걸리 장수는 또 돈 한 푼이 생겼단 말이야. 아, 돈이 생겼는데 그냥 있을 수 있나. 에라 한 잔 더 사 먹자 하고 또 동동주 한 잔을 더 사 먹었어. 이번에는 동동주 장수도 돈 한 푼이 생겼으니 그냥 있을 수 없어서 또 막걸리 한 잔을 더 사 먹었지.

이렇게 하루 종일 서로 돈을 주거니 받거니 하면서 동이술을 다 비웠어.

둘 다 거나하게 취해서 생각해 보니, 이건 참 횡재를 해도 보통 한 것이 아니야. 생각해 봐. 술 한 동이씩 한 방울도 안 남기고 다 팔았겠다, 엽전 한 닢은 그대로 다시 막걸리 장수 손에 들어갔으니 돈 한 푼 안 들이고 술 한 동이씩 사 마셨겠다. 이런 횡재가 어디 있나. 두 사람은 그저 좋아서 싱글벙글하면서 빈 술동이를 짊어지고 제 갈 길로 가더래.

떡 먹기 내기

에그, 가렵고 따갑고 찜찜한 걸 어떻게 참나. 너희들은 콧등에 파리가 올라앉아 비비적거리는데 꼼짝 않고 참으라면 참겠어? 오늘은 그렇게 참다 참다 못 참은 이야기 하나 해 볼까. 좀 지저분한 이야기니까 밥 먹을 때는 이런 이야기 하지 마라.

옛날에 세 사람이 한동네에 살았어. 한 사람은 머리부스럼쟁이고, 한 사람은 눈병 앓는 눈곱쟁이고, 한 사람은 코흘리개야. 머리부스럼쟁이는 머리에 부스럼이 많이 나서 가려우니까 밤낮 머리 긁는 게 일이고, 눈곱쟁이는 눈에 눈곱이 많이 끼어서 파리가 많이 꾀니까 밤낮 손을 휘저어 파리 쫓느라 정신을 못 차리고, 코흘리개는 시도 때도 없이 콧물이 줄줄 흐르니까 밤낮 코를 훌쩍거리면서 소매끝으로 코를 문질러 대느라 딴 일을 못 해.

그런데 이 세 사람은 만나기만 하면 서로 나무라느라고 바빠.

"너는 왜 그 모양이냐? 밤낮 지저분하게 머리나 긁어 대고."

"그러는 너는 파리 쫓느라고 손이 한시도 가만히 있질 못하니 그게 무슨 꼴이냐?"

"아서라. 저렇게 밤낮 코나 문지르는 놈보다는 내가 낫지."

이렇게 제 흉은 모르고 서로 나무라기만 했다나.

그러다가 하루는 이 세 사람이 한자리에 모여 있는데, 마침 동네 잔칫집에서 떡 한 그릇이 왔어. 세 사람이 서로 먹으려고 다투다가 내기를 하기로 했지. 무슨 내기를 했느냐면 오래 참기 내기를 했어. 머리부스럼쟁이는 머리를 긁지 않고, 눈곱쟁이는 파리를 안 쫓고, 코흘리개는 코를 안 문지르고, 이러고 얼마나 오래 견디나 하는 내기지. 누구든지 더 오래 참는 사람이 떡을 다 차지하기로 하고서 말이야.

셋이서 꾹 참고 가만히 앉아 있었지. 그런데 한참 동안 그러고 있으니까 셋이 다 죽을 지경이야. 부스럼쟁이는 머리가 근질근질, 가려워서 견딜 수 없고, 눈곱쟁이는 동네에 사는 파리란 파리는 다 모여들었는지 집파리, 날파리, 똥파리, 쇠파리, 쉬파리까지 눈두덩에 새까맣게 달라붙어 죽을 맛이고, 코흘리개는 콧물이 턱 밑에까지 줄줄 흘러내려 못 견디겠거든.

참다 참다 못 참아서, 먼저 머리부스럼쟁이가 꾀를 썼어. 머리 긁지 말라는 법은 있어도 말을 하지 말라는 법은 없으니까 슬그머니 이야기를 꺼내는데,

"이보게들, 내가 어제 나무를 하러 산에 가지 않았겠나. 나무를 하다 보니 난데없이 숲에서 사슴 한 마리가 뛰어나오는데 그 사슴이 말이야, 뿔이 여기에도 나고 저기에도 나고……."

하면서 주먹으로 제 머리를 여기저기 가리키면서 툭툭 쳤어. 그러니까 가렵던 것이 좀 시원해지거든.

"아, 그놈의 사슴 뿔이 얼마나 많은지 여기에도 나고, 저기에도 나고, 이쪽 끝에도 나고 저쪽 끝에도 나고……."

하면서 손으로 머리를 여기저기 가리키면서 가려운 곳을 실컷 긁었어.

그 꼴을 보고 있던 코흘리개도 꾀를 썼지. 머리부스럼쟁이 말을 받아,

"에그, 그 사슴을 내가 봤으면 이렇게 활을 겨누고 쏘는 건데……."

하면서 활시위를 당기는 시늉을 하면서 소매끝으로 코를 슬쩍 닦는 거지.

"활을 한번만 쏘아서야 맞힐 수 있나. 이렇게 겨누고 쏘고, 또 이렇게 겨누고 쏘고……."

하면서 자꾸 활시위 당기는 시늉을 해. 그러면서 소매로 코를 실컷 문질렀어.

두 사람이 꾀를 쓰는 것을 보고 눈곱쟁이인들 가만히 있을 수 있나. 얼른 그 말을 받아,

"아니야, 아니야. 자네들 말은 모두 틀렸어. 그건 사슴도 아니고……."

하면서 고개를 살래살래 흔들면서 손을 내젓지. 그 바람에 눈에 붙은 파리가 잘도 쫓겨간단 말이야. 눈곱쟁이는 재미가 나서,

"아니야, 아니야. 뿔도 안 났고, 활도 그렇게 쏘면 안 되고……."

하면서 손을 내저어 파리를 실컷 쫓았다네.

떡은 누가 먹었느냐고? 그야 셋이 사이좋게 나누어 먹었지. 참, 그리고 그 뒤부터는 세 사람이 서로 나무라지 않고 사이좋게 지냈다는군. 억지로 참아 보니 참는 게 얼마나 힘든지 알아서 그랬을까.

갓에는 물 붓고 뚝배기는 쓰고

 옛날 어떤 마을에 좀 모자라는 사람이 살았어. 모자란다고 해도 사람됨이 나쁜 것은 아니야. 남 해코지할 줄 모르고 남을 속일 줄도 모르니 바탕이야 착한 사람이지. 그런데 성질이 너무 어수룩해서 뭐든 남이 시키는 대로 하니 그게 흠이라면 흠이야.
 하루는 아내가 이 사람더러 장에 가서 뚝배기와 갓을 사 오라고 심부름을 보냈어. 아내는 혹시나 남편이 두 물건을 가리지 못할까 봐 생김새까지 자세하게 일러 주었지.
 "뚝배기는 속이 비어서 움푹하고, 갓은 위가 막히고 아래가 뚫린 것이니 잘 살펴서 사 오세요."
 이렇게 해서 이 사람이 장에 가게 됐는데, 아내가 아무리 생각해도 못 미더워서 길 나서는 남편을 따라가서 다시 물어보았어.
 "당신 정말 뚝배기하고 갓이 어떤 물건인지 알아요?"
 "알다마다. 뚝배기는 속이 비어서 움푹하고, 갓은 위가 막히고 아래가 뚫렸지."
 "잘 알았어요. 그런데 뚝배기에는 모래 구멍이 있어서 자칫 잘못 고르면 물이 새는 것을 사기 쉬우니, 사기 전에 꼭 물을 부어 보세요. 그리고 갓으로 말하면 머리에 맞아야 하는 것이니 사기 전에 꼭 머리에 써 보세요."

"알았소. 내 틀림없이 당신 말대로 하리다."

이렇게 단단히 다짐을 하고서 장에 갔어. 장에 가서 한 바퀴 휘 둘러보다가 마침 뚝배기 가게 앞에 이르게 됐거든. 그런데 하필이면 뚝배기 장수가 뚝배기를 씻어 말려 놓는다고 죄다 엎어 놓을 게 뭐람. 뚝배기를 엎어 놓으니 위는 막히고 아래는 뚫려 있을 게 아니야. 그걸 본 이 사람이,

"옳지, 위가 막히고 아래가 뚫렸으니 저건 틀림없는 갓이렷다."

하고서, 제 딴에는 갓을 산다고 뚝배기 가게로 썩 들어갔어. 들어가서 이것저것 살펴보다가,

'참, 갓은 머리에 써 보고 맞는 것을 사랬지.'

하고서 아내가 시킨 대로 뚝배기를 하나하나 들어서 머리에 써 보았어. 뚝배기라는 게 주둥이가 작으니 머리에 잘 들어갈 리 있나.

"이것도 작아서 안 맞고…… 어라 이것도 안 맞네."

제 딴에는 머리에 맞는 걸 고른다고 이것 저것 집어다 자꾸 뒤집어써서 보았단 말이야. 그런데 동글동글한 것을 머리 위에 올려놓으니 그게 미끄러워서 잘 얹히지 않거든. 억지로 머리에 올려놓고 내려놓고 하다가 그만 뚝배기 하나를 떨어뜨려 버렸지 뭐야. 그러니 뚝배기가 깨어져 산산조각이 났지. 그걸 본 주인이 마구 야단을 쳐.

"이 사람이 아까부터 남의 물건 가지고 장난을 하더니 기어이 깨뜨리고 말았군. 어서 물건 값이나 물어내시오."

그래서 하릴없이 뚝배기 살 돈으로 깨진 뚝배기 값만 물어 주고 나왔어. 나와서 또 한 바퀴 휘 돌다 보니 갓을 파는 가게가 보이거든. 그런데 하필이면 갓 장수가 갓끈을 새로 단다고 갓을 죄다 뒤집어 놓을 게 뭐람. 갓을 뒤집어 놓으니 속이 비어서 움푹할 게 아니야. 그걸 본 이 사람이,

"옳지, 저건 속이 비어서 움푹하니 틀림없는 뚝배기로군."

하고서, 제 딴에는 뚝배기를 산다고 갓 가게로 썩 들어갔어. 들어가서 이것 저것 살펴보다가,

'참, 뚝배기는 물을 부어 보고 사랬지.'

하고서 아내가 시킨 대로 갓을 하나하나 들어 내어 물을 부어 보았어. 갓이라는 것이 말총을 얼기설기 엮어 만든 것이니 물이 샐 수밖에.

"어, 이 뚝배기는 물이 새서 못 쓰겠군."

그리고 또 다른 갓에다 물을 붓고 붓고 한단 말이야. 갓을 물에 적셔 놓으니 이내 축 늘어져서 망가지고 말지. 주인이 그 꼴을 보고 그만 기겁을 해.

"이 사람이 무슨 할 짓이 없어서 남의 갓을 가지고 장난을 하나? 어서 갓 값이나 물어내고 가시오."

그래서 갓 살 돈으로 망가진 갓 값만 물어 주고 나왔어.

이 사람이 빈손으로 털레털레 돌아가서 이러이러했노라 하니까, 아내가 그만 할 말이 없어서 입만 딱 벌리고 있더래. 글쎄, 뚝배기와 갓을 못 가리고 그 짓을 해 놨으니 무슨 할 말이 있겠어. 그러나마나 이 사람은 그 뒤로도 오래오래 잘 살아서, 어저께까지 살았다지. 어저께 죽어서 그저께 장사 지냈다는군. 하하.

보리밥 장군

 옛날 옛날에 어떤 사람이 살았는데, 이 사람은 배가 커서 한 끼에 보리밥을 두 말씩이나 먹었대. 그래서 사람들이 '보리밥 장군'이라고 불렀다나. 보리밥을 많이 먹어서 그런지 몸집도 여간 큰 게 아니야. 키가 서 발 장대만 하고 배도 뚱뚱하게 나와서 힘깨나 쓰는 것처럼 보이는데, 알고 보면 밥그릇 하나도 겨우 드는 허깨비 장군이지. 이 보리밥 장군이 밥만 축내고 집안일은 하나도 못 하니까 ─ 아 힘이 있어야 일을 하지 ─ 그러니까 아내가 그만 내쫓았어. 어디 가서 돈이나 벌어 오라고 말이야.

 그래서 하릴없이 집을 나섰는데, 정처 없이 가다 보니 어느 산골에 가게 됐거든. 마침 그 깊은 산골에도 집이 한 채 있어서, 그 집에 가서 밥 좀 달라고 했지. 그 집 할머니가 보리밥을 지어서 한 그릇 수북이 떠 주니까 뭐 마파람에 게 눈 감추듯 하거든. 거참 배가 몹시 고팠나 보다 하고 또 한 그릇 주니까, 이것도 뭐 사냥개 언 똥 들어먹듯 해치우지. 그렇게 해서 내리 열댓 그릇을 먹어치우니 주인 할머니가 그만 입이 딱 벌어져.

 '밥을 저렇게 많이 먹고 허우대가 저리 듬직하니 힘깨나 쓰겠구나.' 생각하고는, 할머니가 이 보리밥 장군을 앉혀 놓고 신세 한탄을 해.

 "여보시오, 장군님. 우리 영감이 지난해에 나무하러 갔다가 호랑이한테 잡아먹혔는데, 우리 아들 삼형제가 그 원수 갚겠다고 날마다 호랑이 잡으러 산에 간다오. 그런데 호랑이가 좀 힘세고 날쌔야지. 몇 달째 허탕만 치고 있으니 장군님이 좀 도와주시구려."

그 말을 들은 보리밥 장군이 막 허풍을 떨어.

"그럼 그러지요. 그까짓 호랑이쯤이야 두 손 쓸 것도 없이 한 손으로 때려눕힐 테니 염려 놓으세요."

밤이 돼서 아들 삼형제가 산에서 돌아오니까 할머니가,

"너희들 호랑이 잡는 데 도와줄 장군님 한 분 모셨으니 인사드려라."

하지. 그러니 아들들이 코가 땅에 닿도록 절을 해. 그러고 나서 이튿날 아침에 보리밥을 한 두어 말 해 먹고 이제 호랑이 잡으러 산에 가는 거지. 보리밥 장군은 산 밑에 서 있고, 아들 삼형제는 산 위로 올라가서 호랑이를 몰았어.

보리밥 장군이 한참 서 있으려니까 저 산 위에서 집채만 한 호랑이가 냅다 달려온다. 아, 이 허깨비 장군이 뭐 어떻게 해. 그만 죽을 것 같아서 옆에 있는 나무 위로 용을 쓰고 올라갔지. 그런데 이걸 어째. 호랑이란 놈이 그걸 보고 입맛을 쩍쩍 다시면서 나무 위로 기어올라오네. 보리밥 장군이 그만 혼이 다 빠져서 죽을힘으로 냅다 소리를 질렀어.

"아이고, 보리밥 장군 죽는다!"

얼마나 크게 소리를 질렀는지, 호랑이란 놈이 나무 위로 기어오르다가 깜짝 놀라서 그만 나뭇가지에 코가 끼었어. 그래서 꼼짝도 못 하고 매달려 있다가 죽어 버렸지.

뒤늦게 삼형제가 와서 그 꼴을 보고는 눈이 둥그래지지.

"장군님, 어떻게 저 큰 호랑이를 잡았습니까?"

"어떻게 잡긴. 그까짓것 한 손으로 모가지를 잡고 빙빙 돌리다가 내던졌더니 저 나뭇가지에 걸려 죽던데 뭐."

그러니까 삼형제가 탄복을 하면서 절을 열두 번도 더 해. 그리고는 아버지 원수 갚아 줘서 고맙다고 보리쌀 열 가마에다 산삼 세 뿌리를 주거든. 보리밥 장군이 그걸 보더니,

"보리쌀은 우리 집에도 많으니 산삼만 가져가지."

하고 산삼 세 뿌리만 달랑 들고 가. 뭐 힘이 있어야 보리쌀 열 가마를 지고 가지.

그렇게 해서 또 정처 없이 길을 갔어. 한참 가다 보니, 어느 집 앞에서 웬 아이가 엉엉 울고 있거든.

"넌 왜 그렇게 울고 있니?"

"우리 집에 도둑이 들어서 물건을 죄다 빼앗고는, 가지도 않고 방에서 잠을 자고 있어요."

"그거 아무 걱정 마라. 내가 내쫓을 터이니."

보리밥 장군이 또 큰소리를 쳐. 어떻게 하나 했더니, 곳간에 가서 떡메를 끙끙거리며 끌고 오네. 힘이 없으니까 나무 떡메도 잘 못 들어. 죽을힘을 다해서 겨우 떡메를 끌고 와서, 문지방을 베고 자는 도둑놈 이마를 한 대 내리치고는 얼른 떡메를 뒤에 감추고 섰지. 도둑이 깜짝 놀라 눈을 뜨고 일어나 보니, 키가 팔대장승 같은 사람이 떡 버티고 서 있어서 보기만 해도 겁이 나는데, 보리밥 장군이 새끼손가락을 쳐들고 한다는 말이,

"네 이놈, 못된 놈! 내가 요 새끼손가락으로 튀겼기에 망정이지. 엄지손가락을 튀겼으면 죽었을 거다!"

하고 엄포를 놓네. 그러니까 도둑이 그만 혼이 다 빠졌어. 새끼손가락으로 튀겼다는데 이마에 혹이 남산만 하게 났으니까 엄지손가락을 튀기면 정말 죽을 것 같거든. 그래서,

"예, 예. 죽을죄를 졌으니 그저 목숨만 살려 줍시오."

하고 굽신굽신 애걸복걸, 아주 기가 콱 질렸지. 그러니까 보리밥 장군이 점잖게 한마디 해.

"그러면 네가 이 집에서 빼앗은 물건 다 내놓고 썩 가거라."

도둑놈이 찍소리도 못하고 하라는 대로 하고 가지 뭐 어떻게 해.

그래서 보리밥 장군은 도둑을 쫓고 그 집에서도 아주 대접을 잘 받았더란다. 무슨 대접을 받았느냐고? 그야 보리밥 대접이지 뭐겠어. 한 두어 말 잘 먹었다네. 하하하.

사나운 색시 길들이기

옛날 어느 마을에 한 처녀가 살았는데, 이 처녀 성미가 어찌나 사납던지 그 마을에서는 당해 낼 사람이 없어. 남정네고 아낙네고 어른이고 아이고 간에 이 처녀 성미를 한번 건드렸다 하면 아주 경을 쳐. 그래서 마을에 이 처녀가 나타났다 하면 사람들이 모두 슬슬 피해. 그 정도야.

성미 사납다는 소문이 이 동네 저 마을 짜하게 퍼져서, 시집갈 나이가 꽉 찼는데도 이 처녀한테는 중매쟁이가 안 와. 총각들이 모두 지레 겁을 먹고 아무도 장가들려고 하지 않으니까 그렇지. 그런데 이웃 마을에 사는 총각 하나가 이 소문을 듣고,

"아무리 성미가 사납다 한들 고분고분하게 길들여 함께 못 살 게 무어냐."

하고서 그 처녀한테 중매쟁이를 보냈어. 처녀 집에서는 혼인 말이 안 들어와서 걱정하던 판국이니까 얼씨구나 좋다고 당장 허락을 해서 혼례를 치르게 됐지.

장가가는 날 첫날밤에 신랑이 일을 꾸미는데, 무슨 일을 꾸미는고 하니, 곤히 자는 색시 이불 밑에다가 똥을 한 항아리 퍼서 갖다 부어 놓았단 말이야. 그러고는 꿀을 또 한 항아리 떠다가 제가 자는 이불 밑에다 부어 놨지. 그래 놓고는 시치미를 뚝 떼고 잠을 잤어.

색시가 아침 일찍 잠을 깨 보니, 뭐 이불 밑이 축축하고 고약한 냄새가 막 나. 얼른 이불을 들치고 보니, 아이고 이를 어째. 깔고 자던 요에 똥이 수북이 묻어 있거든.

'아이고, 이런 부끄러운 일이 있나. 첫날밤에 이런 실수를 했으니 무슨 낯으로 딴 사람들을 보나.'

하고 색시가 걱정을 하고 있는데 신랑이 부시시 잠을 깨더니,

"응? 이게 웬 구린내야?"

하고서는 색시 꼴을 보더니,

"아이고, 당신이 너무 고단해서 그만 일을 저질렀구려. 이거 일이 이렇게 됐으니 우리끼리만 알고 깨끗하게 치웁시다."

하고서 아주 색시를 위해 주는 척하지. 거기에다 한 술 더 떠서 똥이 묻은 색시 요와 꿀이 묻은 제 요를 슬쩍 바꿔 놓고서,

"이걸 밖에 들고 나가서 치우면 식구들이 눈치챌 것이니 내가 먹어 치워야겠소."

하고는 요에 묻은 꿀을 먹어 치웠어. 그러니 색시가 보기에는 제가 싼 똥을 신랑이 먹어 치우는 것 같거든. 무안해서 얼굴을 들 수 없을 지경인데, 신랑이 저를 그렇게나 위해 주니 너무 고마워서 눈물이 다 나오지.

그런 일이 있고 나서 색시는 그 사나운 성미가 다 어디 갔는지 아주 고분고분해졌어. 더러 수틀리는 일이 있어서 성이라도 낼라치면 신랑이 얼른,

"어허, 너무 그러지 마오. 당신 첫날밤에 말이오."

하고 슬쩍 운을 떼기만 해도 무안해서 그만 쑥 들어가고 말지. 그러니 남 보기에는 성 한번 내는 일 없이 얌전하게 시집살이를 아주 잘하거든. 마을 사람들이 모두 참 희한한 일도 다 있다고 혀를 내두르며 탄복을 해. 그렇게도 성미 사납던 처녀가 시집을 가더니 아주 딴사람이 됐으니 탄복을 안 할 수

있나. 아무려나 색시는 말 한마디 크게 내는 법 없이 아주 얌전하게 살았어.

그렇게 살면서 아들 낳고 딸 낳고, 그 아들딸을 잘 키워서 시집 장가 다 보내고, 그러다 보니 신랑은 할아버지가 되고 색시는 할머니가 됐지. 그래서 환갑 잔치를 하게 됐는데, 환갑 잔치 한다고 아들, 며느리, 딸, 사위, 손자, 손녀까지 온 식구들이 다 모였어. 그렇게 식구들이 다 모여 있는데, 할아버지가 된 남편이 가만히 생각해 보니 첫날밤에 꾸민 일을 여태 아내한테 숨겨 온 것이 미안하거든. 이제 둘 다 이렇게 늙었으니 사실대로 그 이야기를 한대도 무슨 탈이 있겠나 싶어서 슬슬 옛날 이야기를 꺼냈어.

"여보, 내가 당신한테 여태 숨겨 온 일이 하나 있소."

하고서, 첫날밤에 색시 이불 밑에 똥을 퍼다 집어넣은 것과 꿀 묻은 요와 똥 묻은 요를 슬쩍 바꿔서 꿀을 똥 먹는 것처럼 먹어 치운 일을 죄다 이야기해 줬거든. 그러고 나서,

"그 덕분에 당신이 이날 이때까지 그 사나운 성미도 부리지 않고 얌전하게 잘 살았다오."

하니까, 그때까지 듣고 있던 아내가 벌떡 일어나더니,

"아이고 분해. 요놈의 영감쟁이가 꾸민 일인 줄도 모르고 여태 참고 살았구나. 아이고 분해."

하면서 남편에게 달려들더니 수염을 죄다 뽑아 버리더래. 아, 수염 뽑힐 짓을 했으니까 뽑혔지 뭐.

내 담뱃대 어디 갔나

옛날에 옛날에 참 정신 없는 사람이 살았대. 이 정신 없는 사람, 어찌나 잊어버리기를 잘하는지 제 성과 이름자도 곧잘 잊어버려. 다른 것이면 몰라도 사람이 제 성을 잊어버린대서야 사람 구실을 할 수 있나. 보다 못한 아내가 옷고름에다 배를 하나 매달아 주었어. 이 사람 성이 '배'씨거든. 언제든지 옷고름만 내려다보면 배가 매달려 있을 터이니 그걸 보고 제 성을 알아 내라고 말이지.

하루는 집에 손님이 찾아와서 서로 인사를 하게 됐지. 손님이 먼저,

"저는 김가올시다."

하고 성을 대는데, 이 사람은 그새 성을 잊어버렸지 뭐야. 그래서 성을 알아 내려고 저고리 옷고름을 내려다봤지. 아 그런데 언제 떨어졌는지 배는 뚝 떨어지고 꼭지만 달랑 남아 있더란 말이야.

'응, 꼭지가 달려 있으니 내 성은 꼭지렷다.'

이렇게 생각하고는 한다는 말이,

"예, 제 성은 꼭지가올시다."

하더라나.

이 정신 없는 사람이 한번은 이웃 사람과 같이 금강산 구경을 하러 갔어. 둘이서 여기저기 구경하다가 마침 한곳에 가니까 바위틈에서 꿀이 줄줄 흘

러 나오더래. 꼭 사람 머리 하나 들어갈 만한 바위틈인데 말이야. 이웃 사람이 그걸 보고 머리를 바위틈에 디밀고 꿀을 빨아먹었지. 그러느라고 밖에서 보면 머리가 안 보이거든. 그러니까 이 정신 없는 사람이 하는 말이,

"이 사람, 아까 올 때도 머리가 없었던가?"

하더래.

이 사람이 하루는 나들이를 가게 됐어. 옛날에는 남자들이 길을 떠날 때 담뱃대를 곧잘 손에 들고 다녔거든. 이 사람이 담뱃대를 들고 활갯짓을 하며 걸으니까 담뱃대가 앞으로 왔다 뒤로 갔다 할 게 아니야? 손이 뒤로 가서 담뱃대가 안 보이면,

"어, 내 담뱃대 어디 갔나?"

하다가, 손이 앞으로 와서 담뱃대가 보이면,

"아, 여기 있구나."

하더라지. 이렇게 손이 앞뒤로 왔다갔다할 때마다,

"어, 내 담뱃대 어디 갔나?"

"아, 여기 있구나."

"어, 내 담뱃대 어디 갔나?"

"아, 여기 있구나."

이러면서 길을 가더라나.

이렇게 가다 보니 덥기도 하고 다리도 아파서 쉴 곳을 찾는데, 마침 시원하고 맑은 개울물이 보이더란 말이야. 이 사람이 갓과 옷을 벗어서 나무에 걸어 놓고, 신은 벗어서 바위 위에 얹어 놓고, 개울물에 들어가서 목욕을 했겠다. 목욕을 잘하고 나와 보니 나무에 제가 벗어 놓은 갓과 옷이 있거든.

"어라, 웬 정신 없는 사람이 여기다 이런 걸 벗어 놓고 갔지? 이건 내가 입어야겠다."

옷을 입고 갓을 쓰고 나서 보니, 바위 위에 제가 벗어 놓은 신이 있거든.

"얼씨구, 신도 벗어 놓고 갔네? 이건 내가 신어야지."

이 사람이 횡재를 했다고 아주 좋아하면서 가더래. 그렇게 가다가 길에서 중 한 사람을 만났어. 서로 인사를 한다는 게 제 성도 모르니까 제 말은 않고,

"어디 사는 스님이오?"

하고 묻기만 했지.

"저 산 너머 태고사에 사는 중이올시다."

중이 공손하게 대답을 해 줬어.

"응, 저 산 너머 태고사에 사는 스님이라……."

정신 없는 사람이 이렇게 중얼거려 보지만 몇 걸음도 못 가서 또 잊어버리지. 어디 사는 중인지 잊어버리는 건 말할 것도 없고, 제가 물었던 것까지 깡그리 잊어버린단 말이야. 그러니,

"어디 사는 스님이오?"

하고 또 묻지.

"저 산 너머 태고사에 사는 중이올시다."

중이 이번에도 대답을 해 주지만, 얼마 못 가서 또 잊어버리고 물어. 그러니 하루 내내,

"어디 사는 스님이오?"

"저 산 너머 태고사에 사는 중이올시다."

하면서 가는 거지.

그렇게 가다 보니 마침 날이 저물어서 함께 주막에 들게 됐어. 하룻밤 잘 자고 중이 아침에 일어나 보니 이 사람이 아직 정신 없이 자고 있거든. 중은 이 사람 머리를 박박 깎고 자기가 입고 있던 장삼을 벗어 입히고 손에는 목

탁을 들려 놓고 가 버렸어.

　이 사람이 일어나서 사방을 휘휘 둘러보더니,

　"어, 중은 여기 있는데 나는 어디 갔나? 중을 혼자 남겨 두고 내가 도망가 버렸군."

하더라나. 하하하.

자린고비 영감

옛날 옛날에 세상에서 둘째가라면 서러워할 만큼 지독한 구두쇠, 자린고비 영감이 살았어. 이 자린고비 영감은 평생 고기를 사다 먹는 법이 없어. 아, 돈이 아까워서 어떻게 고기를 사? 생선국이 먹고 싶으면 지나가는 생선장수를 불러다가,

"이놈이 큰가, 저놈이 큰가."

하고 큰 것을 고르는 척하면서 두 손에 생선 비린내를 잔뜩 묻히지. 그래 놓고는 안 사겠다고 그러면서 장수를 되돌려보내는 거야. 생선장수가 가고 나면 그 손을 물에 씻어서 국을 끓여 먹는단 말이야. 어떤 이야기에는 며느리가 그렇게 해서 국을 끓여 놓으니까 자린고비 영감이,

"그 손을 우물에다 씻었으면 온 동네 사람이 다 생선국을 먹을 텐데, 살림을 그렇게 헤프게 살아서야 쓰나."

하고 나무랐다지만 그건 틀렸어. 아, 자린고비 영감은 제 것만 아까워하고 남 위할 줄 모르는 노랭이인데 동네 사람들 생각해서 그럴 리 있나.

그건 그렇고, 이 자린고비 영감이 하루는 장독에 장이 얼마나 남았는가 보려고 장독 뚜껑을 열었어. 그런데 그사이에 커다란 쉬파리 한 마리가 장독 안에 날아들어서 장을 빨아먹지 뭐야. 그 쉬파리도 참 간덩이가 부었지. 아, 다른 사람도 아니고 자린고비 영감네 장을 빨아먹고 무사할 줄 알았나

봐. 아니나 다를까, 자린고비 영감이 그만 화가 머리끝까지 뻗쳤어.

"이놈의 파리가 감히 우리 장을 훔쳐 먹어? 그냥 둘 수 없다."

자린고비 영감이 당장 손을 휘둘러 쉬파리를 잡으려고 했지. 그렇지만 날아다니는 파리를 어디 쉽게 잡을 수 있나. 잡으려고 하면 포르르 날아서 다른 장독에 가 앉고, 또 잡으려고 하면 포르르 날아가 바지랑대에 가 앉고, 이러니 못 잡지. 그렇지만, 그렇다고 해서 자린고비 영감이 어디 그만둘 사람인가. 제 집 장을 훔쳐 먹는 걸 두 눈 똑바로 뜨고 보고서야 하늘이 두 쪽이 나도 그냥 보내 줄 수 없지.

쉬파리가 담장을 넘어 바깥으로 달아났어. 자린고비 영감도 바깥으로 따라 나갔지. 쉬파리가 집 앞에 있는 무밭으로 달아났어. 자린고비 영감도 무밭으로 들어갔지. 쉬파리가 논둑으로 달아났어. 자린고비 영감도 논둑으로 따라갔지.

이렇게 쫓고 쫓기다 보니 산을 넘고 물을 건너 삼십 리나 가게 됐어. 삼십 리를 쫓아가서야 자린고비 영감이 드디어 쉬파리를 잡았어. 쉬파리가 자린고비 영감보다 먼저 지친 거지. 자린고비 영감이 쉬파리를 잡아 가지고는,

"이놈의 파리야, 어서 우리 장 내놔!"

하면서 그놈 몸뚱이에 묻은 장을 입으로 쪽쪽 빨아먹고서야 쉬파리를 놓아 주더란다.

그런데 자린고비 영감네 이웃 마을에 달랑꼽재기 영감이 살았어. 그런데 이 달랑꼽재기 영감도 보통 구두쇠가 아니야. 자기가 자린고비 영감보다 더 했으면 더했지, 덜한 구두쇠는 아니라고 여기는 영감이지.

하루는 자린고비 영감과 달랑꼽재기 영감이 함께 나들이를 가게 됐어. 그런데 두 사람이 처음부터 아예 짚신을 벗어서 허리에 차고 맨발로 걸어간단 말이야. 짚신이 닳는 게 아까워서 그런 거지.

그렇게 둘이 가다가, 맞은쪽에서 이쪽으로 걸어오는 사람들과 마주치게 됐어. 아무리 지독한 구두쇠라도 체면이 있으니 남이 보는 데서 맨발로 걸어갈 수는 없는 노릇이거든. 둘 다 얼른 짚신을 꺼내 신었어. 그런데 달랑꼽재기 영감은 짚신을 신고 그냥 걸어가는데, 자린고비 영감은 짚신을 신고 그 자리에 가만히 서 있는 거야. 가만히 서 있다가 마주 오는 사람들이 다 지나가니까 그제서야 짚신을 벗어서 다시 허리에 차고 간단 말이야. 달랑꼽재기 영감이 그 꼴을 보고는,

"이 사람아, 왜 가다 말고 그렇게 서 있었나?"

하고 물으니까 자린고비 영감이 한다는 말이,

"그걸 몰라서 묻나? 잠깐이라도 짚신을 신고 걸으면 짚신이 닳을 게 아닌가? 그러니 사람들이 지나갈 때까지 그 자리에 가만히 서 있어야 짚신이 안 닳지."

하더란다. 그러니까 자린고비 영감이 달랑꼽재기 영감보다 더 지독한 구두쇠지 뭐야.

또 하루는 자린고비 영감과 달랑꼽재기 영감이 길에서 만났는데, 무더운 여름날이라 둘 다 부채를 들고 있었어. 먼저 달랑꼽재기 영감이 접었다 폈다 하는 부채를 딱 한 마디만 펴 가지고,

"부채를 한번에 쫙 펴서 부치는 사람들은 씀씀이가 너무 헤퍼. 나는 말이지, 부채를 꼭 한번에 한 마디씩 펴서 부친다네. 이렇게 하면 남들이 일 년 쓸 것을 이십 년 쓸 수 있지."

하고 자랑을 해. 그러니까 자린고비 영감이 한다는 말이,

"이 사람 보게. 그렇게 씀씀이가 헤퍼서 어떻게 하나? 나는 말이야, 부채는 가만히 두고 얼굴을 돌려서 부친다네."

하면서 부채를 펴 들고 그 앞에서 얼굴을 이리저리 돌리더란다. 부채 닳는

것이 아까워서 부채는 가만히 두고 얼굴을 왔다 갔다 해서 부채질을 한다는 거야. 그러니까 달랑꼽재기 영감이 할 말이 없지 뭐.

방귀쟁이 며느리

옛날 어떤 집에서 새로 며느리를 들였는데, 이 며느리가 시집오고 난 뒤부터 얼굴색이 영 말이 아니야. 날이 갈수록 얼굴이 노랗게 뜨고 점점 야위어 간단 말이지. 시어머니가 이상하게 생각하고는 하루는 며느리를 불러 놓고 물었어.

"애야, 너는 무슨 일로 시집오고 난 뒤부터 얼굴색이 점점 나빠지느냐? 무슨 걱정이라도 있느냐?"

그랬더니 며느리가,

"그럴 만한 까닭이 있지마는 부끄러워서 말을 못 하겠습니다."

하거든. 시어머니가 궁금하기도 하고 걱정도 되고 해서 자꾸 다그쳤어.

"너 나한테 부끄러울 일이 뭐 있느냐? 무슨 일이라도 흉 잡지 않을 터이니 마음 놓고 말해 보려무나."

그제서야 며느리가 한다는 말이,

"그럼 말씀드리지요. 저는 본디 방귀를 많이 뀌는데, 시집온 뒤로는 시집 식구들이 어려워서 마음 놓고 방귀를 못 뀌었습니다. 나오는 방귀를 억지로 참다 보니 그게 병이 된 듯합니다."

한단 말이야. 시어머니가 들어 보니 우습기도 하고 어이없기도 하지마는, 얼마나 방귀를 참았으면 저리되었을까 생각하니 며느리가 불쌍하기도 하단 말이지. 그래서 며느리더러 아주 마음 푹 놓고 방귀를 뀌라고 일렀어.

"방귀를 못 뀌어서 그 꼴이 되었다니 그래서야 쓰겠느냐. 이제부터는 아무 걱정 말고 마음대로 방귀를 뀌어라."

"정말 그래도 되겠습니까?"

"그럼, 방귀 안 뀌는 사람이 어디 있다고 그런 걸 가지고 흉을 잡겠느냐?"

"그렇지만 제 방귀는 보통 방귀가 아닙니다."

"보통 방귀가 아니면 어떠냐. 마음 놓고 뀌어라."

그제서야 며느리는 이제야 살았다는 듯이 한숨을 쉬더니, 무슨 일인지 집안 식구들을 다 불러 모아 달라고 그런단 말이야. 방귀 뀌는데 무슨 일로 집안 식구들을 다 불러 모으는지 영문을 모르겠지마는, 시어머니는 며느리 부탁대로 집안 식구들을 다 불러 모았어. 시아버지, 남편, 시동생, 시누이까지 다 모였지. 그랬더니 며느리가 하는 말이,

"그러면 이제 방귀를 뀌겠습니다. 아버님은 문고리를 붙들고 계십시오. 어머님은 부엌에 나가서 솥뚜껑을 꼭 누르고 계시고, 서방님은 기둥을 단단히 붙잡으세요. 도련님은 마당에 나가 오동나무를 꽉 붙잡으시고, 아가씨는 마루 밑에 섬돌을 밟고 계세요."

하겠지.

식구들이 영문을 모르고 시키는 대로 하니까 며느리가 댓바람에 방귀를 벼락같이 한 방 펑 하고 뀌었어. 그랬더니 문짝이 쑥 빠져 날아가고 솥뚜껑이 푹 솟아오르고 기둥이 흔들흔들하고 오동나무가 휘청거리고 섬돌이 들썩들썩하고, 아주 난리가 났어. 문고리를 붙들고 있던 시아버지는 문짝이 빠져 날아가는 바람에 문고리를 잡고 마당에 나가떨어지고, 솥뚜껑을 누르고 있던 시어머니는 솥뚜껑이 솟아오르는 바람에 펄쩍 뛰었다가 넘어졌어. 기둥을 붙잡고 있던 남편과 오동나무를 붙잡고 있던 시동생은 덩달아 이리

저리 휘청거리느라 정신을 못 차리고, 섬돌을 밟고 있던 시누이는 섬돌이 들썩거리는 바람에 기겁을 하고 바깥마당으로 달아났어.

이렇게 한바탕 방귀를 뀌고 나자 며느리는 속이 시원해서 얼굴이 활짝 펴지는데, 다른 식구들은 모두들 얼굴이 파렇게 질렸어. 놀라기도 했거니와 그보다는 앞으로 겪을 일이 더 걱정이거든. 앞으로 며느리가 방귀를 몇 번 더 뀔지 모르지만, 이러다가는 집이 무너지는 것은 둘째치고 식구들 몸이 성하게 남아나지 않을 것 같단 말이야.

"아이구, 애야. 안 되겠다. 너를 이 집에 더 두었다가는 우리 식구 명대로 못 살겠다."

시아버지와 시어머니는 그길로 며느리를 친정으로 돌려보내기로 했어. 며느리를 친정으로 보내려고 시아버지하고 남편이 데리고 갔지. 가다가 어느 산모퉁이에 이르렀는데, 모두들 다리도 아프고 땀도 나고 해서 나무 그늘에서 좀 쉬다 가기로 했단 말이야. 마침 그늘이 진 나무가 감나무야. 그 감나무에 감이 빨갛게 익어서 주렁주렁 달려 있었어. 남편이 그걸 보고 몇 개 따 먹으려고 나무에 올라가는데, 나무가 너무 높아서 다 못 오르고 그만 내려오고 말았지. 그걸 보고 있던 며느리가,

"아버님, 서방님. 잠깐만 저리 피해 있으세요."

하더니, 감나무에다 대고 방귀를 펑 뀌더란 말이야. 그랬더니 천둥 치는 소리가 나면서 바람이 마구 쌩쌩 불어. 방귀 바람이 얼마나 센지, 그 바람에 감나무에 달린 감이 모조리 우르르 떨어지지 뭐야. 그걸 다 주워 담았더니 시아버지와 남편, 두 사람이 지고 가기에도 버거울 만큼 많더래. 시아버지가 무릎을 탁 치더니,

"이제 보니 우리 며느리 방귀도 쓸모없는 방귀는 아니로구나. 애야, 어서 집으로 가자."

하고 며느리를 다시 집으로 데리고 와서 잘 살았다는 이야기야. 그 집 식구들은 모두 오래오래 살아서, 그저께까지 살았다지.

떡은 먹고 편은 못 먹고

옛날에는 유식한 체하는 사람들이 '문자'라는 걸 곧잘 썼지. 그게 뭐냐 하면 우리 말을 공연히 한자말로 바꾸어서 쓰는 거야. 그래서 떡을 '편'이라고 하고, 국수를 '면'이라고 하고, 술을 '약주'라고 하면서 잘난 체를 했단다. 지금 생각하면 우스운 일이지.

어느 마을에 갓 장가든 신랑이 있었어. 이 신랑이 처가에 갔는데, 처가 식구들이 유식한 체하려고 그랬는지 문자를 썼어. 장모가 사위더러 대접을 한답시고,

"자네, 편을 들겠는가?"

하고 묻겠지. 신랑이 들어 보니 난생처음 듣는 말이거든. 아, '편'이라는 게 대체 뭔지 알아야 말이지. 그게 떡을 가리키는 말인 줄을 어떻게 알겠어. 뭔지는 모르지만 난생처음 듣는 걸 먹겠다고 할 수 없어서,

"어, 그것은 못 먹습니다."

했지. 그랬더니 장모가 하는 말이,

"그래? 그러면 면을 들겠는가?"

한단 말이야. 거참, 그냥 국수라고 하면 될 것을 공연히 어려운 한자말을 써서 골탕 먹일 게 뭐람. 이번에도 신랑이 무엇인지 몰라서,

"그것도 못 먹습니다."

했지. 그러니까 장모가,

"편도 싫고 면도 싫으면 약주나 들지 그래."

하거든. 아, 그놈의 약주는 또 뭔지 알 수가 있나. 그래서,

"그것도 못 먹습니다."

했지. 그랬더니,

"자네는 못 먹는 것이 왜 그렇게 많은가?"

하면서 아무것도 내놓지를 않네. 아무것도 먹으라고 내놓지 않으니 별수 있나. 그냥 쫄쫄 굶다가 집에 왔지.

집에 와서 신랑이 색시한테 푸념을 늘어놓았어. 처가에 갔더니 무슨 말인지도 모르는 것만 먹겠느냐고 묻고, 자기가 좋아하는 떡과 국수와 술은 아예 내놓지도 않더라고 말이야. 그랬더니 색시가,

"혹시 편, 면, 약주를 먹겠느냐고 묻지 않던가요?"

하겠지. 그래서 바로 그렇더라고 하니까,

"그게 바로 당신이 좋아하는 떡, 국수, 술이랍니다. 다음에 가거든 잊지 말고 꼭 먹겠다고 하세요."

하고 단단히 일러 줘.

얼마 뒤에 신랑이 또 처가에 가게 됐어. 이번에는 그놈의 말을 꼭 잊지 않겠다고, 집을 나설 때부터 외면서 갔어.

"편은 떡이요 면은 국수요 약주는 술이렷다. 편, 면, 약주, 편, 면, 약주, 편, 면, 약주……."

이러면서 갔지. 그런데 가다가 개울물을 건너게 됐어. 개울물을 건너다가 그만 외던 걸 깜빡 잊어버렸지 뭐야. 신랑이 개울 한가운데에 서서 잊어버린 걸 찾는다고 야단이 났어.

"에그, 그놈의 것을 잊어버렸으니 어쩐담."

마침 그때 다른 사람이 지나가다가 신랑이 무얼 골똘히 찾는 것을 보고 물었어.

"여보, 개울에서 뭘 잃어버렸소?"

신랑은 그 말에 대꾸도 않고,

"그게 뭐더라, 그게 뭐더라."

하면서 자꾸만 찾아. 그러니까 지나가던 사람이,

"그걸 이 편에서 잃으셨소, 저 편에서 잃으셨소?"

하고 묻는단 말이야. 신랑이 들어 보니 '편'이라는 말이 탁 나오거든.

"옳거니. 하나 찾았다."

지나가던 사람이 보니까 묻는 말에는 대답도 않고, 아무것도 손에 들지 않고서 하나 찾았다고 좋아한단 말이야. 아무래도 이상한 사람 같아서,

"당신 어느 면에 사시오?"

하고 물었어. 신랑이 들어 보니 '면'이라는 말이 탁 나오거든.

"옳거니, 두 개 찾았다."

지나가던 사람이 보니까 점점 더 이상해. 묻는 말에 대답도 않고 자꾸 뭘 찾았다고 그러니 이상하지. 그래서,

"당신 혹시 약주를 너무 많이 드신 것 아니오?"

하고 물었지. 신랑이 들어 보니 그새 잊어버렸던 '약주'라는 말이 탁 튀어나 온단 말이야.

"이제 됐다. 세 개 다 찾았다."

그러고는 껑충껑충 제 갈 길로 가더래. 입으로는 연신 "편, 면, 약주, 편, 면, 약주……" 하면서 말이야. 그런 이야기가 있어.

활 못 쏘는 활꾼

에헴, 에헴. 오늘은 활 못 쏘는 활꾼 이야기 하나 해 볼까나. 활도 못 쏘는 게 무슨 활꾼이냐고? 그러게 한번 이야기를 들어 봐.

옛날에 웬 총각이 살았는데, 나이 서른이 넘도록 장가를 못 갔어. 왜 장가를 못 갔는고 하니 하도 가난해서 그래. 아 목구멍에 풀칠하기도 바쁜 터에 무슨 살림 밑천이 있어야 장가를 가든 말든 할 것 아닌가.

하루는 이 총각이 서울 구경이나 하겠다고 집을 나섰어. 시골에서 농사짓고 살아 봐야 평생 가난뱅이 신세도 면하지 못하고 떠꺼머리 총각으로 늙어 죽을 판이라, 늙기 전에 서울 구경이라도 한번 해 보자고 나선 거지.

그래서 털레털레 길을 걸어가는데, 가다 보니 길가에 낡은 활과 부러진 화살이 떨어져 있겠지. 그걸 주웠어. 활은 어깨에 척 둘러메고 부러진 화살은 어찌어찌 실로 동여매어 가지고 허리춤에 턱 찔러 넣고 갔단 말이야. 그렇게 하고 가다 보니, 이번에는 길가에 죽은 참새 두 마리가 떨어져 있어. 길 가다가 시장하면 구워 먹겠다고 그놈을 주워서 화살에 척 끼워 가지고 갔지.

그렇게 해서 서울에 다 갔는데, 서울 장안을 돌아다니니까 사람들이 모두 자기를 쳐다보고 수군덕수군덕해. 가만히 들어 보니까 모두들 한다는 소리가,

"야, 굉장한 활꾼이로군. 화살 하나로 참새 두 마리를 잡다니 말이야."

하거든. 죽은 참새 두 마리를 화살 하나에 끼워 가지고 다니니까 그걸 활로 잡은 줄 알고 그러는 거지. 구태여 그게 아니라고 외고 다니기도 뭣하고 해서 그냥 아무 말 않고 있으니까 그게 소문이 돼서 온 장안에 다 퍼졌어. 웬 시골 사람이 화살 하나로 새를 두 마리나 잡았다고 말이야.

그런데 마침 그때 임금님이 사는 대궐에서 큰일이 났어. 하나밖에 없는 임금님 딸이 병이 나서 다 죽게 됐거든. 온 나라에 용한 의원이란 의원은 다 불러다 진맥을 해 봤지만 아무도 몰라. 무슨 병인지도 모른단 말이지. 그런데 대궐 뒤뜰에 있는 백년 묵은 오동나무에 얼마 전부터 밤마다 부엉이란 놈이 와서 '부엉 부엉' 하고 울고 가더래. 그리고 나서 임금님 딸이 병이 났단 말이야. 그래서 임금님이 의원이고 뭐고 다 때려치우고 활 잘 쏘는 사람을 불러다가 부엉이를 쏘아 잡게 했지. 그런데 내로라 하는 활꾼들도 그놈의 부엉이를 못 잡아. 그럴 수밖에. 깜깜한 밤중에 까마득한 오동나무 꼭대기에 숨어 있는 놈을 활로 쏜대야 무슨 수로 맞혀? 뭐가 보여야 겨냥을 하든지 쏘든지 하지.

그래서 임금님이 걱정이 늘어졌는데, 마침 용한 활꾼이 서울 장안에 나타났다는 소문이 임금님 귀에까지 들어갔지 뭐야. 그러니 임금님이 당장 사람을 보내 이 총각을 대궐로 불러들였어. 총각은 아닌 밤중에 홍두깨 격으로 임금님 앞에 불려 갔지.

"네가 화살 하나로 새 두 마리를 쏘아 맞히는 용한 재주를 가졌다는 소문을 듣고 불렀느니라. 오늘 밤 뒤뜰 오동나무에 부엉이가 날아들 것인즉, 네 솜씨로 그 부엉이를 쏘아 맞히도록 하여라."

총각이 가만히 생각해 보니 이것 참 큰일이 나도 예사로 난 게 아닐세그려. 삼십 평생 호미 들고 농사짓는 일만 했지, 활이라고는 이번에 길에서 주운 것을 난생처음 만져 본 형편인데 무슨 수로 깜깜한 밤중에 부엉이를 쏘아 맞혀? 겨냥은 그만두고 시위를 어떻게 당기는지 알아야 활을 쏠 것 아닌가. 그렇다고 소문이 짜하게 난 판국에 이제 와서 그게 아니라고 할 수도 없고, 아주 딱한 처지가 됐단 말이야. 암만 생각해도 빠져나갈 궁리가 없으니까, 이 총각이 그만 에라 모르겠다 하고 큰소리를 쳤어.

"임금님, 염려 마십시오. 제 솜씨로 오늘 밤에 틀림없이 그놈 왼눈을 쏘아 맞히겠습니다."

이렇게 큰소리를 치긴 했는데 뭐 뾰족한 수가 있어야지. 뾰족한 수가 없으니까 그저 밤이 될 때까지 오동나무 밑에서 활을 들고 가만히 서 있었어. 그런데 하늘이 무너져도 솟아날 구멍이 있다더니, 궁리하다 보니 좋은 생각이 번개같이 떠오르지 뭐야. 아 어떻게든 부엉이만 잡으면 됐지, 그놈의 것을 꼭 활로 쏘아 잡으라는 법은 없잖아.

날이 어두워지기를 기다려, 총각이 옷을 훌훌 벗고는 맨살에다 온통 새까맣게 먹칠을 했어. 그렇게 해 가지고 부엉이가 날아든다는 오동나무 위로 기어올라갔어.

올라가서 나뭇가지에 딱 붙어서 매달려 있었지. 그렇게 나무에 매달려 있다 보니, 아닌 게 아니라 밤이 이슥해지니까 어디서 부엉이 한 마리가 푸덕푸덕 날아오더니 바로 총각 옆에 턱 앉는단 말이야. 부엉이는 총각이 거기에 매달려 있다는 걸 모르지. 온몸에 새까맣게 먹물을 칠해 놨으니까 부엉이 아니라 부엉이 할아버지라도 못 알아볼 것 아니야?

부엉이가 마음을 턱 놓고 있는 사이에 총각이 얼른 부엉이를 덮쳤어. 꼼짝도 못 하게 단단히 잡아 가지고 내려오니까, 그 틈에 부엉이가 숨이 막혀서 죽었어. 죽은 부엉이 왼눈에다가 화살을 박아서 나무 밑에 던져 놨지. 그래 놓고 몸을 씻고 옷을 입고 들어와서 시치미를 뚝 떼고 잠을 잤어.

이튿날 아침에 임금님과 대궐 사람들이 어떻게 되었나 하고 뒤뜰에 나와 보니, 아니나 다를까 부엉이가 왼눈에 화살을 맞고 죽어 있거든. 모두들 무릎을 치며 탄복을 하지 뭐야.

"야, 참으로 용한 재주로군. 백년에 하나 나올까 말까 한 명궁일세."

임금님이 좋아라 하면서 당장 이 총각을 사위로 삼았어. 총각이 아니었으면 하나밖에 없는 딸이 죽었을 터인데 총각 덕분에 살았다고 말이야. 이래서 총각은 참 팔자가 폈지. 임금님 딸을 아내로 맞아 대궐 안에 살림을 차리고 참 재미나게 잘 살았어.

그런데 살다 보니 또 딱한 일이 생기네. 나라에서 활쏘기 대회를 한다고 그러지. 활쏘기 대회를 한다고 온 나라에서 활꾼들이 모여드는데, 백년에 하나 나올까 말까 한 명궁이라고 소문난 이 사람이 안 나간대서야 말이 되나. 사람들이 모두 등을 떠다미는데 어째. 할 수 없이 활을 둘러메고 나갔지.

나가기는 했는데, 다른 사람들이 활을 쏘는 것을 보니 기가 꽉 질려. 모두들 몇백 걸음 밖에서 과녁을 한복판에 씽씽 날아가 박힌단 말이야. 저는 뭐 활대를 어떻게 들고 어떻게 겨냥하는지도 모르니 기가 질릴밖에.

모두들 활을 다 쏘고 드디어 이 사람 차례가 됐어. 이 사람이 활을 들고 나가 서기는 했는데, 어떻게 해야 할 바를 몰라서 그냥 활시위만 잔뜩 당기고 가만히 서 있어. 아, 어떻게 쏘는지 알아야 쏘든지 말든지 하지. 구경하는 사람들이 모두 숨을 죽이고 보고 있는데, 아무리 기다려도 활시위를 놓지 않는단 말이야. 한나절 동안 그러고 서 있으니 옆에 있던 사람이 답답해서,

"여보시오, 어서 활을 쏘지 않고 뭘 하고 있소?"

하고 팔을 툭 건드렸어. 그 바람에 화살이 시위를 떠나 휭 날아가네. 날아가서, 어디로 갔는고 하니 이게 과녁 쪽으로 안 가고 하늘 위로 날아갔어. 그런데 마침 그때 하늘에 솔개 두 마리가 날아가고 있었거든. 화살이 용하게

도 그중 한 마리를 맞혀 떨어뜨렸지. 그것도 아주 신통하게 왼눈을 딱 맞혔단 말이야. 구경하던 사람들이 모두 입을 딱 벌리고 감탄을 하는데 정작 활을 쏜 사람은,

"에이, 옆에서 참견하는 사람 때문에 일을 다 그르쳤네그려. 가만히 두었으면 두 마리를 한꺼번에 맞혔을 텐데 옆에서 팔을 건드리는 바람에 한 마리밖에 못 맞혔잖소. 내 이제 다시는 활을 안 쏠 테요."

하고 투덜거리더라네.

그 뒤로 참 다시는 활을 안 쏘더라는군. 왜 안 쏘았느냐고? 아, 쏠 줄 알아야 쏠 것 아니야. 허허허.

소금 삽쇼

옛날 옛날 어느 마을에 소금장수 한 사람이 살았어. 그런데 이 사람에게 아들이 하나 있다는 게 아주 미련해. 나이 열다섯 살이 넘어도 콩과 보리를 못 가리고 간장 된장을 못 가려. 그러니 아무 일도 못 하고 밤낮으로 잠이나 자는 게 일이지.

하루는 아버지가 아들을 불러 놓고 걱정을 했어.

"애야, 너도 이제 나이가 그만하니 무슨 일이든 일을 해야 할 것 아니냐. 밤낮 집에만 틀어박혀 잠이나 자니 참 딱하구나."

그러니까 이 아들이 한다는 말이,

"그러면 나도 아버지처럼 장사나 하게 소금 한 짐 줘요."

하거든. 아버지가 그 말을 듣고 기특해서 소금 한 짐을 마련해 줬어. 그러면서,

"어디든지 사람이 많이 모인 곳에 가서 '소금 삽쇼, 소금 삽쇼!' 하고 크게 외야지, 가만히 있어서는 못 판다."

하고 단단히 당부를 했지.

아들은 소금짐을 지고 집을 나서서 여기저기 돌아다녔어. 아버지 말대로 사람이 많이 모인 곳을 찾아다니는 거지. 한나절을 돌아다니다 보니, 마침 초상집에 사람들이 많이 모여 있는 게 보이더란 말이야. 장례를 치른다고

사람들이 많이 모여서 모두들 슬피 울기도 하고 우는 사람을 위로하기도 하고 이러거든.

'옳지, 저기 사람이 많이 모여 있구나.'

아들이 다짜고짜 초상집에 들어가서 "소금 삽쇼, 소금 삽쇼!" 하고 크게 외며 돌아다녔지. 아, 사람이 죽어서 모두들 울고불고하는데 웬 미련퉁이가 여기저기 들쑤시며 소금 사라고 소리를 지르니 초상집 사람들이 기가 막힐 것 아니야. 뭐 이런 놈이 다 있느냐고 고함을 치며 내쫓았지.

이렇게 해서 소금 한 줌도 못 팔고 초상집에서 쫓겨났어. 그길로 털레털레 집으로 돌아오니, 아버지가 왜 소금을 하나도 못 팔고 왔느냐고 묻거든. 이러이러해서 소금을 못 팔았다고 하니,

"그런 데 가서는 상주에게 절을 하고 같이 슬피 울어 주고 난 다음에 소금을 사라고 해야 한다."

하고 가르쳐 줘.

아들이 그 말을 잘 새겨 뒀다가 다음날에 또 소금을 팔러 갔지. 한나절을 돌아다니다 보니, 마침 혼인 잔치를 하는 집에 사람들이 많이 모여 있어. 혼례를 치른다고 사람들이 많이 모여서 웃고 떠들고 야단이거든.

'아, 저기에 사람이 많이 모여 있구나. 이번에는 실수하지 말아야지.'

아들이 다짜고짜 잔칫집에 불쑥 들어가서 신랑 각시에게 절을 넙죽 하고는 "아이고, 아이고" 하면서 슬피 울었지. 크게 울수록 소금이 잘 팔릴 것 같아서 아주 땅을 치면서 동네가 떠나가도록 울어제꼈어. 그랬더니 잔칫집 주인이 화가 머리끝까지 나서,

"웬 놈이 남의 집 혼인 잔치에 와서 재수 없게 울고불고 난리냐?"

하고 마구 야단을 치네. 구경하던 사람들도 저런 놈은 당장 내쫓아야 한다고 손가락질을 하며 욕을 퍼부어 대지. 이래서 욕만 실컷 얻어먹고 소금은

한 줌도 못 팔고 집으로 돌아왔어. 돌아와서는 이놈이 되레 아버지에게 역정을 내.

"아버지가 시키는 대로 했다가 소금도 못 팔고 욕만 잔뜩 얻어먹었습니다."

아버지가 아들 말을 다 듣더니 허허 웃으면서,

"그런 데 가서는 '경사로다, 경사로다' 하면서 춤을 한바탕 춰 주고 나서 소금을 팔아야 잘 팔린다."

하고 일러 준단 말이야.

그다음 날 또 소금 팔러 나갔지. 소금짐을 지고 한참 돌아다니다 보니, 한 곳에 사람들이 왁자지껄하면서 모여 있거든.

'옳다구나, 저기 사람이 많이 모여 있구나. 어서 가서 춤을 추고 소금을 팔아야지.'

이 미련퉁이가 다짜고짜 사람들 틈을 비집고 들어가서 덩실덩실 춤을 췄어. "경사로다, 경사로다" 하면서 한바탕 신나게 춤을 췄지. 그런데 거기는 다른 곳이 아니고 불난 집이야. 집에 불이 나서 온 동네 사람들이 불을 끄려고 야단들인데, 그 가운데 들어가서 "경사로다, 경사로다" 하며 춤을 춰 놨으니 어떻게 되겠어?

"불난 집에 부채질한단 말은 들었어도 경사 났다고 춤추는 놈은 처음 보겠네. 이놈부터 두들겨 줘야겠군."

성난 마을 사람들이 달려들어 아들을 흠씬 때려 줬어. 이번에도 소금은 한 줌도 못 팔고 실컷 두들겨맞기만 했지. 그런 꼴로 비실비실 집으로 돌아오니 아버지가 깜짝 놀랄 게 아니야?

"너 어쩌다가 그 꼴이 되었느냐?"

이러저러해서 소금은 못 팔고 두들겨맞기만 했다고 하니,

"쯧쯧, 그런 데 가서는 물을 끼얹어 불부터 꺼 주고 나서 소금을 사라고 해야지."

하고 일러 줘.

다음 날 또 소금 팔러 나갔지. 여기저기 돌아다니다 보니, 어떤 곳에 사람이 많이 모여서 큰 소리로 떠들며 옥신각신하거든. 동네 사람끼리 싸움이 벌어져서 그런단 말이야. 몇 사람은 서로 옳으니 그르니 삿대질을 하면서 고함을 지르고, 몇 사람은 그걸 떼어 말린다고 밀고 당기고 하느라 야단이 났어.

'옳아, 저기 사람이 많이 모여 있군. 물부터 끼얹어 줘야지.'

이 미련한 아들이 얼른 소금짐을 벗어 놓고 물을 한 바가지 떠 왔어. 그리고는 군말 않고, 싸우는 사람들 얼굴에다가 물을 쫙쫙 끼얹고 봤어. 안 그래도 싸우느라고 화가 잔뜩 나 있던 참에 물벼락을 맞아 놓으니 어떻게 되겠어. 모두들 싸움이고 뭐고 그만두고 저놈 잡아라고 우르르 달려든단 말이야. 미련퉁이는 겁이 나서 소금짐도 팽개치고 걸음아 날 살려라 하고 도망을 쳤어.

집에 돌아와서 아버지에게 이야기를 하니, 아버지가 어이가 없어서 허허 웃지.

"그렇게 싸울 때는 가운데 들어가서 양팔을 벌려 싸움을 떼어 놓고 화해를 시켜야 한다. 잘 들어라. 아무 데서나 그러는 게 아니고 싸울 때만 그러는 것이다."

아버지는 아들이 또 아무 데나 가서 그럴까 봐 단단히 일러 주었어. 아들은 그 말을 마음에 잘 새겨 두고, 다음 날 또 소금을 팔러 나갔지. 한참 가다 보니 황소 두 마리가 서로 뿔을 치받으며 싸우고 있겠지.

'옳다구나. 저럴 땐 화해를 시키는 거랬지.'

미련퉁이는 소금짐을 받쳐 놓고 황소 뿔 사이에 끼어들어서,

"화해합쇼! 화해합쇼!"

하고 두 팔을 벌려 가로막으며 소리를 쳤어. 황소들이 그 말을 들을 리 있나. 양쪽에서 뿔로 들입다 받아 버리니 미련퉁이는 그만 공중에 붕 떴다가 나가떨어졌어.

그다음부터는 소금장사고 뭐고 넌더리가 난다고 다시는 하지 않더라나.

새끼 서 발로 장가들기

새끼 서 발 가지고 장가든 이야기 해 볼까나. 옛날에 늦도록 장가 못 든 총각이 홀어머니를 모시고 살았지. 그런데 이 총각이 만사에 태평이야. 삼 년 가뭄에 비가 오나마나 태평이고, 장마에 우케*가 떠내려가나 마나 태평이고, 그러니 장가를 가나 못 가나 태평이지. 보다 못한 어머니가,

"얘, 너는 평생 떠꺼머리로 늙어 죽을 작정이냐?"

하고 걱정을 해도,

"짚신도 짝이 있다는데 때가 되면 어련하겠어요. 걱정 마세요."

하고 천하태평이지.

하루는 어머니가 일하러 나가면서,

"얘, 뒤꼍에 짚 석 단이 있으니 그걸로 새끼나 좀 꼬아 놓으렴."

하고 나갔어. 그런데 저녁때가 되어 돌아와 보니 이 태평꾼이 짚 석 단으로 달랑 새끼 서 발을 꼬아 놓았단 말이야.

어머니가 한심하기도 하고 화가 나서,

"얘, 너 그 새끼 서 발 가지고 당장 나가거라. 나가서 색싯감이나 구해 와."

* 찧으려고 말리는 벼.

하고 아들을 내보냈어.

총각은 하릴없이 새끼 서 발을 허리에 매고 집을 나갔지.

한참 가다가 길에서 옹기장수를 만났어. 옹기장수가 옹기 지게를 받쳐 놓고 서 있는데, 막 넘어가려는 옹기를 붙잡고 쩔쩔매고 있더란 말이야. 가만히 보니까 옹기짐을 묶은 줄이 끊어져 그러고 있어. 그런 판국에 튼튼한 새끼줄을 가진 사람을 만났으니 옹기장수가 반색을 하지.

"여보게, 총각. 그 새끼줄을 이 물동이와 바꾸지 않겠나?"

"그러지요."

그래서 물동이를 하나 얻었어. 새끼 서 발이 물동이 하나가 되었지.

총각이 물동이를 옆구리에 끼고 또 한참 가다가 우물가에서 물 긷는 아낙을 만났어. 이 아낙이 물동이에 물을 가득 길어서 머리에 이려고 들어올리다가 그만 손이 미끄러워서 물동이를 놓쳐 버렸네. 그 바람에 물동이가 떨어져서 팍삭 깨지고 말았지 뭐야. 그런 판국에 새 물동이를 가진 사람을 만났으니 반색을 할 수밖에.

"거기 길 가는 총각, 나 좀 보오. 시아버님 약 달일 물을 뜨러 왔다가 물동이를 깨뜨려 버렸지 뭐요. 시아버님이 아는 날에는 당장 쫓겨날 판이니, 부디 그 물동이를 내게 주오. 그걸 주면 집에 가서 떡 한 시루 갖다 주리다."

"그러지요."

그래서 떡 한 시루를 얻었어. 물동이 하나가 떡 한 시루 되었지.

떡시루를 짊어지고 또 한참 가다가 장정 둘을 만났어. 장정 둘이서 송장을 지고 가. 송장을 거적에 둘둘 말아서 지게에 얹어 지고 가거든. 가면서,

"하필이면 이 늙은이가 우리 집 앞에서 죽어 가지고 이 고생일세."

하고 투덜거리더란 말이야.

총각이 그 말을 듣고,

"여보시오, 그 송장이 누구길래 그리 청승맞게 장사 지내오?"

하고 물었어. 장정들은 우스개삼아,

"이 송장이 누구냐고? 바로 당신 할머니지."

했지. 총각은 정말로 제 할머니인가 싶어서,

"그러면 할머닐랑 내게 맡기고 이 떡을 가져가오."

했단 말이야. 장정들은 얼씨구나 좋다 하고 얼른 송장을 내려 놓고 떡시루를 지고 가 버렸어. 떡 한 시루가 송장 하나가 되었지.

총각이 송장을 짊어지고 한참 가다 보니 우물이 하나 있거든.

"할머니, 물이나 마시고 좀 쉬어 가요."

이러면서 송장을 마치 산 사람 대하듯 우물가 버드나무에 기대 세워 놓았단 말이야. 그러고 나서 멀찍이 떨어져 쉬고 있는데 마침 웬 처녀가 물을 길으러 우물가에 나왔다가 할머니를 보고서,

"할머니, 할머니. 여기서 뭐 하시는 거예요?"

하고 묻다가 아무 대답이 없으니까 손으로 툭 밀어 보거든. 송장인 줄도 모르고 말이야. 툭 미니까 송장이 뭐 힘이 있어? 그 자리에 털썩 쓰러지지. 처녀가 정신을 차리고 가만히 들여다보니까 죽었거든. 그만 기겁을 하고 부들부들 떨고 있지. 그때 총각이 달려와서,

"아이고, 우리 할머니가 쓰러지셨네!"

하니까 처녀가 잘못했다고 싹싹 빌어. 총각은 세워 둔 송장이 넘어졌다고 그러는 건데, 처녀는 제가 잘못해서 할머니가 죽은 줄로만 아는 거지.

"도련님, 제발 살려 주세요. 관가에 잡혀 가긴 싫어요."

"살려 드리고 말고 할 것이 뭐 있소? 나는 색싯감을 구하러 다니는 중이니 내 색시나 되어 주오."

그러니까 처녀가 그러마고 해. 그래서 송장은 양지바른 곳에 묻어 주고, 처녀는 집에 데리고 갔대. 데리고 가서 홀어머니 모시고 아주 깨가 쏟아지게 잘 살았다는군. 이게 새끼 서 발 가지고 장가든 이야기지.

● ── 이야기를 들려주고 나서

　옛이야기에 나오는 주인공은 거의 우리와 비슷한 사람들입니다. 아니면 우리보다 좀 못난 사람들일 수도 있지요. 좀 모자라거나 엉뚱한 사람들도 많습니다. **〈바보 남편 인사 배우기〉** 주인공은 발가락에 끈을 매어 놓고 아내가 당길 때마다 꼭두각시처럼 인사를 하고, **〈박박 바가지〉** 주인공은 '바각바각' 소리를 낸다고 바가지라고 믿어 버리며, **〈갓에는 물 붓고 뚝배기는 쓰고〉** 주인공은 뚝배기를 머리에 뒤집어쓰고 갓에다 물을 붓습니다. 어디 그뿐입니까? **〈내 담뱃대 어디 갔나〉** 주인공은 제 성조차 잊어버리고, **〈떡은 먹고 편은 못 먹고〉** 주인공은 짧은 말 몇 마디를 못 외워서 개울 건너다 잊어버리기도 합니다. 그런가 하면 **〈활 못 쏘는 활꾼〉** 은 한밤중에 발가벗고 부엉이 잡으러 나무에 오르고, **〈소금 삽쇼〉** 에 나오는 소금장수는 황소끼리 싸우는 데 가서 화해하라고 소리를 지릅니다.
　그런데 이렇게 좀 모자란 듯한 사람들이 조금도 밉지 않으니 웬일일까요? 오히려 곁에 있으면 벙글벙글 웃으며 다가가 인사라도 나누고 싶을 만큼 정다운 느낌이 들지 않습니까? 그렇습니다. 이런 이야기의 주인공들은 모두가 정다운 우리 이웃입니다. 오히려 좀 멍청하고 엉뚱하기에 더 정이 가는 사람들이지요. 남 해코지할 줄 모르고 어수룩해서 남에게 잘 속아 넘어가지만, 손해를 보아도 그다지 마음 쓰지 않는 소박한 사람들……. 바로 이들이 우리 조상들의 참모습이 아닐까요?

〈보리밥 장군〉과 〈활 못 쏘는 활꾼〉은 비록 허풍쟁이지만 남을 돕는 일에 발 벗고 나서는 착한 사람들이고, 〈**자린고비 영감**〉도 인색한 구두쇠지만 제 것만 악착같이 아끼고 남의 것 탐내지 않으니 그리 나쁘달 것은 없지요. 〈**방귀쟁이 며느리**〉는 좀 부풀린 이야기지만, 세상에 방귀 안 끼고 사는 사람 없으니 흉 될 것이 또 무엇이겠습니까? 이렇듯 옛이야기 속에는 푸근하고 정다운 우리 이웃들이 살고 있답니다. 옛이야기를 좋아하는 우리는 언제나 이런 이웃들이 곁에 있어서 외롭지 않지요.

7부
아기자기 재미있는 동물 이야기

옛이야기 세상은 온갖 짐승들이 사람처럼 말을 하고 걸어 다니고 웃고 울며 살아가는 세상이지요. 그래서 옛이야기 세상은 사람 사는 세상보다 더 아기자기하고 재미있나 봐요. 그리고 평등한 세상이기도 해요. 두꺼비와 호랑이가 동무 되어 살기도 하고, 고양이와 쥐가 한데 어울려 살기도 하니까요.

꼬리가 얼어붙은 호랑이

 옛날 옛적, 산에 사는 짐승들이 다 말을 하고 살 때 이야기란다. 어느 추운 겨울날 토끼 한 마리가 산에서 호랑이를 만났어. 배고픈 호랑이는 다짜고짜 입을 딱 벌리고 토끼에게 덤벼들었지.
 "어, 너는 토끼 아니냐? 마침 잘 만났다. 내가 벌써부터 배가 고파 먹을 것을 찾고 있었는데 너를 잡아먹으면 배가 부를 테지."
 토끼가 얼른 꾀를 냈어.
 "에그, 호랑이 아저씨는 발도 길어. 하필이면 내가 떡을 구워 먹으려고 할 때 나타날 게 뭐람."
 호랑이가 그 말을 들어 보니 떡 욕심이 생기거든. 토끼가 구워 놓은 떡도 먹고 토끼까지 잡아먹으면 좀 좋아.
 "너, 그 떡 어디 있느냐?"
 "이왕에 들켰으니 할 수 없지요. 따라오세요."
 토끼는 호랑이를 데리고 자갈이 많은 곳에 갔어. 동글납작한 자갈을 열한 개 주워 놓고 불을 피웠지.
 "가서 꿀을 구해 올 테니 아저씨는 여기서 떡이 잘 구워지나 지켜보세요. 이 떡은 딱 열 개니까 내가 올 때까지 하나라도 미리 먹으면 안 돼요."
 토끼는 부러 호랑이에게 신신당부를 해 놓고 깡충깡충 뛰어서 달아났어.

토끼가 간 뒤에 호랑이는 군침을 삼키면서 떡이 구워지기를 기다렸지. 한참 기다리다가 심심해서 토끼가 주워다 놓은 자갈을 세어 봤어. 세어 보니 열한 개거든. 잘못 세었나 하고 다시 세어 봐도 틀림없이 열한 개야.

"흐흐, 멍청한 토끼녀석. 떡이 열한 개인 걸 모르고 열 개라고 했겠다. 그렇다면 내가 한 개를 집어 먹어도 모르겠지."

호랑이는 토끼가 오기 전에 얼른 먹어 치우려고 빨갛게 구운 자갈을 냉큼 입속에 집어넣고 꿀꺽 삼켰어. 그런데 그게 떡이 아니고 자갈이니, 불에 구운 자갈이 얼마나 뜨거워.

"아이쿠, 뜨거워. 내 창자 다 녹는다."

호랑이는 뱃속이 뜨거워서 펄쩍펄쩍 뛰다가 꼬꾸라지고 말았지.

뱃속을 뜨거운 자갈에 데어서 며칠 동안 고생하던 호랑이가 겨우 기운을 차리고 밖에 나갔다가 또 토끼를 만났어.

"네 이놈, 토끼야. 지난번에는 나를 속여먹었지만 이번에는 어림없다. 당장 잡아먹고 말 테니."

토끼가 또 얼른 꾀를 냈지.

"에그머니, 호랑이 아저씨는 발도 길지. 내가 참새 잡으려고 하는 건 어떻게 알고 왔을까?"

참새를 잡는다는 말에 호랑이 귀가 또 솔깃해지지. 토끼가 참새를 잡기를 기다렸다가 참새도 먹고 토끼도 잡아먹으면 좀 좋아.

"너, 그 참새를 어떻게 잡느냐?"

"휘이휘이 몰아서 한꺼번에 잡지요. 내가 밖에서 참새를 쫓을 터이니 아저씨는 저 가시덤불 속에 들어가서 눈 딱 감고 입만 벌리고 앉아 있으세요. 그러면 참새가 입속으로 마구 들어올 테니 그냥 꿀꺽꿀꺽 삼키기만 하면 돼요."

말을 들어 보니 그럴 듯하거든. 호랑이가 좋아라고 가시덤불 속에 들어가서 입을 딱 벌리고 앉아 있었어. 그사이에 토끼는 가시덤불 둘레를 돌면서 불을 질렀지. 마른 가시덤불에 불이 붙어서 따다닥 따다닥 타 들어가니까, 호랑이는 그게 새 날아오는 소리인 줄 알고 눈을 딱 감고 입을 더 크게 벌렸지. 그러다 보니 불길이 몰려들어 호랑이 몸에 불이 붙었어.

"아이쿠, 불이야! 호랑이 살려!"

호랑이는 간신히 불길을 빠져 나와 모래밭에 데굴데굴 굴렀어. 그래서 겨우 몸에 붙은 불은 껐지만 온몸에 난 털이 홀라당 다 타 버렸지.

털을 새까맣게 태운 호랑이가 며칠 동안 끙끙 앓다가 겨우 정신을 차리고 나왔어. 어슬렁거리며 다니다가 또 토끼를 만났지.

"이 괘씸한 놈. 두 번이나 날 속이다니. 당장 잡아먹고 말 테다."

토끼는 또 얼른 꾀를 냈지.

"쯧쯧, 호랑이 아저씨는 하필 내가 물고기 잡으려고 할 때 나타날 게 뭐람."

욕심 많은 호랑이는 물고기를 잡는다는 말에 마음이 동해 또 멈칫거리지. 물고기와 토끼를 다 잡아먹으면 좀 좋아.

"너, 물고기 잡을 줄 아느냐?"

"알다마다요. 물고기 잡는 데는 낚시가 제일이지요. 내 꼬리는 짧아서 신통치 않지만 아저씨 꼬리는 낚시하기에 안성맞춤이니, 저 개울에 꼬리를 담그고 한참만 가만히 있어 보세요. 그러면 저절로 물고기가 꼬리에 주렁주렁 매달려 올라올 테니까요."

호랑이가 사람들 낚시하는 걸 보긴 봤거든. 물속에 줄을 던져 넣고 가만히 있기만 하면 물고기가 달려 나오더란 말이야. 그러니 제 꼬리를 담가 놔도 될 것 같았지. 얼른 개울가에 가서 꼬리를 물속에 척 담그고 앉아 있었겠다.

그사이에 토끼는 어디론가 도망가 버리고, 호랑이는 한참 있다가 이제 물고기가 주렁주렁 매달렸겠지 하고 꼬리를 들어 보니 꼼짝도 하지 않네. 그사이에 그만 물이 얼어 버렸지 뭐야.

"어, 이게 뭐야? 물고기가 너무 많이 매달려서 이런가?"

용을 쓰고 꼬리를 들어올려 봤지만 꼼짝을 않지. 꼬리가 물속에 꽁꽁 얼어붙었으니 꼼짝할 리가 있나. 호랑이가 아무리 용을 써도 꼬리가 물에서 나오지 않으니까 아주 젖 먹은 힘까지 다 내어 꼬리를 들어올렸어. 그 바람에 호랑이 꼬리가 쑥 빠져 버렸지 뭐야. 그렇게 꼬리가 빠진 호랑이가 아직도 산속에 돌아다닌다는 소문이 있어.

메기의 꿈풀이

　물속에 메기란 놈이 살았는데, 이놈이 커다란 몸집만 믿고 잘난 체를 하느라 다른 물고기들을 꼼짝도 못 하게 했어. 그런데 하루는 메기가 별난 꿈을 꾸었거든. 무슨 꿈인고 하니, 열 사람이 자기를 들어 올려 높은 곳에 모시더니 둥글고 큰 관을 씌워 가마를 태워 가서 넓은 마루에 앉혀 놓고 붉은 띠를 둘러 주기에, 호령 소리를 크게 한번 내고 어두운 방에 들어가 앉았더니 흰 구름이 뭉게뭉게 일고, 차돌방아를 찧는 곳을 지나 젖은 고개를 넘어가서 황금줄을 타고 미끄러지는 꿈이야.

　메기가 생각해 보니 예사 꿈이 아닌 듯한데 도무지 꿈풀이를 할 줄 알아야지. 그래서 물고기들이 많이 모여 있는 곳에 가서 꿈 이야기를 하고 풀이를 해 달랬어. 망둥이가 꿈 이야기를 다 듣고 나더니 제 딴에는 메기한테 잘 보이려고 좋은 말로 그럴싸하게 해몽을 하는데,

　"거참, 좋은 꿈입니다. 열 사람이 높은 곳에 모시는 것은 선녀를 따라 하늘로 올라가는 것이고, 큰 관을 쓰고 가마 타고 가는 것은 귀한 몸이 되는 것이고, 넓은 마루에 앉아 붉은 띠를 두르고 호령하는 것은 하늘나라에서 종을 마음대로 부리는 것이고, 어두운 방에 들어가 앉았다가 흰 구름을 일으키는 것은 어두운 먹구름을 일으켜 날을 흐리게 했다가 다시 흰 구름을 내어 날을 맑게 하는 것이고, 차돌방아를 찧고 젖은 고개를 넘는 것은

바위를 움직이고 비를 내려 땅을 높이 솟게 하는 것이고, 황금줄을 타고 미끄러지는 것은 온갖 보물 속에 묻힌 모습이니, 용이 아니고서야 그런 조화를 부릴 수 있겠습니까. 그게 용 될 꿈이올시다. 메기어른이 물속에서 오래 사시더니 곧 용이 되려나 봅니다."

이러거든. 메기가 들어 보니 참 좋은 말만 하거든. 저 듣기 좋은 말 하는데 싫어할 리가 있나. 메기가 기분이 좋아서 입을 헤벌리고 있는데, 그때까지 말없이 듣고만 있던 가자미가 썩 나서더니,

"그 꿈 풀이는 다 틀렸소. 내가 옳게 풀어 주지요."

하고는 꿈을 푸는데, 망둥이가 한 말과는 영 딴판이지 뭐야.

"열 사람이 높은 곳에 모시는 것은 사람이 두 손으로 잡는 것이지요. 사람 손가락이 열 아니오? 둥글고 큰 관을 씌우고 가마 태워 가는 것은 사람이 잡아서 다래끼에 넣어 들고 가는 것이고, 넓은 마루에 앉는 것은 도마 위에 오르는 것이 틀림없지요."

메기가 들어 보니 사람에게 잡혀서 반찬감이 된다는 말이거든. 화가 나서 입을 실룩실룩하고 있는데, 가자미는 아랑곳없이 다음 꿈을 푸는구나.

"붉은 띠를 두르는 것은 고춧가루를 뿌리는 것이고, 호령 소리를 크게 내는 것은 죽느라고 끽소리를 내는 것이지요. 어두운 방에 들어가는 것은 매운탕 되려고 냄비 안에 들어가는 것이고, 흰 구름이 뭉게뭉게 이는 것은 냄비 안에서 푹 삶아져 김이 술술 나는 것이 틀림없고, 차돌방아 찧는 것은 사람 입에 들어가 질근질근 씹히는 것이고, 젖은 고개 넘는 것은 목구멍으로 넘어가는 것이지요. 그리고 황금줄을 타고 미끄러지는 것은 똥이 되어 나오는 게 아니고 뭐겠소? 이래도 내 해몽이 틀렸소?"

이렇게 끔찍하게 해몽을 해 놓으니, 심술 사나운 메기가 가만히 있을 리 있나. 눈을 부릅뜨고 가자미 한쪽 볼따구니를 사정없이 후려쳤지. 그 바람

에 가자미 눈이 한쪽으로 휙 쏠려 버렸어. 가자미도 화가 머리끝까지 났지만 제 힘으로 메기를 못 당하니 어떻게 해. 낙지를 찾아가서 분풀이를 해 달라고 했어. 낙지도 메기를 아니꼽게 여기고 있던 터라 그러마고 했지. 그런데 잘못 덤비다가 가자미처럼 얻어맞아서 눈이 한쪽으로 쏠릴까 봐 아예 눈을 떼어서 꽁무니에 달고 갔어. 가서 다짜고짜 메기 대가리를 밟고 입을 옆으로 쫙 찢어 놓았지. 그 바람에 메기는 대가리가 납작해지고 입이 쭉 찢어졌어. 메기 옆에서 알짱거리던 망둥이가 저도 메기처럼 될까 봐 얼른 메기 배 밑으로 기어 들어가는 바람에 배가 납작해졌지. 그 꼴을 보고 있던 병어가 얼마나 우스운지 배를 잡고 하하 웃으니, 메기가 제 꼴을 보고 웃는다고 눈을 부라리지 뭐야. 병어가 그만 기겁을 하고 입을 조그마하게 오무렸는데, 그래도 자꾸 웃음이 나와서 입을 오무리고 호호 웃다가 입이 톡 튀어나왔어.

　메기 머리가 납작하고 입이 찢어진 것도 이 때문이고, 가자미 눈이 한쪽으로 쏠린 것도 이 때문이라네. 낙지 눈이 꽁무니에 달린 것과 병어 입이 뾰족한 것도 다 이때 생긴 일이라지. 하하하.

이마가 벗겨진 메뚜기

　옛날에 황새, 개미, 메뚜기가 동무하고 살았어. 하루는 셋이서 강가에 모여 놀다 보니 배가 고프거든. 셋 가운데 나이가 가장 많은 황새가 말하기를,
"우리 이럴 게 아니라 어디 가서 먹을 것을 좀 구해 오자. 개미는 밥을 얻어 오너라. 메뚜기와 나는 반찬거리로 물고기를 잡아 올 테니."
하니, 모두 그러자고 했어.
　개미는 사람이 많이 다니는 길가에 가서 가만히 앉아 기다렸지. 한참 있으니 밥광주리를 머리에 인 아주머니가 걸어오거든. 얼른 다가가서 아주머니 발 뒤꿈치를 꽉 깨물었어. 그랬더니 아주머니가,
"에구 따가워."
하면서 펄쩍 뛰느라고 밥광주리를 떨어뜨렸지. 그 바람에 밥광주리에 담긴 밥이 홀라당 쏟아져 길바닥에 흩어졌지. 아주머니는 할 수 없이 빈 광주리를 이고 가 버렸어.
　개미는 쏟아진 밥알을 하나하나 주워 모아 놓았어. 셋이서 실컷 먹을 만한 밥이 모였지. 그렇게 해 놓고 한참을 기다렸더니 황새가 물고기 한 마리를 잡아 가지고 혼자서 털레털레 돌아와.
"황새야, 메뚜기는 어디 가고 너 혼자 오니?"
　황새가 고개를 절레절레 흔들면서,

"글쎄, 메뚜기가 저 혼자 물고기를 잡겠다고 물에 풍덩 뛰어들어가더니 암만 기다려도 안 나오지 뭐야."

하거든.

"그럼 그 물고기는 어떻게 잡았니?"

"이건 내가 얕은 물에 들어가서 잡은 거야."

둘이서 의논하기를, 배가 고프니 우선 둘이서 물고기를 반찬 삼아 밥을 먹고 나서 메뚜기를 찾아보자, 이렇게 의논을 하고 물고기 배를 갈랐어. 배를 갈라야 요리를 할 것 아니야?

그런데 물고기 배를 갈라 보니 뱃속에서 메뚜기가 어슬렁어슬렁 기어 나오지 않겠어?

"아이구 덥다. 아이구 더워."

하고 이마를 훨훨 쓰다듬으면서 말이야. 개미와 황새는 깜짝 놀랐지. 물속에 들어가서 안 나오던 메뚜기가 난데없이 물고기 뱃속에서 기어 나오니 안 놀랄 수 있어? 그러니까 메뚜기가 제 딴에는 물고기 잡는다고 물속에 들어갔다가 되레 물고기에게 잡아먹힌 거지. 죽을 뻔하다가 살아났는데도 메뚜기는 태연하게 한다는 말이,

"이 물고기 잡느라고 애를 썼더니 무척 덥구나."

하면서 땀이 난 이마를 훨훨 쓸어넘기는구나. 그 말을 들은 황새가 어이가 없어서,

"뭐라고? 이 물고기를 네가 잡았다고?"

하고 대드니까 메뚜기도 지지 않고,

"그럼, 내가 잡지 않고. 내가 물고기 뱃속에 들어갔으니 내가 잡은 거지."

하고 우긴단 말이야.

"이 물고기는 내가 잡은 거야. 그리고 너는 나 때문에 살았고."

황새는 이러고,

"무슨 소리. 이 물고기는 내가 잡은 거야. 너는 내가 다 잡아 놓은 물고기를 물고 오기만 했지."

메뚜기는 이러고.

서로 내가 잡았느니 아니라느니 하고 다투었지. 그런데 메뚜기는 물고기 뱃속에 들어갔다 나와서 너무 더운 나머지 자꾸만 이마를 쓸어넘기다가 그만 이마가 홀라당 벗겨졌어. 황새는 제가 잡은 물고기를 메뚜기가 잡았다고 우기니까 속이 상해서 입을 뾰로통하게 내밀다가, 자꾸자꾸 내미니까 그만 부리가 뾰족하게 튀어나왔어. 개미가 그 꼴을 보니 너무 우스워서 배를 잡고 웃다가, 너무너무 우스워서 허리를 잡고 웃다가, 그만 허리가 잘록해졌지.

배짱 좋은 수달

옛날 옛적에 제주도 한라산 밑에 수달 한 마리가 살았어. 이 수달이 늘 제 집에서만 살다가 보니 갑갑증이 나서 나도 한번 세상 구경 해 보리라 하고 아주 신들메를 조이고 세상 구경을 나섰지. 괴나리 봇짐 짊어지고 대나무 지팡이 짚고 조선 팔도 경치 좋다는 곳은 다 돌아다녔어. 그러다가 금강산에 가게 됐지. 금강산 일만이천 봉을 다 구경하겠다고 이 봉우리도 올라가고 저 봉우리도 올라가고 하다가, 어떤 봉우리에 올라가서 아래를 내려다보니 난생처음 보는 짐승 하나가 올라오고 있더란 말이야.

어떻게 생긴 짐승인고 하니, 대가리가 바위 같고 아가리가 동굴 같고 눈이 방울 같은데 눈에서 불빛이 이글이글하는 것이 예사 짐승이 아니야. 이 짐승이 골짜기 바윗돌을 하나하나 들추어내어 그 속에 숨어 있는 가재를 잡아먹으면서 차츰 위로 올라오는데, 가만히 있다가는 저도 잡아먹히겠거든.

'옳아, 저것이 말로만 듣던 호랑이라는 짐승이 틀림없으렷다. 지금 도망치다가는 되레 들켜서 호랑이한테 쫓길 것이고, 걸음이 빨라도 호랑이가 더 빠를 터이니, 이럴 게 아니라 아주 겁을 줘서 쫓아 버리는 수가 옳다.'

수달이 이렇게 궁리를 하고는 젖 먹던 힘까지 다 내어 아주 천둥같이 큰 소리로 호통을 쳤어.

"거기 올라오는 것이 호랑이가 아니냐?"

호랑이는 가재 잡아먹는 일에 정신이 팔려 있다가 갑자기 큰 소리로 저를 부르는 소리를 듣고 깜짝 놀랐지. 여태 산속 짐승이란 짐승은 저만 보면 꼬리를 내리고 달아나기 바빴는데, 세상에 참 간덩이가 부어터진 놈도 다 있구나 하면서 소리 나는 곳을 쳐다봤지. 보니까 저도 난생처음 보는 짐승인데, 뭐 몸집도 조그마한 것이 겁도 없이 그렇게 소리를 치고 있단 말이야.

'아니, 저것이 무슨 힘을 가졌기에 나를 보고 호통을 다 치나 그래?'
하고 어리둥절한데, 수달은 내처 또 한번 벼락같이 호령을 해.

"이놈, 잘 만났다. 내 금강산 산신령님 부탁을 받고 이 산에 있는 호랑이란 호랑이는 다 잡아먹었더니 아직 한 놈이 남았구나. 어서 올라와서 목숨을 바쳐라."

호랑이가 그 말을 듣고 생각해 보니, 이거 우물쭈물하다가는 큰일이 나겠거든. 아직까지 저보고 저렇게 큰소리를 치는 짐승은 없었는데, 아 저보다 사납고 무서운 놈이 아니고서야 저럴 수가 있나 말이야. 그래서 슬금슬금 산 아래쪽으로 내뺐지. 그랬더니 수달은 한 술 더 떠서,

"이놈, 게 섰거라. 어딜 도망가려고 그러느냐?"
하면서 발을 쿵쾅 굴러. 그 서슬에 호랑이는 정신이 다 빠져서 걸음아 날 살려라 하고 마구 달아났지.

호랑이가 정신없이 산 아래쪽으로 달아나는데, 마침 그때 토끼 한 마리가 그 꼴을 보고,

"호랑이 아저씨, 호랑이 아저씨. 대체 무슨 일로 그렇게 똥줄이 빠지게 뛰어가나요?"
하고 묻겠지. 호랑이는 벌벌 떨면서,

"얘, 말 마라. 난 오늘 별일 다 봤다. 뭔지는 모르지만 저 산꼭대기에서 어떤 놈이 날 잡아먹으려고 해서 이렇게 달아나고 있다."

했지.

"세상에 어떤 짐승이 호랑이 아저씨를 잡아먹는단 말이에요? 대체 어떻게 생긴 놈이었어요?"

"나도 그런 놈은 난생처음 봤다. 보아하니 그놈은 호랑이만 잡아먹고 사는가 보더라."

토끼가 바위 위에 올라가 이마에 손을 얹고 산꼭대기를 쳐다보니, 거기에 수달이란 놈이 앉아서 배를 잡고 웃고 있거든. 토끼는 수달을 본 적이 있어서 잘 알지.

"에구, 호랑이 아저씨가 속았어요. 저놈은 수달이란 놈인데 아저씨한테 잡아먹힐까 봐 먼저 선수를 친 게 틀림없어요. 어서 올라가서 저놈을 혼내 줘요."

그래도 호랑이는 겁을 잔뜩 먹고 안 올라가려고 해. 토끼는 호랑이 꼬리에 제 꼬리를 붙들어 매어 가지고 호랑이를 잘 달래서 함께 올라갔어.

그때 수달은 호랑이를 쫓아 버리고 이제는 살았다 하고 마음 놓고 경치 구경을 하고 있었지. 아, 그런데 아래를 보니 이번에는 토끼란 놈이 호랑이를 데리고 슬금슬금 올라오고 있지 뭐야.

'아이쿠, 저 방정맞은 토끼가 호랑이를 꾀었군. 이번에는 어떻게 한다?'

수달이 이 궁리 저 궁리 하다가 번개같이 꾀를 하나 냈어. 목청을 가다듬고 또 천둥같이 소리를 쳤지.

"잘한다, 토끼야. 고맙다, 토끼야. 네 할아버지는 죽은 호랑이를 나한테 바치더니, 너는 산 호랑이를 바치려고 꼬리에 매달고 오는구나. 어서 올라와서 그 호랑이를 나한테 바쳐라."

호랑이가 그 말을 듣고는,

'아, 이 토끼란 놈이 나를 속여서 저놈에게 끌고 가는구나.'

싫어서 그만 후딱 돌아서서 냅다 도망을 쳤어. 그 바람에 토끼도 호랑이에게 끌려갔지. 아, 토끼 꼬리와 호랑이 꼬리를 한데 잡아매어 놨으니 안 끌려가고 어쩔 거야? 토끼는 호랑이 뒤에 거꾸로 매달려 끌려가면서,

"호랑이 아저씨, 왜 그래요? 아, 거기 서서 내 말 좀 들어 봐요."

하고 소리쳤지만 호랑이는 들은 체도 않고,

"흥, 또 나를 속여서 저놈에게 갖다 바치려고 그러지? 안 속는다, 안 속아."

하면서 냅다 달음박질을 쳐. 호랑이 걸음이 좀 빨라? 토끼는 아예 호랑이 꼬리에 거꾸로 매달려 공중에 붕 떠서 끌려갔지. 한참 동안 그렇게 끌려가다가 토끼가 나뭇가지에 걸리는 바람에 토끼 꼬리가 쑥 빠졌지. 그래서 토끼 꼬리는 깡똥하게 짧아졌단다. 호랑이는 토끼 꼬리 묶어 놓은 것까지 달고 다니다가 그렇게 꼬리가 길어졌고.

팔짝팔짝 참새 싹싹 파리

옛날 옛적 갓날 갓적, 호랑이가 담배 피울 적보다 더 오래된 옛날에, 하늘나라 옥황상제가 땅 위에 사는 날개 달린 짐승들을 모두 불러모았어. 땅에서 사람들에게 어떤 좋은 일을 했는지 물어보려고 불러모은 거지. 까치, 종다리, 비둘기, 소쩍새, 부엉이, 수탉, 거위, 참새 할 것 없이 날짐승이란 날짐승 모두 하늘나라 옥황상제 앞에 가 늘어섰지.

이제 날짐승들이 하나씩 옥황상제 앞에 나아가 그동안 어떤 일을 했는지 아뢰게 됐어. 먼저 까치가,

"저는 높은 나무에 올라가 둥지를 틀고 살면서, 반가운 손님이 올 때마다 '깍깍' 하고 울어서 사람들에게 알려 준답니다. 사람들은 제가 우는 소리를 듣고 반가운 손님이 오는 걸 알지요."

하고 아뢰었어. 옥황상제가 그 말을 듣고,

"오, 그것 참 좋은 일이다. 그 상으로 네게 하얀 띠를 줄 터이니 몸치장하는 데 쓰도록 해라."

하면서 하얀 띠를 상으로 줬어. 까치는 그걸 어깨깃과 허리에 둘렀지. 까치 어깨깃과 허리에 하얀 띠가 둘러진 건 이때부터래.

그다음에는 종다리가 나서서,

"저는 이른 봄이면 들판에 나가 '요리조리 비비, 요리조리 비비' 하고 노

래를 부른답니다. 그러면 농부들이 제 노래를 듣고 밭을 갈고 씨 뿌릴 채비를 하지요."

하고 아뢰었지. 옥황상제는,

"사람들에게 농사지을 때를 알려 주니 참 훌륭한 일이다. 너는 더 고운 노래를 부를 수 있도록 해 주마."

하고 종다리에게 더 고운 목청을 상으로 주었어. 종다리는 훨씬 고와진 목소리로 '요리조리 비비, 요리조리 비비' 하면서 날아갔어.

그다음에는 비둘기가 나섰어.

"저는 사람의 마음 중에서 서로 사랑하는 마음이 가장 좋다는 뜻으로 '그중 뜻, 그중 뜻' 하고 노래를 부른답니다. 그러면 서로 미워하던 사람들 마음이 봄날처럼 따뜻해지지요."

"허허, 그것도 좋은 일이로구나. 너한테는 사람들에게 사랑을 받는 힘을 상으로 주겠다. 이제부터 사람들은 너를 불러 모이를 주고 네 집도 지어 줄 게다."

비둘기는 좋아라 하고 날아갔지.

다음은 부엉이 차례야.

"저는 밤중에 산속에서 길을 잃은 사람들에게 '부엉 부엉' 하고 울어서 길을 찾도록 해 준답니다. 사람들은 제 울음소리를 듣고 길을 찾아가지요."

"오, 너도 좋은 일을 하는구나. 너에게는 깜깜한 밤에도 무엇이든 환히 볼 수 있는 밝은 눈을 주겠다."

부엉이는 크고 밝은 눈을 상으로 받았어. 부엉이 밤눈이 밝게 된 것은 이때부터란다.

그다음은 수탉 차례야.

"저는 새벽녘 날이 샐 무렵이면 '꼬끼오' 하고 울어서 사람들이 일어날 때를 알려 준답니다. 사람들은 제가 울면 날이 샌 줄 알고 일어나 하루 일을 준비하지요."

"그것도 좋은 일이다. 너에게는 붉은 관과 오색 깃털을 줄 터이니, 붉은 관은 머리에 쓰고 오색 깃털은 몸에다 꽂도록 해라."

수탉은 옥황상제가 준 상으로 멋지게 몸치장을 하고 뽐내면서 땅으로 내려갔어.

다음은 거위 차례야.

"저는 사람들이 집을 비울 때 도둑이 들지 못하게 집을 지키는 일을 한답니다. 제가 큰 소리로 '꽥, 꽥' 하고 울면 겁이 나서 아무도 못 들어오지요."

"그러냐? 네가 있으면 사람들이 마음 놓고 일하러 나갈 수 있겠구나. 그 상으로 너에게는 흰 구슬을 주마."

거위는 옥황상제한테서 받은 흰 구슬을 어떻게 할까 하다가 이마에 딱 붙였어. 그래서 거위 이마에는 혹이 있지.

이렇게 날짐승들이 하나하나 옥황상제에게 제가 한 일을 아뢰고 상을 하나씩 받아 가지고 갔어. 이렇게 모든 날짐승들이 다 가고 끝에 참새가 남았어. 참새가 옥황상제 앞에 나아가 잔뜩 거드름을 피우며 하는 말이,

"상제님, 저에게는 다른 새들보다 열 배는 상을 더 주셔야 할 겁니다. 저로 말씀드리면 초가집 지붕에 집을 짓고 살면서 사람들이 농사지은 것이 잘되었나 못되었나 살펴보는 일을 하니까요. 논에 서 있는 벼가 잘 익었는지 덜 익었는지 하나하나 까먹어 보고, 마당에 널어 놓은 벼도 잘 익었는지 덜 익었는지 하나하나 까먹어 본답니다."

하거든. 옥황상제가 그 말을 듣더니 화를 버럭 내어 크게 꾸짖지.

"네 이놈. 너야말로 나쁜 날짐승이로구나. 사람들이 봄부터 애써 가꾸어

놓은 벼를 마음대로 까먹다니, 그게 어디 될 말이냐? 너는 그 벌로 종아리를 좀 맞아야겠다."

그러면서 옥황상제가 회초리로 참새 종아리를 탁 탁 때려 주니, 참새는 종아리가 아파서 팔짝팔짝 뛰는구나. 참새란 놈이 팔짝팔짝 뛰면서도 저 살 궁리를 하느라고,

"아이고, 상제님. 제가 잘못했습니다요. 그런데 저는 벼만 까먹는 것이 아니라 사람에게 해로운 벌레도 잡아먹습니다요. 그러니 제발 용서해 주십시오. 그보다 제 뒤에 서 있는 파리란 놈을 혼내 주십시오. 파리는 더러운 발로 사람들이 다 익혀 놓은 음식을 밟고 다닙니다요."

하고 고자질을 해. 그제서야 옥황상제가 목을 빼고 살펴보니, 맨 끝에 서 있는 줄만 알았던 참새 뒤에 뭐 조그만 것이 하나 더 오도카니 서 있더란 말이지. 가만히 보니 그게 파리란 놈이야.

"너는 파리가 아니냐? 새도 아닌 것이 어찌 왔느냐?"

옥황상제가 놀랍고 어이가 없어서 물으니까 파리가 하는 말이,

"상제님, 그게 무슨 섭섭한 말씀이신가요? 저에게도 틀림없이 날개가 있으니 저도 날짐승이랍니다."

한단 말이야.

"그래, 너는 왜 더러운 발로 익은 음식을 밟고 다니느냐?"

"저는 다만 사람들이 장만해 놓은 음식이 맛이 있는지 없는지 알아보려고 그런 것뿐입니다요."

"뭐라고? 그걸 말이라고 하느냐? 너도 참새처럼 종아리를 맞아 볼 테냐?"

말하는 꼴이 괘씸해서 옥황상제가 크게 호령을 하니까, 그제서야 파리가 겁을 잔뜩 집어먹고 앞발을 모아 싹싹 빌어.

"아이고, 상제님. 잘못했으니 제발 종아리만은 때리지 마십시오. 제 종아리는 약해서 때리면 금방 부러집니다요."

참새는 종아리가 아파서 팔짝팔짝 뛰고, 파리는 연신 앞발을 모아 싹싹 비비고, 이러느라고 야단법석이 났지. 옥황상제가 둘을 좋은 말로 타일러 내보냈지마는 이 둘은 아직도 제 버릇을 못 고쳤지. 참새는 아직도 벼를 까먹고, 파리는 아직도 음식 위에 함부로 올라가니 말이야. 그런데 그때 옥황상제에게 혼난 뒤로는 그게 버릇이 됐나 봐. 참새는 걸핏하면 앉은자리에서 팔짝팔짝 뛰고, 파리는 걸핏하면 앞발을 들어 싹싹 비비잖아.

잔나비 궁둥이

옛날 옛날에 잔나비 한 마리가 살았는데, 하루는 배가 출출해서 뭐 먹을 게 없나 하고 여기저기 돌아다녔어. 그렇게 돌아다니다가 게를 만났지.
"얘, 게야. 내가 지금 몹시 시장한데 도통 먹을 게 없구나."
"그래? 나도 마침 시장하던 참인데 잘되었다. 우리 둘이 벼를 잘라다가 떡이나 해 먹자."
잔나비와 게가 이렇게 의논을 하고 들에 나갔어. 들에 가서 벼를 자르는데, 게는 발에 집게가 달렸으니까 집게로 싹둑싹둑 벼이삭을 잘랐지. 게가 벼이삭을 잘라 놓으니 잔나비가 앞발로 낟알을 주루루 주루루 훑었지. 잔나비가 낟알을 훑어 놓으니 게가 겨를 벗기는데, 뒤로 발랑 드러누워서 딱딱한 등판을 낟알에 대고 빙글빙글 돌렸지. 그러니까 그게 맷돌이 돼서 겨가 잘 벗겨질 게 아니야? 그렇게 해서 게가 겨를 다 벗겨 쌀을 만들어 놓으니 잔나비가 그걸 돌로 빻아서 쌀가루를 만들었지. 게가 쌀가루를 반죽해서 돌 시루에 넣고 불을 때서 말랑말랑하게 쪘지. 그걸 잔나비가 나무떡메로 쳐서 떡을 다 만들었어.
이렇게 만든 떡을 나뭇잎 그릇에 담아 놓고 막 먹으려고 하는데, 잔나비가 갑자기 떡을 나뭇잎에 둘둘 말아 움켜쥐고는 막 내빼는 거야. 저 혼자 다 먹으려고 그러지. 게가 화가 나서 잔나비를 따라갔지만, 게 걸음이 어디 잔나비 걸음을 당할 수 있나. 잔나비는 껑충껑충 뛰어서 달아나는데 게는 엉금엉금 기어서 따라가니 애시당초 잡기는 글렀지. 잔나비가 몇 걸음 달아나다가 나무 위에 훌쩍 올라가 버리니, 게는 허위허위 나무 밑에까지 따라가서 목을 빼고 쳐다보기만 하지 뭐 별수가 없어. 닭 쫓던 개 지붕 쳐다보기로 말이야.

잔나비는 나무 위에 올라가서 떡을 저 혼자 맛있게 냠냠 하고 먹네그려. 게는 어떻게든 떡을 좀 얻어먹으려고 갖은 말로 잔나비를 달랬어.

"얘, 잔나비야. 그 떡 너 혼자만 먹지 말고 나랑 같이 먹자꾸나."

그래도 잔나비는 들은 척도 않고,

"야, 그 떡 참 맛있다. 입안에서 살살 녹는구나."

하고 아주 약을 올려 가면서 먹는구나.

"얘, 잔나비야. 그 떡을 만들 때 내가 아니었으면 벼이삭을 어떻게 잘랐겠니? 그러니 나랑 같이 먹자."

잔나비는 그래도 들은 척도 안 하고 떡만 냠냠 먹지.

"그러지 말고 이리 내려와서 같이 먹자. 그 떡 만들 때 내가 등판으로 맷돌질하느라 등껍데기가 다 벗겨졌어."

"흥, 나도 돌로 절구질하느라 앞발이 다 부르텄어."

"불을 때서 그 떡을 말랑말랑하게 찐 건 나야."

"흥, 떡메로 쳐서 쫄깃쫄깃하게 만든 건 누군데."

게가 아무리 조르고 달래도 잔나비는 그저 코방귀만 흥흥 뀌면서 떡을 저 혼자 맛나게 먹지. 그러니까 게는 이래서는 안 되겠다 하고 꾀를 썼어. 돌아서 가는 체하면서 혼잣말로,

"바보 같은 잔나비 녀석. 그 떡을 썩은 나뭇가지에 걸어 놓고 먹으면 꿀맛일 텐데, 그것도 모르고 그냥 들고 먹다니……."

하고, 일부러 잔나비가 들으라고 큰 소리로 중얼거렸지. 잔나비는 그 말이 참말인 줄 알고, 들고 있던 떡을 썩은 나뭇가지에 척 걸어 놓고 먹었단 말이야. 썩은 나뭇가지에 무거운 떡을 걸어 놓으니 어떻게 되겠어? 나뭇가지가 뚝 부러지면서 떡이 땅에 떨어졌지. 게는 옳다구나 하고 떡을 냉큼 집어들고 부리나케 제 굴속으로 들어가 버렸어.

잔나비는 떡을 반도 못 먹고 게한테 속아서 빼앗긴 꼴이 되었지 뭐야. 애꿎은 발만 동동 구르다가 하릴없이 나무에서 내려와 게네 굴로 쫓아갔어. 그런데 굴이 너무 좁아서 들어갈 수가 있어야지. 게는 굴속에서 떡을 맛나게 냠냠 먹고 있는데, 굴 밖에서 잔나비는 침만 꿀꺽꿀꺽 삼키고 있었지. 그러다가 어떻게든 떡을 좀 얻어먹을 요량으로 게를 구슬렸어.

"얘, 게야. 그 떡 너 혼자만 먹지 말고 나랑 같이 먹자꾸나."

그러니 이번에는 게가 들은 척도 않고,

"야, 떡 참 맛있다. 입안에서 살살 녹는구나."

하면서 약을 올리지 뭐야. 참 거꾸로 되었지.

"얘, 게야. 그 떡을 만들 때 내가 아니었으면 벼이삭을 어떻게 훑었겠니? 그러니 나랑 같이 먹자."

그래도 게는 들은 척 만 척 떡만 우걱우걱 먹는 거야.

"그러지 말고 이리 나와서 같이 먹자. 그 떡 만들 때 돌절구질하느라 내 앞발이 다 부르텄단다."

"흥, 등판으로 맷돌질하느라 등이 다 벗겨진 건 어떻고?"

"내가 그 떡을 떡메로 쳐서 쫄깃쫄깃하게 만들지 않았으면 맛이 없어 못 먹을걸."

"흥, 내가 불을 때서 말랑말랑하게 찌지 않았으면 무슨 맛으로 먹고?"

아무리 달래고 구슬려도 게가 말을 듣지 않으니까 잔나비는 그만 화가 잔

뚝 났어. 그래서,

"에잇, 이왕에 못 먹을 떡이면 똥이나 싸 놓아야지."

하면서 궁둥이를 굴 아가리에 들이밀었단 말이야. 굴속에서 떡을 먹던 게는 갑자기 잔나비가 궁둥이로 굴 아가리를 꽉 막으니까 답답하고 숨이 막혀 견딜 수가 없어.

"아이구, 잔나비야. 떡 줄 테니 어서 비켜 다오."

그래도 잔나비는 분이 안 풀려서 자꾸만 궁둥이를 굴속으로 디밀기만 하지. 그러니까 게도 그만 부아가 잔뜩 치밀어서,

"에잇, 네가 그럴 양이면 나도 가만 있을 수 없지. 어디 맛 좀 봐라."

하면서 집게발로 잔나비 궁둥이를 꽉 집었어. 그러니 잔나비 궁둥이가 얼마나 아프겠어?

"에구머니, 게야. 냉큼 비킬 테니 그만 물어라."

그래도 게는 분이 안 풀려서 잔나비 궁둥이를 꽉 집고 놓지를 않아. 잔나비는 궁둥이가 하도 아파 견딜 수가 없어서 후닥닥 굴 밖으로 뛰쳐나왔어. 그 바람에 잔나비 궁둥이에 박힌 털이 한 움큼이나 쑥 빠졌지. 빠진 털은 게 앞발에 딱 달라붙고.

그래서 잔나비 궁둥이에는 털이 없는 게야. 게 앞발에 가시털이 숭숭 박혀 있는 것도 그 때문이고.

비단 띠에 눈먼 지렁이

가재 봤어? 눈이 툭 튀어나온 게 걸핏하면 뒷걸음질 치지? 지렁이는 어떻고? 눈도 코도 없는 게 몸뚱이에 띠를 둘렀지? 그게 어떻게 해서 그렇게 되었는고 하니 둘이 눈과 띠를 맞바꾸어서 그래.

옛날에는 지렁이한테도 눈이 있었대. 아주 동글동글하고 커다란 눈이 있었지. 그런데 가재한테는 눈이 없었어. 눈이 없는 대신에 아주 고운 비단 띠를 몸에 두르고 다녔지. 지렁이가 가만히 보니, 가재가 몸에 두르고 다니는 띠가 얼마나 고운지 보기만 해도 탐이 나더란 말이야. 저걸 어떻게 내 몸에 한번 둘러볼 수 없을까, 자나깨나 그런 생각만 했지.

그래서 하루는 지렁이가 가재한테 가서 물어봤어.

"얘, 가재야. 너는 가장 갖고 싶은 게 뭐냐?"

"나야 눈이 없으니 눈을 가지는 게 소원이지."

지렁이가 그 말을 듣고, 하도 띠를 가지고 싶던 터라 제 눈하고 가재 띠를 맞바꾸자고 그랬어. 가재는 얼씨구나 좋다고 얼른 그러자고 했지. 그래서 지렁이는 눈을 떼어 가재에게 주고, 가재는 띠를 벗겨 지렁이에게 주었어.

지렁이는 그렇게도 가지고 싶던 비단 띠를 얻은지라, 그 띠를 몸에 두르고 좋아하면서 돌아섰지. 그런데 눈이 없으니 뭐가 보여야지. 캄캄한 게 아무것도 안 보여. 제 몸에 두른 띠를 볼래도 볼 수가 없고, 집으로 가는 길을 찾을래도 찾을 수가 없어.

"아이고, 망했다. 이럴 줄 알았으면 애당초 바꾸지 않는 건데. 그까짓 띠를 탐내다가 이 꼴이 되었구나."

그렇지만 아무리 뉘우쳐도 소용이 없지. 이미 엎질러진 물인걸.

그런데 가재는 띠를 주고 눈을 얻은 다음부터는 아주 살맛이 새록새록 나네그려. 여태 앞이 안 보여서 뭐가 뭔지 모르고 살다가 이것저것 생긴 대로 다 보게 됐으니 좀 좋아.

"야! 꽃이 이렇게 고운 줄 몰랐구나. 어라, 저것 좀 봐. 저렇게 큰 바위가 다 있네."

가재는 보이는 것이 모두 처음 보는 것이라 신기해서 어쩔 줄을 모르고 좋아했어. 게다가 지금까지는 눈이 없어서 아무 데도 못 가고 제 집에서만 살았는데, 이제는 뭐든지 환하게 잘 보이니까 아무 데나 돌아다닐 수 있어서 꿈만 같지.

"눈이라는 게 좋긴 좋구나. 띠와 바꾸길 참 잘했지."

가재는 이렇게 좋아했지만, 눈이 없는 지렁이는 서럽고 후회스러워서 엉엉 울었어. 이제는 먹을 것도 찾을 수 없고 여기저기 돌아다닐 수도 없으니 울 일밖에 더 있어? 울다가 울다가 다시 더듬더듬 가재를 찾아갔어.

"얘, 가재야. 이 띠를 돌려줄 테니 제발 내 눈을 돌려 다오."

그 말을 들은 가재는 펄쩍 뛰지.

"어림도 없는 소리. 바꿀 땐 저 좋아서 바꿔 놓고 무슨 소리야."

지렁이는 그러나마나 눈을 떼어 내려고 가재한테 달려들었어. 그러니 가재는 주춤주춤 뒷걸음질로 물러났지. 그래도 지렁이는 한사코 가재한테 달려들어 눈을 막 잡아당겼어. 그 바람에 가재 눈이 반쯤 쑥 뽑히고 말았지. 가재는 에구 뜨거라 하고 마구 뒷걸음질 쳐 달아났어. 얼마나 용을 쓰고 뒷걸음질로 달아났던지, 그다음부터 가재는 앞으로는 못 가고 뒤로만 가게 됐지. 그때 반쯤 뽑히다 만 눈이 아직도 가재한테 달려 있단다. 그래서 가재 눈이 툭 튀어나온 거야.

  지렁이는 하도 원통하고 부끄러워서 땅속으로 기어 들어갔어. 눈이 없으니 바깥 세상에 나오면 뭘 해. 아예 땅속에 눌러살았지. 그때부터 지렁이는 땅속에서 살게 됐단다. 지금도 지렁이는 몸에다 띠를 감고, 눈이 없어서 꿈틀꿈틀 더듬더듬 느릿느릿 기어다니잖아? 그러다가 가끔 눈과 띠를 바꾼 게 원통해서 '애또르르 애또르르' 하고 울지.

고양이 앞에 쥐

옛날 옛날 오랜 옛날, 호랑이가 담배 피우고 까막까치 말할 적에, 고양이와 쥐가 사이좋게 한집에서 살았더란다. 한집에서 한 주인을 섬기면서 집안일을 거들었지. 그 집에는 시어머니와 며느리가 살고 있었는데, 마음씨 좋은 며느리는 고양이와 쥐를 무척 귀여워했어. 고양이는 방을 닦고 마당을 쓸고 닭 모이를 주고 산에 가서 나무를 했지. 쥐는 물을 길어 쌀을 씻고 불을 피워 밥을 짓고 냇가에 가서 빨래를 했어. 이렇게 둘 다 부지런히 일을 해서 주인집 며느리의 귀여움을 듬뿍 받으면서 살았지.

그렇게 살다가 하루는 둘이서 주인 심부름을 가게 됐어. 어떤 심부름인고 하니, 장에 가서 말린 명태 한 두름과 쌀 한 말을 사 오는 심부름이야. 둘이 장에 가서 물건을 사 가지고 돌아오는데, 명태 두름은 고양이가 들고 쌀 자루는 쥐가 둘러메고 오기로 했어. 오다가 다리가 아파서 둘이 고갯마루에 앉아 쉬었지. 그런데 먼 길을 걸으면서 아무것도 못 먹어서 배가 고프거든. 쥐가 배고픈 걸 못 참고 고양이더러,

"얘, 고양아. 배고파서 못 참겠다. 우리 이것 좀 먹고 가자. 너는 고기를 좋아하니 명태를 먹고, 나는 곡식을 좋아하니 쌀을 먹으면 좀 좋으냐."

하고 꾀었지. 그 말을 들은 고양이가 펄쩍 뛰어.

"그런 말 말아라. 아무리 배가 고파도 주인 심부름으로 사 가지고 가는 음

식을 어떻게 먹는단 말이냐? 안 될 말이다."

그런데도 쥐는 고양이 말을 듣지 않고 혼자서 자루에 든 쌀을 꺼내 먹었어. 고양이는 쥐를 말려도 안 되니까 저 혼자 쫄쫄 굶으며 참았지.

둘이서 집에 와서 가지고 온 물건을 주인집 며느리에게 내놓았어. 고양이는 명태 두름을 손도 안 대고 고스란히 내놓으면서도 아무 말이 없는데, 쥐는 납작하게 줄어든 쌀자루를 내놓으면서도 무거운 것을 들고 오느라 힘이 들었다고 한껏 생색을 내는 거야. 주인집 며느리는 아무것도 모르고 쥐를 칭찬해 줬어.

그런데 훔쳐 먹는 일에 한번 맛을 들인 쥐는 그다음부터 집 안에 있는 곡식을 제멋대로 훔쳐 먹기 시작하는 거야. 곳간에 쌓아 둔 쌀이며 보리도 훔쳐 먹고, 주인집 시어머니가 쪄 먹으려고 부엌에 내놓은 고구마와 감자도 훔쳐 먹었어. 나중에는 제 동무 쥐들까지 잔뜩 불러다가 밤새도록 곳간에서 쌀을 훔쳐 먹기 시작했어. 주인은 눈치를 못 챘지만, 고양이는 쥐가 한 일을 다 알고 있었지. 그래서 하루는 쥐를 불러 놓고 나무랐어.

"우리가 이 집에서 일을 거들어 준 만큼 주인도 우리에게 먹을 것과 잠잘 곳을 대어 주지 않느냐? 그런데도 너는 뭐가 모자라서 걸핏하면 곡식을 훔쳐 먹느냐? 이제 다시는 그런 짓 하지 말아라."

그래도 쥐는 들은 체도 않고 코방귀만 뀌어.

"흥, 주인에게 얻어먹는 곡식보다 훔쳐 먹는 곡식이 더 맛있는걸 뭐. 넌 내가 하는 일에 참견 마."

이러면서 버릇을 고치려 들지를 않네.

그런데 가랑잎에 옷 젖고 꼬리가 길면 밟힌다고, 그런 일이 오래가니까 주인집 시어머니가 이상하게 여기게 됐지. 곳간에 그득하던 곡식이 날마다 쑥쑥 줄어드니까 그럴 수밖에. 쥐가 제 동무들까지 불러다 진탕으로 훔쳐 먹었거든. 시어머니는 며느리가 그런 짓을 한 줄만 알고 며느리를 불러다 호되게 나무랬어.

"너는 무슨 까닭으로 곳간에 있는 곡식을 훔쳐 내느냐? 그러고도 이 집 주인 노릇을 할 수 있겠느냐?"

며느리는 억울했지만, 누가 한 짓인지 저도 몰랐기 때문에 발뺌할 수가 없었어. 쥐가 도둑질한 잘못을 고스란히 뒤집어쓰게 된 거야.

그 뒤에도 곳간에 있는 곡식이 자꾸만 줄어드니까 걱정이 된 며느리가 하루는 고양이를 불러 놓고,

"요새 곳간에 곡식이 자꾸 줄어드는데, 네가 그 까닭을 아느냐?"

하고 물었어. 고양이는 쥐 때문이라는 걸 알지만, 행여 쥐가 며느리한테 크게 혼날까 봐 모른다고 했어. 그랬더니 며느리가 이번에는 쥐를 불러 놓고 똑같은 걸 물었어. 쥐는 행여 제가 한 일이 들통날까 봐,

"저는 아무것도 모르지만, 얼마 전에 고양이가 밤에 몰래 곳간에 드나드는 걸 봤습니다."

하고 거짓말을 했어. 며느리는 쥐 말만 듣고 고양이를 불러다가 크게 나무랐어. 이번에는 쥐가 도둑질한 잘못을 고양이가 고스란히 뒤집어쓰게 된 거야. 그래도 고양이는 며느리에게 사실대로 일러바치지 않고 쥐를 타일렀어.

"네 잘못을 내가 다 뒤집어썼지만 너를 원망하지 않을 테니, 이제부터 제발 훔치지 말아라."

그래도 쥐는 버릇을 고치지 않고 그 뒤로도 자꾸만 곡식을 훔쳐 먹는단 말이야. 보다 못한 고양이가 한번은 곡식을 훔치는 쥐를 붙잡아 마구 때려 줬어. 고양이한테 흠씬 얻어맞은 쥐가 분을 이기지 못하고 하늘나라 옥황상제에게 달려갔지. 쥐가 옥황상제에게 일러바치기를,

"상제님, 저와 한집에 살고 있는 고양이가 죄 없는 저를 마구 때렸습니다.

나쁜 고양이를 혼내 주십시오."
하면서 훌쩍훌쩍 울기까지 했어. 옥황상제가 쥐의 말을 듣고 심부름하는 사람을 보내 당장 고양이를 불러오라고 했지. 고양이가 하늘나라에 불려 가니 옥황상제가,

"너는 쥐보다 덩치도 크고 힘이 세면서 왜 약한 쥐를 괴롭히느냐?"
하고 꾸짖는 거야. 고양이는 지금까지 어떤 일도 꾹 참아 왔지만, 일이 이렇게까지 되니 사실대로 말하지 않으면 안 되겠다고 생각하고 그동안에 있었던 일을 낱낱이 옥황상제에게 고해 바쳤어. 옥황상제가 고양이 말을 다 듣더니 명령을 하기를,

"이제부터 고양이는 쥐가 잘못을 고칠 때까지 날카로운 발톱으로 쥐를 다스리도록 해라. 그리고 쥐는 잘못을 뉘우칠 때까지 환한 세상에 나오지 말고 어두운 곳에서 살도록 해라."
하거든.

그때부터 고양이는 쥐가 곡식을 훔쳐 먹을 때마다 날카로운 발톱으로 쥐를 혼내 주게 되었단다. 그리고 쥐는 환한 세상에 나오지 못하고 어두컴컴한 곳에서 지내게 되었지.

그런데 아직까지 쥐는 제 잘못을 뉘우치지 못하고 고양이를 원망하면서 이를 바드득바드득 갈고 있단다. 쥐가 아무것이나 갉아 대는 것은, 이를 하도 갈아서 이가 송곳처럼 뾰족해졌기 때문에 뭉툭하게 하려고 그러는 것이야. 쯧쯧, 쥐는 언제쯤 제 잘못을 뉘우칠까?

떼굴떼굴 떡 먹기

  옛날 옛적에 두꺼비하고 토끼가 떡을 만들었어. 찹쌀을 절구에 찧어서 시루에 넣고 쪄 가지고 떡메로 두드려서 맛있는 떡을 만들었지. 둘이서 떡을 막 먹으려고 하는데 난데없이 호랑이가 썩 나타났지 뭐야.
  "어, 너희들 맛있는 떡을 했구나. 나하고 같이 먹자."
  두꺼비와 토끼는 저희들보다 힘센 호랑이를 쫓아낼 수 없어서 같이 먹기로 했어. 그런데 호랑이가 그만 욕심이 났어.
  '저 떡을 셋이서 나누어 먹어서야 배불리 먹을 수 있나. 내기를 걸어서 나 혼자 떡을 다 차지해야지.'
  호랑이가 이렇게 생각하고 두꺼비와 토끼한테,
  "우리 셋 가운데 나이가 가장 많은 놈이 이 떡을 다 먹도록 하자."
하고 슬슬 수작을 걸었어. 두꺼비와 토끼도 좋다고 했지. 먼저 호랑이가 나이 자랑을 하는데,
  "나이라면 뭐니뭐니해도 내가 가장 많이 먹었을 게다. 나는 이 산이 처음 생길 때 태어났는걸."
하거든. 그러니 토끼가 냉큼 그 말을 받아,
  "그럼 나보다 어리구나. 나는 하느님이 이 산을 처음 만드실 때 삼태기에 흙을 담아 날라 드렸지."

한단 말이야. 그 말을 듣고 있던 두꺼비가 갑자기 서럽게 엉엉 울지 않겠어? 둘이는 무슨 영문인지 몰라서 두꺼비를 달래며 왜 그러느냐고 물었어. 그랬더니 두꺼비가 하는 말이,

"너희들 말을 듣고 보니 죽은 내 아들 생각이 나서 운다. 내 아들이 토끼와 함께 삼태기로 흙을 나르다가 그만 발을 헛디뎌 벼랑 밑에 떨어져 죽었단다."

이러네. 가만히 듣고 보니 두꺼비 나이가 가장 많지 뭐야. 호랑이 나이가 가장 어리고. 호랑이는 제가 낸 꾀에 제가 넘어간 꼴이 되고 말았지.

호랑이가 이래서는 안 되겠다 생각하고 다른 내기를 하자고 했어.

"애들아, 그까짓 나이가 무슨 대수냐. 누구든지 가장 높은 곳에 올라갔다 온 놈이 떡을 다 먹기로 하자."

두꺼비와 토끼도 좋다고 해서 서로 높은 데 갔다 온 이야기를 하게 됐어. 먼저 호랑이가,

"높은 데라면 나보다 더 높이 올라간 놈은 없을 게다. 나는 하늘 꼭대기까지 올라갔거든."

하고 자랑을 했어. 그랬더니 토끼가 손을 내저으면서,

"그건 아무것도 아니다. 나는 하늘 꼭대기에 있는 산 가운데 가장 높은 산까지 올라갔지."

하거든. 그러니까 두꺼비가 '하하' 웃으면서 토끼에게,

"토끼야, 그때 하늘 꼭대기에서도 가장 높은 산에 올라가니까 뭐가 보이더냐?"

하고 묻겠지.

"보이긴 뭐가 보여. 산이니까 나무가 보이지."

토끼가 무심코 대답하니까 두꺼비는,

"그것 봐. 내가 바로 그 나무 꼭대기까지 올라갔거든."

하지 뭐야. 이렇게 되니 이번에도 떡은 두꺼비 차지가 됐지. 호랑이는 이거 안 되겠다 하고 또 다른 내기를 걸었어.

"그만두자, 그만둬. 그까짓 높은 데 올라가면 뭐 해? 그러지 말고 누구든지 술을 가장 못 먹는 놈이 떡을 다 먹기로 하는 게 어때?"

두꺼비와 토끼도 그러자고 했지. 먼저 호랑이가,

"나는 술을 먹기는커녕 냄새만 맡아도 취해 버린단다."

하고는 자신만만해서 둘이를 바라봤어. 이번에는 너희들도 꼼짝 못 하겠지 하는 생각으로 말이야. 그런데 토끼는 한 술 더 떠.

"그것 가지고 뭘 그래? 나는 밀밭 옆에만 가도 취해 버리는걸."

술을 빚는 누룩은 밀로 만드니까, 그것만 보아도 취한다는 뜻이야. 그러니 호랑이도 할 말이 없게 됐지. 그런데 두꺼비가 그 말을 듣더니 갑자기 픽 쓰러져서 네 발을 버둥거리지 뭐야. 토끼와 호랑이는 두꺼비가 내기에서 졌다고 속이 상해서 그러는 줄 알고 두꺼비를 흔들며 달랬어.

"두껍아, 두껍아. 어서 일어나. 내기에서 졌다고 그럴 것까지야 없잖아."

한참 달래고 흔들었더니, 그제서야 두꺼비가 슬금슬금 일어나더니 한숨을 '후유' 하고 내쉬면서 하는 말이,

"너희들이 술과 밀 이야기를 해서 내가 그만 취해 버렸잖아. 앞으로는 내 앞에서 술이니 밀이니 하는 얘기는 꺼내지도 마."

이러는구나. 그러니까 두꺼비는 술이니 밀이니 하는 말만 들어도 취해서 정신을 잃는다는 거지. 그러니 누가 당해. 떡은 또 두꺼비 차지가 될 판이지.

세 번이나 두꺼비에게 지고 난 호랑이는 속으로 분해서 죽을 지경이야. 그래서 또 다른 내기를 걸었지.

"술 못 먹는 게 무슨 자랑이냐? 우리 그러지 말고 달음박질을 하자. 저 건

너 언덕까지 빨리 가는 놈이 떡을 다 먹기로 하자."

두꺼비와 토끼는 이번에도 그러자고 했어.

셋이서 달음박질을 하는데, 호랑이와 토끼는 본디 빨리 달리지마는 두꺼비야 워낙 걸음이 느리거든. 그러니 애당초 공평한 내기가 아니지. 그냥 순리대로 달음박질을 했다가는 두꺼비가 질 게 뻔하지. 그래서 두꺼비는 아예 호랑이 몰래 호랑이 꼬리를 꽉 붙잡고 있었지. 호랑이는 그것도 모르고 네 굽으로 부리나케 달려서 한달음에 건너편 언덕에 다다랐어. 토끼도 곧 뒤따라갔지.

두꺼비는 호랑이가 건너편 언덕에 다다르자마자 얼른 호랑이 꼬리를 놓고 내려왔어. 내려와 보니 마침 옆에 짚신 한 짝이 있기에 그 위에 오두마니 올라앉아 있었지. 호랑이는 그것도 모르고 건너편을 바라보면서,

"두꺼비란 놈이 이번에는 제아무리 재주를 부려도 안 되겠지? 이제 떡은 내 차지다."

하면서 좋아해. 그때 두꺼비가 호랑이 등 뒤에서,

"너희들 이제야 왔니? 나는 벌써 와서 짚신 한 켤레 삼아 놓았는데."

한단 말이야. 호랑이와 토끼가 깜짝 놀라 돌아다보니 아닌 게 아니라 두꺼비가 벌써 와서 짚신 위에 올라앉아 있거든. 별수 없이 이번에도 떡은 두꺼비 차지가 됐어.

그런데 호랑이는 아직도 욕심을 못 버리고 마지막으로 내기를 한 가지만 더 하자고 졸라대. 두꺼비와 토끼도 마지막으로 한번만 호랑이 말을 들어주기로 했어. 이번에는 산꼭대기에 올라가서 떡을 산 아래로 굴려 놓고, 누구든지 먼저 가서 떡을 붙잡는 놈이 혼자 먹기로 했지. 호랑이는 이번에야말로 제가 이길 거라고 철석같이 믿었어.

산꼭대기에서 떡을 굴려 놓고 호랑이와 토끼는 젖 먹은 힘까지 다 내어

산 밑으로 내달았어. 그런데 두꺼비는 둘처럼 빨리 달릴 수 없으니까 엉금엉금 기어 내려갔지. 그런데 산꼭대기에서 던진 떡이 멀리 굴러가지 못하고 그만 중간에 있는 나뭇가지에 턱 걸리고 말았지 뭐야. 호랑이와 토끼는 그것도 모르고 떡을 앞질러 산 밑에까지 헐떡거리면서 달려 내려갔어. 두꺼비는 엉금엉금 기어 내려가다가 떡을 보고 멈춰 서서 그걸 배불리 먹었어. 제가 맨 먼저 붙잡았으니 제 것이잖아?

두꺼비 혼자서 먹기에는 떡이 너무 많았던지, 두꺼비는 떡을 너무 많이 먹어서 그만 배가 불룩 튀어나오고 눈알이 쑥 빠져나왔어. 그러고도 떡이 남아서 토끼와 호랑이에게 갖다 주려고 떡을 등에 짊어지고 산 밑으로 엉금엉금 기어 내려갔지. 토끼와 호랑이는 산 밑에서 아무리 찾아도 떡이 없으니까 기운이 빠져서 쉬고 있는데, 두꺼비가 잔등에 떡을 짊어지고 오니까 그만 놀라 자빠졌어.

"너희들 여기서 뭘 하고 있니? 나는 떡을 찾아서 실컷 먹고 남은 것을 너희들에게 주려고 이렇게 짊어지고 왔단다. 어서 먹으렴."

그런데 토끼와 호랑이가 그 떡을 먹으려고 보니까 두꺼비 잔등에 눌러붙은 떡이 너무 더러워서 먹을 수가 있어야지. 그래서 그대로 두고 가 버렸대. 두꺼비 배가 불룩 튀어나오고 눈알이 쑥 빠진 건 그때 떡을 너무 많이 먹어서 그런 거고, 두꺼비 잔등이 우둘투둘한 것은 그때 짊어진 떡이 그대로 눌러붙어서 그렇게 된 거란다.

꽁지 빠진 황새

 황새 봤지? 황새 꽁지가 어떻게 생겼던? 꽁지가 깡똥한 게 짧지? 그게 왜 그렇게 되었는지 알아? 어디 이 이야기 한번 들어 봐.
 옛날에 까치가 새끼를 여러 마리 낳았어. 새끼를 낳아 가지고 둥지에다 앉혀 놓고 먹이를 물어다 먹이면서 고이고이 길렀단 말이야. 그런데 이웃에 사는 여우란 놈이 와서 한다는 말이,
 "까치야, 까치야. 너 새끼 한 마리만 다오. 한 마리만 주면 가만두겠지만, 안 주면 너하고 새끼들을 다 잡아먹을 테다."
이러거든. 까치가 가만히 생각해 보니, 저희 식구 다 잡아먹히는 것보다는 새끼 한 마리 주는 게 낫겠단 말이야. 그래서 울며 겨자 먹기로 한 마리를 던져 줬어. 여우가 그 새끼까치를 냴름 잡아먹고서는, 다음 날 또 왔어. 또 와서,
 "까치야, 까치야. 새끼 한 마리만 더 다오. 안 그러면 다 잡아먹을 테다."
이런단 말이야. 까치가 또 울며 겨자 먹기로 새끼 한 마리를 던져 줬어. 그걸 또 냴름 잡아먹고, 아 그다음 날 또 와서 새끼 한 마리만 달라네. 이놈의 여우가 아주 까치 씨를 말리려고 그러지. 할 수 없이 또 한 마리 주고, 그다음 날 또 한 마리 주고, 이러다 보니 나중에는 그 많던 새끼를 다 잃고 달랑 한 마리가 남았어.

까치가 가만히 생각해 보니 저놈의 여우가 내일도 틀림없이 또 와서 새끼 한 마리만 달라고 할 터인데, 하나 남은 새끼마저 주고 나면 그다음에는 저를 잡아먹으려고 할 게 뻔하거든. 그래서 생각다 못해 황새를 찾아갔어. 황새는 나이도 많고 아는 것도 많으니 무슨 수를 내 줄 것 같단 말이지. 찾아가서는 황새한테 이러이러해서 우리 식구 다 죽게 되었다고 좀 도와달라고 그랬지. 그랬더니 황새가,

"아이고, 네가 그 엉큼한 여우한테 속았구나. 여우라고 하는 것이 본디 누운 나무에도 못 올라가는데 어떻게 네 식구들을 잡아먹는단 말이냐? 걱정 말고 돌아가서 둥지에 가만히 앉아 있기만 해라. 내일 여우란 놈이 또 오거든 새끼를 못 주겠다고 그래라."

한단 말이야. 까치가 황새 말대로 둥지에 돌아와서 가만히 앉아 있었지. 다음 날 여우가 또 와서 새끼를 달라는 걸,

"네까짓 게 누운 나무에도 못 올라오면서 그런 소릴 해? 어디 잡아먹을 테면 잡아먹어 봐."

하고 큰소리를 쳤지. 그랬더니 정말로 여우가 아무 말도 못 해. 뭐 할 말이 있겠어? 까치는 여우가 나무에 못 올라오는 것도 모르고 여태까지 겁이 나서 새끼를 줬던 게야.

여우가 머쓱해져 가지고 가만히 생각해 보니, 어제까지만 해도 겁을 먹고 고분고분 말을 잘 듣던 까치가 갑자기 저러는 게 저 혼자 낸 꾀는 아닌 것 같거든. 대체 누가 가르쳐 줘서 저러나 싶어서 은근하게 까치를 꾀었어.

"까치야, 까치야. 참 미안하게 됐다. 그런데 내가 나무에 못 올라간다는 걸 어떻게 알았느냐?"

그러니까 까치가 그만 신이 나서,

"어떻게 알긴. 황새가 가르쳐 줬지."

하고 곧이곧대로 일러 줬어. 그 말을 듣고 여우가 생각하기를,

'그놈의 황새 때문에 까치도 못 잡아먹게 됐으니 분풀이를 해야지.'

하고는 그길로 황새를 찾아갔어. 그런데 황새는 덩지가 커서 제 마음대로 할 수 없겠으니까 꾀를 썼지. 황새한테 좋은 말로,

"황새야, 황새야. 내일이 내 생일인데 우리 집에 오면 맛있는 음식을 실컷 먹게 해 주마."

했지. 황새는 감쪽같이 속아서 영문도 모르고 다음 날 여우가 사는 굴을 찾아갔어. 맛난 음식 얻어먹으려고 찾아갔지. 여우굴에 턱 들어가니 맛난 음식은 아무 데도 없고 길쭉한 단지 하나만 달랑 놓여 있거든.

"얘, 여우야. 네 생일 음식은 어디 있느냐?"

그러니까 여우가 단지를 가리키면서,

"이 단지 속에 잔뜩 들어 있으니 들여다보렴."

하거든. 황새가 목을 길게 빼어 단지 속을 들여다보니까 긴 부리가 단지 속에 쑥 들어갈 게 아니야? 그새 여우가 황새 모가지를 단지 속으로 밀어넣고는,

"이놈의 황새야, 너는 왜 까치한테 그딴 말을 해서 내가 까치 잡아먹는 걸 훼방 놓느냐? 어디 맛 좀 봐라."

하면서 황새 몸뚱이를 막 두들겨 팼어. 황새는 모가지가 단지 속에 들어가 있으니 깜깜해서 아무것도 안 보이는 데다가 단지 속이 좁아서 마음대로 움직일 수도 없어. 그러니 여우가 두들겨 주는 대로 얻어맞고 있어야지 뭐 별수 있어?

황새가 한참 동안 그렇게 얻어맞고 있다가 갑자기,

"까옥!"

하고 큰 소리를 냈지. 단지 속에서 큰 소리를 질러 놓으니 그 소리가 얼마나

커? 단지가 우르르, 여우굴도 우르르 하지. 여우가 깜짝 놀라,

"이크, 이게 무슨 소리야?"

하면서 잔뜩 겁을 먹었는데, 황새는 그새 단지 속을 빠져나와서,

"아까 올 때 보니까 하늘에서 웬 집채만 한 괴물이 여우 잡는다고 내려오더니 그게 굴 앞에까지 왔나 보다."

하고 거짓말을 했지. 여우가 그 말을 듣고 그만 기겁을 해서 황새 뒤로 숨었어. 그러고는,

"에구, 나 죽네. 황새야, 이제 다시는 안 그럴 테니 나 좀 살려 다오."

이러면서 황새 꽁지를 붙잡고 늘어졌지. 겁이 나서 말이야. 그새 황새는 굴 밖으로 나가려고 푸드득거리고, 여우는 저 죽을까 봐 황새 꽁지를 꽉 잡고 안 놓고, 이러니 어떻게 돼? 황새 꽁지가 쏙 빠졌지. 꽁지가 쏙 빠져서 걸음아 날 살려라 하고 굴 밖으로 나와서 멀리멀리 도망갔대. 그때 황새 꽁지가 빠져서 그렇게 깡똥하게 된 거야.

찍찍 찍서방과 쥐양반

옛날 어떤 산골에 장끼와 까투리가 살고 있었어. 그러니까 둘이 내외가 되어 사는데, 장끼는 말씨가 점잖고 까투리는 말버릇이 좀 사나웠어.

한 해 겨울에는 눈이 너무 많이 와서 산이고 들이고 눈이 하얗게 덮였어. 그러니 먹이를 찾을 수가 있어야지. 하고한 날 집에 틀어박혀 가을에 모아 둔 먹이만 축내다 보니 먹을 것이 똑 떨어졌어. 그러다 보니 장끼와 까투리는 여러 날을 굶게 됐어. 아무리 눈 쌓인 겨울이라고 해도 몇 날 며칠을 쫄쫄 굶고야 살 수가 있나. 장끼와 까투리가 의논을 하기를,

"이러다가는 우리 둘이 굶어 죽기 딱 좋으니 늦기 전에 남의 집 양식이라도 꾸어다 먹읍시다."

"그렇지만 이 겨울에 어느 집엔들 양식이 남을라고요."

"들으니 저 건너 앞산에 사는 들쥐네가 콩을 많이 모아 놓았다고 하니, 거기 가서 콩을 좀 얻어 옵시다."

하고, 까투리가 들쥐네 집에 콩을 얻으러 가기로 했어. 까투리가 들쥐네 집 앞에까지 가서는 주인을 찾는다는 것이,

"찍찍 찍서방, 고양이밥 찌꺼기 있는가?"

하고 큰 소리로 불렀어. 제 딴에는 들쥐란 놈이 저보다 몸집도 작고 찍찍거리며 고양이한테 쫓겨 다닌다고 얕잡아 보고 그렇게 불렀지. 그렇지만 그

말을 들은 들쥐가 기분이 좋겠어? 기분이 나빠서 불러도 대답도 안 하고 가만히 있었지. 그러니까 까투리는 쥐가 저 부르는 소리를 못 들은 줄 알고,
"찍찍 찍서방, 고양이밥 찌꺼기 집에 있는가?"
하고 또 소리쳐 불렀어. 그제서야 들쥐가 마지못해 어슬렁어슬렁 나와서 문을 열고 얼굴만 빼죽 내밀고는,
"무슨 일로 찾나?"
하고 퉁명스럽게 묻겠지. 까투리는 눈치도 없이,
"청홍비단 몸에 감고 호강하던 우리 내외 콩맛 못 본 지 오래라, 너희 집에 썩어나는 콩 좀 얻으러 왔으니 어서 썩 내놓아라."
이러고 큰소리를 쳤어. 남의 집에 양식을 꾸러 왔으면 곱게 사정을 해야지 그렇게 큰소리를 쳐서야 누가 양식을 꾸어 줄 마음이 나겠어? 들쥐가 성이 버럭 나서,
"나 먹을 것도 없는데 남 꾸어 줄 콩이 어디 있어?"
하고는 문을 쾅 닫고 들어가 버렸지. 까투리는 하릴없이 빈손으로 집에 돌아왔어.
장끼가 집에서 기다리다가 까투리가 빈손으로 오는 것을 보고는 어떻게 된 일이냐고 물었어.
"저 먹을 것도 없는데 남 꾸어 줄 콩이 어디 있느냐면서 안 꾸어 줍디다."
"콩을 꾸어 달랄 때 뭐라고 했소?"
"청홍비단 몸에 감고 호강하던 우리 내외 콩맛 못 본 지 오래라 너희 집에 썩어나는 콩 좀 얻으러 왔으니 어서 썩 내놓아라고 했지요."
"허허, 그렇게 말버릇이 사나워서야 누가 양식을 꾸어 준단 말이오? 이번엔 내가 가 보리다."
장끼가 그길로 들쥐네 집에 가서 주인을 찾는데,

"이리 봐도 양반, 저리 봐도 양반, 쥐씨 양반 댁네 계시오?"

하고 불렀지. 들쥐가 안에서 들어 보니 듣기 좋은 말만 하거든. 얼른 나와서 문을 열고 웃는 얼굴로,

"장끼님이 무슨 일로 여기까지 왔소?"

하고 반갑게 맞아 준단 말이야. 장끼는 허리를 굽혀 절을 하면서,

"불쌍한 우리 내외 온 산에 눈이 쌓여 먹을 것을 못 찾아 굶고 있다가 이 댁에 콩이 있단 말 듣고 찾아왔으니 한 됫박만 꾸어 주면 그 은혜 잊지 않겠소."

하고 아주 공손하게 말을 했어. 그러니 들쥐가 하는 말이,

"그러지요. 아까는 웬 고약한 까투리가 와서 날더러 찍서방, 고양이밥이라고 부르면서 썩어나는 콩 내놓으라고 야단을 치기에 그냥 내쫓았는데, 이렇게 점잖은 분이 부탁하시니 꾸어 드리고말고요."

하면서 콩 한 됫박을 선뜻 내준단 말이야. 장끼가 그 콩을 가지고 집에 돌아오니 까투리가 고개를 갸웃갸웃하면서,

"거참 이상도 하다. 아까 내가 갔을 때는 콩이 없다고 하더니……."

하거든. 장끼가 그 말을 받아,

"말이 사나우면 없던 콩도 말이 고우면 생기는 법이라오."

하더라나.

배부르고 우습고 서러운 꼴

옛날에 여우 한 마리가 산속에서 먹을 것을 찾아 이리저리 돌아다니다가 메추라기를 만났지.

"메추라기야, 너 잘 만났다. 이 여우가 지금 몹시 배가 고파서 너를 잡아먹어야겠다."

여우가 입맛을 쩍쩍 다시면서 메추라기를 잡아먹으려고 하니까, 메추라기가 하는 말이,

"여우야, 여우야. 내 말 좀 들어 보렴. 나같이 조그마한 것을 잡아먹고 배가 부르겠니? 날 살려 주면 배부른 꼴 보게 해 주마."

하거든. 여우가 그 말을 듣고 귀가 솔깃해서 그럼 그러라고 했지.

메추라기는 여우를 데리고 산 밑으로 내려갔어. 산 밑에 내려가서 길가에 숨어 있으니, 조금 뒤에 한 아주머니가 밥을 가득 담은 함지를 이고 오더란 말이야. 메추라기는 여우더러,

"너는 뒤따라오다가 저 아주머니가 밥함지를 내려놓거든 배불리 먹으렴."

이렇게 이르고, 저는 일부러 아주머니 앞에 가서 알짱알짱거렸어. 그러니 아주머니가 메추라기를 잡으려고 손을 뻗치거든. 그때 메추라기는 얼른 팔짝 뛰어 조금 앞으로 갔어. 그러니 아주머니가 뒤쫓아 와서 또 손을 뻗쳐 메

추라기를 잡으려고 하지. 그때 메추라기는 또 깡충 뛰어 조금 앞으로 갔어. 아주머니는 또 따라와서 잡으려고 손을 뻗치지. 메추라기는 또 팔딱팔딱 뛰어 앞으로 가고.

이러다 보니 아주머니가 그만 분이 났어. 잡힐 듯 잡힐 듯하면서 안 잡히니까 분이 나지 뭐야. 그래서 아예 밥함지를 내려놓고 메추라기를 쫓아와. 메추라기는 길에서 알짱거리다가 아주머니가 잡으려고 손만 뻗치면 팔짝 뛰어 도망가고, 이러기를 자꾸 되풀이하다 보니 밥함지 내려놓은 곳에서 점점 멀어지지.

그때 여우는 뒤따라오다가 아주머니가 길에 내려놓은 밥함지를 보고는 웬 떡이냐 하면서 밥을 실컷 먹었어. 메추라기는 여우가 밥을 실컷 먹을 때까지 잡힐 듯 잡힐 듯 도망가면서 아주머니를 꾀었지. 그러다가 이만하면 여우가 밥을 다 먹었을 거라고 생각할 때쯤 호르르 멀리 날아가 버렸어. 아주머니는 메추라기도 못 잡고 밥만 도둑맞은 꼴이 됐지.

메추라기가 여우에게 와서,

"내 말대로 배부른 꼴 봤지? 그러면 이번에는 우습고 재미나는 꼴 보여 주련?"

하거든. 여우는 밥도 배불리 먹었으니 우습고 재미나는 꼴을 보고 싶어서 얼른 그러라고 했어. 메추라기는 여우더러 길가에 숨어 있으라 이르고는 공중으로 호르르 날아올라 갔어.

조금 있으니까 옹기장수 두 사람이 앞뒤로 나란히 옹기짐을 지고 오더란 말이야. 메추라기가 그걸 보고 공중에서 호르르 날아내려 와서는, 앞에 가는 옹기장수의 옹기짐 위에 가 앉는 거야. 그러니 뒤에 가는 옹기장수가 그걸 보고 손을 내밀어 메추라기를 잡으려 할 게 아니야? 그때 메추라기가 팔짝 뛰어 왼쪽으로 비켜 앉지. 뒤에 가는 옹기장수가 왼쪽으로 손을 옮겨 잡으려 하니, 이번에는 메추라기가 바른쪽으로 팔짝 뛰어 비켜 앉고.

잡으려 하면 왼쪽으로, 바른쪽으로 팔짝팔짝 비켜 앉으니 뒤에 가는 옹기장수가 그만 화가 잔뜩 났어. 그래서 들고 있던 지겟작대기로 메추라기를 겨냥해서 냅다 후려갈겼지. 메추라기가 날쌔게 날아가 버리니 작대기는 하릴없이 옹기짐을 후려갈기고, 애꿎은 옹기만 박살나고 말았어.

그러니 앞에 가는 옹기장수가 가만히 있겠어?

"이놈아, 너는 왜 공연히 남의 옹기를 때려부수느냐?"

하면서, 저도 지겟작대기로 뒤에 가는 옹기장수의 옹기를 후려갈긴단 말이야. 그러니 애꿎은 옹기가 또 박살났지. 뒤에 가는 옹기장수도 질 수가 있나.

"나는 메추라기 잡으려고 하다가 실수로 깨뜨렸다마는, 너는 일부러 남의 옹기를 때려부수니 그게 무슨 경우냐?"

하면서 다시 지겟작대기로 앞 옹기짐을 후려갈겼어. 앞에 가는 옹기장수는 화가 머리끝까지 나서 또 뒤 옹기짐을 후려갈겼지. 이렇게 해서 두 옹기장수가 서로 남의 옹기짐을 때려부수며 싸우거든. 그 꼴을 보고 여우는 우스워서 배꼽이 빠지도록 웃어제꼈어.

옹기장수가 간 다음에 메추라기가 여우한테로 와서,

"내 말대로 우습고 재미나는 꼴 봤지? 이번에는 서럽고 아픈 꼴 보여 주련?"

하거든. 여우는 메추라기가 배부른 꼴도 보여 줬고 우습고 재미나는 꼴도 보여 줬으니, 이번에는 또 어떤 걸 보여 주려고 그러나 싶어서 얼른 그러라고 했어. 그러니 메추라기는 여우더러 길에다 큼직하게 구덩이를 파라고 그래. 여우는 어서 재미있는 꼴을 보고 싶어서 메추라기가 시키는 대로 길 가운데에 큼직한 구덩이를 팠어. 그러니까 메추라기는 여우더러 구덩이 속에 들어가라고 그러지. 여우는 얼른 구덩이 속에 들어갔어. 그러니까 메추라기는 여우 눈과 코만 밖으로 조금 나오게 해 놓고 흙으로 구덩이를 메워 버리지 뭐야. 그래 놓고 여우의 콧잔등에 올라앉아서 꾸벅꾸벅 조는 체를 하고 있어. 여우는 이렇게 하고 있으면 좋은 일이 생기나 보다 생각하고, 가렵고 답답한 것도 꾹 참고 있었지.

조금 있으니까 소금장수가 저쪽에서 소금지게를 지고 뚜벅뚜벅 걸어와. 걸어오다가 땅 위에 메추라기가 앉아서 졸고 있으니까 작대기로 메추라기를 탁 때렸지. 메추라기를 잡으려고 말이야. 아, 꾀 많은 메추라기가 작대기에 얻어맞을 줄 알면서 가만히 있겠어? 얼른 호르르 날아가 버렸지. 그러니 어떻게 되겠어? 작대기는 바로 여우 콧잔등을 냅다 후려갈기고, 여우는 코를 호되게 얻어맞아서 절로 눈물이 찔끔 나오지.

소금장수가 가 버린 뒤에 메추라기가 여우한테로 와서,

"어때? 내 말대로 서럽고 아픈 꼴 봤지? 한번 더 보여 줄까?"

하고 놀려 대거든. 여우는 코가 아파서 눈물이 찔끔찔끔 나는데 메추라기가 놀려 대는 말을 들으니 부아가 치밀어서 후닥닥 구덩이에서 뛰쳐나왔어. 그러고는 눈 깜짝할 사이에 메추라기를 입에 덥석 물었어.

여우의 입에 물려서 꼼짝달싹도 할 수 없게 된 메추라기가 하는 말이,

"네가 해 달라는 대로 배부른 꼴도 보여 주고, 우습고 재미나는 꼴도 보여 주고, 서럽고 아픈 꼴도 보여 줬는데 나를 잡아먹으려고 하느냐? 그렇다면 할 수 없지. 죽기 전에 마지막 소원이나 들어 다오. 어머니를 한번 불러 보고 싶은데, 나는 너한테 목이 물려 큰 소리를 낼 수 없으니 내 대신 어머니를 불러 다오. 그런 다음에 나를 잡아먹으면 되지 않느냐?"

한단 말이야. 여우가 가만히 생각해 보니 죽는 마당에 어머니 한번 불러 달라는 청도 못 들어주겠느냐 싶거든. 그래서,

"메추라기 어머니! 메추라기 어머니!"

하고 크게 불렀어. 그러느라 여우 입이 딱 벌어질 게 아니야? 그사이에 메추라기는 얼른 여우 입에서 빠져나와 호르르 날아가려고 했지. 여우가 깜짝 놀라 얼른 입을 다물었지만 꽁지밖에 못 물었어. 메추라기는 꽁지를 빼 놓고 달아나 버리고, 달아나면서 흰 똥을 찍 쌌는데 그게 여우 콧잔등에 떨어졌어. 그래서 메추라기는 꽁지가 짧아지고, 여우 콧잔등에는 흰 점이 생기게 됐다는 거야. 여우를 보면 콧잔등이 하얗잖아? 그게 메추라기 똥이 묻어서 그렇게 됐다네. 하하.

● ― 이야기를 들려주고 나서

 사람이나 짐승이나 약한 편이 힘센 편에 맞서 자기를 지키려면 꾀를 쓰는 도리밖에 없나 봅니다. 〈꼬리가 얼어붙은 호랑이〉에서는 토끼가 꾀를 써서 멋들어지게 호랑이를 물리쳤고, 〈배짱 좋은 수달〉에서는 수달이 호랑이에게 맞서 꾀로 제 목숨을 지켰으며, 〈배부르고 우습고 서러운 꼴〉에서는 메추라기가 저를 잡아먹으려는 여우를 꾀로 혼내 주었지요.
 수달이나 토끼나 메추라기가 호랑이나 여우에게 힘으로 맞서서는 도저히 당해 낼 수가 없지요. 그러니까 꾀로 맞선 것입니다. 그런데 이 경우 주인공들은 공연히 남을 곯려 주려고 꾀를 쓴 게 아니라 자기를 지키려고 꾀를 썼습니다. 공연히 남을 곯려 주려고 쓰는 꾀는 옳지 못하지만 자기를 지키려고 쓰는 꾀는 정당하지요. 사람 사는 이치도 이와 같은 게 아닐까요?
 이런 이야기가 우리에게 주는 즐거움은, 언제나 작고 약한 편이 크고 힘센 편을 이긴다는 것입니다. 〈떼굴떼굴 떡 먹기〉를 보면 몸집이 가장 작은 두꺼비가 저보다 큰 토끼와 호랑이를 이깁니다. 〈꽁지 빠진 황새〉에서도 까치와 황새가 힘을 합쳐서 엉큼한 여우를 거뜬히 이겨내지요. 이것은 옛이야기를 만든 사람들이 언제나 약한 편에 서서 세상을 보았기 때문입니다. 요즈음 우리가 사는 세상에서도 힘으로 남을 억누르려는 사람에게 맞서 약한 사람을 돕는 참된 정의가 강물처럼 흘러넘쳤으면 좋겠습니다.
 옛이야기는 대부분 힘 약한 쪽을 편들지만, 그렇다고 해서 반드시 힘센 편은 언제나 그르고 약한 편은 반드시 옳다고는 할 수 없겠지요. 겉만 보고 무조건 옳다 그르다 편을 가르는 일이야말로 사실 위험할 것입니다. 〈**고양이 앞에 쥐**〉는 바로 그런 깨우침을 주는 이야기라고 할 수 있겠습니다.

못난 사람을 짐승에 빗대어 은근히 놀려 주는 이야기도 재미있습니다. 〈**팔짝팔짝 참새 싹싹 파리**〉는 제 분수를 모르고 잘난 체하는 사람을 놀려 주는 것 같고, 〈**비단 띠에 눈먼 지렁이**〉는 공연히 남의 것을 탐내다가 제 것을 잃어버리는 어리석음을 꼬집어 주는 것 같습니다. 〈**메기의 꿈풀이**〉는 권세를 앞세워 으스대는 사람과 권세 앞에서 아양을 떠는 사람을 마음껏 비웃어 주는 이야기가 아닐까요?

〈**찍찍 찍서방과 쥐양반**〉을 보면 "말 한마디에 천 냥 빚을 갚는다"는 옛말이 새삼스럽게 떠오릅니다. 말을 조심하고 삼가며 골라 쓰는 것이야말로 남과 함께 사는 세상에서 가장 먼저 지켜야 할 일이겠지요.

〈**잔나비 궁둥이**〉나 〈**이마가 벗겨진 메뚜기**〉 이야기는 읽고 나서 그저 한바탕 시원하게 웃으면 그만일 것 같습니다. 음식에도 몸을 돕는 음식이 있고 그저 맛있기만 한 음식이 있는 것처럼, 옛이야기에도 곰곰 되새겨 볼 것이 있고 그저 즐기기만 해도 될 것이 있지요. 그런 것을 가려내는 눈이 있다면 옛이야기를 정말 제대로 즐길 줄 안다고 할 수 있겠습니다.

8부
오순도순 함께 사는 동물과 사람 이야기

사람과 짐승이 한데 어울려 살아가는 모습을 그린 옛이야기를 보고 우리는 무엇을 짐작할 수 있을까요? 옛사람들이 짐승에게도 사람과 같은 값어치를 매겼다는 것이지요. 짐승을 사람의 들러리로 본 것이 아니라, 더불어 살아갈 동무로 여겼다는 뜻이지요. 옛이야기를 읽다 보면 짐승들한테도 배울 점이 많다는 것을 깨달을 수 있을 겁니다.

호랑이 뱃속 구경

옛날에 옛날에 소금장수가 소금짐을 지고 소금을 팔러 다녔어. 조선 팔도를 여기저기 돌아다니면서 소금을 팔았지. 그렇게 다니다 보니 별별 험한 꼴을 다 봤을 게 아니야? 깜깜한 밤중에 산에서 호랑이를 만나기도 하고, 산속에서 길을 잃고 밤새도록 헤매기도 하고 말이야. 그렇게 온갖 험한 일을 겪다 보니 이 소금장수가 아주 담이 커졌어. 그래서 웬만한 일에는 눈썹도 까딱 않지.

하루는 소금짐을 지고 높은 고개를 넘게 됐어. 고개를 넘자고 고개 밑에 이르니 주막이 하나 있는데, 거기에 사람들이 소복하게 모여 있어. 그 사람들이 소금장수가 고개를 넘으려는 걸 보고 기겁을 하면서 말린단 말이야.

"이 고개를 혼자서 넘을 생각일랑 아예 하지 마시오. 백 사람이 모여서 넘어야지, 그렇지 않으면 호랑이한테 잡아먹히고 말 거요."

그러니까 주막에 모여 있는 사람들은 백 사람을 채우려고, 사람이 더 모여들 때까지 거기서 기다리는 중인가 봐. 그런데 그만한 일로 겁을 집어먹을 소금장수가 아니지.

"깜깜한 밤중에도 예사로 고개를 넘었는데, 환한 대낮에 이까짓 고개를 못 넘어요? 그렇게 겁이 많아서 어찌 사내대장부라고 하겠소?"

이러면서 한사코 고개를 넘으려고 했지. 그래도 주막에 모여 있던 사람들이 자꾸 말려.

"그저께는 대장장이가 혼자서 이 고개를 넘다가 변을 당했고, 어저께는 숯장수가 혼자서 고개를 넘다가 호랑이 밥이 됐어요. 그러니 아예 혼자서는 안 가는 게 좋을 거요."

소금장수는 그런 말을 듣고도 눈썹 하나 까딱 않지.

"내가 오늘 이 고개를 넘어갔다가 내일 다시 넘어올 테니 걱정 마시오."

이렇게 큰소리를 치고 고개를 올라갔어. 한참 올라가니 길이 점점 험해지면서 여기저기서 산짐승 울음소리가 들려. 그래도 소금장수는 태연하게 올라갔지. 고갯마루에 올라서서 한숨 돌리는데, 저 앞에서 참 집채만 한 호랑이 한 마리가 '어흥' 하면서 입을 딱 벌리고 있겠지. 그놈의 입이 얼마나 큰지 사람이 하나 들어가고도 남겠어. 그렇게 큰 입을 벌리고 호랑이가 슬금슬금 이쪽으로 다가오거든.

소금장수가 얼른 소금 지게에 매어 놓은 지게꼬리를 풀어서, 한쪽 끝을 동그랗게 잡아매어 고리를 만들었어. 지게꼬리 끝을 잡고 고리를 호랑이 모가지를 겨냥해서 휙 던졌지. 그러니 동그란 고리가 호랑이 모가지에 턱 걸렸어. 그걸 냅다 잡아당겼단 말이야. 아주 호랑이 목을 죄어 숨통을 끊어 놓으려고 그러지.

아, 그런데 호랑이란 놈이 우스운 꼴 다 보겠다는 듯이 하품까지 슬슬 해가며 자꾸 다가온단 말이야. 호랑이 모가지에 줄을 걸었으면, 호랑이가 그 자리에 버티고 서 있든지 뒷걸음질을 치든지 해야 목이 죌 텐데,

슬슬 앞으로 다가오니까 아무 소용이 없지 뭐야. 호랑이가 소금장수 눈앞에까지 다가와서 입을 '앙' 하고 크게 벌리니까 소금장수가 그만 그 입속으로 쑥 빨려 들어갔어. 지게째 입속에 쑥 빨려 들어가서 목구멍으로 쏙 넘어갔어. 소금장수가 그러는 동안에도 호랑이 목을 맨 줄은 꼭 쥐고 있었지.

이렇게 해서 소금장수가 호랑이 뱃속에 들어갔어. 호랑이 뱃속에 들어가 보니까 참 우습지도 않더란다. 뱃속이 훤하게 넓어서 잘 보이는데, 그동안 호랑이가 잡아먹은 짐승이고 사람이고 죄다 거기서 살더래.

토끼도 깡충깡충 뛰어다니고 노루도 껑충껑충 뛰어다니고 사람들도 여기저기 돌아다니고 말이야. 가만히 보니까 그저께 잡아먹힌 대장장이도 돌아다니고 어저께 잡아먹힌 숯장수도 돌아다니더래. 호랑이 뱃속이 그렇게나 넓어.

소금장수가 호랑이 뱃속을 여기저기 돌아다니면서 구경을 했어. 뭐 여기저기 간이고 허파고 콩팥이고 디룽디룽 매달린 것 구경 다 했지. 그런데 호랑이 뱃속에 디룽디룽 매달린 고깃덩어리를 구경하다 보니 배가 슬슬 고파지거든.

'여기 들어와 보니 온 사방에 고기로구나. 이럴 게 아니라 호랑이 고기나 좀 베어 먹어야겠다.'

소금장수가 이렇게 생각하고 대장장이를 불렀어.

"여보, 대장장이 양반. 칼 가진 것 있소?"

"칼은 뭣에 쓰려고 그러시오?"

"호랑이 고기나 베어 먹으려고 그러지요."

"아, 그것 참 좋은 생각이오."

대장장이가 허리춤에서 칼을 빼 주기에, 소금장수가 칼로 호랑이 뱃속 고기를 싹둑싹둑 베어 냈어. 간도 베어 내고 허파도 베어 내고 콩팥도 베어 내고 해서 고기를 수북하게 쌓아 놨지. 그러고 나서 숯장수를 불렀어.

"여보, 숯장수 양반. 숯 좀 가져오시오."

"숯은 뭣에 쓰려고 그러시오?"

"호랑이 고기 좀 구워 먹으려고 그러지요."

"아, 마침 나도 배가 고프던 참인데 잘되었소."

숯장수가 내놓은 숯으로 불을 피웠지. 불을 피워서 호랑이 고기를 숯에 구웠어. 간도 굽고 허파도 굽고 콩팥도 굽고 해서 배불리 잘 먹었지.

그러는 동안에 호랑이란 놈은 죽을 지경이야. 뱃속에서 칼로 여기저기를 싹둑싹둑 베어 내지를 않나, 뱃속에서 숯에 불을 피워 제 고기를 굽지를 않나. 그러니 아프고 뜨거워서 죽을 지경이지. 호랑이는 '어흥, 어흥' 하고 울면서 펄쩍펄쩍 뛰었어.

안에서는 소금장수가 호랑이 고기를 다 구워 먹고 나서, 아까 호랑이 입 속에 들어올 때 가지고 들어온 줄을 단단히 잡았어.

"이제 슬슬 잡아당겨 볼까? 여보, 대장장이 양반. 그리고 숯장수 양반. 여기 와서 좀 거들어요."

"그건 무슨 줄이오?"

"호랑이 목에 매어 놓은 줄이지요."

"아, 그렇군. 그렇다면 어디 힘 좀 써 볼까?"

셋이서 줄을 힘껏 잡아당겼지. 영차, 영차, 잡아당기니까 밖에 있는 호랑이 모가지가 제 목구멍으로 딸려 들어가지. 자꾸자꾸 잡아당기니까 호랑이 모가지가 목구멍을 넘어 제 뱃속으로 쏙 들어왔어. 세 사람은 줄을 잡고 호랑이 창자를 지나 똥구멍으로 쑥 빠져 나왔지. 그 바람에 호랑이 모가지도 제 똥구멍으로 쏙 빠져 나와서 호랑이가 홀라당 뒤집어졌어. 호랑이 뱃속에 있던 짐승이고 사람이고 다 쏟아져 나왔지. 호랑이한테 잡아먹힌 짐승들도 살고 사람들도 다 살았지.

소금장수는 홀라당 뒤집어진 호랑이를 끌고 고개를 넘어 다시 주막으로 돌아왔어. 대장장이도 데리고 오고 숯장수도 데리고 왔지.

"그것 보시오. 내가 뭐라고 그럽디까? 어제 넘어가서 오늘 넘어온다고 그러지 않았소?"

그러니까 그동안에 하룻밤이 지난 거야.

먹보 곰 골탕 먹이기

옛날 옛날에 한 할아버지가 살았는데, 날마다 산에 가서 나무도 하고 산밭을 일구어 농사도 짓고, 이렇게 살았어. 산비탈에 노는 땅이 있어서 괭이로 파 엎고 고무래로 다듬어 참한 산밭을 일구었지. 이 산밭에 무를 심어 잘 가꾸었더니 무 농사가 아주 잘되었어. 무 뿌리는 통통하게 살이 찌고 잎은 새파랗게 벋어서 아주 보기 좋게 되었어.

무가 다 자라서 할아버지가 밭에서 무를 뽑고 있으려니까 산속에서 곰이란 놈이 어기적어기적 걸어 나와서,

"영감, 누구 맘대로 여기에 무를 갈았어?"

하지 뭐야. 할아버지가 어이가 없어서,

"노는 땅에 내 손으로 밭을 일구어 무를 갈았는데 누구 맘이랄 게 뭐 있느냐?"

했지. 그랬더니 곰이 억지를 쓰느라고,

"여기는 내가 맡아 놓은 땅인데 영감이 맘대로 무를 갈았으니, 그 무 절반은 나한테 줘야 돼."

하고 우격다짐을 놓아. 곰이 심술이 나면 무슨 짓을 할지 모르니, 할아버지가 할 수 없이 그러마고 했어. 곰은 잘 자란 무로만 골라서 반 넘어 빼앗아 가지고 가 버렸어. 할아버지는 억울했지만 어쩔 수 없었지.

그 뒤에 할아버지가 또 노는 땅을 일구어 옥수수를 심었어. 흙을 골라 씨를 뿌리고 산골짜기에 흐르는 개울물을 퍼다가 흙이 마르지 않게 해 줬지. 이렇게 물을 주고 김을 매고 잘 가꾸었더니 옥수수 농사가 아주 잘되었어. 키는 할아버지 키보다 훨씬 더 크고 옥수수 자루는 팔뚝만 한 게 주렁주렁 달렸지.

옥수수가 다 자라서 할아버지가 옥수수 자루를 꺾고 있으려니까, 산속에서 곰이 또 어기적어기적 걸어 나와서,

"영감, 누구 맘대로 여기에 옥수수를 갈았어? 여기는 내가 맡아 놓은 땅이니 그 옥수수 절반은 나한테 줘야 돼."

하고 트집을 잡네. 할아버지가 이번에도 곰의 우격다짐을 이기지 못하고 옥수수를 반 넘어 빼앗겼어. 애써 농사지은 것을 두 번이나 곰에게 빼앗기고 나니 억장이 무너지지. 그래도 곰은 힘이 세고 할아버지는 힘이 약하니 어쩔 수가 없지.

하루는 할아버지가 산에서 나무를 하다가 맛있는 머루를 많이 땄어. 그걸 집에 가지고 가서 손주 주려고 나무 지게에 얹어 가지고 가는데, 또 심술궂은 곰이 나타났지 뭐야. 곰이 머루를 처음 봤는지,

"영감, 지게에 얹어 가지고 가는 게 뭐야?"

하고 묻겠지.

"응, 이건 머루란다."

했더니,

"맛있게 생겼는걸. 어디 나 좀 줘 봐."

하기에 좀 줬지. 곰이 머루를 우물우물 먹어 보더니, 맛이 있으면 고맙다고나 할 것이지 심통 부리는 것 좀 보게.

"이놈의 영감탱이, 이렇게 맛있는 걸 여태 나 모르게 혼자서만 먹었구나.

이제부터는 나무하러 올 때마다 머루를 이만큼씩 따다 줘. 안 그러면 물어 줄 거야."

이러는 거야, 글쎄. 세상에 이런 심술이 어디 있나 그래.

그 뒤로 할아버지는 나무를 하러 산에 가도 곰한테 줄 머루를 따느라고 나무도 제대로 못 했어. 그러던 어느 날, 할아버지가 산에 가서 나무를 한 짐 해 놓고 쉬고 있는데, 노루 한 마리가 다리를 절뚝절뚝 절면서 오더란 말이야. 고개를 축 늘어뜨리고 절뚝거리면서 오는 게 좀 불쌍해야지.

"얘, 노루야. 너는 어쩌다가 다리를 다쳤느냐?"

"말도 마세요. 심술궂은 곰이 날마다 먹을 것을 가져오라고 성화를 대서 못 살겠어요. 오늘도 맛있는 걸 안 갖다 준다고 날 낭떠러지에 떠다밀지 뭐예요? 떨어지다가 소나무에 다리가 걸렸기에 망정이지 안 그랬으면 죽었을 겁니다."

"쯧쯧쯧, 그놈의 곰 때문에 온 동네가 고생이로군. 나도 곰한테 머루 따다 주느라고 고생깨나 한단다."

"그렇군요. 이 산에 사는 짐승들은 다 곰 등쌀에 시달려 못 살겠다고 아우성이랍니다."

할아버지는 저고리 옷고름을 뜯어 노루의 다친 다리를 싸매 줬어. 그러고 나서 한숨을 쉬고 있으니, 노루가 무슨 좋은 수가 있는지 눈을 반짝거리면서,

"할아버지, 할아버지. 우리 이렇게 하는 게 어때요?"

하더니, 할아버지 귀에 대고 소근소근 귓속말을 해. 할아버지가 그 말을 듣고 손뼉을 탁 치지.

그때 저쪽에서 곰이 다가오는 소리가 들려. 커다란 덩치로 어기적어기적 걸어오느라고 몸이 나무에 걸려 나뭇가지 부러지는 소리가 우지끈우지끈하

지. 그러니 노루가 할아버지한테 눈짓을 하고는 수풀속에 숨어 버리고 할아버지 혼자만 남았어.

곰이 할아버지한테 다가왔어.

"영감, 머루는 많이 따 놓았겠지?"

"이제 따려 갈 참이다. 그러나저러나 너 조심해야겠더라. 아까 보니까 이리로 사냥꾼이 무시무시한 활을 가지고 지나가던데."

"뭐라고? 사냥꾼이?"

곰이 사냥꾼이란 말을 듣고는 몸을 움찔하지. 겁이 나서 말이야. 할아버지는 시치미를 뚝 떼고 더 겁을 주느라고,

"응, 그런데 그 사냥꾼이 뭐라고 하더라? 곰이란 곰은 씨를 말리겠다고 그러던가."

했어. 곰이 그 말을 듣고 잔뜩 겁을 먹었는데, 마침 그때 숲속에서 부스럭부스럭하는 소리가 나. 미리 짜 놓은 대로 노루가 내는 소리지, 그게.

"이크, 저건 또 무슨 소리야?"

"아까 지나간 사냥꾼이 돌아오나 보다."

곰이 기겁을 하고 얼른 할아버지 나무 지게 밑으로 기어들어갔어. 겁이 나서 숨도 잘 못 쉬고 납작 엎드려 있는데, 노루가 일부러 사냥꾼 흉내를 내어,

"영감님, 이리로 곰 한 마리 오는 것 못 봤소?"

하고 묻지. 곰은 지게 밑에서 작은 소리로,

"못 봤다고 그래. 못 봤다고 그래."

하지. 할아버지는 시치미를 뚝 떼고,

"못 봤는데요."

했지. 그러니 노루가 또 점잖은 목소리로,

"그 지게 밑에 있는 건 뭐요?"

하고 물어. 곰은 들킬까 봐 더 몸을 움츠리며,

"장작이라고 그래. 장작이라고 그래."

하지. 할아버지가,

"이건 장작이랍니다."

하니까 노루가 또 묻기를,

"장작이라면 새끼줄로 묶어야지 왜 그냥 뒀소?"

하거든. 곰은 안달이 나서,

"어서 묶어. 어서 묶어."

하지. 할아버지가 새끼줄로 곰을 꽁꽁 묶었어. 그러자 노루가,

"그렇게 묶었으면 도끼로 패야지 왜 그러고 있소?"

하겠지. 곰은 들킬까 봐 하도 겁을 내다 보니 정신이 반쯤 나가서,

"어서 도끼로 패. 어서 도끼로 패."

하지.

"그럼 어디 도끼질이나 해 볼까."

할아버지가 도끼를 번쩍 들고 도끼 등으로 곰의 등줄기를 한번 냅다 두들겨 줬어.

"아이구, 아야. 곰 살려!"

곰은 그만 혼이 다 빠져서 새끼줄에 묶인 채로 때굴때굴 굴러 도망을 갔어. 그때 얼마나 혼이 났는지, 그 뒤로 곰은 이 산에 다시 나타나지 않더라나. 할아버지와 노루는 걱정 없이 잘 살았지.

아기 보는 호랑이

 옛날 옛날 어느 산골 마을에 시아버지하고 며느리하고 손주 둘하고, 이렇게 네 식구가 살았어. 시아버지는 늙어서 기운이 없으니까 며느리가 일을 다 했지. 며느리가 산에 가서 나무를 해다가 장에 갖다 팔아서 그 돈으로 양식도 사고 옷도 사고 해서 근근이 살아갔어. 며느리가 산에 가서 나무하는 동안에 할아버지는 손주들을 데리고 집을 보고, 이렇게 살았어.
 며느리는 어찌나 효성이 지극한지, 자기는 끼니를 걸러도 시아버지 밥상에는 하루도 거르지 않고 고기 반찬을 올리고, 자기는 해진 옷을 입고 다니면서도 시아버지에게는 늘 좋은 옷을 입혀 드렸어.
 하루는 시아버지가 고개 너머 이웃 마을 잔칫집에 가게 됐어. 며느리는 아이들을 재워 놓고 산에 나무를 하러 갔지. 나무를 한 짐 해다 팔아서 양식을 사 가지고 와서 저녁밥을 지어 놓고 시아버지를 기다렸지. 그런데 해가 저물어도 시아버지가 안 오네. 날은 점점 어둑어둑해지는데 아무리 기다려도 시아버지가 안 오니까 며느리가 마중을 나갔어.
 아기 하나는 재워 놓고 하나는 등에 업고 마중을 나갔지. 동네를 벗어나서 고개를 올라갔어. 깊은 산골이라 밤이 되면 산짐승이 많이 나오지. 여기 저기서 산짐승 우는 소리가 들렸어. 며느리는 그래도 시아버지 걱정이 돼서 자꾸만 고개를 올라갔어.

한참 올라가다 보니, 아 거기 길가에 시아버지가 쓰러져 있는데 그 옆에 커다란 호랑이 한 마리가 서 있더란 말이야. 가만히 보니까 시아버지는 잠을 자고 있어. 아마 잔칫집에서 술을 얻어먹고 취해서 고개를 넘다가, 잠깐 앉아서 쉰다는 게 그만 깜빡 잠이 들었던 모양이야. 그런데 호랑이가 세상 모르고 자고 있는 시아버지를 꼬리로 툭툭 치고 있더라지 뭐야. 며느리는 깜짝 놀랐어.

'에구머니, 저 호랑이가 우리 아버님을 깨워서 잡아먹으려고 저러나 보다.'

호랑이는 죽은 체하거나 잠자는 사람은 안 잡아먹는다는 말도 있거든. 그러고 보니 호랑이가 몇 번 꼬리로 사람을 툭툭 치다가 옆에 있는 골짜기로 내려가 제 꼬리에 물을 적셔 가지고 돌아와서 또 사람을 툭툭 친단 말이야. 그러니까 잠자는 사람을 정신이 번쩍 들게 해 가지고 잡아먹으려고 그러는 것 같지.

'아이고, 저러다가 아버님이 깨어나시면 호랑이한테 잡아먹히겠구나. 이를 어째.'

며느리는 마음이 바쁜 나머지 무서운 것도 잊어버리고 호랑이 앞으로 달려갔어. 달려가서 호랑이한테 빌었어.

"호랑아, 호랑아. 제발 우리 아버님을 살려 다오."

한참 빌다가 호랑이를 쳐다보니, 호랑이가 며느리를 보고 '어흥' 하고 크게 운단 말이야. 그러더니 고개를 돌려 잠들어 있는 시아버지를 한번 보고, 또 고개를 돌려 며느리를 한번 보고, 이러거든.

'저 호랑이가 누구를 잡아먹을까 궁리하느라고 저러는가 보다. 차라리 내가 잡아먹히는 게 낫지.'

며느리가 이렇게 생각하고 호랑이 앞으로 한 걸음 다가갔어. 그런데 다시 생각해 보니 여기서 제가 죽으면 시아버지는 누가 모시고 가느냐 말이야. 어서 시아버지를 모시고 가긴 가야겠고, 호랑이는 시아버지 옆에 떡 버티고 서서 꼼짝을 하지 않으니 어떻게 해. 며느리는 마음이 더 바빠져서 그냥 냅다 호랑이 옆을 지나가 시아버지를 번쩍 들어 안았어. 그런데도 호랑이는 '어흥' 하고 크게 울 뿐 달려들지는 않더라는 거야. 며느리는 정신없이 시아버지를 안고 산길을 달려 집으로 돌아왔어.

그런데 집에 와서 정신을 차리고 보니 등이 허전해. 등에 업은 아기가 없어. 하도 정신없이 허둥대느라고 등에 업은 아기가 떨어진 것도 몰랐지 뭐야. 이 일을 어째. 며느리는 그만 하늘이 무너지는 것 같았어.

뒤늦게 시아버지도 잠에서 깨어 손주가 없어진 걸 알고는 땅을 치면서 울어.

"아이고, 이 못난 늙은이 때문에 내 귀여운 손주를 잃었구나. 산길에 떨어졌으면 틀림없이 호랑이가 잡아먹었을 테니 이 일을 어쩌면 좋으냐."

시아버지도 울고 며느리도 울고, 이렇게 둘이서 밤새도록 울었지. 그런데 다음 날 새벽녘에, 날이 부옇게 샐 무렵인데, 아 밖에서 호랑이 울음소리가 '어흥' 하고 들린단 말이야.

"저놈의 호랑이가 내 손주 잡아먹고 또 누굴 잡아먹으려고 왔나? 차라리 이 늙은이를 잡아먹어라."

시아버지가 울부짖으면서 밖으로 나가려고 하는 걸 며느리가 억지로 말렸어.

"아버님은 가만히 계십시오. 제가 나가 보겠습니다."

며느리가 밖으로 나가 보니까, 호랑이가 나지막하게 '어흥' 하고 한번 울더니 등을 돌려 산 쪽으로 슬금슬금 가더래. 조금 가다가 뒤를 돌아보고, 또 조금 가다가 뒤를 돌아보고, 하는 걸 보니 따라오라고 그러는 것 같더란 말이지. 그래서 며느리가 호랑이를 따라갔어.

　호랑이가 동네를 벗어나 산으로 올라가기에 며느리도 따라갔지. 고개를 하나 넘어 골짜기로 내려가기에 또 따라갔지. 골짜기에 이르니까 거기 뻥 뚫린 바위굴이 있는데, 호랑이가 그리로 들어가. 며느리가 따라 들어가 보니, 이게 웬일이야. 호랑이 굴속에 아기가 있지 뭐야. 아기가 깔깔 웃으면서 호랑이 새끼들과 어울려 놀고 있단 말이지.

　그러니까 어젯밤에 떨어뜨린 아기를 호랑이가 제 굴에 데려다 놓은 거야. 그러고 보니 어젯밤에 호랑이가 잠든 시아버지를 꼬리로 툭툭 친 것도 잡아먹으려고 그런 게 아니라 살려 주려고 그랬나 봐. 산속에서 잠이 들면 다른 짐승들에게 해를 입을까 봐 깨워 주려고 그랬던 게지. 그러니까 며느리가 다가가도 가만히 보고만 있었던 거고.

　며느리가 그제서야 사정을 다 알고 호랑이에게 고맙다고 절을 자꾸 했어. 그리고 아기를 데리고 집으로 가려고 하니까, 호랑이가 등을 돌려 대고 꼬리를 설레설레 흔들더래. '등에 타라고 그러나 보다' 하고 호랑이 등에 올라탔더니 집에까지 잘 데려다 주더라는 거야. 호랑이 등에 며느리와 아기가 타고 아주 사이좋게 집에까지 왔다는 이야기야.

　네 식구는 그 뒤로도 오래오래 잘 살았더란다.

두꺼비와 천년 묵은 지네

 옛날 옛적 어느 마을에 한 처녀가 눈먼 아버지를 모시고 살았어. 처녀는 남의 집 허드렛일도 해 주고 삯바느질도 하여 양식을 조금씩 얻어 가지고 아버지와 함께 어렵사리 살아갔어. 그런데 아버지는 자나깨나 딸 걱정이야. 고생이 많아서 걱정이냐고? 아니야. 시집보낼 걱정이냐고? 그것도 아니야. 무슨 걱정인고 하니, 딸이 지네에게 잡아먹힐까 봐 그게 걱정이야.
 이 마을에는 오래전부터 지네 사당이라는 것이 있었어. 뒷산에 천년 묵은 지네가 사는데, 이놈이 걸핏하면 심술을 내어 마을 사람들을 해치고 농사를 망쳐 놓거든. 그래서 마을 사람들이 제발 그러지 말라고 뒷산에 사당을 짓고 해마다 제사를 지내서 지네를 달래는 거지. 그런데 제사를 지낼 때마다 처녀 한 사람씩을 지네에게 바쳐야 한단 말이야. 사람으로서 못할 일이지만, 그러지 않으면 더 많은 사람들이 죽게 될 테니 어떻게 해. 해마다 마을 처녀들을 모아 놓고 제비뽑기를 해서 처녀를 골라 지네에게 바치는 거야. 그러니 눈먼 아버지는 행여 제 딸이 지네에게 제물로 바쳐질까 자나 깨나 그게 걱정이지.
 하루는 딸이 부엌에서 아침 밥상을 차리고 있는데, 웬 두꺼비 한 마리가 엉금엉금 기어오더니 눈을 끔벅끔벅하면서 쳐다보더래.
 "두껍아, 배가 고파 밥을 얻어먹으러 왔니? 옛다, 한술 먹으려무나."

딸은 밥을 한술 떠서 두꺼비 앞에 떨어뜨려 주었어. 그랬더니 두꺼비가 그 밥을 냴름 먹어 치우거든.

"에그, 쯧쯧. 배가 몹시 고팠던 게로구나. 옛다, 한술 더 먹으렴."

딸은 제가 먹을 밥까지 두꺼비에게 줬어.

그 뒤부터 두꺼비는 밥 지을 때만 되면 부엌에 들어와서 밥을 얻어먹더래. 그러다 보니 딸은 두꺼비한테 아주 정이 담뿍 들었어. 하루라도 두꺼비가 보이지 않으면 걱정도 되고 허전도 하고, 이렇게 되었단 말이지. 남의 집 허드렛일을 해 주고 맛있는 음식이라도 얻으면 꼭 두꺼비 몫까지 챙겨다가 먹이곤 했지.

이러구러 지네 사당에 제물로 바칠 처녀를 뽑는 날이 됐어. 마을 처녀들이 모두 모여 제비를 뽑았는데, 아뿔싸, 이 집 딸이 그만 덜컥 뽑혀 버렸네. 이것 참 큰일났지. 딸이 죽으면 눈먼 아버지는 혼자서 어떻게 사느냐 말이야. 아버지와 딸은 밤새도록 서로 붙들고 엉엉 울었어.

울다가 울다가 날이 새서, 이제 지네에게 잡아먹히러 가야 하는 날이야. 딸은 마지막으로 아버지께 아침밥이나 정성껏 지어 드리려고 부엌에 나갔지. 그랬더니 두꺼비가 아무 영문도 모르고 밥을 얻어먹으러 와 있거든.

"두껍아, 두껍아. 네게 밥 주는 것도 오늘이 마지막이로구나. 나는 오늘 밤에 죽게 된단다. 그러니 이제부터는 여기 와도 소용없어."

그랬더니 두꺼비가 그 말을 알아들었는지, 주는 밥도 안 먹고 눈물만 뚝뚝 흘리고 있더래.

딸이 마을 사람들과 함께 뒷산에 올라갈 때 두꺼비도 엉금엉금 그 뒤를 따라갔어. 마을 사람들은 딸을 지네 사당에 들여보내고 문을 닫아걸더니 산을 내려가 버리네. 딸 혼자서 방 안에 남아 있는데, 구석에 뭐가 오두마니 앉아 있는 게 보이더란 말이야. 가만히 보니, 언제 들어왔는지 두꺼비가 방

구석에 우두커니 앉아 있지 뭐야.

"에그머니, 두껍아. 넌 여기 왜 들어왔니? 어서 나가. 여기 있다간 너마저 죽어."

그래도 두꺼비는 나가지 않고 눈만 끔벅끔벅하고 있지. 암만 나가라고 해도 꼼짝 않고 그러고 있네.

그러다 보니 날이 어두워졌는데, 갑자기 우지끈뚝딱 벼락 치는 소리가 나더니 당집 천장에서 파란 연기가 스르르 내려와. 지네가 내뿜는 독이지, 그게. 두꺼비가 그걸 보더니 입을 딱 벌리고 노란 연기를 쉭 내뿜어. 자기도 독을 내뿜어 지네 독을 막는 거야. 노란 연기가 위로 올라가니까 파란 연기가 더 못 내려와. 그러니까 지네가 화가 났는지, 아까보다 더 큰 소리를 와장창 내더니 파란 연기가 자욱하게 마구 내려와. 두꺼비도 안간힘을 써서 노란 연기를 마구 내뿜어. 이렇게 두꺼비와 지네가 서로 독을 내뿜으며 싸우는데, 당집이 왈캉달캉 흔들리고 눈앞이 자욱해서 처녀가 그만 정신을 잃고 쓰러져 버렸어.

이튿날 아침에 딸이 눈을 떠 보니 지네와 두꺼비가 둘 다 쓰러져 죽어 있더래. 지네는 두꺼비 독을 마시고 죽고, 두꺼비는 지네 독을 마시고 죽은 거지.

마을 사람들이 올라와 보니, 죽은 줄만 알았던 처녀가 멀쩡하게 살아 있거든. 간밤에 일어난 이야기를 들은 마을 사람들은 지네 사당을 헐고, 그 자리에 두꺼비 사당을 지어 줬어. 그 뒤로는 처녀를 제물로 바치는 일도 없어졌고 말이야. 딸은 눈먼 아버지를 모시고 오래오래 잘 살았는데, 날마다 두꺼비 사당에 밥을 지어 갖다 줬대.

호랑이 형님

옛날에 어떤 총각이 산골에서 홀어머니를 모시고 사는데, 가난하니까 산에 가서 나무나 해다 팔아서 어찌어찌 끼니를 잇고 살았던 모양이야. 하루는 이 나무꾼 총각이 산에서 나무를 하고 있는데, 아 난데없는 호랑이 한 놈이 나타나더니 입을 딱 벌리고 잡아먹으려고 달려든단 말이야.

호랑이한테 물려 가도 정신만 차리면 산다고, 이 총각이 그 정신없는 가운데도 제 살 궁리를 했어. 지금 달아나 봤자 호랑이 걸음을 앞설 수는 없을 테니, 되든 안 되든 호랑이를 속여 보는 것이 옳은 수다, 이렇게 생각했지. 그래서 달려드는 호랑이 앞에 넙죽 엎드려,

"아이고, 형님 아니십니까? 형님 뵙자고 온 산을 헤매었더니 이제야 만났군요."

하고 아주 반가워하는 척했지. 호랑이가 듣고 보니 어안이 벙벙하거든. 사람들은 다 저만 보면 혼이 빠져서 도망가기 바쁜데, 이놈은 태연하게 저를 보고 형님이라고 부르며 반가워하니 그럴밖에.

"네가 어찌 나를 보고 형님이라고 하느냐?"

호랑이가 물으니 총각은 구슬프게 울면서 한다는 말이,

"형님은 모르시겠지만, 우리 어머니가 본디 아들을 둘 낳았는데, 맏이를 낳은 것이 바로 형님이오. 그런데 형님은 사람 탈을 못 쓰고 호랑이 탈을

쓰고 나왔기 때문에 집에서 못 기르고 산속에 보낸 것이지요. 어머니는 요새도 날마다 형님을 보고 싶어서 눈물로 밤을 지샌답니다. 보다 못해서 내가 형님을 찾으려고 산속을 돌아다녔는데 이제야 만났으니 어찌 반갑지 않겠어요? 자, 어서 어머님 뵈러 가십시다."

이러면서 호랑이 앞발을 잡아끄네. 하도 능청스럽게 이야기를 잘해서 호랑이가 그만 깜빡 속아 넘어갔어.

'하, 여태 그런 줄 몰랐더니 내가 사람의 아들이었구나. 나를 낳아 주신 어머니가 아직도 살아 계신다니 참 놀랄 일이군.'

호랑이가 이렇게 생각하고, 제딴에는 형 노릇 하느라고 잔뜩 점잖을 빼면서 물었어.

"그래, 어머님께서는 잘 계시느냐?"

호랑이가 감쪽같이 속아 넘어가는 것을 본 총각은 '이제야 살았구나' 하고 더 구슬프게 울면서 능청을 떨었지.

"어머니께서 늙으신 데다가 형님을 보고 싶어 밤낮으로 우시느라 몸이 몹시 약해지셨는데, 그 모습을 자식된 도리로 차마 볼 수가 없습니다. 고기라도 사다가 고아 드리면 어머니 몸이 좋아지실 텐데, 집안이 가난해서 고기 한 근 못 사 드리니 이런 불효가 어디 있겠습니까?"

그 말을 들은 호랑이가 어찌나 감동을 했는지 그만 눈물을 줄줄 흘리는구나.

"그런 말 말아라. 나는 그런 줄도 모르고 산속에서 나 혼자 배불리 먹고 살았으니, 나야말로 불효자로구나. 내 당장 어머님을 뵙고 싶지만 짐승 탈을 쓰고 어찌 어머님 앞에 설 수 있겠느냐? 이제부터 내가 산짐승이라도 잡아다 어머님께 갖다 드릴 터이니, 너는 걱정 말고 돌아가서 형이 잘 있더라고만 전해 다오."

이렇게 해서 총각은 호랑이에게 잡아먹히지 않고 무사히 집에 돌아왔지. 집에 돌아와서 생각해 보니, 하마터면 호랑이한테 잡아먹힐 뻔했는데 어찌어찌 거짓말을 둘러대어 호랑이를 속인 끝에 살아 돌아온 것이 꿈만 같거든. 그날 밤 내내 '후유 후유' 한숨을 쉬면서 가슴을 쓸어내렸지.

그런데 이튿날 아침에 마당에 나가 보니, 이게 웬일이야? 멧돼지 한 마리가 마당 가운데 놓여 있지 뭐야?

'엥? 이게 웬 멧돼지야?'

총각이 가만히 생각해 보니, 어제 호랑이가 저한테 '이제부터 산짐승이라도 잡아다 어머님께 갖다 드리겠다'고 한 말이 떠오르거든.

'아하, 호랑이가 어머니께 효도하느라고 이렇게 사냥을 해서 갖다 놨구나.'

참 효성스런 호랑이도 다 있지. 총각은 그 멧돼지를 불에 굽고 물에 고아 어머니와 함께 잘 먹었어. 그러고 나서 며칠이 지났는데, 그날도 아침에 마당에 나가 보니 노루 한 마리가 마당 가운데 놓여 있어. 그다음부터 며칠마다 한번씩 꼭꼭 호랑이가 산짐승을 잡아다 마당에 던져 놓고 간단 말이야. 그 덕분에 총각과 어머니는 날마다 고기를 실컷 먹을 수 있게 됐어. 호랑이한테 잡아먹히지 않은 것만 해도 다행인데, 며칠마다 한 번씩 산짐승까지 얻게 됐으니 이런 횡재가 어디 있나.

그럭저럭 몇 달이 지나고 나서, 하루는 총각이 산에 나무를 하러 갔다가 또 그 호랑이를 만나게 됐어.

"아이고, 형님. 그동안 잘 계셨습니까?"

"그래, 나야 잘 지낸다마는 어머님께서는 편안하시냐?"

"형님 소식을 들은 뒤로는 걱정 없이 잘 지내신답니다. 더군다나 형님이 사냥해다 준 산짐승을 대접해 드렸더니 요새는 얼굴색이 아주 좋아지셨습지요."

"그것 참 듣던 중 반가운 소리로구나."

이렇게 이야기를 나누다가 총각이 또 슬그머니 의뭉스러운 꾀를 냈어. 이왕에 호랑이 덕을 보았으니 호강 좀 더 해 보자 생각하고는, 없는 이야기를 지어냈지.

"그런데 요새는 어머니가 다른 걱정거리가 하나 생겼답니다."

"무슨 걱정이시더냐?"

"글쎄, 저야 괜찮다고 여러 번 말씀을 드렸습니다마는, 며느리를 못 보고 돌아가실까 봐 걱정하시지 뭡니까?"

"그런 걱정을 하실 만도 하지. 그럼 네가 어서 장가를 가야겠구나."

"그런데 형님도 아시다시피 제가 가난해서 색싯감 구하기가 어디 쉬워야지요."

"그래? 그렇다면 내가 어떻게 해 볼 터이니 돌아가서 어머님께 걱정 마시라고 말씀드려라."

그렇게 이야기를 나누고 나서 집으로 돌아왔지. 그런데 그날 밤이 이슥해지자 밖에서 '쿵' 하고 무엇이 떨어지는 소리가 들리더란 말이야.

'이크, 이게 무슨 소리야?'

총각이 얼른 나가 봤더니, 글쎄 호랑이가 어디서 예쁜 처녀를 물어다가 마당에 던져 놓고 갔지 뭐야. 어머니가 며느리를 못 보아서 걱정한단 말을 듣고는, 효도하려고 어디서 며느릿감을 구해다 놓은 게야. 참 효성이 지극하기도 하지.

처녀가 아닌 밤중에 호랑이에게 덥석 물려 왔으니 어디 제정신이겠어? 까무라쳐서 정신을 못 차리고 있지. 총각과 어머니가 처녀를 방에 데려다 놓고 물을 떠다 먹이고 몸을 덥히고 해서 깨워 놨어. 처녀가 깨어나 보니 어딘지도 모르는 산골 오두막집에 와 있는데, 짐작을 해 보니 자기가 호랑이에게 물려 가는 것을 이 총각이 구해다 살려 준 것 같단 말이야. 목숨을 살려 준 은인이라고 고맙게 여기고 총각과 결혼을 하게 됐어.

이렇게 해서 총각은 호랑이 덕에 예쁜 색시 얻어 장가까지 들었지 뭐야. 아주 복주머니가 터진 거지.

그렇게 잘 살다가 어머니가 늙어서 세상을 떠났어. 아들과 며느리는 정성껏 장례를 치러 드렸지. 그런데 장례를 치르고 난 뒤로는 호랑이가 다시는 산짐승을 잡아다 주지 않더래. 호랑이도 어머니가 돌아가신 것을 알고 그러는 게지.

그러고 나서 한참 뒤에 아들이 산에 나무하러 갔다가 새끼호랑이들을 여러 마리 만났는데, 아 이놈들이 하나같이 꼬리에 흰 댕기를 매고 있더라는구나. 왜 그렇게 하고 다니느냐고 물었더니,

"우리 할머니는 호랑이가 아니고 사람이래요. 얼마 전에 할머니가 돌아가셨는데, 그 소식을 듣고 아버지가 너무 슬퍼서 밤낮으로 우시다가 어제 그만 돌아가셨어요. 그래서 흰 댕기를 매고 다닌답니다."

하더래. 그러니까 이 새끼호랑이들은 나무꾼 총각이 형님이라고 부른 그 호랑이의 새끼들이야. 어머니가 살았을 때는 산짐승을 잡아다 바치더니, 돌아가신 뒤에는 슬피 울다가 저도 따라 죽고 말았으니 사람인들 그만큼 효성스러울 수 있을까? 호랑이가 사람보다 낫지 뭐야.

도술 부리는 고양이와 개

옛날 옛날 아주 먼 옛날 이야기야. 어느 집에서 고양이를 키웠어. 고양이가 쥐도 잘 잡고 하니까 주인이 귀여워하면서 아주 잘 키웠어. 생선도 사다 먹이고 고기도 사다 먹이고 이렇게 잘 키웠단 말이야.

그런데 하루는 이 집에 제사가 들었어. 제사가 들어서 음식을 잘 장만해다가 제사상에 차려 놨는데, 아 이놈의 고양이가 살금살금 기어와서는 제사상에 올려놓은 고깃덩이를 냉큼 집어 먹어 버렸지 뭐야. 옛날에는 제사 음식을 함부로 다루는 것을 큰 죄로 여겼는데, 이걸 고양이가 먹어 치워 놓았으니 큰일도 그런 큰일이 없지. 주인이 얼마나 화가 났는지, 그만 들고 있던 담뱃대로 고양이를 때려서 내쫓았어. 그런데 하필이면 담뱃대가 고양이 왼쪽 눈을 후려쳐서 고양이가 그만 눈이 멀게 돼 버렸어. 왼쪽 눈이 멀게 된 고양이는 그길로 집을 나가더니 다시는 안 들어와. 어디로 갔는지 아무도 몰라.

그런 일이 있고 나서 한 오십 년이 지났어. 그러니까 이 집 주인이 늙어서 죽고, 그 아들도 늙어서 죽고, 손자가 커서 집주인이 되었으니까 그럭저럭 한 오십 년이 지난 거지.

하루는 이 집 주인이 들일을 하고 돌아오는데, 길가에 웬 강아지 한 마리가 쓰러져 있어. 며칠 동안 아무것도 못 먹었는지 배가 등에 달라붙어서 금방 숨이 넘어가게 생겼어. 불쌍하니까 그 강아지를 안고 집에 돌아왔지. 돌아와서 죽을 끓여 먹이고 따뜻한 데 재워 줬더니 기운을 차리더란 말이야.

그래서 그 강아지가 이 집에서 살게 됐지. 그런데 며칠 지나니까 이 강아지가 슬그머니 집을 나가더니 어디를 갔다 왔는지 꼭 저만 한 강아지 두 마리를 더 데리고 왔어. 그래서 강아지 세 마리를 키우게 됐단 말이야.

그렇게 강아지들을 키우고 사는데, 하루는 웬 스님이 동냥을 왔어. 그래서 쌀 한 됫박을 퍼다 줬더니 스님이 하는 말이,

"허허, 머지않아 이 집에 아주 흉한 일이 생기겠구려."

한단 말이야. 주인이 놀라서 스님을 붙잡고 물었지.

"아이고, 스님. 우리 집에 무슨 일이 생긴다고 그러십니까? 말씀 좀 해 주십시오."

그랬더니 스님이,

"너무 걱정 말고 저 강아지들이나 잘 키우시오. 앞으로 석 달 열흘 동안 저 강아지들에게 찹쌀죽을 쑤어 먹이되, 한 마리는 대문 밖에 두고, 한 마리는 마당가에 두고, 한 마리는 마루 밑에 두고 키우시오."

하거든. 그것만 가르쳐 주고는 스님이 어디로 갔는지 안 보여.

주인이 스님 말대로 했지. 강아지를 대문 밖에 한 마리, 마당가에 한 마리, 마루 밑에 한 마리를 두고 석 달 열흘 동안 찹쌀죽을 끓여 먹였어. 찹쌀이 본래 힘내는 데는 최고거든. 강아지들이 찹쌀 죽을 먹더니 살이 포동포동 찌고 털에 기름기가 자르르 흐르는 것이, 겉보기에도 힘이 쑥쑥 오르는 것 같더란 말이지. 겉보기만 그런 게 아니라 속속들이 힘이 잔뜩 올랐나 봐. 짖는 소리도 우렁차고 날쌔기가 바람 같더라네.

그럭저럭 석 달 열흘이 지났어. 하루는 초저녁부터 강아지들이 마구 시끄럽게 짖어 대더라는 거야. 저 강아지들이 왜 저러나 하고 주인집 식구들은

그냥 잠이 들었지. 그런데 새벽녘이 되니까 강아지들이 마구 자지러질 듯이 짖어 대더니, 밖에서 찬바람이 '쌩' 하고 불어오더래. 주인이 놀라서 벌떡 일어나 문구멍으로 내다보니까, 어두컴컴한 대문간에 뭐 시커먼 것이 하나 왔어. 몸집이 송아지만하고 눈에는 시퍼런 불꽃이 퍽퍽 튀는 게 왔더란 말이야. 가만히 보니까 그게 엄청나게 큰 고양이인데, 눈이 하나밖에 없어.

'이크, 저게 뭐야. 우리 할아버지가 옛날에 키우던 고양이를 담뱃대로 때려 눈을 멀게 하셨다더니, 저게 바로 그 고양이가 아닌가.'

그때 담뱃대로 얻어맞고 눈이 멀게 된 고양이가 집을 나가서 도술을 배워 가지고 이제 원수 갚으러 온 거야. 오십 년 동안 도술을 배워서 몸집은 송아지만 하게 커지고, 사납기는 호랑이 같고 날쌔기는 매같이 되어서 왔단 말이지. 오십 년 전에 자기를 때린 사람의 손자한테 원수 갚으려고. 허, 그것 참.

고양이가 이빨을 드러내고 '야옹' 하고 무시무시한 소리를 내면서 대문을 들어서려고 하니까, 대문을 지키던 강아지가 '멍' 하고 크게 짖으면서 고양이를 막아섰어. 그러니까 고양이가 강아지한테 덤벼들어 싸움이 붙었어. 고양이가 도술을 부려서 공중으로 올라가니까 강아지도 따라서 공중으로 올라가. 공중에서 둘이가 우당탕 쿵쾅 천둥 치는 소리를 내면서 싸워. 날이 훤하게 샐 때까지 그렇게 싸우다가 강아지가 먼저 지쳐서 땅에 '쿵' 하고 떨어져 죽었어.

고양이가 마당으로 들어섰어. 그때 마당을 지키던 강아지가 고양이를 막아서서 둘이 또 싸움이 붙었어. 이번에는 고양이가 도술을 부려서 땅속을 파고드니까 강아지도 따라서 땅속으로 들어가. 땅속에서 우르르 우르르 산이 무너지는 소리를 내면서 싸워. 해가 뜰 때까지 그렇게 싸우다가 강아지가 먼저 지쳐서 땅 위로 올라와 쓰러져 죽었어.

고양이가 마루에 올라섰어. 이제 고양이가 방문만 열면 주인집 식구들이 모두 죽을 판이야. 그때 마루를 지키던 강아지가 마루 위로 올라와 고양이를 막아섰어. 그래서 또 싸움이 붙었어. 고양이가 도술을 부려서 입으로 빨간 연기를 뿜어내니까 강아지도 입으로 노란 연기를 뿜어내. 고양이가 입으로 빨간 불을 뿜어내니까 강아지도 입으로 노란 불을 뿜어내. 이렇게 연기와 불을 뿜으면서 정신없이 싸워. 그러다가 해가 높이 뜰 무렵에 둘 다 마루 위에 쓰러졌어.

강아지는 죽을힘을 다해 싸우다가 힘이 다 빠져서 죽고, 고양이는 세 번이나 힘센 강아지를 만나서 싸우느라 지칠 대로 지쳐서 죽었어. 이렇게 해서 강아지 세 마리가 다 싸우다 죽고, 고양이도 죽었어. 그 덕분에 주인집 식구들은 무사하게 됐지. 그러니까 집에서 키우는 짐승을 함부로 때려서는 안 되지. 함부로 때리고 내쫓으면 나중에 꼭 원수 갚으러 오거든.

소나무 아들

이 이야기는 참 오래된 옛날 이야기야. 어느 마을에 사내아이가 살았는데, 아버지 없이 홀어머니 밑에서 자랐어. 그럭저럭 나이 여남은 살이 되어서 글방에 다니는데, 글방 동무들이 걸핏하면 애를 놀려. '아비 없는 후레자식'이라고 말이야. 그렇게 놀림을 받고 나면 외롭고 슬플 게 아니야? 그러면 이 아이는 혼자 뒷산에 있는 큰 소나무한테 가서 놀았어. 소나무 둥치를 타고 오르기도 하고 솔방울을 따기도 하면서 놀았지. 그렇게 날마다 소나무와 놀다 보니 아주 정이 담뿍 들었어.

정이 담뿍 들다 보니 이 아이는 소나무가 제 아버지였으면 좋겠다는 생각을 하게 됐지. 그래서 소나무 둥치를 끌어안고,

"아버지, 아버지."

하고 불러 보았어. 그랬더니 소나무가,

"왜 그러느냐? 내 아들아."

하지 뭐야. 글쎄, 소나무가.

그다음부터 이 아이는 아주 소나무를 제 아버지로 삼고 지냈어. 그러니까 소나무 아들이지. 소나무 아들은 글방 공부만 마치면 하루도 빼놓지 않고 아버지를 찾아갔어. 아버지, 그러니까 소나무한테 가서 둥치를 끌어안고,

"아버지, 아버지."

하고 부르면 소나무는,

"오냐, 글방에서 공부 잘했느냐?"

하고 반겨 주지. 날마다 이렇게 만나서 이런저런 이야기도 나누고 하니까 외롭지도 않게 됐어.

그렇게 살다가 하루는 소나무가 하는 말이,

"오늘 밤에 큰비가 와서 큰물이 질 테니, 오늘은 집에 가지 말고 내 등에 올라타고 있어라."

하거든. 그 말대로 했어. 그랬더니 그날 밤에 정말로 큰비가 쏟아지는데, 얼마나 사납게 쏟아붓는지 금세 동네가 물에 잠기고 산에까지 물이 차올라. 소나무 밑둥까지 물이 차올라. 그러니까 소나무가 스르르 넘어지더니 물에 둥둥 떠내려가. 소나무 아들도 소나무를 타고 물에 둥둥 떠내려갔지.

그렇게 한참 동안 떠내려가다가 날이 샜어. 날이 새고 나서도 자꾸만 떠내려가는데, 가다 보니 개미 떼가 새까맣게 떠내려와. 개미들이 서로 엉켜서 떠내려오는데 기운이 빠져서 곧 죽게 됐어. 불쌍해서 개미들을 다 건져다가 소나무에 태웠지.

그러고 나서 또 떠내려가는데, 이번에는 멧돼지 한 마리가 물에 둥둥 떠내려와. 멧돼지도 기운이 없어서 곧 물에 빠져 죽게 됐어. 멧돼지도 건져다가 소나무에 태웠지.

그러고 나서 또 떠내려가는데, 이번에는 벌 떼가 왱왱거리면서 떠내려와. 벌도 기운이 빠져서 곧 죽게 됐어. 불쌍해서 벌도 다 건져다가 소나무에 태웠지.

이렇게 개미, 멧돼지, 벌을 태우고 떠내려가다 보니, 웬 아이가 떠내려오면서 살려 달라고 소리를 쳐. 소나무 아들이 그 아이를 건져주려고 하는데 소나무가 말려.

"아서라, 애야. 짐승을 살려 주면 은혜를 은혜로 갚지마는, 사람을 살려 주면 은혜를 원수로 갚는단다."

그래도 소나무 아들은 아버지 말을 안 듣고 아이를 건져 줬어. 소나무에 개미와 멧돼지와 벌과 아이를 태우고 또 떠내려갔어.

자꾸 떠내려가다 보니 넓은 뭍이 나타나서 모두 거기에 내렸어. 소나무 아들도 내리고 개미도 내리고 멧돼지도 내리고 벌도 내리고 아이도 내렸어. 개미와 멧돼지와 벌은 살려 줘서 고맙다 하고는 어디론가 가 버리고, 소나무 아들과 소나무와 아이만 남았어. 어디든지 가야 할 텐데 소나무는 걸을 수 없으니까 갈 수가 없지. 그래서 할 수 없이 소나무는 물가에 남기로 했어. 소나무 아들은 아버지에게 하직 인사를 하고 아이와 함께 걸어갔어.

산을 넘고 물을 건너 한참 동안 걸어가다 보니 큰 마을이 나오더래. 그 마을에서 제일 큰 기와집으로 가서 주인을 찾았지.

"우리는 큰물이 져서 떠내려온 아이들인데, 갈 데도 없고 살 데도 없으니 이 집에서 심부름이나 하면서 살게 해 주세요."

하고 부탁을 하니 주인이 그러라고 해. 그래서 둘이 그 집에서 살게 됐지.

그런데 물에서 건져 준 아이가 주인에게 거짓으로 고해 바치기를, 소나무 아들은 농사일밖에 모르고 저는 글공부를 많이 했다고 그랬단 말이야. 그러니 주인이 그 말을 곧이듣고 소나무 아들에게는 농사일을 시키고 물에서 건진 아이에게는 글공부를 시키는 거야. 그래서 소나무 아들은 날마다 힘든 농사일을 하면서 살았지.

하루는 주인이 두 아이를 불러 놓고 일을 시키는데, 먼저 소나무 아들더러,

"너는 농사짓는 농군이니 이렇게 해라. 내가 한 섬이나 되는 좁쌀을 뒷산에 흩어 놓았으니 그걸 다 주워모아서 한 섬지기 밭에다 심고 오너라."

하고, 물에서 건진 아이더러,

"너는 글공부하는 선비이니 배운 글자 천 글자를 종이 천 장에 한 글자씩 써 놓아라."

하고는, 누구든지 시킨 일을 먼저 하는 아이를 사위 삼겠다고 그런단 말이야.

소나무 아들이 뒷산에 올라가 보니 온 산에 좁쌀이 흩어져 있는데, 도저히 그걸 주워 모을 재간이 없어. 그래서 한숨을 쉬면서 좁쌀을 줍고 있는데, 어디서 왔는지 전에 물에서 건져 준 개미 떼가 몰려왔어.

"소나무 아들아, 무슨 일로 그렇게 걱정하고 있니?"

그래서 사정 이야기를 다 했더니,

"걱정 마. 우리가 주워 모아 줄 테니."

하고는 어디에 가서 다른 개미 떼를 많이 데리고 왔어. 그 개미들이 또 다른 개미 떼를 데리고 오고, 또 데리고 오고 해서 나중에는 온 산이 개미 떼로 까맣게 덮였어.

그 개미들이 좁쌀을 하나씩 물어다 놓으니 금세 좁쌀 한 섬이 다 모였어. 그걸 자루에 담아 둘러메고 한 섬지기 밭으로 갔지. 그런데 밭이 자갈투성이인 데다가 하도 넓어서 도저히 좁쌀을 다 심을 재간이 없어. 그래서 또 한숨을 쉬면서 밭을 일구고 있는데, 이번에는 멧돼지가 나타났어. 전에 물에서 건져 준 바로 그 멧돼지야.

"소나무 아들아, 무슨 일로 그렇게 걱정하고 있니?"

그래서 사정 이야기를 다 했더니,

"걱정 마. 내가 다 심어 줄 테니."

하고는 번개같이 주둥이로 밭을 일구고 이랑을 내어 좁쌀을 다 심어 주는 거야.

개미와 멧돼지 덕택에 소나무 아들은 주인이 시킨 일을 다 하고 집으로 돌아갔지. 가 보니 물에서 건진 아이는 아직도 글자를 다 못 썼어. 주인이 그걸 보고 소나무 아들을 사위 삼으려고 하니까 물에서 건진 아이가 하는 말이,

"아까 내가 몰래 따라가 보니 좁쌀을 주워 모은 것은 개미이고 심은 것은 멧돼지입디다. 저 혼자 한 일이 아닌데 어찌 그러십니까?"

하거든. 그러니까 주인이,

"그럼 이렇게 하자. 내가 똑같은 궤짝 둘을 가져다가 하나에는 내 딸을 넣고 하나는 비워 둘 터이니, 너희들 중 누구든지 뒷산을 한 바퀴 돌아와서 먼저 내 딸이 들어 있는 궤짝을 여는 사람을 사위 삼겠다."

이러네. 둘이서 뒷산을 한 바퀴 돌아오니 마당에 궤짝 둘이 있는데, 어느 궤짝에 사람이 들어 있는지 알아야 말이지. 그때 무엇이 공중에서 윙윙 날아와. 가만히 보니 전에 물에서 건져 준 그 벌 떼야. 벌이 소나무 아들 귓가에 와서,

"소나무 아들아, 왼쪽 궤짝을 열어라."

하고 가르쳐 주지. 그래서 왼쪽 궤짝을 열었더니 거기에 주인집 딸이 들어 있더래.

그래서 소나무 아들은 주인집 사위가 됐는데, 물가에 가서 아버지 소나무를 데려다가 마당가에 심어 놓고 '아버지' '아들아' 하면서 오래오래 잘 살았더란다.

임금님 아우가 된 구렁이

옛날 옛날 어느 곳에 한 아이가 살았어. 이 아이는 날마다 글공부하러 글방에 다녔는데, 글방이 멀어서 점심밥을 싸 가지고 다녔지.

하루는 글방에 가다가 길가 바위틈에서 무엇이 꼼지락거리기에 가만히 들여다보니, 조그마한 새끼구렁이가 배가 고픈지 입을 납죽납죽 벌리고 있더란 말이야. 불쌍해서 제가 먹을 점심 광주리에 들어 있는 밥과 고기 반찬을 구렁이한테 먹였지. 그랬더니 구렁이는 잘 받아먹고는 고맙다고 고개를 까딱까딱하면서 절을 하더래.

그다음부터는 그 길을 지날 때마다 구렁이가 나와서 입을 납죽납죽거리는 거야. 그러면 이 아이는 제가 먹을 밥광주리에서 밥과 맛있는 고기 반찬을 덜어 내어 구렁이에게 주곤 했어. 그렇게 날마다 음식을 먹였더니 구렁이는 점점 커서 몸집이 팔뚝만 하게 되었어. 그렇게 되니까 먹는 양도 많아져서 제 밥과 반찬만으로는 구렁이를 배불리 먹일 수 없게 됐지. 그래서 이 아이는 어머니더러,

"제 동무 하나가 늘 밥을 챙겨 오지 못해서 굶고 있으니, 이제부터 제 밥을 두 사람이 먹을 양으로 싸 주세요."

하고 부탁을 했어. 어머니가 큰 주발에 밥을 꾹꾹 눌러 담고 반찬도 넉넉하게 넣어 주니까 그걸 가지고 구렁이한테 가서 먹였단 말이야. 저는 배가 고

파도 구렁이는 배불리 먹였지. 그렇게 몇 해를 먹였더니 구렁이는 잘 커서 몸집이 홍두깨만 하게 되었어. 그리고 그동안 구렁이와 아이는 정이 담뿍 들어서 친형제처럼 지내게 됐단다. 구렁이는 이 아이를 '형, 형' 하고 부르고, 아이는 구렁이를 아우처럼 대해 주고 말이야.

그럭저럭 이 아이도 나이가 들어 장가를 가게 됐지. 옛날에는 나이 열댓 살만 먹어도 곧잘 장가를 갔으니까. 이웃 동네 처녀를 색시로 맞아서 혼례를 치르게 됐거든. 그런데 장가 가기 며칠 전에 구렁이가 하는 말이,

"형이 장가 가는 날 나도 꼭 데리고 가 줘."

하거든.

"너를 데리고 가면 나야 좋지마는 딴 사람들이 놀라지 않을까?"

했더니,

"걱정 마. 사람들 눈에 안 띄게 따라가서 그 집 나뭇가리에 숨어 있을 테니 형은 잔치 음식이나 갖다 주면 돼."

하더란 말이지.

장가 가는 날, 신랑이 말을 타고 가면서 둘레둘레 살펴보니까, 참말로 구렁이가 길섶에 몸을 숨기고 스르르 따라오더라네. 색시 집에 다 가서 보니까 구렁이는 그 집 나뭇가리 속으로 스르르 들어가더란 말이야.

잔치가 끝나고 신랑이 음식을 한 광주리 담아서 구렁이가 숨어 있는 곳으로 갔지. 구렁이는 신랑이 가져온 음식을 맛있게 먹어 치우더니,

"오늘 밤에 나도 형 신방에 들어갈래."

한단 말이지.

"아, 나야 괜찮지만 신부가 놀라지 않을까?"

했더니,

"걱정 마. 아무도 눈치 안 채게 들어가서 벽장 속에 숨어 있을 테니 형은

방문만 조금 열어 놓으면 돼."

이러거든.

신랑이 신방에 들어가서 방문을 조금 열어 놓았더니, 어두워지자마자 그리로 구렁이가 스르르 기어 들어와서 벽장 속에 슬그머니 들어가겠지. 그 뒤에 신랑은 잠이 들었는데, 한밤중에 뭐가 '우지끈 뚝딱 악악' 하고 시끄러운 소리가 나지 뭐야. 깜짝 놀라 일어나 보니,

방 안에 난데없이 험상궂은 사내가 칼을 빼 들고 들어와 있는데, 그놈의 몸뚱이를 구렁이가 친친 감고 있지 뭐야. 사내는 칼로 구렁이를 찌르려고 몸부림을 치면서 악을 쓰지마는 구렁이가 몸을 꽉 동이고 있어서 꼼짝을 못 해.

"이게 어찌 된 일이냐?"

"이놈이 형을 죽이고 색시를 빼앗아 가려고 그러지 뭐야."

"너는 이런 일이 있을 줄 어떻게 알았니?"

"이놈이 산적 두목인데, 얼마 전에 산에서 그런 말을 하는 것을 들었거든."

이렇게 해서 신랑은 구렁이 덕분에 목숨을 건졌어. 산적 두목은 잡아다 관가에 넘기고, 무사히 집으로 돌아왔지.

그 뒤에도 구렁이는 형이 가져다 주는 음식을 먹고 잘 컸지. 그래서 몇 해 뒤에는 몸집이 집채만 하게 되었어.

그런데 그때 나라의 임금이 나쁜 짓을 많이 해서 백성들의 원망이 컸어. 백성들은 모두들 임금을 갈아 치워야 한다고 생각했지만 아무도 앞장서서 그런 말을 하는 사람은 없었어. 그랬다가는 임금에게 잡혀가 죽기 십상이었으니까.

하루는 구렁이가 제 형을 보고 하는 말이,

"형, 나는 내일 여기를 떠나서 임금이 사는 대궐 뒷산에 들어갈 거야. 거기에 가서 대궐 사람들을 놀라게 하고 못 살게 굴 거야."

이런단 말이야. 형이 깜짝 놀라서,

"너 그게 무슨 말이냐? 왜 그렇게 나쁜 짓을 하려고 그래?"

하고 말렸지. 그래도 구렁이는 막무가내야.

"내가 그런 짓을 하면 틀림없이 임금이 나를 잡는 사람에게 큰 벼슬을 내리겠다고 할 거야. 그러면 형이 달구지 열 대와 사람 열을 데리고 대궐 뒷산으로 와서 나를 활로 쏘아 죽여. 내가 죽거든 내 몸을 열 토막 내어서 달구지에 한 토막씩 싣고 임금에게 갖다 바쳐."

"그런 말 입 밖에 꺼내지도 말아라. 내가 어떻게 너를 죽이겠니?"

"꼭 그렇게 해야 돼. 그리고 만약에 위험한 일이 생기면 내 몸뚱이를 처음 대로 다시 붙여 줘."

"난 못 해."

"안 그러면 내가 여기서 죽어 버릴 거야."

둘이서 옥신각신하다가, 구렁이가 당장 죽어 버리겠다고 을러대는 바람에 형은 할 수 없이 그렇게 하기로 약속을 했어. 구렁이는 그길로 스르르 어디론가 사라져 버렸어.

아니나 다를까, 며칠 지나니 대궐 뒷산에 집채만 한 구렁이가 나타나서 사람들을 해코지한다는 소문이 쫙 퍼졌어. 그러더니 곧 누구든지 구렁이를 잡는 사람에게 임금이 큰 벼슬을 내린다는 방이 온 나라에 쫙 깔렸어.

형은 큰 활을 메고 대궐에 가서 자기가 구렁이를 잡겠다고 그랬지. 그리고 달구지 열 대와 사람 열을 데리고 뒷산에 올라갔어. 가 보니 숲속에서 구렁이가 스르르 기어 나오더니 어서 활을 쏘라는 듯이 가만히 누워 있어. 형이 차마 활을 못 쏘고 머뭇거리니까 구렁이가 어서 쏘라고 마구 재촉을 하는 거야. 형은 눈물을 흘리면서 활을 쏘았어. 그래서 구렁이는 죽고, 형은 구렁이 몸뚱이를 열 토막 내어서 달구지 한 대에 한 토막씩 싣고 대궐로 돌아왔지.

대궐에 돌아오니 사람들이 구름같이 몰려들어 손뼉을 치면서 좋아해. 구렁이를 잡았다고 말이야. 그런데 임금은 약속대로 큰 벼슬을 내리기는커녕 신하들을 시켜서 이 사람을 죽이려고 해. 벼슬을 주었다가는 사람들이 많이 따를 것이고, 그러면 제 자리가 위태로울까 봐 그러는 거지. 이 사람은 하늘을 보고 서럽게 울었어. 아우로 삼고 지내던 구렁이를 제 손으로 죽인 것만도 가슴 아픈데, 이제 저마저 억울하게 죽게 되었으니 눈물이 안 날 리 없지. 그런데 그때 구렁이가 '위험한 일이 생기거든 내 몸뚱이를 처음대로 다시 붙여 달라'고 하던 말이 떠올랐어. 그래서 임금에게 사정을 했지.

"임금님, 죽기 전에 마지막 소원이 있습니다. 저 구렁이 몸뚱이를 처음대로 다시 붙여 주십시오."

임금은 구렁이가 얼마나 큰가 보고 싶기도 해서 신하들을 시켜 구렁이 몸뚱이를 처음대로 다시 죽 늘어놓았어. 그랬더니 토막 난 몸뚱이가 저절로 척척 붙더니 꿈틀꿈틀 다시 살아나지 뭐야. 다시 살아난 구렁이가 임금에게 달려들어 물어 죽이고 제 형을 다시 만나 서로 얼싸안고 울어.

그랬더니 대궐 뜰에 모여 있던 사람들이 의논을 해서 형을 새 임금으로 삼고, 그 뒤로 구렁이는 대궐에서 형과 함께 잘 살았다는 이야기야.

사람으로 둔갑한 개와 닭

　옛날에 어떤 사람이 개와 닭과 당나귀를 오래 길렀어. 얼마나 오래 길렀 느냐 하면 십 년도 넘게 길렀어. 참 오래도 길렀지.
　하루는 집주인이 방에서 낮잠을 자고 있는데 뭐가 옆에서 부시럭부시럭 해. 뭐가 이러나 하고 살그머니 눈을 뜨고 살펴보니까, 언제 들어왔는지 개 가 수숫대 길다란 것을 물고 왔어. 수숫대를 물고 와서 그걸로 주인 키를 재 는 거야. 머리끝에서 발끝까지 키를 재더니 꼭 주인 키만큼 수숫대를 자르 더란 말이야. 그러더니 그 수숫대를 물고 어디론가 가네. 주인이 하도 이상 해서 가만가만 일어나 개 뒤를 따라가 봤지. 개는 수숫대를 물고 뒷산으로 올라가더래. 뒷산에 올라가서 평평한 곳에 수숫대를 놓고, 꼭 수숫대 길이 만큼 땅을 파더라지 뭐야. 발로 호비작호비작 땅을 파서 구덩이를 만들어 놓고 다시 집으로 돌아가거든.
　주인이 이상하게 생각하고 집으로 돌아왔지. 돌아와서 또 방에 누워 낮잠 을 자는데, 이번에는 문 밖에서 뭐가 짜그락짜그락하는 소리가 나. 이번에 는 또 뭐가 이러나 하고 가만히 살펴보니까, 글쎄 닭이 문에 발린 창호지를 부리로 쪼고 있네. 한참 쪼니까 방문에 주먹만 한 구멍이 뻥 뚫리지. 닭이 그 구멍으로 고개를 들이밀고 이리저리 가늠을 해 보더니 살그머니 어디론 가 가 버리더래.

하도 이상해서 주인이 그날 밤에 잠을 안 자고 부엌 구석에서 거적을 뒤집어쓰고 지켜봤지. 그랬더니 참 이상한 일이 벌어지더라는 거야. 밤이 이슥해지니까 닭이 홰대에서 내려와서 '꼬끼오 꼬끼오 꼬끼오' 하고 세 번 울어. 그러고 나서 재주를 세 번 넘으니까 닭이 사람이 됐어. 머리에 붉은 모자를 쓴 사람 모습으로 변하더란 말이야.

주인이 놀라서 숨을 죽이고 있으려니까, 개도 '멍 멍 멍' 하고 세 번 짖어. 그러고 나서 재주를 세 번 넘더니 개도 사람이 됐어. 개는 까만 옷 입은 사람 모습으로 변했지. 그러자 붉은 모자 쓴 사람이 까만 옷 입은 사람더러,

"가서 당나귀를 몰고 오너라."

하겠지. 그러니까 까만 옷 입은 사람이 외양간에 가서 당나귀를 몰고 오더래. 그러더니 붉은 모자 쓴 사람이 당나귀를 타고, 까만 옷 입은 사람이 당나귀를 끌고 어디론가 가지. 주인이 가만가만 그 뒤를 따라갔어.

두 사람은 집을 나가서 동네를 벗어나더니 뒷산으로 올라가더래. 주인도 따라갔지. 뒷산으로 올라가 큰 바위 앞에 이르러 멈춰 서더래. 그리고 둘이서 바위 쪽을 보고 절을 하는 거야. 그러니까 바위가 스르르 열리더니, 그 속에서 커다란 지네 한 마리가 나와. 지네가 먼저 까만 옷 입은 사람을 보고 묻기를,

"너는 내가 시킨 대로 주인을 묻을 구덩이를 파 놨느냐?"

하니까,

"예, 주인 키를 재서 꼭 그만한 구덩이를 파 놨습니다."

하는 거야. 그러니까 그게 개가 한 일이지.

지네가 붉은 모자 쓴 사람을 보고 묻기를,

"너는 내가 들어갈 구멍을 뚫어 놓았느냐?"

하니까,

"예. 창호지에 주먹만 한 구멍을 뚫어 놓았습니다."

하지. 그러니까 그건 닭이 한 일이고.

지네가 또 말을 하기를,

"내가 내일 밤에 가서 주인을 죽일 터이니, 너희들은 대문을 지키고 아무도 들어오지 못하게 하여라. 주인이 죽고 나면 미리 파 놓은 구덩이에 갖다 묻어라. 그러면 너희들은 사람이 되어서 소원을 이룰 것이다."

이러는 거야. 가만히 보니까 개와 닭이 사람으로 둔갑을 해 가지고 지네와 함께 주인을 죽이려고 그런단 말이지. 주인을 죽이고 저희들이 사람이 되려고 그러는 게지.

주인이 놀라서 온몸이 뻣뻣하게 굳어 있는데 지네가 또 말하기를,

"집에 가거든 기름이란 기름은 모조리 없애라. 십 년 묵은 기름이 몸에 닿으면 나는 죽는다."

하더래.

주인이 얼른 집에 돌아와서 잠을 자는 체하고 있으려니까, 사람으로 둔갑한 개와 닭이 뒤늦게 당나귀를 타고 돌아왔어. 그러더니 다시 개와 닭의 모습으로 돌아와서 집 안 구석구석을 뒤져 기름을 다 없애는 거야. 그런데 주인이 미리 집에 와서 십 년 묵은 머릿기름을 돗자리 밑에 감추어 뒀거든.

이튿날 밤이 되기 전에 주인이 개와 닭 몰래 십 년 묵은 기름을 집 안에다 뿌렸어. 대문간에도 뿌리고, 마당에도 뿌리고, 마루에도 뿌려 놨어. 닭이 뚫어 놓은 창호지 구멍에도 기름을 발라 놨지.

그리고 나서 이불을 쓰고 누워 있는데, 밤이 이슥해지니까 밖에서 '쏴' 하고 바람 소리가 나. 문구멍으로 내다보니까 지네가 왔어. 그런데 대문간에 뿌려 놓은 기름이 묻어서 발이 몇 개 떨어져 나갔어. 그런데 지네 발이 좀 많아? 남은 발로 마당에 들어섰어. 마당에도 기름을 뿌려 놨으니까 또 지네

발이 몇 개 떨어져 나갔지. 그래도 지네는 몇 개 안 남은 발로 버둥버둥 마루 위에 올라왔어. 마루 위에도 기름을 뿌려 놨으니 지네 발이 또 몇 개 떨어져 나갔지. 지네는 한 개밖에 안 남은 발로 문구멍으로 들어오려고 버둥거리다가, 거기에도 기름이 묻어 있으니까 그만 발이 다 떨어져 나가면서 벌렁 자빠져 죽었어.

지네가 죽으니까 대문을 지키던 개와 닭도 죽더래. 거참, 집에서 기르는 집짐승이 너무 오래 묵으면 주인을 해코지한다는 옛말이 있는데, 그래서 이런 이야기도 있나 봐.

은혜 갚은 황새

옛날 어떤 곳에 한 농사꾼이 살았어. 이 사람이 하루는 길다란 살포*를 지팡이 삼아 짚고 논일하러 들에 나갔지. 가다 보니 황새들이 여럿 날아와서 이 사람을 둘러싸고 마구 울어. 이 황새들이 왜 이러나 하고 가만히 살펴보니, 옆에 있는 나무 위에 황새 둥지가 있는데 그리로 큰 구렁이 한 마리가 슬금슬금 기어 올라가고 있거든. 둥지에는 아직 잘 날지도 못하는 황새 새끼들이 슬피 울고 있고. 그러니까 황새들이 이 사람을 둘러싸고 우는 것은 아마도 저 새끼들을 살려 달라고 그러는 것 같단 말이지.

죄 없는 황새 새끼들이 구렁이한테 잡아먹히게 되었으니 얼마나 불쌍해. 그래서 농사꾼이 살포로 구렁이를 찔러 잡았어. 살포 끝이 뾰족하니까 창처럼 찌르면 단박에 구렁이를 잡을 수 있지. 그래서 구렁이가 죽었는데, 그때 살포 끝이 뚝 부러지면서 구렁이 몸에 박혔어.

그렇게 해서 황새 새끼들을 살려 주고 나서 몇 달이 지났어. 한번은 이 농사꾼이 들일을 마치고 집에 오다 보니, 길가 개울에 팔뚝만 한 잉어 한 마리가 흐느적흐느적하고 있지 뭐야. 잉어라고 하는 것은 본디 큰 강에서 사는 물고기인데, 그게 조그마한 개천에 있는 게 이상하지. 이상하다 하면서도

* 논의 물꼬를 트거나 막을 때 쓰는, 날이 작고 자루가 긴 삽. 흔히 노인들이 지팡이 삼아 짚었다.

마침 반찬거리도 떨어진 판이라 그걸 잡아 가지고 돌아왔어. 돌아와서 가마솥에 넣고 푹 고아서 먹었지.

그런데 잉어를 고아 먹고 난 다음부터 이 사람 몸이 띵띵 붓기 시작하더란 말이야. 몸이 띵띵 부어 오르면서 살이 시퍼렇게 멍든 것같이 변하더라는 거야. 가만히 보니 잉어를 고았던 가마솥도 시퍼렇게 되고, 잉어 국물을 담았던 그릇도 시퍼렇게 되고, 국물을 떠 먹었던 숟가락도 시퍼렇게 됐어. 이게 죄다 독이야. 잉어에는 독이 없는데 왜 그럴까?

용한 의원을 불러다 보이니, 의원이 하는 말이 아주 사나운 독이 온몸에 퍼져서 도저히 고칠 수가 없다고 그래. 몸은 하루하루 점점 더 부어오르고 고칠 방도는 없으니 죽을 수밖에 더 있어? 그저 집 안에 틀어박혀 죽기만을 기다리는 판이지.

아, 그런데 하루는 난데없는 황새들이 날아와 이 집을 뺑 둘러싸고 막 운단 말이야. 황새가 몇 마린지 모를 만큼 많이 왔는데, 가만히 보니 몇 달 전에 살려 줬던 새끼황새가 그 틈에 끼여 있어. 이제는 제법 자라서 잘 날지.

'혹시 저 황새들이 날 살려 주려고 온 건 아닐까?'

농사꾼이 이렇게 생각하고 퉁퉁 부은 몸으로 밖에 나갔어. 몸이 하도 부어서 맞는 옷이 없으니까 옷도 안 입고 그냥 알몸으로 끙끙거리며 기어 나갔지. 마당에 나가서 엎어져 있으니까, 황새들이 우르르 몰려들더니 이 사람 몸을 막 쪼아 대지 뭐야. 그런데 황새가 쫀 자리에서 시커먼 피가 줄줄 흘러나오더래. 한참 동안 시커먼 피가 나오다가 멎으니까 부은 것이 다 빠지고 몸이 다시 전에처럼 되었어. 독이 다 빠진 거지.

이 사람이 이렇게 황새 덕분에 다시 살아나게 됐다는 거야. 그런데 기운을 차리고 나서 '대체 어찌 된 일인가' 하고 잉어를 곤 가마솥 안을 다시 들여다봤지. 그랬더니, 그 속에 살포 끝 조각이 들어 있더라지 뭐야. 그러니까 그때 살포에 찔려 죽은 구렁이가 복수하려고 잉어로 다시 태어나서 일부러 이 사람에게 잡아먹힌 거야. 그걸 황새들이 알고 부리로 몸을 쪼아 독을 빼서 살려 준 거지.

황새 덕분에 살아난 농사꾼은 그 뒤로 오래오래 살아서 아직도 살고 있대.

여섯 모 난 구슬

옛날 어느 곳에 부부가 살았는데 나이 마흔이 넘도록 자식을 못 낳았어. 더 늙기 전에 자식 하나 얻었으면 소원이 없겠다고 늘 칠성당에 치성을 드렸지. 그러던 어느 날 남편이 산에 가서 나무를 한 짐 해 가지고 돌아오는 길에 꿩 한 마리를 잡았어. 그 꿩을 집에 가지고 와서 아내에게 고아 먹였더니, 어쩐 일인지 배가 불러 오더니 달이 차서 아들을 낳았지 뭐야.

부부는 늘그막에 바라던 아들을 얻었는지라 있는 정성 없는 정성을 다해 고이고이 잘 키웠어. 그러다 보니 아들이 나이가 차서 장가보낼 때가 됐거든. 그래서 좋은 색싯감을 얻어 가지고 아들을 장가보냈어.

장가가는 날, 아들이 사모 관대 갖추고 말을 타고 색시 집으로 갔지. 색시 집으로 가는 길에 어느 모퉁이를 딱 도니까, 웬 커다란 구렁이 한 마리가 길을 막아서더란 말이야. 그래서 아들이,

"발도 없는 짐승이 어쩐 일로 경사스러운 날 남의 길을 막느냐?"

하고 호령을 했지. 그랬더니 구렁이가 하는 말이,

"십칠 년 전 네 아비에게 잡혀 죽은 꿩이 누군 줄 아느냐? 바로 우리 어머니다. 내가 어머니 원수를 갚으려고 옥황상제님께 빌어서 구렁이가 되어 이를 갈며 너를 기다렸지. 네 어미가 우리 어머니를 먹고 너를 낳았으니 나는 너를 잡아먹어야겠다."

이러거든. 들어 보니 이제는 영락없이 죽게 됐단 말이야. 장가가는 날 색시 얼굴도 못 보고 죽게 되다니, 이런 억울한 일이 어디 있나. 신랑이 마음을 가라앉히고 구렁이를 좋은 말로 타일렀어.

"네 말을 들어 보니 그도 그럴 듯하다마는, 내가 지금 초행길이 아니냐. 처가에 가서 색시 얼굴이라도 한번 보고 죽게 해 다오. 색시를 데리고 돌아오는 길에 다시 만나자."

그랬더니 구렁이도 더 할 말이 없는지 길을 비켜 줘. 그래서 무사히 색시 집에 갔지. 혼례를 다 치르고 첫날밤에 색시한테 그 이야기를 다 해 줬어. 그랬더니 색시가,

"하늘이 무너져도 솟아날 구멍이 있다고 했으니 무슨 수가 나겠지요."

하면서 걱정 말라고 하네. 이튿날 색시를 데리고 돌아오는데, 바로 그 자리에서 구렁이가 다시 길을 막거든. 이제는 약속대로 잡아먹겠다는 거지. 그때 색시가 썩 나서더니,

"너야 내 신랑을 잡아먹으면 그만이지만, 나는 앞으로 혼자서 어떻게 살라고 그러느냐? 네가 나에게 아무 원한이 없다면, 나를 평생 동안 먹고 살도록 해 주고 신랑을 잡아먹어야 하지 않겠느냐?"

하겠지. 구렁이도 그 말을 들어 보니 그럴 듯한지, 입에서 여섯 모 난 구슬 하나를 빼 주면서,

"이 구슬만 가지면 평생 먹고 사는 데는 어려움이 없을 것이다. 첫째 모를 문지르면 곡식이 나오라는 대로 나오고, 둘째 모를 문지르면 옷이 나오라는 대로 나오고, 셋째 모를 문지르면 집이 나오고, 넷째 모를 문지르면 살림살이가 나오고, 다섯째 모를 문지르면 앓던 병이 나을 것이니 이것만 가지면 서방 없이도 얼마든지 살 수 있다."

하거든. 그래도 색시는 구슬을 받지 않고,

"그러면 여섯째 모는 무얼 하는 것이냐?"

하고 또 물었지. 구렁이는,

"그것은 쓰일 일이 없을 터이니 구태여 알 일이 없다."

하면서 가르쳐 주지 않으려고 한단 말이야. 색시가 자꾸 가르쳐 달래니까 구렁이가 마지못해 가르쳐 주는데, 여섯째 모를 문지르며 '죽어라' 하면 그 앞에 있는 것은 사람이고 짐승이고 다 죽게 된다고 그러거든. 그 말을 들은 색시가 얼른 구슬을 받아 들고 구렁이 앞에 내밀면서 "죽어라" 하고 소리치니까 그만 구렁이가 픽 자빠져 죽고 말았지.

이렇게 해서 신랑은 무사히 색시와 함께 집으로 돌아와서 잘 살았어. 구렁이한테서 얻은 구슬이 있으니까 먹을 걱정, 입을 걱정 없이 잘 살았지.

그런데 이 부부가 보물 구슬을 가지고 있다는 소문이 퍼지니까, 건넛마을에 사는 욕심쟁이 할미가 구슬이 탐이 나서 색시 혼자 있을 때 이 집을 찾아 왔어. 찾아와서는,

"이 댁에 신기한 구슬이 있다기로 구경 왔다우. 이 늙은이에게 좀 보여 주지 않으려우?"

하고 조르거든. 그래서 색시가 그 구슬을 꺼내어 보여 줬지. 할미는 구슬을 구경하는 척하다가, 자기가 몰래 숨겨 가지고 간 가짜 구슬과 슬쩍 바꿔쳤지.

이렇게 해서 구슬을 도둑맞고 나니 전처럼 잘 살지 못하고 매양 가난하게 살게 됐어. 하루는 남편이 장에 갔다 오는 길에 보니까, 웬 사람이 다 죽어 가는 개와 고양이를 내다 버리고 있더래. 그 까닭을 물어보니, 집에서 키우던 개와 고양이가 병이 들어 죽게 돼서 갖다 버린다고 그러거든. 남편은 불쌍한 생각이 들어서 개와 고양이를 안고 집으로 돌아왔어. 그리고 온갖 정성을 다해 돌봐 주니까 곧 병이 낫더래. 부부는 그 개와 고양이를 한식구처

럼 데리고 키웠지.

개와 고양이가 이 집에 살면서 사람들이 하는 이야기를 들어 보니, 구슬을 훔쳐 간 사람이 누구인지 알겠더란 말이야.

"이럴 게 아니라 우리가 나서서 그 구슬을 도로 찾아 주자. 이 집 주인으로 말하면 우리 목숨을 살려 준 은인이 아니냐."

개와 고양이가 이렇게 의논을 하고, 하루는 어두워지기를 기다려 건넛마을로 갔어. 건넛마을로 가는 길에는 강이 하나 가로놓여 있는데, 고양이는 헤엄을 잘 못 치니까 개 등에 업혀서 강을 건너갔지.

욕심쟁이 할미 집까지 가서, 개는 대문 밖에서 망을 보고 고양이 혼자 안으로 살금살금 들어갔어. 고양이가 방문 앞에 가서 문구멍으로 들여다보니 할미 혼자 방에서 잠을 자고 있는데, 방문을 쇠로 꼭 잠가 놓아서 들어갈 수가 있어야지. 이리저리 들어갈 구멍을 찾다 보니 마침 뒷문에 조그마한 틈이 나 있는데, 틈이 너무 작아서 고양이처럼 몸집이 큰 짐승은 도저히 들어갈 수가 없어.

고양이가 한참 궁리하다가 좋은 수를 내어 헛간으로 들어갔어. 헛간에는 곡식 가마니깨나 쌓여 있을 테고, 곡식 있는 곳에는 쥐가 있게 마련이지. 들어가 보니 과연 쥐가 득시글득시글하더래. 밤눈 밝은 고양이가 살금살금 기어가서, 그중 제일 큰 쥐 한 마리를 앞발로 탁 낚아챘어. 그러니 다른 쥐들이 모두 기겁을 하고 죽은 듯이 엎드려 있지.

"여봐라, 쥐들아. 내 부탁을 들어주면 너희들을 다 살려 줄 터이니, 지금 곧 안방 뒷문 틈으로 들어가 구슬을 가져오너라. 구슬은 밤에도 빛을 내니 찾기가 쉬울 것이다."

고양이가 이렇게 호령하니 쥐들이 금세 우르르 안방으로 들어가. 그러더니 얼마 안 되어 과연 구슬을 찾아 물고 나오거든. 그것을 받아 가지고 개가 기다리고 있는 곳으로 왔지. 고양이가 구슬을 찾았다고 하니까 개는 좋아라고 펄쩍펄쩍 뛰지. 그런데 개가 한사코 구슬을 제가 가지고 가겠다지 뭐야. 자기가 구슬을 가지고 가야 주인 내외가 저를 더 귀여워해 줄 것 같아서 그러는 거지. 고양이는 할 수 없이 개한테 구슬을 주었어.

그런데 돌아오는 길에 또 강을 건너야 하지 않겠어? 갈 때처럼 개가 헤엄을 치고, 고양이는 개 등에 업혀 갔지. 개는 네 발로 헤엄을 쳐야 하니까 구슬을 입에다 물고 갔어. 그런데 고양이는 개가 구슬을 잘 가지고 가는지 걱정이 된단 말이야. 그래서 개 등에 업혀 가지고 가면서,

"구슬을 잘 가지고 있느냐?"

하고 자꾸 물었어. 개는 구슬을 입에 물고 있으니 대답을 할 수 있어야지. 개가 아무 대답이 없으니 고양이는 점점 더 걱정이 된단 말이야.

"너 혹시 구슬을 물에 빠뜨리지 않았느냐?"

그래도 개는 대답을 안 하거든.

"이놈의 개가 갑자기 벙어리가 되었나? 구슬을 잘 가지고 있느냐고 묻지 않느냐?"

고양이가 답답해서 소리를 지르니까 개도 그만 화가 나서,

"이 멍청한 고양이 녀석아. 구슬을 입에 물고 있는데 자꾸 물으면 어떻게 해?"

하고 소리를 빽 질렀지. 그 바람에 구슬이 그만 물속에 풍덩 빠지고 말았지 뭐야.

둘이서 강을 다 건너고 보니 참 기가 막히거든. 그렇게 애써 찾은 구슬을 아차 하는 사이에 물속에 빠뜨려 놨으니 말이야. 개는 화가 안 풀려서 씩씩거리다가,

"너 같은 멍청이 때문에 구슬이 물에 빠졌으니, 찾아오든지 말든지 맘대

로 해라."

하고는 혼자서 집으로 가 버렸어.

　고양이는 혼자서 강둑을 왔다 갔다 하고 있었지. 이대로 돌아가려니 주인 볼 낯이 없고, 물속에 들어가서 찾으려니 헤엄을 못 치고, 그러니 어떻게 해. 무슨 궁리가 날 때까지 강둑에서 오락가락하고 있는 거지.

　그러다 보니 날이 새어 해가 떴는데, 오랫동안 아무것도 못 먹어서 배가 몹시 고프거든. 마침 어부가 강에서 그물질을 하다가 갓 잡은 물고기 한 마리를 들고 이리저리 살피더니,

　"이놈은 배가 땡땡한 것을 보니 병에 걸린 놈이로구나."

하면서 물고기를 강둑으로 휙 던지더란 말이야. 고양이는 배가 고프던 차에 잘되었다고 냉큼 물고기를 입에 물었어. 입에 물고 먹으려고 하는데 딱딱한 것이 씹히기에 뱉어 보니, 물고기 뱃속에 번쩍번쩍하는 구슬이 들어 있지 뭐야. 아까 개가 구슬을 물속에 떨어뜨릴 때 물고기가 먹이인 줄 알고 삼켰나 봐.

　고양이는 너무 반가워서 구슬을 입에 물고 한달음에 집으로 돌아왔어. 주인은 고양이가 구슬을 다시 찾아왔다고 고마워하면서, 집 안에 들여 놓고 갖은 대접을 다 해 주더래. 그때부터 고양이는 집 안에서 키우고, 개는 집 밖에서 키우게 됐단다.

녹두 영감과 꾀보 토끼

옛날에 옛날에 갓날에 갓날에 한 영감님이 살았대. 이 영감님이 뒷동산에 밭을 일궈 녹두를 심었대. 녹두가 잘 자라서 잎이 돋고 꽃이 피고 열매가 주렁주렁 열렸대. 영감님은 날이면 날마다 녹두밭에 가서 물을 주고 김을 매며 정성껏 가꾸었대.

영감님네 뒷동산에는 토끼들이 살았지. 어미토끼, 아비토끼, 형토끼, 아우토끼가 올망졸망 살았지. 토끼들은 나뭇잎도 뜯어 먹고 칡넝쿨도 잘라 먹고 싸리꽃도 따 먹었지만, 그중에서도 녹두 열매를 제일 잘 먹었지. 그래서 날이면 날마다 영감님네 녹두밭에 내려와 녹두를 따 먹었지.

영감님이 그걸 보고,

"네 이놈들, 게 섰거라!"

하고 소리를 지르며 장대를 꼬나들고 내달으면, 토끼들은 '와와' 하고 산 위로 달아나지. 영감님이 돌아서서 집으로 들어가면 토끼들은 또 내려와서 녹두를 냠냠 따 먹고, 영감님이 작대기를 들고 나서면 토끼들은 또 산 위로 달아나고…….

이렇게 날마다 영감님은 토끼들과 숨바꼭질을 했어. 영감님은 쫓고 토끼들은 쫓기고, 영감님은 찾고 토끼들은 숨고, 영감님이 돌아서면 토끼들은 또 나오고, 이렇게 날마다 숨바꼭질을 했어.

하루는 영감님이 좋은 꾀를 냈어. 눈에다가 대추 박고 귀에다가 밤을 박고 코에다가 곶감 박고 입에다가 홍시 박고, 목에다가 모과 박고 팔에다가 배를 박고 손가락에다 살구 박고 배꼽에다 호두 박고, 샅에다가 석류 박고 밑구멍에다 유자 박고 다리에다 앵두 박고 발가락에다 자두를 박고서는, 녹두밭 한복판에 네 활개를 활짝 펴고 드러누워서 죽은 척하고 가만히 있었어.

토끼들이 녹두를 따 먹으려고 떼를 지어 몰려왔다가 그 꼴을 보고서는,

"야, 이것 봐라. 영감님이 돌아가셨다."

"애고애고 불쌍해라. 어서 갖다 묻어 주자."

하면서, 한 토끼는 머리를 잡고 한 토끼는 허리를 잡고, 한 토끼는 바른팔을 잡고 한 토끼는 왼팔을 잡고, 또 한 토끼는 이쪽 다리를 잡고 또 한 토끼는 저쪽 다리를 잡고, 이렇게 떠메고 산으로 올라가는데,

녹두 영감 녹두 심어 애지중지 가꾸더니
어허넘 어허넘 어이 갈까 어허넘
녹두 따서 다 못 먹고 저승길로 가는구나.
어허넘 어허넘 어이 갈까 어허넘
장대 들고 쫓을 적엔 무섭고도 밉더니만
어허넘 어허넘 어이 갈까 어허넘
허망하게 죽고 나니 불쌍하고 가엾도다.
어허넘 어허넘 어이 갈까 어허넘
살아생전 호미 들고 고생길을 걸었으니
어허넘 어허넘 훠이영차 어허넘
죽어서는 가마 타고 호강길을 걸으리라.

어허넘 어허넘 휘이영차 어허넘
저승길에 한번 들면 다시 오지 못한다네.
어허넘 어허넘 휘이영차 어허넘
양지바른 명당 찾아 고이고이 묻어 주세.
어허넘 어허넘 휘이영차 어허넘

이렇게 소리를 메기고 받으면서 가는구나. 이 골짝을 지나고 저 비탈을 타고 한 고개 넘고 두 개울 건너 양지바른 명당을 찾아 하염없이 가는구나.

토끼들이 무덤 자리를 찾아 영감님을 내려놓고 네 발로 호비작호비작 땅을 팔 제, 죽은 듯이 누워 있던 영감님이 벌떡 일어나는구나. 벌떡 일어나서 두 팔을 휘저으며 토끼를 잡자고 달려드니 토끼들이 혼비백산, 이 숲 저 숲으로 달아나는데, 그만 아우토끼가 영감님 손에 잡히고 말았구나.

"요놈의 토끼, 맛 좀 봐라. 녹두 대신 너를 잡아먹을 테니."

영감님이 토끼를 꽁꽁 묶어 가지고 장대에 매달아 집으로 돌아왔지. 토끼는 장대에 대롱대롱 매달려 눈만 말똥말똥하면서 잡혀갔지. 영감님이 토끼를 잡아먹겠다고 가마솥에 집어넣고, 아궁이에 불을 때겠다고 부싯돌을 가지러 방에 들어갔지. 그사이에 토끼는 가만히 솥뚜껑을 열고 밖으로 나왔지. 나와서 살금살금 부엌문을 열고 도망갔지.

그때 영감님이 방에서 나오다가 이걸 보고 쫓아가네. 토끼는 울타리 사이로 빠져나가려다가 그만 울타리 틈에 끼이고 말았네. 그 틈에 영감님이 얼른 토끼 뒷다리를 붙잡았네. 토끼가 얼른 꾀를 내어,

"영감님, 영감님. 나를 잡으려면 내 다리를 잡아야지, 왜 울타리 다리를 잡고 있어요?"

하니, 영감님이 깜짝 놀라,

"이크, 내가 토끼 다리를 잡는다는 게 울타리 다리를 잡았구나."
하면서 잡았던 토끼 다리를 놓고 울타리 다리를 움켜잡네. 그사이에 토끼는 깡충깡충 도망가면서,

"내 다리 여기 있다. 내 다리 여기 있다."
하고 놀려 댔다는, 옛날 옛날 아주 오랜 옛날 이야기란다.

● ── 이야기를 들려주고 나서

〈소나무 아들〉을 보면 우리가 사람으로 태어난 것이 부끄럽다는 생각이 듭니다. 짐승은 은혜를 은혜로 갚지마는 사람은 은혜를 원수로 갚는다는 소나무 말은 우리로 하여금 정신을 번쩍 들게 하고 우리 자신을 한번 돌아보게 합니다.

〈두꺼비와 천년 묵은 지네〉에서 처녀를 위해 지네와 싸우다가 죽은 두꺼비나 **〈임금님 아우가 된 구렁이〉**에서 형을 위해 제 몸을 토막 내게 한 구렁이 또한 모두 사람이 베푼 은혜를 갚으려고 제 목숨까지 바쳤습니다. 이런 짐승을 두고 어찌 사람보다 못하다고 할 수 있겠습니까?

〈은혜 갚은 황새〉에서 농사꾼 목숨을 살려 준 황새나 **〈여섯 모 난 구슬〉**에서 주인이 잃은 구슬을 되찾아 준 고양이와 개도 알뜰하게 은혜를 갚은 짐승 이야기입니다. 한번 입은 은혜를 결코 잊지 않고 있다가 때가 되면 꼭 갚는 것, 은혜를 갚으면서도 생색 내지 않는 것은 우리 같은 사람들이 꼭 배워야 할 점이 아닐까요?

그러고 보면 짐승도 사람처럼 저마다 성격이 다 다른 것 같습니다. 이를테면 〈호랑이 형님〉에 나오는 호랑이와 〈아기 보는 호랑이〉에 나오는 호랑이는 그 모습이 딴판입니다. 나무꾼 형님이 된 호랑이는 어수룩해서 남에게 곧잘 속아 넘어가지만 한번 먹은 마음은 바꿀 줄 모르는 인정 많은 시골 아저씨 같지 않습니까? 그런가 하면 아기를 살려 준 호랑이는 사려 깊고 자상한 할아버지를 닮은 것 같지요? 이렇듯이 저마다 다른 짐승들의 성격과 모습을 그려 가며 이야기를 들으면 더 재미있을 것입니다.

그런데 짐승 가운데는 더러 사람을 해치는 짐승도 있습니다. 〈**도술 부리는 고양이와 개**〉에 나오는 고양이는 주인을 해치려고 하지요. 담뱃대에 얻어맞고 눈이 먼 고양이가 그 앙갚음을 하려고 오랜 세월을 벼르다가 주인을 해치려고 찾아오는 걸 보면 섬뜩하기까지 합니다. 옛사람들은 왜 이런 이야기를 만들었을까요? 아마도 집에서 기르는 짐승을 너무 모질게 다루지 말라는 뜻을 담으려고 했던 게 아닐까요? 사람이나 짐승이나 잘못이 있어도 너그럽게 타일러야지, 너무 모질게 몰아붙이면 마음을 다치게 되니까요.

〈**먹보 곰 골탕 먹이기**〉는 꼭 곰처럼 사나운 사람을 빗대어 만든 이야기 같고, 〈**호랑이 뱃속 구경**〉은 허풍이 좀 지나치지만 참 재미있고 신나는 이야기입니다. 이런 이야기를 들으면서 한바탕 하하 웃고 나면 찌푸렸던 얼굴도 펴지고 마음까지 시원해질 것 같습니다. 그런가 하면 〈**녹두 영감과 꾀보 토끼**〉 같은 이야기는 참 아기자기하고 재미있지요. 녹두 영감과 토끼는 서로 쫓고 쫓기는 사이지만 웬일인지 서로를 그다지 미워하는 것 같지는 않습니다. 그러기에 녹두 영감이 죽은 체하고 누워 있을 때 토끼들이 장사를 지내 줬지요. 녹두 영감도 좀 성가시긴 하지만 장난꾸러기 토끼들이 없으면 무슨 재미로 살겠습니까?

9부
뚝딱뚝딱 재미있는 우리 도깨비 이야기

사람도, 귀신도 아니고 이야기 속에서만 사는 도깨비. 키가 크고 험상궂게 생겼고, 둔 갑을 잘해서 아무 모양으로나 잘 바뀌지요. 어수룩해서 사람에게 곧잘 속아 넘어가고 장난을 좋아해 때때로 엉뚱한 일을 벌이기도 하지만 은혜를 갚을 줄도 알지요. 옛사람 들은 이야기 속 도깨비를 이웃 삼아 시름을 잊고 고달픔을 이겨 냈는지도 모릅니다.

방앗공이 도깨비

옛날 어느 마을에 이서방이라는 사람이 살았는데, 이 사람이 하루는 장에 갔어. 장에 가서 이것 저것 볼일을 다 보고 나니 목이 말라서 술 한잔 사 먹으려고 술집에 갔지. 술집에서 술을 한 잔 두 잔 먹다 보니 시간 가는 줄 몰랐지. 그래서 밤이 이슥해져서야 집으로 돌아오게 됐단다.

별도 달도 없는 밤이라 사방은 캄캄한데, 술을 많이 먹어서 몹시 취했거든. 한밤중이라 길에 다니는 사람도 없고. 그러니 이서방 혼자서 이리 비틀 저리 비틀 길을 찾아가는 거지. 어두운 길을 더듬더듬 걸어가는데, 아 산모퉁이를 탁 도니까 웬 키가 팔대장승 같은 놈이 썩 나타나더라는 거야. 어디서 본 듯하기도 하고 처음 보는 것 같기도 한데, 이놈이 썩 나타나서는,

"이서방, 장에 갔다 오는 길이오? 나는 건넌마을 김서방이오."

이러더래.

캄캄한 밤중인 데다가 술에 취한 눈으로 보니 뭐 어떻게 생긴 놈인지 잘 보이지도 않는 터이지만, 저쪽에서 먼저 아는 체를 하니 가만히 있을 수도 없더래. 어두운 밤길에 불쑥 사람이 나타나니 좀 꺼름칙하긴 했지만, 저쪽에서 워낙 썩 달라붙어 너스레를 떨어 대니 아는 체하지 않을 도리가 있나. 그래서,

"아, 그러시오? 밤길에 심심하던 차에 잘됐소이다."

하고서는 길동무를 해서 함께 갔어.

그렇게 둘이 가는데, 마을 어귀에 다 와 가지고 김서방이 하는 말이,

"우리 이럴 게 아니라 저기 가서 술 한잔 더 하고 갑시다."

이러거든. 당최 술집이 있을 것 같지도 않은 데를 가리키면서 그러니 참 이상하긴 하지. 그런데 이서방은 술에 몹시 취해서 앞뒤 가릴 것 없이 그럼 그러자고 했어. 김서방이 앞서고 이서방이 그 뒤를 따르는데, 아 김서방이 자꾸 이상한 곳으로 가더라네. 논둑 밭둑을 지나 길도 없는 산속으로 들어가더니 온 산을 헤매고 다니더라는 거야. 수풀속을 헤매기도 하고 구덩이 속에 들어가기도 하고, 이건 뭐 당최 사람 못 다닐 길만 찾아다니더라는 거지. 그러다 보니 이서방은 가시덤불에 긁히고 칡넝쿨에 걸려 넘어지고 바위에 부딪히고 하느라고 온몸이 상처투성이가 됐어.

"여보 김서방, 대체 술집이 어디 있다고 이런 데로 날 데려가는 거요?"

하고 물으면,

"조금만 더 가면 좋은 술집이 있으니 잔말 말고 따라오기나 하시오."

하면서 마구 험한 데를 돌아다니기를 새벽녘까지 하더라나.

그뿐이면 좋겠는데, 어찌어찌해서 겨우 산속을 벗어나자 이번에는 물가로 이서방을 데려가더래. 물가 모래밭을 한참 빙빙 돌기에 따라 돌았더니, 다짜고짜 이서방 손목을 잡고 물속으로 들어가더라지 뭐야. 이서방이 깜짝 놀라서,

"이크, 이게 무슨 짓이오? 물속에는 또 왜 들어가오?"

했더니,

"아, 글쎄 잠자코 따라오기나 해요. 이 물을 건너면 좋은 술집이 있으니."

이러면서 잡아끌더란 말이지. 이서방은 손목을 잡혀 오도 가도 못하고 물속으로 따라 들어갔지. 그런데 거기는 물이 깊어서 사람이 못 건널 데야. 처

음에는 무릎까지 차던 물이 허리까지 차고 나중에는 목까지 차올라서, 이러다가는 곧 물에 빠져 죽게 생겼거든. 이서방은 그만 술이 확 깨면서 정신이 번쩍 들었어.

"아, 이러다가 사람 죽일 작정이오? 어서 나갑시다."

"글쎄 조금만 참으래도 그러시네. 몇 발짝만 더 가면 좋은 술집이 있다니까."

김서방이 말을 듣지 않고 자꾸 물속으로 들어가니까, 이서방은 이거 안 되겠다 하고 손목을 뿌리치고 물 밖으로 뛰쳐나왔어. 그랬더니 김서방이 마구 소리를 지르면서 이서방을 쫓아오더래. 쫓아와서 붙잡으려고 하는 걸, 냅다 발길로 차서 쓰러뜨렸어. 김서방은 그 자리에 푹 쓰러지더니 다시 꼼짝을 안 하더래.

그러다 보니 날이 훤하게 샜어. 밤새도록 김서방에게 끌려다닌 거지. 이서방이 파김치가 돼 가지고 집에 돌아오니 식구들이 잠을 못 자고 뜬눈으로 기다리고 있어. 이서방 큰아들이 제법 총각티가 나도록 컸는데,

"아버지, 대체 어떻게 된 일입니까?"

하기에 밤새 겪은 일을 다 이야기해 주고 나서,

"그러나 저러나 큰일났다. 김서방이 내 발에 채어 거꾸러졌는데, 꼼짝도 못 하고 엎드려 있는 걸로 봐서 아무래도 죽은 것 같으니 이를 어쩌면 좋으냐?"

하고 걱정을 했지. 그랬더니 아들이,

"그러면 그 자리에 한번 가 보시지요."

해서 아들과 함께 그 자리에 가 봤어. 가 보니 이게 웬일이야? 틀림없이 김서방이 거꾸러졌던 자리에 김서방은 없고, 웬 방앗공이 하나가 털썩 자빠져 있더라지 뭐야. 그러니까 그게 도깨비야. 도깨비라는 것이 본래 방앗공이나

빗자루 같은 것이 둔갑을 해서 사람처럼 행세하고 다닌다고, 그런 말도 있단다. 이서방은 하룻밤 새 하도 혼쭐이 나서, 그다음부터는 술에 취해서 밤길을 다니는 일은 절대로 없었다고 그러지. 그런 이야기가 있어.

길어져라 뚝딱 넓어져라 뚝딱

도깨비 방망이 알지? 금 나와라 뚝딱 하면 금이 나오고, 은 나와라 뚝딱 하면 은이 나오는 도깨비 방망이 말이야. 그런 방망이 하나 있었으면 좋겠지? 오늘은 그 도깨비 방망이 이야기를 하나 해 볼까.

옛날 어느 곳에 형제가 살았어. 다른 이야기에서처럼 여기서도 형은 욕심쟁이고 아우는 착해. 아버지는 일찍 돌아가시고 홀어머니를 모시고 사는데, 형은 아버지한테서 물려받은 재산을 저 혼자 다 차지하고 아우에게는 한 푼도 안 줬어. 그러니 형은 부자로 살고 아우는 가난하게 살지.

하루는 아우가 산에 나무를 하러 갔어. 때는 가을인데, 이제 곧 겨울이 닥쳐올 테니 땔나무라도 많이 해다 쌓아 놔야 겨울을 날 것 아니야? 그래, 땀을 흘려 가며 나무를 하다 보니, 개암나무에서 개암 한 톨이 떨어져 떽데굴 굴러 오더래.

"먹음직스러운 개암이로구나. 이걸랑 주워다 어머니 갖다 드려야지."

아우는 이러면서 개암을 주워 주머니에 넣었어.

그러고 나서 또 나무를 하는데, 조금 있다가 또 개암 한 톨이 떽데굴 굴러 오기에,

"이걸랑 주워다 형님 갖다 드려야지."

이러면서 개암을 주워 주머니에 넣었어.

조금 있다가 또 개암 한 톨이 떽데굴 굴러 오기에,

"이걸랑 주워다 아주머니 갖다 드려야지."

이러면서 개암을 주워 주머니에 넣었어.

조금 있다가 또 개암 한 톨이 떽데굴 굴러 오기에,

"음, 이건 내가 먹을까?"

하고 주머니에 넣었어.

그렇게 해서 나무를 다 해 가지고 지게에 한 짐 받쳐 지고 막 일어서려는데, 아주 어여쁜 파랑새가 지지골지지골 울면서 이 나무에서 저 나무로 포르르 날아가 앉더래. 그 모습이 하도 어여쁘고 그 소리가 하도 고와서 아우는 저도 모르게 파랑새를 따라갔지. 그랬더니 파랑새는 얼른 다른 나무로 포르르 날아가 앉더래.

다가가면 또 다른 나무로 포르르 날아가 앉고, 다가가면 또 그러고, 자꾸 이런단 말이야. 이렇게 자꾸 파랑새를 따라가다 보니 산속 깊은 곳으로 들어가게 됐어. 날이 저무는 것도 모르고 말이야. 정신을 차려 보니 날은 어둡고 길은 안 보여. 산속에서 길을 잃어 놨으니 낭패지.

한참 동안 헤매다 보니 그 산중에 웬 빈집이 있더래.

'아이구 그나마 다행이다. 오늘은 이 집에 들어가 자고 내일 날이 밝으면 길을 찾아야지.'

이렇게 생각하고 아우는 그 빈집으로 들어갔어. 들어가서 빈방에 누워 있으니 배가 몹시 고프거든. 저녁밥도 못 먹고 밤 늦도록 산속을 헤맸으니 얼마나 배가 고프겠어. 그래서 주머니에 든 개암을 하나 꺼냈지. 어머니, 형님, 아주머니 줄 개암은 그냥 두고 저 먹을 것 하나만 꺼내 가지고 입에 넣었어.

개암을 막 깨물어 먹으려고 하는데 밖에서 뭐 왁자지껄하니 떠드는 소리가 들리더래. 놀라서 문틈으로 내다보니까, 아 험상궂은 도깨비들이 떼 지어 몰려 들어오더라지 뭐야. 그러니까 그 집이 도깨비 집이었던 게지. 아우는 급한 나머지 개암을 입에 문 채로 지붕 밑 다락으로 올라가서 숨었어.

도깨비들이 들어오더니 저희들끼리 떠들면서 노는데, 참 볼만하더래. 한 놈이 방망이를 가지고,

"금 나와라, 금."

하고 뚝딱 두드리면 금이 나오고, 또 한 놈이 방망이를 가지고,

"은 나와라, 은."

하고 뚝딱 두드리면 은이 나와. 이렇게 방망이를 뚝딱뚝딱 두드리면서 금도 내고 은도 내고 쌀도 내고 옷도 내고 하면서 놀더란 말이지.

아우는 다락에 숨어서 도깨비들이 노는 모양을 지켜보고 있다가, 그만 저도 모르게 입에 문 개암을 꽉 깨물었어. 그 바람에 개암이 '딱' 소리를 내면서 깨졌지.

도깨비들이 본디 좀 얼뜬 놈들이라, 천장 쪽에서 '딱' 하는 소리가 들리니까 집이 무너지는 줄 알고 그만 냅다 달아나는데,

"대들보가 무너진다. 어서 도망치자."

"서까래가 부러진다. 어서 도망치자."

이러면서 방망이고 뭐고 다 내던지고 줄행랑을 놨어.

아우는 다락에서 날이 새기를 기다려 방으로 내려왔지. 내려와 보니 입이 딱 벌어져. 도깨비란 놈들이 얼마나 혼이 빠져 달아났는지 금이고 은이고 쌀이고 옷이고 방망이고 죄다 두고 갔어. 방바닥이 아주 질펀해.

그래 아우는 금이야 은이야 방망이야 잔뜩 얻어서 지게에 짊어지고 집으로 돌아왔지. 돌아와서는 아주 큰 부자가 돼서 살아. 금 팔고 은 팔아 논도 사고 밭도 사고 대궐 같은 집을 짓고 사는 거지. 아 방망이만 뚝딱 두드리면

온갖 것이 다 쏟아져 나오니 얼마나 좋아.

그런데 형이 이걸 보고 그만 샘이 났어. 아우에게서 어떻게 부자가 됐는지 말을 다 듣고, 저도 한번 도깨비 방망이를 얻어 보리라 하고 나무 지게를 지고 산에 갔지.

형이 나무를 하다 보니 아닌 게 아니라 개암 한 톨이 떽데굴 굴러 오겠지.

"옳지, 이건 내가 먹어야지."

형은 이러면서 개암을 주워 주머니에 넣었어.

조금 있다가 또 개암 한 톨이 떽데굴 굴러 오니까,

"이것도 내가 먹고."

이러면서 개암을 주워 주머니에 넣었어.

조금 있다가 또 개암 한 톨이 떽데굴 굴러 오니까,

"이것도 내가 먹고."

하고 냘름 주머니에 넣고, 또 굴러 오니까,

"이것도 내가 먹고."

하고 주머니에 넣었어.

그렇게 해서 나무를 다 해 가지고 아우가 가르쳐 준 도깨비 집을 찾아갔어. 날이 저물기도 전에 도깨비 집에 들어가서 아예 다락에 올라가 숨어 있었지.

밤이 이슥해지니까 아니나 다를까 도깨비들이 떼 지어 몰려오더래. 몰려와서 저마다 방망이를 들고 금 나와라 뚝딱, 은 나와라 뚝딱 하며 시끄럽게 놀겠지. 형은 이때다 하고 얼른 개암 하나를 입에 물고 꽉 깨물었어. 그러니 '딱' 소리가 날 게 아니야?

'이제 저놈들이 금이고 은이고 방망이고 다 버리고 도망치겠지. 그러면 그게 모두 내 것이 되겠구나.'

뚝딱뚝딱 재미있는 우리 도깨비 이야기 445

이렇게 생각하고 형이 좋아하는데, 이게 웬일이야? 도깨비들이 도망치기는커녕 몽둥이를 꼬나들고 슬금슬금 다락으로 올라오지 않겠어?

"응, 요전에 우리를 놀래 주고 방망이를 훔쳐 간 놈이 또 왔군. 이번에도 속을 줄 아느냐? 얘들아, 이놈을 혼내 주자."

이러면서 올라오더니 다짜고짜 형을 끌어내어 방망이로 두드리네.

"길어져라, 뚝딱!"

하니 몸뚱이가 장대처럼 길다랗게 늘어나고,

"넓어져라, 뚝딱!"

하니 몸뚱이가 홑이불처럼 넓적해지지. 도깨비들은 밤이 새도록 형의 몸뚱이를 길다랗게 만들었다가 넓적하게 만들었다가 하면서 가지고 놀다가 날이 새니까 어디론가 가 버리더래.

형은 밤새도록 도깨비 방망이로 두들겨 맞아 파김치가 되어 가지고 털레털레 집으로 돌아왔는데, 그 뒤로는 마음을 고쳐먹고 잘 살았다는군. 아우는 어찌 됐느냐고? 아, 그야 홀어머니 모시고 한평생 부자로 잘 살다가 그저께 죽었다지. 그저께 죽어서 어저께 장사 지냈다네.

도깨비 장난

본디 도깨비라는 것이 장난을 좋아하지. 이 이야기도 도깨비가 장난을 쳐서 사람을 골탕 먹인 이야기니 어디 한번 들어 보렴.

옛날에 남의 집 머슴 사는 총각이 살았어. 머슴 사는 놈이 뭐 번듯한 집 한 칸이나 있겠어, 밥 해 먹을 솥단지 나부랭이나 있겠어. 그저 몸뚱이 하나 가지고 남의 집에 붙어서 밥이나 얻어먹고 죽어라 일만 하고 사는 거지. 그러니까 장가를 갈 수가 있나. 장가 밑천은 고사하고 당장 먹고 잘 데도 없으니까 장가를 못 가지. 나이 서른이 넘도록 장가를 못 갔어.

그런데 이 총각이 담이 아주 컸나 봐. 무서움을 안 탄단 말이지. 뭐 세상에 무서운 게 하나도 없어요. 캄캄한 밤에 산길을 몇십 리 걸어도 안 무섭다는 사람이야.

하루는 이 총각이 밤에 마실을 갔는지 어쨌는지, 동네 사람들이 많이 모여 노는 사랑방에 갔다나. 가서 이런저런 이야기를 하고 노는데, 사람들이 참 심심했던지 이 총각더러 수작을 걸었대.

"아, 자네는 담이 그리 크다면서. 이 캄캄한 밤에도 저 뒷산 공동묘지에 가라면 가겠는가?"

"공동묘지 아니라 그보다 더한 곳이라도 갈 수야 있지마는 일없이 거긴 왜 갑니까?"

"자네 담이 얼마나 큰지 시험해 보려고 그러네. 거기 가면 상여 넣어 두는 곳집이 있는데, 그 곳집에 들어가서 상여에 붙은 요령을 떼 가지고 오면 우리가 자네 중신을 들어줌세."

장가를 보내 주겠다는 말이거든. 아, 갔다 오면 장가보내 주겠다는데 망설일 게 뭐가 있어. 당장 나섰지.

한 치 앞도 안 보이는 캄캄한 밤인데 어찌어찌해서 뒷산 공동묘지까지 갔어. 가서 곳집을 찾아 썩 들어섰지. 그런데 곳집에 들어서 보니 뭐가 허연 것이 있더래. 이게 뭔가 하고 만져 봤더니 물컹해. 부싯돌을 그어 불을 켜 가지고 찬찬히 살펴보니 그게 사람이야. 웬 처녀가 쓰러져 있더란 말이지. 숨은 붙어 있는데 정신이 없어. 기절을 했나 봐.

'무슨 영문인지 몰라도 우선 사람이나 살려 놓고 보자.'

이렇게 생각하고 어찌어찌 샘물을 떠다 먹이고 팔다리를 주무르고 해서 살려 놨어. 처녀가 눈을 뜨고 정신을 차렸단 말이지. 그래 총각이,

"여기는 대낮에 남자도 오기 싫어하는 곳인데 대체 무슨 일로 밤중에 여기까지 와서 이러시오?"

하고 물었지. 그랬더니 처녀가 하는 말이, 자기는 아무 데 사는 아무개인데 산나물 캐러 왔다가 날은 저물고 길을 잃어 산속을 헤매다가 빈집이 있기에 들어왔노라고 그래. 들어와 보니 상여 넣어 두는 곳집이라 무섭기도 하고 춥기도 하여 벌벌 떨다가 그만 기절했노라, 이러거든. 그러면서 자기를 집에까지 데려다 주면 참 고맙겠다고 그런단 말이야.

그래서 처녀를 데리고 갔어. 캄캄한 밤중에 길도 모르는 사람을 걸리기가 뭣해서 들쳐 업고 갔지. 등에 업고 가는데, 처녀는 업혀서 이리로 가자 저리로 가자 하고 길을 가리키더래. 캄캄해서 앞이 잘 안 보이는데도 용케 잘 가리키더라나. 가자는 대로 갔지. 난생처음 가는 길로 한참 동안이나 갔어. 가

보니 제법 큰 마을이 있는데 집집마다 불이 환하고 사람들이 왔다 갔다 하고 아주 난리 법석이 났더래.

처녀가 그중 한 집을 가리키면서 저기 있는 저 집으로 가자고 해서 그리로 갔어. 처녀를 업고 마당에 떡 들어서니 식구들이 우루루 달려나와서,

"아이구, 너 어디 갔다 이제 오니?"

하고 참 난리가 났어. 죽은 줄 알았던 딸이 살아 돌아왔다고 말이야. 동네 사람들도 다 모여들어서 큰 잔치판이 벌어졌어. 처녀가 그동안 있었던 이야기를 다 하니까, 이참에 아예 혼인 잔치까지 하자고 그러지 뭐야. 죽을 목숨을 살려 준 은인이라고, 업어 온 처녀한테 장가를 들라는 거야. 수가 났지. 아, 나이 서른이 넘도록 장가 못 가서 애태우던 판국인데 수가 났지 안 나? 수가 나도 보통으로 난 게 아니지.

그래서 혼인 잔치를 한다고 또 한바탕 난리 법석을 쳤어. 그러다 보니 날이 다 샜는데, 이 총각은 기분이 좋아서 동네 사람들과 술잔을 주거니 받거니 하느라 시간 가는 줄도 몰랐어.

그런데 이게 참 우스운 일이야. 총각이 머슴 살던 동네 있잖아? 그 동네 사람들이 총각을 공동묘지에 보내 놓고 이제나저제나 기다려도 소식이 없거든. 밤이 이슥해져도 안 오고 첫닭이 울어도 안 오니 어떻게 해. 찾아 나섰지. 공동묘지 곳집에 가 봐도 없거든. 없을 수밖에.

그래서 여기저기 찾아다니다가 어느 개울에 난 다리를 건너는데, 아 다리 밑에서 뭐가 철부덩거리더라지 뭐야. 뭐가 이러나 하고 가만히 내려다보니까, 글쎄 머슴 총각이 거기 있더래. 엊저녁에 공동묘지에 간다고 나선 놈이 다리 밑에서 말이야, 개울물 속에서 텀벙거리고 놀고 있더란 말이지. 뭐가 기분이 그리 좋은지 손뼉을 치고 껄껄 웃기도 하고, 사금파리 조각에 개울물을 떠다가 아무도 없는 허공에 대고 권커니 잣거니 하고 있더라나. 참 기

가 막히지.

 그러니까 그게 죄다 도깨비 장난이야. 도깨비가 술수를 부려서 총각이 그만 헛것을 본 게지. 사람들이 가서 흔들어 깨우니까 그제서야 총각이 정신을 차리더래. 도깨비한테 홀리면 그렇게 헛것을 본다는 말이 있어. 그러나 저러나 그놈의 도깨비는 도깨비 가운데도 아주 큰 도깨비였나 봐. 담이 세다고 소문난 총각을 그토록 감쪽같이 홀려 놓았으니 말이야. 안 그래?

무서운 엽전

옛날에 한 사람이 농사를 짓고 살았지. 때는 마침 무더운 여름밤인데, 집 안이 더워서 이 사람이 밖에 나가 한뎃잠을 잤어. 옛날에는 날이 더우면 더러 나무 밑이나 모래밭에다 멍석을 깔고 한뎃잠을 자기도 했거든.

이 사람이 개울가 모래밭에서 시원하게 한잠 자고 있는데, 잠결에 누가 자꾸 불러.

"여보시오, 여보시오. 일어나서 나 좀 보오."

그래 깜짝 놀라 일어나 보니 웬 시커먼 것이 발치에 떡 버티고 서 있거든. 가만히 보니 그게 도깨비야. 사람같이 생겼지마는 사람보다 덩치가 크고 우락부락하게 생긴 것이 틀림없는 도깨비더란 말이지. 아닌 밤중에 홍두깨라더니 혼자서 한뎃잠을 자다가 도깨비를 만날 줄이야 누가 알았겠어. 그러니 겁이 안 날 수 있나. 겁이 나서 턱이 덜덜 떨리는데, 이럴 때일수록 정신을 바짝 차려야 한다고 다짐을 하고 일부러 큰소리를 쳤어.

"아, 어떤 놈이 남 잠자는 데 훼방을 놓느냐?"

이러고 큰소리를 쳐 놓으니 도깨비가 머쓱해져 가지고 한다는 말이,

"훼방을 놓으려고 그러는 게 아니라 나하고 놀자고 깨웠소. 우리 씨름이나 한판 합시다."

아, 이런단 말이야. 도깨비가 본래 밤에 씨름하기를 좋아한다고 그러지. 이

사람이 가만히 생각해 보니, 씨름을 안 하겠다고 그랬다가는 도깨비가 무슨 심술을 부릴지 모르겠거든. 도깨비 덩치가 말만 한 것이 씨름을 하나마나 제가 질 게 뻔하지마는, 덤벼 보지도 않고 물러섰다가 큰코다치느니 한번 겨뤄나 보리라 하고 그러자 했지. 그러니까 도깨비가 좋아라 하면서,

"씨름을 해서 이기는 사람이 형이 되고, 지는 사람이 아우 되는 거요."
하기에 그것도 그러자 했지.

그러고 나서 둘이 허리춤을 잡고 씨름을 했어. 참 아닌 게 아니라 도깨비 힘이 보통이 아니어서 아무리 용을 써도 꿈쩍을 않더래. 그래서 이건 힘을 쓸 게 아니라 꾀를 쓰는 게 옳다, 이렇게 생각하고 용한 꾀를 하나 냈지. 도깨비 허리에 바짝 붙어 있다가 도깨비가 저를 들어서 넘어뜨리려고 힘을 쓸 때를 기다려,

"이크, 저게 뭐야?"
하고 손가락으로 하늘을 가리켰지. 그리고 도깨비가 놀라서 하늘을 쳐다보는 사이에 얼른 몸을 빼냈어. 그러니 잔뜩 힘을 쓰고 있던 도깨비는 제 풀에 앞으로 폭 꼬꾸라질밖에. 이렇게 해서 이 사람이 도깨비를 이겼어.

그래서 약속한 대로 도깨비가 아우가 되고 이 사람은 형이 됐어. 자다가 얻은 병이라더니, 참 자다가 뜻밖에 도깨비 형이 다 됐지 뭐야.

그런데 사람이라면 몰라도 도깨비를 아우로 두고 보니 좋은 일보다 귀찮은 일이 더 많더래. 걸핏하면 찾아와서 씨름을 하자고 조르지를 않나, 다른 도깨비들을 떼거리로 데려와서 음식을 축내고 가지를 않나. 이러니 좀 귀찮겠어? 그래서 아예 도깨비를 얼씬도 못 하게 만드는 수가 옳다, 이렇게 생각하고 하루는 도깨비에게 넌지시 물어봤어.

"얘, 아우야. 너는 이 세상에서 무엇이 제일 무서우냐?"
그랬더니 도깨비가 하는 말이,

"우리는 짐승 피가 제일 무섭다우. 그것도 흰 말 피라면 무서워서 근처에도 못 가지요."

하겠지. 그리고 나서,

"그런데 형님은 세상에서 무엇이 제일 무섭소?"

하고 도로 묻더래. 이 사람이 가만히 생각해 보니 저 같은 가난뱅이한테는 돈이 제일 무섭거든. 어디서 남의 돈이라도 꾸어 써 봐. 그걸 갚으려고 얼마나 고생을 해야 돼? 그래서,

"아이구, 우리 같은 사람한테야 돈보다 더 무서운 게 있을라고. 그저 무서운 게 돈이지."

했어.

그래 놓고 그다음 날 일찌감치 어디 가서 흰 말 피를 구해 가지고 집 근처에다 뿌려 놨어. 도깨비가 얼씬도 못 하게 하려고 말이지. 마당에도 뿌리고 사립문 앞에도 뿌리고 돌담 둘레에도 뿌리고, 그렇게 해 놓으니 참 도깨비가 얼씬을 못 해. 도깨비란 놈이 형을 찾아오느라고 와 보니 저 제일 무서워하는 흰 말 피를 사방에 뿌려 놨거든. 그러니 그만 기겁을 하고 도망을 갔지.

그런데 도깨비가 도망을 가서 가만히 생각해 보니 참 괘씸하단 말이야. 그래도 제 딴에는 형이라고 깍듯하게 대해 줬건만, 뭣에 틀어졌는진 몰라도 저 제일 무서워하는 흰 말 피를 뿌려 놓을 게 뭐람.

'에잇, 믿지 못할 건 사람이로구나. 내 밀로 앙갚음을 한다지?'

하고 도깨비가 이 궁리 저 궁리 하다 보니, 제 형이 제일 무서워하는 게 돈이라고 그랬던 게 생각난단 말이야.

'옳지. 저도 나 무서워하라고 흰 말 피를 뿌렸으니 나도 저 무서워하는 돈을 갖다 뿌려야겠다.'

이렇게 생각하고 그다음 날 새벽에 엽전을 한 자루 짊어지고 형네 집 근처에 갔지. 흰 말 피를 뿌려 놨으니까 안에는 못 들어가고 바깥에서 마당으로 엽전 자루를 냅다 집어던졌어. 그래 놓고는,

"어디 무서운 돈 맛 좀 봐라."

하고 소리를 지르고 도망갔지. 이 사람이 나와 보니 도깨비가 저 무서워하라고 돈을 한 자루 던져 놨거든. 속으로야 좋아서 춤이라도 덩실덩실 추고 싶지마는, 도깨비가 눈치라도 채는 날에는 헛일이지 뭐야. 그래서 일부러 아주 혼찌검이나 났다는 듯이 엄살을 떠는구나.

"아이고, 무서워. 아이고, 무서워. 제발 이러지 마라, 도깨비야. 무서워서 나 죽겠다."

그러니 도깨비는 신이 나서 이참에 아주 단단히 혼내 주리라고 엽전을 두어 자루 더 짊어지고 와서 냅다 던져 넣더래. 그래서 이 사람은 갑자기 큰 부자가 됐어. 도깨비 덕에 부자 되어 잘 살았단다.

날아다니는 빨간 헝겊

　세상 사람들 중에는 더러 도깨비를 봤다는 사람도 있지만, 아무래도 도깨비를 못 본 사람이 훨씬 더 많지. 나도 아직 도깨비를 못 봤거든. 도깨비는 왜 사람 눈에 띄지 않을까? 그건 도깨비가 이상한 등거리를 입고 다니기 때문이란다. 그 등거리를 입으면 몸뚱이가 보이지 않게 된대. 도깨비 등거리에 얽힌 이야기를 한번 들어 볼래?

　옛날에 어떤 사람이 산에 나무를 하러 갔지. 나무를 한 짐 해 가지고 돌아오는 길에 그만 소나기를 만났어. 갑자기 소나기가 마구 쏟아지니 어떡하나. 허둥지둥 걷다가 마침 길가에 못 보던 기와집이 한 채 있기에 비를 그으려고 처마 밑에 들어갔지. 그런데 가만히 살펴보니 이게 빈집이야.

　'여름 소나기가 뭐 그리 오래 내릴까. 비가 그칠 때까지 여기서 잠깐 쉬어 가야겠다.'

　이렇게 생각하고 그 빈집으로 들어갔어.

　방에 들어가서 옷을 말리며 쉬고 있는데, 느닷없이 밖에서 두런두런 이야기 소리가 들리더래. 저벅저벅 발소리도 들리고 말이야. 누가 또 비 그으려고 오는가 싶어서 문구멍으로 내다보니 아무도 없어. 틀림없이 기척은 있는데 사람이 안 보이네.

　'거참 이상하다.'

겁이 덜컥 나서 벽장에 들어가 숨었지. 숨어서 가만히 내다보니, 아 문이 저절로 벌컥 열렸다가 도로 닫히더란 말이야. 그러더니 말소리가 들리는데,

"이놈의 등거리가 비에 흠뻑 젖었네."

"그럼 벗어서 말려야지."

하더니 갑자기 도깨비 두 놈 몸뚱이가 방 안에 불쑥 나타나더래. 그러니까 도깨비가 등거리를 말리려고 벗은 거지. 등거리를 입었을 때는 소리만 들리고 몸뚱이는 안 보이다가, 등거리를 벗으니 몸뚱이가 보이는 거야.

'옳아, 저게 말로만 듣던 도깨비 등거리렷다.'

숨을 죽이고 보고 있으니, 도깨비 두 놈이 등거리를 횃대에 걸어 말려 놓고 저희들끼리 장난을 치며 놀더래. 그렇게 한참 놀다가 비가 그치니까 일어서서 나가는데, 그중 한 놈이 등거리를 두고 갔어. 횃대에 그냥 걸어 두고 가 버렸네.

이 사람이 벽장에서 나와 도깨비 등거리를 가지고 집에 갔어. 집에 가서 등거리를 턱 입으니까 식구들이 못 알아보거든.

"아이구, 이 양반이 갑자기 어딜 갔나?"

"아버지 어디 가셨지?"

하고 모두들 저를 찾느라고 난리 법석을 떤단 말이야. 등거리를 턱 벗으니까 금방 알아봐.

"어, 이 양반이 갑자기 어디서 나타난 거야?"

"아버지 어디 갔다 오셨어요?"

하고 모두들 놀라지.

그런 신기한 물건을 얻어서 그걸 좋은 일에 쓰면 좀 좋아. 그런데 이 사람이 그만 나쁜 마음을 먹었어. 이걸 입으면 아무도 저를 못 알아볼 터이니 마음 놓고 도둑질을 할 수 있겠구나, 이런 고약한 마음을 먹었지. 그래서 그다

음 날부터 이 사람이 도깨비 등거리를 입고 장터에 나가서 도둑질을 했어. 큰 가게를 찾아다니며 돈도 훔치고 값 나가는 물건도 훔치고 그랬단 말이지. 가게 주인은 두 눈을 번히 뜨고도 뭘 어쩔 수가 없어서 당하고만 있었어. 눈앞에서 돈이야 물건이야 마구 없어지는데, 아 당최 도둑이 눈에 보여야 잡든지 말든지 하지.

이렇게 날마다 도둑질을 하고 다니는데, 하루는 장터에 나가 보니 사람이 어찌나 많은지 발 디딜 틈이 없더래. 그래서 사람들 틈을 억지로 비집고 다니다가 그만 담뱃불이 도깨비 등거리에 닿아서 구멍이 나 버렸어. 엽전 크기만 한 구멍이 나서, 그 구멍만큼은 몸뚱이가 뵈게 됐거든. 다른 데는 다 안 뵈도 구멍난 데는 뵌단 말이야. 이래 가지고는 들키겠다 싶어서 아내더러 그 구멍을 기워 달라고 그랬어. 그랬더니 아내가 구멍난 곳을 기워 줬는데, 아 하필 빨간 헝겊으로 기울 게 뭐람.

그다음 날부터 이 사람이 기운 등거리를 입고 다니는데, 사람들 눈에는 빨간 헝겊이 폴폴 날아다니는 것처럼 보인단 말씀이야. 성한 데는 다 안 뵈도 기운 곳은 보니까 그렇지. 이렇게 해 가지고 장터에 다니면서 도둑질을 하니까 어떻게 되겠어? 가게 주인들이 보니까, 돈이나 물건이 없어질 때마다 빨간 헝겊 쪼가리가 폴폴 날아다니거든.

'옳아, 저놈의 빨간 헝겊 쪼가리가 말썽이로구나. 저것만 붙잡으면 되겠구나.'

하고 모두들 빨간 헝겊 쪼가리를 쫓는구나.

제아무리 도깨비 등거리를 입었으면 뭘 해. 가게 주인들이 떼 지어 빨간 헝겊만 보고 "저놈 잡아라" 소리를 치며 쫓아오니 별 수 있어? 잡혔지. 가게 주인들이 달려들어 빨간 헝겊을 붙잡아 냅다 젖히니까 도깨비 등거리가 홀라당 벗겨졌지. 그러니 몸뚱이가 고스란히 드러났지.

"이제 보니 이놈이 도둑놈이었구나. 이놈을 혼내 주자."

이 사람은 가게 주인들한테 딱 안 죽을 만큼 얻어맞고 망신살이 뻗쳐서 마을에서 쫓겨났대. 그러니 사람은 마음을 바로 써야 하는 게야.

도깨비 수수께끼

옛날 전라도 어느 곳에 도깨비 터가 있었어. 도깨비가 저희들끼리 터를 닦고 사는 데지. 그런데 도깨비 터에다가 집을 지으면 천석꾼 부자가 된다는 말이 있어. 옛날부터 그런 말이 있다구.

한 사람이 도깨비 터를 사 가지고 집을 지었지. 그런데 집을 다 짓고 나서 하룻밤 자고 나니 그만 집이 홀라당 허물어져 버렸네. 밤새 허물어져 버렸어.

또 다른 사람이 그 터를 사 가지고 집을 지었어. 집을 다 짓고 하룻밤 자고 일어나 보니 또 집이 홀라당 허물어져 버렸어. 밤새 기둥뿌리만 남기고 죄다 내려앉아 버렸어.

그 뒤로도 그 터에 집을 지으면, 짓는 족족 하루밤 새 홀라당 허물어져 버려. 도깨비가 장난을 쳤는지 어쨌는지, 집을 지었다 하면 밤새 기둥뿌리만 남기고 죄다 폭삭 내려앉아 버린단 말씀이야.

이러니 누가 그 터에 집을 지으려고 하겠어. 아무도 안 짓지. 그런데 그 마을에 참 가난하게 사는 아주머니가 있었거든. 이 아주머니는 젊어서 남편을 잃고 자식도 없이 혼자 사는데, 시동생이 하나 있다는 게 둘도 없는 개망나니여서 살림을 다 들어먹네. 아주머니가 애써 돈을 조금 모아 놓으면 갖다가 노름으로 날리고, 애써 농사지어 놓으면 갖다 팔아서 술값으로 날리고,

이 모양이야. 그러다가 나중에는 아주머니네 집문서까지 팔아먹고 도망을 가 버렸어. 그러니 아주머니는 집도 절도 없는 신세가 됐지.

그래서 이 아주머니가 도깨비 터에다 집을 지었어. 집을 사려니 돈이 있나, 터를 사려니 돈이 있나. 집을 짓는 족족 허물어진다고 아예 값도 없는 도깨비 터를 공짜로 얻어다가 제 힘으로 집을 짓는 거지. 산에 가서 나무를 베어다 기둥을 박고 대들보와 서까래를 얹은 다음 흙으로 벽을 바르고 짚으로 이엉을 엮어서 지붕을 이었지. 그랬더니 초가삼간 오막살이긴 해도 제법 근사한 집이 됐어.

집을 다 짓고 자는데, 가만히 생각해 보니 여기에 집을 지은 사람치고 이틀 밤을 넘긴 사람이 아직 없거든. 하룻밤 자고 나면 집이 허물어져 버리니 그렇잖아.

'이 집도 가만두면 허물어져 버릴 테지. 이건 틀림없이 도깨비 장난이렷다. 오늘은 내가 잠을 안 자고 집을 지켜야지.'

이렇게 생각하고 그날 밤 잠을 안 자고 집을 지켰어. 온 집 구석구석에 관솔불을 환하게 밝혀 놓고 방 한가운데 떡 버티고 앉아서 밤을 새웠지. 밤이 이슥해지니까 구들장이 들썩들썩, 마룻장이 쿵덕쿵덕하더니 도깨비들이 떼거리로 여기저기서 막 나오더래. 어떤 놈은 구들장 밑에서 아궁이로 엉금엉금 기어 나오고, 어떤 놈은 마루 밑에서 봉당으로 불쑥불쑥 튀어나오고. 이렇게 떼거리로 나와서는,

"아, 어떤 놈이 우리 터에 또 집을 지었어? 얘들아, 이 집구석 모두 헐어 버리자."

그러는 걸,

"이놈들, 너희들은 무슨 심술로 남의 집을 헐려고 하느냐?"

하고 온 집이 쩌렁쩌렁 울리도록 고함을 질렀지. 그랬더니 도깨비들도 지지

않고,

"너야말로 무슨 심술로 남의 터에다 집을 짓나?"

하고 맞고함을 지르더래. 아주머니는 아주머니대로,

"터는 너희 터인지 몰라도 집은 내가 지은 집이다."

하고, 도깨비들은 도깨비들대로,

"집은 네가 지은 집인지 몰라도 터는 우리 터다."

하고 옥신각신 티격태격 다투었지. 이렇게 한참 동안 다투어도 뭐 끝이 나나. 한쪽은 내 집이라고 하고 한쪽은 우리 터라고 하는데, 양쪽 말이 다 틀리지 않으니 말이야. 새벽녘까지 내가 옳으니 네가 그르니 하면서 다투다가, 도깨비들이 도저히 안 되겠는지 수수께끼 내기를 해서 지는 쪽이 물러나기로 하자고 그러더래. 아주머니도 그럼 그러자고 했지.

먼저 도깨비들이 수수께끼를 내는데,

"돌부처 냉가슴 앓는 데는 무슨 약을 쓰면 낫는가?"

하거든. 아주머니는 그 말을 대뜸 받아서,

"그거야 잉어 뿔을 고아 먹이면 낫지."

했지.

"애개, 잉어에 무슨 뿔이 있어?"

"그럼 돌부처가 무슨 냉가슴을 앓아?"

이렇게 됐어.

그다음에는 아주머니가 수수께끼를 내는데,

"아침에는 네 발, 낮에는 두 발, 저녁에는 세 발로 걷는 것이 뭐냐?"

하니까 도깨비들이 대답을 못 하더래. 그래서 아주머니가 이겼어. 도깨비들은 입맛만 쩍쩍 다시다가 어디론가 휭 사라져 버리고, 그다음부터는 다시 나타나지 않더래. 그래서 아주머니는 잘 살았지. 살림 거덜내는 시동생도 다시 안 나타나니까 살림도 쏠쏠하게 일구어 오래오래 잘 살았다는 이야기야. 그건 그렇고, 아주머니가 낸 수수께끼의 답은 뭘까? 바로 사람이지. 아기 때는 네 발로 기다가 어른이 되면 두 발로 걷고, 늙으면 지팡이를 짚고 걸으니까 세 발 아니야?

신통방통 도깨비

도깨비라고 하는 것이, 이게 재주가 많거든. 사람이 모르는 것도 많이 알지. 오늘은 뭐든 그렇게 척척 잘 아는 도깨비 이야기를 하나 해 볼까.

옛날에 두 형제가 살았어. 그런데 이 두 형제가 어려서 부모를 다 여의고 저희 둘만 남았어. 그러니 어째? 어려서 농사를 지을 수가 있나, 장사를 할 수가 있나. 아무 일도 할 수 없으니까 거지로 살아. 바람아 바람아 떠돌아다니면서 이 집 저 집 밥을 얻어먹고 사는 거지.

그런데 이 두 형제가 성질이 딴판이야. 어떻게 딴판인고 하니, 형은 아주 못됐고 아우는 착해. 둘이 같이 다니면서 밥을 얻어먹는데, 아우는 밥을 얻으면 한 술도 안 먹고 그냥 가져와. 형하고 나누어 먹으려고 말이지. 그런데 형은 뭐든지 얻는 족족 저 혼자 다 먹어 버리고 빈손으로 와.

그래 놓고 아우가 얻어 온 밥을 또 빼앗아 먹는 거지. 아, 빼앗아 먹어도 잠자코 빼앗아 먹으면 좀 좋아? 하고한 날 트집을 잡고 구박을 하는데, 밥이 좀 적으면,

"이놈아, 오늘은 왜 밥이 이렇게 적어? 너 혼자 다 처먹고 요것만 남겨 둔 게야?"

이러고 구박을 하면서 저 혼자 다 먹고 아우한테는 한 술도 안 줘. 그것뿐인가? 어쩌다가 제 배가 부르면,

"이놈아, 얻어 오려면 맛있는 걸 얻어 오지 이게 다 뭐야? 이런 걸 나더러 먹으라고 가져온 게야?"

이러면서 쪽박을 내던져 밥을 죄다 쏟아 버린단 말이야. 그러면 아우는 땅에 쏟아진 밥을 주워다 먹었어. 배가 고프니까 쏟아진 밥이라도 주워 먹어야지 어떻게 해. 아우는 그래도 군말 한마디 안 하고 낯빛 한번 안 바꾸고 살았어.

그렇게 살다가 하루는 아우가 밥을 얻어 가지고 오는데, 길가에 뭐 누렇고 번쩍번쩍하는 돌덩어리 같은 게 떨어져 있더란 말이야. 들어 보니 묵직한 게 예사 돌이 아니다 싶어. 그래서 그걸 주워 가지고 왔어. 와서 형에게 보였지.

"형님, 오늘은 밥을 얻어 가지고 오다가 이런 걸 주웠습니다."

형이 가만히 보니까 그게 금덩어리야, 금덩어리. 그것 하나만 있으면 거지 노릇 그만두고 부자로 살 수 있겠거든. 아주 복이 넝쿨째 굴러 들어온 거지. 그만하면 아우하고 나누어 가져도 좋으련만, 이놈의 형이 그만 욕심이 생겼구나. 금덩어리를 저 혼자 차지하려고 아주 몹쓸 궁리를 하네그려.

"이놈아, 그거 아무짝에 못 쓰는 돌덩어리다. 이리 다오. 내가 갖다 버릴 테니."

이러고 금덩어리를 빼앗아 감춰 놨어. 그래 놓고도 이놈의 형이 마음이 안 놓여. 아우와 함께 다니다가는 금덩어리라는 게 언젠가는 들통날 거란 말이야. 그렇다고 저 혼자 금덩어리를 가지고 내빼자니, 아우가 무슨 짓을 해서라도 찾아올 것만 같단 말이지. 그래서 아예 저를 못 찾아오게 하려고 그날 밤에 아우 눈에다 재를 뿌려 눈을 멀게 만들었어. 그래 놓고 저 혼자서 금덩어리를 가지고 줄행랑을 놨어.

마른 하늘에 날벼락으로 하루아침에 눈이 멀게 된 아우는, 앞이 안 보이니까 그저 천방지방 형을 부르며 헤매고 다녔어. 그러다 보니 어쩌다가 깊은 산속으로 들어가게 됐단 말이야. 산속에서 길을 잃고 엎어지며 자빠지며 헤매다 보니 손에 싸리나무 울타리가 잡히거든. 울타리를 더듬어 들어가 보니 그 깊은 산속에 웬 집이 하나 있어. 그 집에 들어갔지. 주인을 찾아도 아무 소리가 없는 걸 보니 빈집이야. 그래서 방에 들어가 잠을 잤지.

한참 자다가 보니 밖에서 왁자지껄하니 떠드는 소리가 나지 뭐야. 아우는 기겁을 하고 일어나 더듬더듬 벽장 속으로 들어갔어. 벽장 속에 숨어 있으니 뭐가 우루루 집 안으로 몰려들어와서 떠들고 노는데, 가만히 들어 보니 그게 도깨비들 목소리야. 빈집이라고 들어온 게 도깨비 집에 들어왔다 이 말이지.

도깨비들이 춤을 추고 노래를 부르면서 한바탕 잘 놀더니, 그중 한 도깨비가,

"얘들아, 우리 놀기만 할 것이 아니라 밖에서 보고 들은 얘기나 한마디씩 하자꾸나."

하겠지. 그러니까 다른 도깨비들이 모두 그게 좋다고,

"그래, 그래."

하고 야단이 났어. 먼저 한 도깨비가 말을 하기를,

"나는 밖에 돌아다니다가 참 별일을 다 봤다. 웬 못된 형이 아우 눈에다 재를 뿌려 눈을 멀게 해 놓고 도망가는 걸 봤다."

하거든. 아우가 가만히 들어 보니 그게 제 얘기지 뭐야. 다른 도깨비가 그 말을 받아서,

"사람들은 참 숙맥이지. 눈먼 사람은 이 집 굴뚝 뒤 샘물가에 있는 버드나무 이파리를 따서 문지르면 금방 눈이 밝아질 텐데, 그걸 모르고 밤낮 눈먼 채로 돌아다니니, 원."

이런단 말이야.

또 한 도깨비가,

"재 너머 큰 마을에서는 요새 물이 없어서 난리 났더군. 아, 마을 한복판에 있는 정자나무 밑을 파 보면 물이 나올 텐데, 그걸 모르고 그 난리들이니, 원."

이러니, 다른 도깨비가 그 말을 받아서,

"그러게나 말이야. 정자나무 밑을 꼭 석 자 세 치만 파면 물이 나오는데, 그걸 모른다니까."

이러거든.

또 한 도깨비가,

"강 건너 마을 한 집에서는 외동딸이 병에 걸려 죽게 됐다고 걱정이 늘어졌더군. 그 집 지붕 용마루 밑에 왕지네가 한 마리 있는데, 그놈의 독 때문에 딸이 병에 걸렸거든. 그놈을 잡아다 끓는 기름에 튀겨 죽이면 병이 나을 텐데, 그걸 모르고 걱정만 하고 있으니, 원."

이러니, 다른 도깨비가 그 말을 받아,

"그뿐인가? 그 집 돌담 속에는 금항아리가 들어 있지. 그것만 가지면 평생 호강하며 살 텐데, 그것도 모르고 고생하며 살고 있으니 사람들이란 참 어리석기 짝이 없지."

이러더래. 눈이 멀면 귀가 밝아지더라고, 아우는 도깨비들이 저희들끼리 하는 말이 어찌나 귀에 쏙쏙 잘 들어오는지, 그걸 낱낱이 듣고 잘 새겨 뒀어.

도깨비들은 그렇게 한참 동안 떠들면서 놀더니 새벽이 되니까 모조리 우루루 밖으로 나가 버리더래. 도깨비들이 다 나가 버리니까 잠잠해졌지. 아우는 벽장에서 나와서 더듬더듬 굴뚝 뒤로 가 샘물을 찾았어. 한참 더듬어 보니 아니나 다를까 샘물이 있어. 샘물가에는 버드나무가 있고 말이지. 버드나무를 더듬어 이파리를 하나 따 가지고 눈에 쓱 문질렀더니, 아 신통하게도 눈이 도로 밝아지더라지 뭐야. 그것 참 기막히지.

눈이 밝아져서 세상이 환하게 다 보이니 좀 좋아. 아우는 그길로 훨훨 나는 듯이 재를 넘어갔어. 재를 넘어서 어디를 갔는고 하니, 도깨비가 말한 큰 마을로 갔어. 가서, 아무 집에나 들어가 주인을 찾았지. 주인더러,

"목이 마르니 물 한 대접 주시오."

하니까 주인이 펄쩍 뛰어.

"뭐라고? 물을 그래 한 대접씩이나 달란 말인가? 아, 우리 마을에 와서 그런 말일랑 입 밖에도 내지 말게. 물 한 대접이면 우리 식구 이틀 먹을 양일세."

알고 보니 온 마을에 물이란 물은 죄다 말라 붙어서 농사지을 물은커녕 먹을 물도 모자라는 형편이더란 말이야. 그래서 아우가,

"내 물이 나오는 곳을 알고 있으니 마을 사람들을 불러내 주시오. 곡괭이랑 삽, 지게를 가지고 정자나무 아래로 모이라 일러 주시오."

하고는, 정자나무 아래로 갔지. 조금 있으니까 마을 사람들이 연장을 가지고 모일 게 아니야? 그래, 사람들더러 나무 밑을 파라고 그랬어. 딱 석 자 세 치만 파 보라고 말이야. 마을 사람들이 덤벼들어 나무 밑을 딱 석 자 세 치 파 제끼니까, 아닌 게 아니라 물이 솟아나는데 아주 산등같이 쏟아져 나와. 그 물로 논밭에 물 다 대고도 남아서 온 마을 사람들이 멱을 감는다, 빨래를 한다고 아주 물을 뒤집어쓰고 야단이 났어. 그렇게 되니 마을 사람들이 이거 큰 은인을 만났다고 대접이 뭐 이만저만이 아니야.

그래 놓고 아우가 또 갔지. 어디로 갔는고 하니 강 건너 마을에 외동딸이 앓아누웠다는 집을 찾아갔어. 주인을 불러서,

"이 집에 동냥 좀 얻으러 왔습니다."

그러니까,

"아이고, 동냥이고 뭐고 우리 집에는 송장 칠 일밖에 없으니 딴 데나 가 보게."

이러거든. 그래서 아우가,

"이 집 따님 병 고칠 방도를 알고 왔으니 내 시키는 대로만 하십시오."

하고는, 우선 대장간에 가서 쇠집게를 커다란 걸로 하나 만들어 오라고 일렀어. 쇠집게를 만들어 가지고 오니까, 가마솥에 기름을 가득 넣고 끓이라고 그랬지. 그래 놓고는 사다리를 가지고 오라 해서 지붕에 사다리를 걸고 올라갔어. 용마루를 덮은 이엉을 턱 제끼니까 아닌 게 아니라 바디짝만 한 지네가 그 속에 들어앉아 있거든. 쇠집게로 그놈을 탁 집어서 끓는 기름 솥에다 던져 넣었더니 지네가 끽소리도 못 하고 죽더래.

그러고 나니 그 집 딸이 언제 아팠냐는 듯이 벌떡 일어나겠지. 뭐 오랫동안 앓았던 표도 안 나게시리 병이 그만 씻은 듯이 나았어. 그러고 나니 이 집에서는 외동딸 목숨을 살려 낸 은인이라고 대접을 아주 잘해 줘. 대접을 잘해 주고는,

"자네, 갈 데가 없으면 우리 사위 되어서 우리 집에 함께 사세나."

하거든. 마땅히 갈 데도 없으니까 그러마고 했지. 그래서 그 집에 장가를 들었는데, 장가 든 다음 날 색시더러,

"오늘 돌담을 헐 터이니 치성 드리게 밥을 한 그릇 정성껏 지어 주오."

하고는, 색시가 밥을 지어 주니까 돌담 앞에 차려 놓고 치성을 드렸어.

"그저 가난하게 사는 사람 팔자나 고치게 해 주십사."

하고 정성들여 빌고 나서 돌담을 썩 헐었지. 헐어 보니 참 금항아리가 하나 나오는데, 허리가 한 아름이나 되는 큰 항아리야. 그걸 팔아서 논도 사고 밭도 사서 금세 부자가 됐지.

그렇게 부자가 되어 사는데, 이게 소문이 났어. 거지 노릇하던 아무개가 부자 되어 잘산다고 말이야. 그 소문을 형이 들었어. 형은 금덩어리를 가지고 먼 데로 도망가서 살다가, 금덩어리 판 돈을 다 써 버리고 도로 거지가 됐거든. 그 판국에 아우가 부자 되어 잘산다는 소문을 들으니 배가 아파서 견딜 수가 있나. 한달음에 아우네 집을 찾아왔지.

 "너, 무슨 재주로 눈도 뜨고 이렇게 잘사느냐?"

 아우는 그동안 있었던 일을 형에게 다 말해 줬어. 그러고 나서,

 "형님, 이제는 아무 걱정 말고 여기서 함께 삽시다."

하고 형을 달랬어. 그런데 욕심 많고 사나운 형이 순순히 그 말을 들을 리 있나. 자기도 부자가 돼 보겠다고 아우가 가르쳐 준 대로 도깨비 집을 찾아갔어. 가서 아우가 그랬던 것처럼 벽장 속에 숨어 있었지. 그랬더니, 아닌 게 아니라 한밤중이 되니까 도깨비들이 우루루 몰려 들어오더래. 몰려 들어와서 저희들끼리 춤추고 노래 부르면서 한바탕 잘 놀더니, 그중 한 도깨비가,

 "얘들아, 나는 오늘 별일을 다 봤다. 아우 눈에 재를 뿌려 눈을 멀게 해 놓고 도망간 형이 도로 거지가 돼 가지고 아우네 집을 찾아가는 걸 봤다."

하거든. 형이 가만히 들어보니까 그게 제 얘기란 말이야. 그때 다른 도깨비가,

 "응, 나는 그놈이 이 산속으로 들어오는 것도 봤지."

하니까, 또 다른 도깨비는,

 "나는 그놈이 우리 집 쪽으로 오는 것도 봤지."

이러지 뭐야. 형이 그 말을 듣고 간이 콩알만 해졌어. 그때 한 도깨비가 코를 킁킁거리더니,

 "얘들아. 인내 난다, 인내 나. 저 벽장 쪽에서 인내 난다."

하겠지. 그러니까 다른 도깨비들이 달려들어 벽장 문을 냅다 열어 젖혔어. 그러니 들통났지.

"애들아, 이놈이 바로 아우 눈멀게 하고 도망간 그놈이다. 우리 혼내 주자."

형은 도깨비들한테 실컷 두들겨 맞고 그 집에서 쫓겨났대. 그다음에는 어떻게 됐느냐고? 나도 잘 몰라. 알면 나한테 좀 가르쳐 줘.

불효자식 혼내 주기

옛날 어떤 산골 외진 곳에 두 내외가 자식도 없이 살았어. 깊은 산골 외딴 집이라 이웃도 없고 친척도 없는 데다 자식마저 없으니 좀 외롭겠나. 딸이든 아들이든 자식 하나 낳아서 길러 봤으면 원이 없겠다고, 그저 그 소원이 아주 입에 붙었어. 그런데 참 하늘이 도왔는지 칠성님이 도왔는지 늦게서야 아들을 하나 낳았네. 늘그막에 그렇게나 바라고 바라던 아들을 얻었으니 얼마나 기쁘겠어. 그저 보기만 해도 사랑스럽고 귀여워서 두 내외가 밤낮 아들만 들여다보고 살아. 이렇게 금이야 옥이야 하고 기를 적에, 이제 아들이 제법 커서 걸음마도 하고 말도 배우고 하니까 두 내외가 장난을 하기를,

"애, 저기 가서 네 어머니 좀 때려 줘라."

"애, 저기 가서 네 아버지 좀 때려 줘라."

하거든. 이뻐서 하는 소리지 그게. 그러면 아들이 제 어머니한테 쪼르르 달려가서 등짝을 탁 때리고, 또 제 아버지한테 쪼르르 달려가서 등짝을 탁 때리고 한단 말이야. 어린아이 손이 뭐 맵기를 하나. 때려도 간지럽지. 그러니 재미가 나서 자꾸 때리라고 시키고, 아들은 시키는 대로 때리고, 그러면 잘했다 잘했다 하면서 웃고 안아 주고 했지. 그러다 보니 이게 아주 버릇이 됐어. 때리는 게 아주 버릇이 됐다 이 말이야. 그러니까 이건 뭐 일 났지. 일이 나도 크게 났어. 아, 나이가 열몇 살 먹어 가지고 제법 총각티가 나는 놈이

제 아버지 어머니를 막 때리거든. 들며 때리고, 나며 때리고, 그저 때리는 게 일이야. 다 큰 놈이 때리니까 아플 게 아니야?

"이놈아, 아프다. 이제 그만 때려라."

그래도 이놈은 장난으로만 그러는 줄 알고 자꾸 때려. 버릇이 들어도 아주 단단히 들어 가지고 말이야. 허, 그것참.

그러다 보니 아버지는 돌아가시고 어머니만 남게 됐지. 홀어머니하고 둘이 사는데, 아 이놈이 제 어머니만 보면 달려들어 팬단 말이지. 아침에 눈만 뜨면 제 어머니 자는 방에 가서 다짜고짜 두들겨 패.

"어머니, 아직 안 일어나시고 뭐 하세요? 어서 일어나세요."

이러면서 두들겨 패는데, 말하자면 그게 아침 인사야.

저녁이 되면 또 제 어머니 방에 가서,

"어머니, 어서 주무세요."

하면서 두들겨 패는데, 그건 잘 주무시라는 인사지.

그뿐인가, 어디. 잠깐이라도 밖에 나갔다 오면 잘 다녀왔다는 인사로 두들겨 패고, 어머니가 바깥 나들이라도 나가면 잘 다녀오시라고 두들겨 패. 이러니 어머니가 어디 잠시인들 마음 놓고 살 수가 있나. 참 환장할 노릇이지.

그런데 어느 동지섣달 추운 날에, 어머니가 어디 딴 마을에 잔치를 보러 가게 됐어. 그래서 아들 혼자 남아 집을 봤지. 어머니가 나갈 때 아들은 어떻게 했느냐고? 그야 물론 두들겨 패서 배웅했지. 제 버릇 개 주겠어? 그래, 어머니를 보내 놓고 혼자서 집을 보는데, 밤이 이슥해져 가지고 막 자려고 할 때쯤 뭐 시커먼 것이 쑥 들어오더래. 키가 훌쩍 크고 털복숭이에다가 낯이 시뻘건 것이 말도 없이 썩 들어오더란 말이지. 그게 뭔고 하니 바로 도깨비야.

도깨비가 들어오더니 막 자려고 하는 놈을 갖다가 두들겨 패네. 군말 않고 사람을 빨래 두드리듯이 패 제끼는데, 등짝이고 볼기짝이고 가리는 것이 없어. 자다가 얻은 병이라더니, 아닌 밤중에 홍두깨 격으로 도깨비한테 불이 일도록 얻어맞고 보니 혼이 다 빠지지.

"아이쿠 아야, 아이쿠 아야. 대체 왜 이래요? 맞아도 영문이나 알고 맞아야 할 것 아니오?"

소리를 지르니 도깨비가 하는 말이,

"왜 이러긴, 인사로 이러지. 남의 집에 들어왔으면 인사를 차려야 될 게 아니냐?"

하면서 또 두들겨 패더란 말이야.

"아이구, 무슨 인사가 이래요? 이렇게 마구잡이로 두들겨 패는 인사가 어디 있대요?"

그랬더니 도깨비가 하는 말이,

"이놈아, 이게 인사가 아니고 그럼 뭐냐? 너도 네 어머니한테 이렇게 인사를 하지 않았느냐?"

하거든. 아들이 가만히 생각해 보니 바로 제가 어머니한테 한 짓을 그대로 당하고 있는 꼴이란 말이야. 제가 어머니를 두들겨 팰 때는 몰랐는데 맞아 보니 아프거든. 그제서야 제가 한 일이 잘못이라는 걸 알았지. 그래서 도깨비한테 싹싹 빌었어.

"내 잘못을 알았으니 제발 그만 때려요. 내 이제부터는 어머니를 안 때릴 테요."

그제서야 도깨비가 때리는 걸 멈추더래.

"그럼 너 어머니한테 어떻게 해야 효도하는지 아느냐?"

"그건 모르죠."

"그럼 날 따라오너라."

이렇게 해서 아들은 도깨비를 따라나섰어. 밖에는 찬바람이 쌩쌩 불고 눈이 푸지게 내리는데, 도깨비가 뭘 어떻게 했는지 눈 깜짝할 사이에 재를 넘고 내를 건너 딴 마을에 가더라는 거야. 뭘 어떻게 했는지는 몰라도 눈 한 송이 안 맞고 금세 가더래.

가서, 어느 불이 빤하게 켜진 집으로 들어갔지. 들어가 보니 거기도 저만한 아들이 홀어머니를 모시고 살더래. 그런데 그 집 아들이 어머니한테 하는 품이 저와는 딴판이거든. 어머니 주무시는 방에 군불을 덥게 때고, 들어가서 방이 춥지는 않느냐 뭐 잡숫고 싶은 건 없느냐 여쭙더니 어머니 좋아하는 음식을 구해다 드리고, 이렇게 지극 정성으로 모신단 말이야. 밤새 지켜봤더니 다음 날에는 새벽같이 일어나 어머니 주무시는 문 밖에서 문안 인사를 드리고 세숫물을 데워 드리고 아침밥을 잘 지어다 바치고, 이렇게 모시거든.

"잘 보았느냐? 이제 어머니한테 어떻게 해야 효도하는지 알겠지?"

"이제 알았습니다."

그래, 구경을 다 하고 집에 왔지. 집에 와서는 곧장 어머니 방에 군불을 덥게 때 놓고 빗자루를 들고 눈을 쓸면서 어머니 마중을 나갔어. 효도하려고 말이지. 마침 그때 어머니는 잔치를 다 보고 집에 돌아오는 길인데, 아 가만히 보니까 자기 아들이 빗자루를 들고 눈을 쓸면서 오거든.

"아이쿠, 저것이 맨손으로 때리다 못해 이제는 빗자루로 날 때리려고 오는구나. 맨손으로 맞아도 아픈데 저 큰 빗자루로 맞으면 얼마나 아플꼬."

어머니가 이렇게 걱정을 하면서 가는데, 아들이 와서 절을 꾸벅하더니 등을 턱하니 둘러대고는,

"어머니, 잘 다녀오십니까? 어서 업히세요."

이런단 말이야. 아들이 생전 안 하던 짓을 하니까 어머니는 그만 기겁을 하지.

"아이구, 애야. 빗자루로 때리려거든 여기서 때리지 날 어디로 업고 가서 때리려고 그러느냐? 먼 데 데리고 가서 아예 죽이려고 그러느냐?"

"그런 게 아닙니다. 어서 업히세요."

어머니를 업고 가서 방에다 턱 모셔 놓거든. 들어가 보니 군불을 때서 방이 후끈후끈한데, 아들은 그새 부엌에서 아침상을 잘 차려 가지고 들어온단 말이야. 그러더니 상 앞에 턱 꿇어앉아서,

"어머니, 추운데 먼 길 다녀오시느라 고생하셨지요? 뜨거운 국물 좀 드세요."

하고 이것 저것 권해 올리니 효자도 이런 효자가 없지. 이래 놓으니 어머니는 그만 눈이 등잔만 해졌어.

"아, 네가 대체 어쩐 일이냐? 하룻밤 새 어찌 그리 달라졌느냐?"

어찌 달라지긴. 도깨비 때문에 달라졌지. 안 그래?

날마다 서 푼

옛날 어느 곳에 한 나무꾼이 살았지. 그런데 이 사람 살림이 워낙 가난해서 땅이고 돈이고 가진 게 없어. 농사를 지으려니 변변한 땅이 있나, 장사를 하려니 밑천이 있나. 이래서 그저 한다는 일이 산에 가서 나무를 해다가 팔아서 먹고 살았어.

하루는 이 나무꾼이 산에 가서 나무를 한 짐 해다가 장에 갖다 팔아서 돈 서 푼을 벌었어. 그놈의 돈 서 푼을 들고 날이 어둑어둑해져서 집에 돌아오는데, 아 길에서 난데없는 도깨비를 만났지 뭐야. 키가 훌쩍 크고 우락부락하게 생긴 놈이 턱 나타나서 한다는 말이,

"나 돈 서 푼만 꾸어 주오."

이러거든.

돈이라고는 나무 팔아 번 돈 달랑 서 푼인데 그놈을 꾸어 달라니 참 기가 막히지. 그렇지만 도깨비가 돈을 꾸어 달라는데 안 꾸어 줄 수가 있나. 안 꾸어 줬다가는 무슨 해코지를 할지 모르니까 말이야. 그래서 하릴없이 허리춤에 단단히 넣어 놓았던 돈 서 푼을 꺼냈어. 그러면서,

"너, 이 돈 서 푼 꼭 갚을 테냐?"

하니까,

"내일 이맘때 꼭 갚을 테니 염려 마오."

하거든. 이렇게 다짐을 받아 놓고 돈 서 푼을 꾸어 줬지.

그래 놓고 집에 돌아와서 자고, 그다음 날 또 산에 가서 나무를 해다가 팔아 가지고 좁쌀 두어 홉을 장만해 가지고 왔지. 그 좁쌀로 저녁밥을 지어 먹고 날이 어둑어둑해졌는데, 아닌 게 아니라 밖에서 누가 부르네.

"주인장 계시오?"

하고 소리쳐 부르기에 나가 봤더니, 어제 돈 꾸어 간 도깨비 바로 그놈이 왔어. 돈 서 푼을 들고 와서는,

"돈 서 푼 가지고 왔소. 옛소, 받으시오."

하고 돈을 내놓거든. 받았지. 그놈의 도깨비가 신용 하나는 있더란 말이야.

그래 그 돈 서 푼을 받아 놓고, 그다음 날 또 산에 가서 나무를 해다 팔아 가지고 장에 가서 좁쌀 두어 홉을 장만해 가지고 왔지. 그 좁쌀로 저녁밥 지어 먹고 날이 어둑어둑해졌는데, 아 밖에서 또 누가 불러.

"주인장 계시오?"

소리쳐 부르기에 나가 봤더니, 그저께 돈 꾸어 간 도깨비가 아, 또 왔네.

"무슨 일로 또 왔느냐?"

하니까, 돈 서 푼을 내놓으면서,

"옛소, 돈 서 푼 받으시오."

하지 뭐야. 나무꾼이 어안이 벙벙해서,

"그저께 돈 서 푼 꾸어 간 것 어제 갚았잖느냐? 그런데 왜 또 돈을 가지고 왔느냐?"

했더니,

"나 원 참, 별 소리를 다 듣겠네. 돈 서 푼 어제 저녁에 꾸어 쓰고 오늘 가지고 왔는데 그게 무슨 소리요?"

하면서 부득부득 돈을 놓고 가네. 허, 그것 참. 그러니까 그게 어찌된 일인

고 하니, 이놈의 도깨비가 저 돈 꾸어 쓴 것은 안 잊어버리고 갚은 것은 까맣게 잊어버린다 이 말이야. 도깨비라고 하는 것이 본디 뭘 갚고 나서는 금방 잊어버린다나.

그런데 그다음 날 저녁에 날이 어둑어둑해지니까, 아 이놈의 도깨비가 또 왔네그려.

"주인장 계시오?"

해서 나가 보니 돈 서 푼을 내밀면서,

"옛소, 돈 받으시오."

하거든. 어제 돈 준 것도 잊어버리고 그저께 돈 준 것도 잊어버리고 그런단 말이야. 이미 받았다고 해도 아니라고 우기면서 부득부득 돈을 놓고 가니 뭐 어떻게 해. 그다음 날도 또 다음 날도, 날만 어둑어둑해지면 이놈의 도깨비가 돈 서 푼을 들고 오네그려. 와서는,

"주인장 계시오?"

해서 나가 보면,

"옛소, 돈 받으시오."

하고 돈 서 푼을 주고 간단 말이야. 하루 이틀도 아니고 날마다 그러니 나중에는 도깨비가 돈을 가지고 와서 불러도 귀찮아서 나가 보지도 않고,

"아, 거기 마루 끝에 두고 가거라."

하면 돈을 마루 끝에 두고 가고, 이렇게 됐어.

그래서 나무꾼은 점점 살기가 나아졌어. 하루 종일 나무 한 짐 해다가 팔아 봐야 돈 서 푼 받기 바쁜데, 날마다 공돈이 서 푼씩 생기니 좀 좋아. 낮에는 나무하고 저녁에는 도깨비가 갖다 주는 공돈 받고, 이렇게 몇 달이 지나고 몇 해가 지나니까 돈도 모이고 땅도 사고, 아 이렇게 해서 나중에는 참 부자가 됐어. 논도 사고 밭도 사서 농사를 짓고, 집도 번듯하게 지어 놓고

살게 됐지.

그렇게 부자가 되어 사는데, 하루는 도깨비가 돈을 가지고 왔다가 그냥 안 가고 뭉그적거리더란 말이지. 그러더니 난데없이 씨름을 하자고 그러네. 도깨비가 본래 씨름을 좋아한다더니만, 그날따라 이 도깨비가 참 심심했던 모양이야. 그런데 집주인으로 말하면 하루 종일 농사짓고 들어와 저녁 먹고 막 쉴 참인데, 무슨 신명이 남아 돌아서 씨름을 다 하고 싶겠어. 그래서 딱 잘라 거절을 했지. 귀찮아서 씨름 못 하겠으니 그냥 가 보라고 말이야. 그랬더니 이 도깨비란 놈이 그만 삐뚤어졌어. 삐뚤어져서 그다음 날부터는 돈을 안 갖다 주더래. 그거야 아무 상관이 없지. 돈 서 푼 꾸어 주고 그동안 내리 몇 해 동안 하루 서 푼씩, 삼백 냥도 넘게 받았는데 또 뭘 바라겠나.

그런데 이 도깨비란 놈이 삐뚤어져도 아주 단단히 삐뚤어졌나 봐. 돈만 안 갖다 주는 게 아니라 아예 훼방을 놓자고 달려들거든. 새벽에 일어나 밭에 나가 보니, 아 이놈의 도깨비가 심술을 부린다고 밭에다 자갈을 잔뜩 집어넣어 놨네그려. 농사 못 짓게 하려고 말이지. 이 일을 어떻게 하나, 궁리 끝에 꾀를 하나 냈어. 그다음 날 또 도깨비가 밭에 자갈을 집어넣는 걸 숨어서 지켜보고 있다가, 막 손을 털고 가려 할 때 도깨비 뒤통수에다 대고 혼잣말처럼 소리를 쳤어.

"아, 이 좋은 자갈을 이리 많이 넣어 놨으니 올해 우리 농사 잘되겠다. 만약에 개똥을 집어넣었더라면 농사를 아주 망칠 뻔하지 않았나."

이렇게 부러 소리를 치고 돌아왔지. 그러고 나서 다음 날 밭에 나가 보니 아닌 게 아니라 자갈이 말끔히 치워져 있고 대신에 개똥이 수북이 들어 있더라지 뭐야. 그러니까 도깨비가 제 딴에는 심술을 부린다고 자갈을 다 들어 내고 개똥을 잔뜩 집어넣은 게지. 아 개똥 거름이 농사에 좀 좋아. 그러니 그해 농사는 저절로 잘됐지. 그렇게 해서 더 부자가 돼서 살았다는 이야기란다.

도깨비 씨름 잔치

저어기 전라도 장흥 땅에, 작도 크도 않고 그저 고만고만한 내가 흐르는데, 거기 모래밭이 참 좋다네. 모래가 그저 밀가루같이 곱고 폭신폭신해서 아이들 놀기에 딱 좋단 말이지. 그런데 그 모래밭 옆에 작은 오두막이 한 채 있고, 거기에 한 영감님 내외가 딸린 자식도 없이 단둘이 살았어. 가난하기도 하려니와 농사지을 힘도 없어서 두 내외가 텃밭에 남새나 가꾸며 살았지.

그런데 아 그 모래밭에서 밤마다 시끄러운 소리가 들리더란 말이야. 낮에는 마을 아이들이 와서 뛰고 뒹굴고 노느라고 시끄럽다고 하지만, 밤에는 당최 거기 와서 놀 사람이 없는데 그렇거든. 그것도 밤이 이슥해져서 집집마다 불이 다 꺼질 무렵부터 시끄러운 소리가 나기 시작해서는 새벽에 날이 부옇게 샐 때까지 그러더라지. 하루는 달이 휘영청 밝은데 또 시끄러운 소리가 나서 이 집 할머니가 영감님더러,

"아 영감, 저 모래밭에서 무엇이 저러나 한번 가 보고 오시려오?"
하니까 영감님이,

"아, 그러지."
하고, 살금살금 밖에 나가서 갈대 숲에 몸을 숨기고 가만히 봤지. 보니까, 아 그게 죄다 도깨비들이야. 도깨비들이 떼 지어 몰려와서 저희들끼리 씨름

을 한다고 그 난리들이란 말이지. 편을 갈라 가지고 둘씩 씨름을 하면 나머지는 둘러앉아서 서로 저희 편이 이기라고 소리를 냅다 질러 대느라고 그렇게 시끄러운 소리가 났던 게야. 도깨비들은 본디 달밤에 씨름을 한다고, 그런 말이 있기는 있어.

영감님이 그 도깨비 씨름 구경을 잘하고 집에 왔지.

"아 그래, 뭣이 그럽디까?"

"도깨비들이 씨름한다고 그러더군."

"그래요? 씨름도 좋겠지만 밤새 저러자면 배는 좀 고프겠소? 우리가 밤참이라도 좀 만들어 줍시다."

"저이들은 메밀묵을 좋아한다고, 그런 말이 있기는 하지마는 뭐 메밀이 있어야지."

"메밀이야 동네 나가서 구하면 되지요. 그러면 내일 메밀묵을 쑤어다 먹입시다."

"그러면 좋지."

두 내외가 이렇게 의논을 하고, 이튿날 동네에 나가서 이 집 저 집 다니며 어찌어찌 메밀을 구해다가 메밀묵을 한 솥 쑤었어. 아주 맛있게 쑤어 가지고 날이 어두워지자 그걸 솥째 모래밭에 갖다 놨지.

도깨비들이 그날도 씨름을 하러 모래밭에 와 보니까 메밀묵이 한 솥 있거든. 모두들 달려들어 맛나게 먹었지. 실컷 먹고도 남아서 챙겨 뒀다가 씨름을 다 하고 시장해지니까 또 먹었어. 이렇게 잘 먹고 나니까 참 고맙거든. 도깨비들은 사람하고 달라서, 누가 메밀묵을 갖다 놨는지 안 봐도 훤하게 다 알지.

"우리 이럴 게 아니라 메밀묵 쑤어다 준 영감님 내외한테 공 갚음이라도 하자."

"그래, 그러자. 사람들한테는 돈이 요긴하게 쓰인다니까 돈을 좀 갖다 드리자."

도깨비들이 이렇게 의논을 하고, 이튿날 씨름하러 오면서 돈을 좀 가지고 왔어. 도깨비들은 없는 게 없이 뭐든 많이 가지고 있다고 그러잖아. 그러니까 돈도 많았던 모양이지. 짚으로 오쟁이▪를 엮어서 거기에 엽전을 가득 담아 가지고 와서 영감님 집 앞에 갖다 놓고 갔어. 영감님이 나와 보니 돈이 가득 든 오쟁이가 있거든. 얼른 할머니를 불렀어.

"여보, 여기 웬 돈이 이렇게 많이 있구랴."

"도깨비들이 메밀묵을 쑤어다 줘서 고맙다고 갖다 놓았나 보오. 과연 도깨비들이 메밀묵을 좋아하긴 좋아하는 모양이지. 우리 이 돈으로 메밀을 더 사다가 메밀묵을 더 쑤어 먹입시다."

"아, 그럼 그래야지."

그래서 영감님 내외는 그 이튿날 동네에 나가 메밀을 아주 많이 사다가 메밀묵을 푸지게 쑤었어. 그렇게 해서 그걸 또 모래밭에다 갖다 놨지. 도깨비들은 또 그걸 잘 먹었어. 그다음 날도 그러고, 또 그다음 날도 그러고, 이렇게 영감님 내외는 밤마다 메밀묵을 쑤어 가지고 도깨비들에게 먹였지.

그러다 보니 하루는 도깨비들이 씨름을 다 하고 영감님 집에 찾아왔어. 영감님 내외가 자다가 밖이 시끄러워 나가 보니 도깨비들이 떼 지어 몰려와서 마당에 죽 늘어서 있거든.

"아, 자네들이 어찌 예까지 왔는가?"

그러니까 그중 나이 많아 보이는 도깨비가 썩 나서더니,

"그동안 영감님 내외분 신세를 많이 졌습니다. 우리는 내일 딴 데로 가게

▪ 짚으로 엮어 만든 그릇. 곡식을 담는 데 쓴다.

돼서 인사나 드리고 가려고 들렀습니다."

이러더래. 비록 사람이 아닌 도깨비들이고, 서로 만나 사귄 사이는 아니지마는, 그동안 메밀묵을 쑤어 먹이며 정이 들었는데 느닷없이 딴 데로 간다고 하니 두 내외 마음도 섭섭했어. 그래서 부랴부랴 곡식이며 남새며 있는 대로 내다가 음식을 만들어 가지고 잘 대접을 했어. 도깨비들이 음식을 맛나게 잘 먹고 나서,

"북쪽 재 너머 큰 웅덩이 옆에 아름드리 느티나무가 한 그루 있습지요. 그 나무 아래 빈터는 임자 없는 땅인데, 그곳이 천하에 둘도 없는 명당입니다. 영감님 조상 무덤을 거기로 옮겨 쓰시면 복 받을 것입니다."

하고는 우루루 가 버리더래.

영감님은 도깨비 말대로 조상님 무덤을 옮겨 쓰려고 장사 지낼 준비를 했어. 그런데 이웃 마을에 사는 욕심 많은 영감이 소문을 듣고 찾아와서 넌지시 묻기를,

"아, 자네는 무슨 일로 갑자기 조상 무덤을 옮기려고 하는가?"

하기에, 사실은 이만저만한 일이 있어서 그런다고 일러 줬지. 욕심 많은 영감이 그 말을 듣고는,

'음, 도깨비들이 정해 준 터라면 틀림없는 명당이로군. 그곳이 임자 없는 땅이라면 누구든지 먼저 차지하는 사람이 임자렷다.'

이런 엉큼한 속셈으로, 그날로 부랴부랴 자기네 조상 무덤을 그곳으로 옮겨 써 버렸어. 그래 놓고 힘센 건달을 많이 모아다가 무덤을 지키게 했지. 장터에서 노름이나 하고 지내는 건달 있잖아. 그 건달들을 돈을 주고 많이 모아서 무덤을 지키게 했단 말이야. 건달들이 저마다 참나무 몽둥이를 하나씩 꼬나들고 무덤을 지키고 있는 게지.

일이 이렇게 되니 장사 준비를 하던 영감님은 그만 억장이 무너지지. 무

덤을 옮겨 쓰노라고 조상님께 제사까지 드린 판국에 무덤 터를 빼앗겨 버렸으니 억장이 무너지지 안 무너져? 그래서 시름에 잠겨 있는데, 그날 밤에 도깨비들이 영감님을 또 찾아왔어.

"영감님, 걱정 마십시오. 우리가 무사히 장사를 지내 드리겠습니다."
하더니, 그 많은 도깨비들이 팔을 걷어 붙이고 나서서 장사 지낼 준비를 하는데 뭐 눈 깜짝할 사이에 일을 다 치르더래. 포르르 날아가는 꽃상여를 꾸미고 상석, 비석, 망주석을 뚝딱뚝딱 만들어 날이 새기만 기다리지.

이제 날이 새니까 도깨비들이 우루루 달려들어 상여를 메고 산으로 가는데, 상여 앞에 상석, 비석을 한 놈이 하나씩 짊어지고, 그 앞에는 또 한 놈이 망주석을 한 손에 하나씩 갈라 쥐고 춤을 추면서 가거든. 망주석이라는 게 돌로 만들어 좀 무겁나. 사람들이라면 그거 하나에 넷씩 달려들어도 겨우 들까 말까 한 걸, 글쎄 한 놈이 한 손에 하나씩 쥐고 흔들면서 간단 말이야. 가면서 상엿소리를 메기고 받는데, 그 소리가 또 기막히더래.

    이제 가면 언제 오나
    오는 날이나 일러 주소.
    어허 어허 어이넘차 어화노
    간 데 족족 정 들이고
    이별이 잦아 못 살겠네.
    어허 어허 어이넘차 어화노

목청 좋은 도깨비가 상여 위에 올라서서 앞소리를 메기면 서른셋 상여꾼이 뒷소리를 받는데, 그 소리가 어찌나 구슬프던지 구경꾼이 모두 옷고름으로 눈물을 찍어 내며 우는구나. 그러다가 도깨비들이 신명을 내어 모두 어깨춤을 추는데, 그 춤이 또 어찌나 흥에 겨운지, 구경꾼들이 울다 말고 어깨를 들썩거리며 따라 춤을 추는구나.

    나 간다고 서러워 마소.
    두고 가는 맘도 섭네.
    어허 어허 어이넘차 어화노
    명사십리 해당화야
    꽃이 진다고 서러워 마라.
    어허 어허 어이넘차 어화노

이렇게 신명을 내며 개울을 건너고 재를 넘어 무덤 자리까지 다 갔겠다. 참나무 몽둥이를 들고 무덤을 지키던 건달들이 가만히 보니, 상여꾼들이 죄다 몸집이 팔대장승 같은 것이 보기만 해도 겁이 나서 꼼짝도 못 하고 있어. 도깨비들은 상엿소리를 더 크게 내어,

    다 왔구나, 다 왔구나.
    명당 자리에 다 왔구나.
    어허 어허 어이넘차 어화노
    명당 자리에 집을 짓고
    천년만년 살아 보세.
    어허 어허 어이넘차 어화노

이러고 상여를 탁 내려놓으면서 눈을 한번 크게 부라리니, 무덤 지키던 건달들은 나오도 못하고 들어가도 못하고 바짝 오그리고 있네. 아, 참나무 몽

둥이가 암만 많이 있으면 뭘 해. 맨 앞에 선 도깨비가 양손에 든 망주석 한 번 크게 휘두르면 남아나는 게 없을 것 같거든. 그래서 꼼짝달싹도 못 하고 눈만 말똥거리고 있지, 뭐 어떻게 해. 그때 나이 많은 도깨비가 썩 나서서,

"너희들 들어라. 그 무덤을 너희 손으로 파 갈 테냐, 아니면 우리가 파 줄까?"

하고 소리를 한번 지르니 일이 다 됐지. 무덤을 도로 옮기려면 저희들 손으로 옮기는 게 낫지, 도깨비들한테 맡겼다가는 관이고 뭐고 남아나는 게 있겠어? 욕심 많은 영감이 벌벌 떨면서 건달들을 시켜 무덤을 파 가지고 뒤도 안 돌아보고 가 버리더라네. 그래서 그 자리에 무사히 장사를 지냈는데, 그 뒤로 영감님 내외는 참 복을 많이 받아서 아흔아홉 살하고도 아흔아홉 살을 더 살아서, 아직까지 잘 살고 있대. 그러니 사람은 마음을 바로 써야 하는 게야.

● ── 이야기를 들려주고 나서

〈**길어져라 뚝딱 넓어져라 뚝딱**〉은 도깨비 이야기 가운데 으뜸이라 할 만큼 잘 알려진 이야기입니다. 두말 할 나위도 없이, 이 이야기에는 "착한 사람은 복을 받고 나쁜 사람은 벌을 받는다"는 옛사람의 생각이 들어 있습니다. 그런데 가만히 살펴보면 그것 말고도 값진 생각이 더 들어 있는 것 같습니다. 욕심쟁이 형이 아우 흉내를 내다가 망신당하는 걸 보면 "앞뒤 생각지도 않고 남의 흉내만 내서는 안 된다"는 걸 깨달을 수 있고, 아우와 형이 개암을 줍는 모습을 견주어 보면 "착한 사람은 나보다 남을 더 위한다"는 것도 알 수 있습니다.

도깨비는 도깨비방망이를 가지고 있어서 더 도깨비다운데, 우리 옛사람들이 그려 낸 도깨비 방망이에는 가시가 없답니다. 우리 도깨비 모습에 흔히 그려지는, 가시가 숭숭 돋은 방망이는 이웃 나라 귀신이 가지고 있는 쇠방망이를 본뜬 것입니다. 우리 도깨비들이 가진 도깨비방망이는 크기가 좀 클 뿐, 옛날 어머니들이 쓰던 빨랫방망이와 비슷하지요.

〈**불효 자식 혼내 주기**〉는 이야기에 담긴 생각이 너무 빤히 들여다보여서 좀 멋쩍은 느낌도 드는데, 사실 이런 이야기를 귀담아들어야 할 사람은 아이들보다 어른들이 먼저가 아닐까요? 이 이야기를 자세히 들여다보면 불효 아들을 만든 장본인은 바로 아버지 어머니라는 걸 알 수 있습니다. 아들이 귀엽다고 버릇을 잘못 들인 건 제 무덤 제가 파기가 아니고 무엇이겠습니까? 요새도 어른들이 아이들을 위한다면서 거꾸로 아이들을 망치는 경우는 없는지, 우리 둘레를 돌아보게 만드는 이야기입니다.

〈**날아다니는 빨간 헝겊**〉 이야기는 우리에게 정신을 똑바로 차리고 살라고 가르치는 것 같습니다. 사람은 누구나 남의 눈에 띄지 않기를 바라는 은근한 욕심이 있게 마련이지요. 그런데 욕심이 지나쳐 남의 것을 탐내게 되면 반드시 탈이 나나 봅니다. 등거리든 감투든 좋은 일에 쓴다면야 탈 날 일이 무엇이겠습니까? 옛사람들은 이런 이야기를 주고받으며 은근히 서로를 깨우치고 달래려 했는지도 모릅니다.

〈**무서운 엽전**〉과 〈**날마다 서 푼**〉 이야기는 모두 어수룩한 도깨비가 사람을 도와준다는 줄거리를 가지고 있습니다. 얼핏 보면 그냥 웃으려고 만든 이야기 같은데, 좀 더 찬찬히 살펴보면 여기에도 배울 점이 있습니다. 사람이 처음부터 도깨비를 얕보고 부탁을 들어주지 않았더라면 어떻게 되었을까요? 도깨비한테 해를 입을지언정 도움은 받을 수 없었겠지요. 그러니까 도깨비는 작은 도움을 큰 도움으로 갚은 셈인데, 이건 사람 사는 이치와 다를 게 없는 듯합니다.

〈**신통방통 도깨비**〉는 〈**길어져라 뚝딱 넓어져라 뚝딱**〉과 비슷한 이야기지만, 자기한테 그렇게나 몹쓸 짓을 한 형을 원망하지 않고 끝까지 정성으로 섬기는 아우의 마음씨가 눈물겹습니다. 옛이야기 세상에서는 착하디착한 아우가 끝내 복을 받지만, 과연 우리가 사는 세상에서도 착하기만 하면 모든 일이 이처럼 잘 풀릴까요? 여기에 대해서는 생각이 다른 사람들끼리 이야기를 나누어 볼 수도 있을 것 같습니다.

10부
슬프고 아름다운 이야기

우리 옛이야기는 거의 '잘 살았더란다'로 끝나지만, 슬픔을 남기고 끝맺는 이야기도 있습니다. 눈물이 나거든 마음껏 울어도 좋아요. 슬픈 이야기를 읽고 눈물 흘릴 수 있는 사람은 틀림없이 착한 사람이니까요. 그리고 다른 이들에게도 들려주세요. 옛이야기가 천년만년 살아남아 이어지게 하는 일은 지금 이 땅에 살고 있는 우리들 몫이니까요.

아기장수 우투리

옛날 옛날 먼 옛날, 임금과 벼슬아치들이 백성들을 종처럼 부리던 때 이야기야. 욕심 많은 임금과 사나운 벼슬아치들에게 시달릴 대로 시달리던 백성들은 누군가 힘세고 재주 많은 영웅이 나타나 자기들을 살려 주기를 목이 빠지게 바라고 살았지.

이때 지리산 자락 외진 마을에 한 농사꾼 내외가 살았어. 산비탈에 밭을 일구어 구메농사*나 지어 먹으며, 그저 산 입에 거미줄이나 안 치는 걸 고맙게 여기고 살았지. 그렇게 살다가 늘그막에 아기를 하나 낳았는데, 낳고 보니 아기 탯줄이 안 잘라져. 가위로 잘라도 안 되고 낫으로 잘라도 안 되고 작두로 잘라도 안 돼. 별짓을 다 해도 안 되더니 산에 가서 억새풀을 베어다 그걸로 탯줄을 치니까 그제서야 잘라지더래.

아기 이름을 '우투리'라고 했는데, 이 우투리가 갓난아기 때부터 하는 짓이 달라. 방에다 뉘어 놓고 나가서 일을 하고 들어와 보면 시렁에 덜렁 올라가 있지를 않나, 곁에 뉘어 놓고 잠깐 잠들었다 깨어나 보면 장롱 위에 납죽 올라가 있지를 않나. 이래서 참 이상하게 여긴 어머니 아버지가 하루는 아기를 방에 두고 나와서 문구멍으로 들여다봤지. 그랬더니 아 이런 변이 있

* 조그마한 땅에 짓는 농사.

나. 글쎄 아기가 방 안에서 포르르포르르 날아다니지 뭐야. 가만히 보니 아기 겨드랑이에 조그마한 날개가, 꼭 얼레빗만 한 게 뾰조록하니 붙어 있더란 말이지. 그걸 보고 어머니가 그만 기겁을 해.

"아이고, 여보, 이것 큰일났소. 내가 아기를 낳아도 예사 아기를 낳은 게 아니라 영웅을 낳았소."

겨드랑이에 날개 돋친 아기는 영웅으로 태어난 아기란다. 그런데 이게 참 좋아할 일이 아니라 기겁을 할 일이야. 가난한 백성이 영웅을 낳으면 임금과 벼슬아치들이 가만히 두지를 않거든. 영웅이 백성들을 살리려고 저희들과 맞서 싸우기라도 하면 큰일이니, 힘을 쓰기 전에 죽여 버리려고 든단 말이야. 잘못하다가는 온 식구가 다 죽을 판국이지.

그래서 어머니 아버지가 의논 끝에 우투리를 데리고 지리산 속 아주아주 깊은 골로, 사람 발길이 닿지 않는 곳으로 들어가 숨어 살았어.

그런데 발 없는 말이 천 리 간다더니, 우투리라고 하는 영웅이 지리산에 났다고, 이런 소문이 백성들 사이에 돌고 돌아 임금 귀에까지 들어가게 됐어. 임금이 그 소문을 듣고 가만히 있을 리 있나. 사납고 힘센 장군을 뽑아 우투리를 잡으러 보냈어. 장군이 군사들을 많이 거느리고 우투리네 집에 들이닥쳤지.

그런데 우투리가 참 영웅이라도 큰 영웅인지, 군사들이 몰려오는 걸 어떻게 알고 감쪽같이 사라져 버렸어. 어디로 갔는지 자취도 없어. 그 많은 군사들이 온 산속을 이 잡듯이 뒤져도 못 찾지. 사흘 밤낮을 뒤지고도 못 찾으니까 장군이 애매한 우투리 어머니 아버지를 잡아갔어. 잡아가서 묶어 놓고 곤장을 치는 거야.

"우투리 있는 곳을 어서 대라."

이렇게 으르면서 곤장을 친단 말이야. 그런데 어머니 아버진들 알 수가 있나. 때려도 때려도 모른다고 하니까 어쩔 수 없었던지 사흘 만에 풀어 줬지.

어머니 아버지가 초주검이 돼 가지고 집으로 돌아오니, 그새 우투리가 집에 돌아와 눈물을 줄줄 흘리면서 기다리고 있어. 저 때문에 어머니 아버지가 두드려 맞은 걸 보고 가슴이 아파서 그러지.

그런 뒤에 하루는 우투리가 어디서 구했는지 콩을 한 말이나 가지고 와서 어머니한테 볶아 달라고 그러더래. 그래서 어머니가 콩을 솥에 넣고 볶는데, 볶다가 보니 콩 한 알이 톡 튀어나오겠지. 하도 배가 고파서 어머니가 그걸 주워 먹어 버렸네. 그러니까 한 말에서 한 알이 모자라게 볶아 줬단 말이야.

우투리가 그걸로 갑옷을 짓는데, 볶은 콩을 하나하나 붙여 옷을 만드니 온몸을 다 가릴 만큼 되었어. 그런데 딱 한 알이 모자라서 한군데를 못 가렸어. 어디를 못 가렸는고 하니 왼쪽 겨드랑이 날갯죽지 바로 아래를 못 가렸어.

우투리가 그렇게 갑옷을 지어 입고 나서 어머니더러,

"조금 있으면 군사들이 다시 올 것입니다. 혹시 내가 싸우다 죽거든 뒷산 바위 밑에 묻어 주되, 좁쌀 서 되, 콩 서 되, 팥 서 되를 같이 묻어 주세요. 그리고 삼 년 동안은 아무에게도 묻힌 곳을 가르쳐 주지 마세요. 그렇게만 하면 삼 년 뒤에는 나를 다시 만날 수 있을 것입니다."

이러거든.

그러고 나서 조금 있으니 아닌 게 아니라 장군이 군사들을 데리고 다시 왔어. 우투리가 갑옷을, 왜 볶은 콩으로 지은 갑옷 있잖아. 그걸 입고 집 앞에 떡 버티고 섰으니, 군사들이 겁을 내어 가까이 오지 못하고 멀리서 활을 쏘는데, 뭐 몇백 발을 쏘는지 몇천 발을 쏘는지 몰라. 화살이 참 비 오듯이 쏟아져. 그 많은 화살이 죄다 갑옷에 맞아 부러지는데, 꼭 썩은 겨릅대 부러

지듯 툭툭 부러져. 그러니 그 많은 화살을 다 맞아도 끄덕없어. 군사들이 화살을 다 쏘고 이제 딱 한 개가 남았는데, 그때 갑자기 우투리가 왼팔을 번쩍 들어 겨드랑이를 썩 내놓는 게 아니겠어? 그 콩 한 알 모자라서 날갯죽지 밑에 맨살 드러난 데 말이야. 거기를 썩 드러내 놓고 가만히 서 있는 거야. 그때 마지막 한 개 남은 화살이 탁 날아와서 거기를 딱 맞추니 우투리가 풀썩 쓰러져 죽었어.

　장군이 군사들을 데리고 돌아간 뒤에, 어머니 아버지가 슬피 울면서 우투리를 뒷산 바위 밑에 묻어 줬어. 우투리 말대로 좁쌀 서 되, 콩 서 되, 팥 서 되를 같이 넣어서 묻어 줬지.

　그러고 나서 세월이 흘렀는데, 거의 한 삼 년이 흘렀나 봐. 그동안 백성들 사이에서 소문이 나기를, 우투리가 아직 안 죽고 살아 있다, 지리산 속에서 병사를 기르며 때를 기다린다, 이런 소문이 짜하게 퍼졌어. 사방이 고요하면 산속에서 병사들이 말을 타고 내닫는 소리가 두가닥두가닥 들린다고도 하고, 얼마 안 있으면 우투리가 산에서 나와 백성들을 다 구할 거라고도 하고, 이런 소문이 돌고 돌아 또 임금 귀에까지 들어갔지.

　"에잇, 안 되겠다. 이번에는 내 손으로 죽이는 수밖에 없다."

　임금이 화가 나서 군사들을 많이 데리고 우투리네 집을 찾아갔어. 찾아가서 우투리 어머니 아버지더러,

　"우투리를 어디에 묻었느냐? 바른대로 대라."

하고 을러대겠지. 그런다고 어머니 아버지가 순순히 가르쳐 줄 리 있나. 입을 딱 다물고 죽어도 말 못 한다고 버텼지. 아무리 으름장을 놓아도 말을 안 하니까 임금이 시퍼런 칼을 아버지 목에 딱 갖다 대고,

　"이래도 말 안 할 테냐?"

하는데, 그걸 보니 어머니가 그만 눈앞이 아득해져서 저도 모르게 뒷산 바

위 밑에 묻었노라고 말해 버렸어.

　임금이 그길로 뒷산에 가서 우투리 묻었다는 바위 밑을 파 보았지. 그런데 이게 참 귀신이 곡할 노릇이야. 암만 파도 아무것도 안 나와. 우투리는커녕 개미 뒷다리 하나 없어. 아주 깨끗해. 임금이 가만히 살펴보니, 우투리가 살아 있다면 숨을 데라고는 그 위에 있는 바위 속뿐이겠거든. 그렇지만 바위에 뭐 틈이 있기나 하나. 바위를 열고 속을 들여다보려고 해도 도무지 열 재간이 있어야 말이지. 임금이 바위를 이리 쳐다보고 저리 쳐다보고 빙빙 돌기만 하다가 다시 우투리 어머니 아버지한테로 갔어. 가서,

"우투리 낳을 때 뭐 이상한 일이 없었느냐? 바른대로 대라."

하는데, 이번에도 칼을 아버지 목에 딱 갓다 대고 으름장을 놓으니 어머니가 그만 눈앞이 아득해 가지고, 탯줄이 안 잘라져서 억새풀로 잘랐노라고 가르쳐 줘 버렸어.

　임금이 다시 뒷산으로 가서 억새풀을 한 아름 베다 바위를 탁 쳤지. 그랬더니 이게 웬일이야? 우루루 하고 땅이 흔들리면서 바위 한가운데에 금이 쩍 나더니 그 큰 바위가 스르르 두 쪽으로 갈라지지 않겠어? 갈라진 틈으로 바위 속을 들여다보니, 야, 참 이런 장관이 없구나.

　소문대로 우투리가 죽지 않고 살아, 바위 속에서 병사를 기르고 있었던 게지. 그사이에 좁쌀 서 되, 콩 서 되, 팥 서 되가 모조리 병사가 되고 말이 되고 투구가 됐어. 투구를 쓴 병사들이 저마다 말을 타고 늘어섰는데, 그 수가 몇천이나 되는지 몇만이나 되는지 몰라. 그때 우투리는 막 말을 타려고 한 발은 땅을 딛고 한 발은 말 안장에 걸쳤는데, 그때 그만 바위가 갈라져 버린 거야. 바위가 갈라져 바깥 바람이 들어가니까 그 많은 병사들이 스르르 녹아서 없어지고, 우투리도 스르르 눈 녹듯이 녹아서 형체가 없어져 버렸어. 그때가 삼 년에서 딱 하루가 빠지는 날이었단다. 하루만 더 있었으면

우투리가 병사들과 함께 바위를 열고 나와 백성들을 살렸을 텐데, 딱 하루가 모자라 그리되고 말았어.

　바위가 열리고 우투리가 병사들과 함께 사라지던 바로 그 순간, 지리산 자락 어느 냇가에 날개 달린 말이 나타나 사흘 밤 사흘 낮을 울었대. 그렇게 슬피 울던 말은 냇물 속으로 스르르 들어가 버렸는데, 그 뒤에도 물속에서는 자주 말 우는 소리가 들렸대. 백성들은 그 소리를 듣고 우투리가 아직도 죽지 않고 살아 있다고 믿었어. 날개 달린 말이 우투리를 태우고 물속으로 들어갔다고 믿은 게지. 우투리는 지금도 그 물속에 살아 있을까?

석 달 열흘 붉은 꽃

옛날부터 사람들은 집집마다 울 밑 장독간에 백일홍을 심었지. 울 밑 장독간에 백일홍을 심어 두면 뱀이 집 안에 못 들어온다는 말이 있단다. 뱀은 백일홍을 무서워하니까 그렇지. 어찌하여 뱀은 백일홍을 무서워할까? 이제부터 그 이야기를 시작할 터이니 잘 들어 보렴.

옛날 옛날 동해 바닷가에 조그마한 마을이 있었어. 바닷가 마을이니까 사람들이 모두 고기잡이로 입에 풀칠을 하며 살지. 바다에 나가 고기를 잡아 가지고 그걸 내다 팔아서 쌀도 사고 옷도 사고 해서 먹고 입고 살아가는 거야. 남정네가 바다에 고기 잡으러 나가면 아낙네는 집에서 밥도 짓고 빨래도 하고 얕은 물에서 물질도 하고, 이렇게 살았단 말이지.

바닷가에서 고기 잡는 사람들은 바다에 목을 매달고 살지. 바다가 웃으면 사람들도 웃고 바다가 울면 사람들도 울지. 날이 좋아 물결이 잔잔하면 배 타고 멀리 나가도 마음이 놓이고, 날이 궂어 물결이 높으면 배 타고 나간 사람 행여 일 당하지 않을까 마음 졸이는 거지. 어부들이 배를 타고 먼 바다로 나가면, 마을에 남은 사람들은 배 탄 사람들이 돌아올 때까지 잠시도 바다에서 눈을 떼지 못한단다.

그런데 하루는 꼭두새벽에 고기 잡으러 나간 배 한 척이 해가 져도 돌아올 줄 모르는 거야. 날이 궂은 것도 아니요 물결이 높은 것도 아닌데 웬일인지 안 돌아오더란 말이지. 저녁에 돌아오마던 배가 밤이 깊어도 소식이 없고 이튿날 해가 떠도 소식이 없네. 처음에는 고기가 너무 많아 그걸 다 잡느라고 늦어지는가 했는데, 하루가 가고 이틀이 가도 소식이 감감하니 마을 사람들 가슴이 덜커덩 내려앉지.

"아무 일이 없고서야 배가 이리 늦을 수는 없다. 무슨 일을 당해도 당한 게 분명하니 찾으러 나서 보자."

마을 사람들이 이렇게 의논을 하고 힘센 젊은이 몇을 배에 태워 내보냈어. 바다에 나가 소식 없는 배를 찾아보라고 말이지. 그런데 세상에 이런 변이 다 있나. 찾으러 나간 배도 소식이 없네. 밤새 기다려도 안 돌아오더니 하루가 지나고 이틀이 지나도 안 돌아와. 먼저 나간 배도 소식이 없고 그걸 찾으러 나간 배도 안 돌아오니 마을 사람들 마음이 어떻겠어? 모두들 말을 잃고 하루 종일 바닷가에 서서 수평선만 바라보고 서 있는 거지.

그러다가 사흘째 되는 날, 마을 사람들은 젊은이 하나가 부서진 뱃조각을 잡고 물결에 실려 오는 걸 봤어. 건져 놓고 보니 그 마을 젊은이더란 말이야. 소식 없는 배를 찾으러 두 번째 배에 태워 보낸 젊은이야. 온몸이 상처투성이인 데다가 정신을 잃고 있는 걸 물을 떠 먹이고 주무르고 해서 가까스로 깨워 놨지.

"대체 어찌 된 일인가?"

"머, 머리 셋 달린 이무기가 …… 배, 배를 통째로 삼키려고 ……."

먼저 나간 배를 찾으려고 바다에 나갔더니 머리 셋 달린 이무기가 갑자기 바닷속에서 솟구쳐 올라 배를 통째로 삼키려고 달려들더라는 거야. 그 바람에 배는 산산이 부서지고, 다른 젊은이들은 모두 이무기한테 잡아먹히거나 물에 빠져 죽고 자기만 간신히 부서진 뱃조각을 붙잡고 헤엄쳐 왔다는 거지.

마을 사람들이 들어 보니 기가 탁 막히거든. 애꿎은 목숨 잃은 것은 말할 것도 없고, 이제 밥줄이 죄다 끊기게 생겼으니 기가 막히지 안 막혀? 여태 바다가 웃으면 따라 웃고 바다가 울면 따라 울며 바다만 믿고 살았는데, 이렇게 되어서는 두 번 다시 고기 잡으러 바다에 나가지 못하게 생겼으니 이를 어째?

그 뒤부터는 아무도 감히 고기 잡으러 바다에 나갈 엄두를 못 내고 마을에서만 살았어. 고기 잡으며 살던 사람들이 갑자기 마을에 틀어박혀 있으니 무슨 꼴이 되겠어? 농사지을 논밭이 변변한 것도 아니고 모아 둔 돈이 많은 것도 아니니 얼마 안 가서 마을 사람들이 죄다 쫄쫄 굶게 됐단 말이야.

이때 이 마을에 갓 결혼한 젊은 내외가 있었어. 둘 다 부지런하고 사이좋고 마음씨도 착해서 온 동네 사람들이 칭찬하느라고 침이 마르는 내외야. 이 집 남편이 팔을 걷어붙이고 나섰어. 마을 사람들을 찾아다니며 설득하기를,

"우리가 살려면 어떻게든 그놈의 이무기를 없애야 합니다. 제가 앞장설 터이니 목숨 걸고 이무기와 싸울 용기가 있는 사람은 모두 저를 따르세요."

했지. 그랬더니 참 용감한 마을 젊은이들이 여럿 따라나섰어. 그래서 큰 배를 한 척 마련해 가지고 이무기와 싸우러 바다로 나가게 됐단다.

배가 떠나는 날 남편은 배에 흰 돛을 걸고 나서 아내더러 하는 말이,

"돌아오는 날 이 배에 흰 돛이 그대로 걸려 있으면 내가 무사한 줄 알고, 만약 붉은 돛이 걸리면 일을 당한 줄 아시오."

하고 일렀어. 그러고 나서 배가 떠났지.

마을에 남은 아내는 그 뒷날부터 마음을 졸이며 남편이 무사하기를 빌었어. 새벽마다 맑은 물을 떠 놓고 남편이 제발 무사히 돌아오게 해 달라고 천

지신명께 손이 닳도록 빌고 빌었지. 그렇게 하루가 지나고 이틀이 지났어. 사흘이 지나고 나흘이 지났어. 아내는 이제나 저제나 하고 애를 태우며 밤잠을 못 자고 남편을 기다렸어.

그러다가 닷새째 되는 날, 드디어 저 멀리 수평선에 배가 나타나더란다. 아내는 가슴을 졸이며 눈이 뚫어져라 배를 바라봤지. 처음에는 하도 가물가물해서 흰 돛인지 붉은 돛인지 분간을 못 하겠더니, 배가 조금씩 조금씩 가까워지니까 돛대에 걸린 돛이 보이더래. 그런데 이게 무슨 날벼락이야? 돛대에 걸린 돛이 흰색이 아니라 붉은색이지 뭐야. 아내는 그만 가슴이 쿵덕 내려앉았어. 그럴 리 없다, 그럴 리 없다 하면서 눈을 씻고 열 번 스무 번을 바라봐도 그놈의 돛은 피처럼 새빨간 색이야, 글쎄.

'아, 내 남편이 기어이 일을 당했구나. 이제 나 혼자 살아서 무엇 하리.'

아내는 억장이 탁 무너져서 그만 더 살고 싶은 마음이 없어졌어. 그래서 그길로 바다에 풍덩 뛰어들어 목숨을 끊어 버렸단다.

그런데 이게 무슨 귀신의 장난인지, 배가 마을에 턱 닿고 보니 남편이 시퍼렇게 살아서 돌아왔어. 이무기와 싸워 이기고 여봐란 듯이 뱃전에 서서 손을 흔들며 돌아온단 말이야. 돛대는 틀림없이 붉은색인데, 이게 대체 어찌된 일일까?

남편이 돌아와 보니 아내는 이미 이 세상 사람이 아니거든. 기가 탁 막혀서 돛대를 돌아보니 돛이 온통 새빨갛게 물들어 있지 뭐야.

'아뿔싸, 돛에 이무기 피가 묻은 걸 모르고 그냥 왔구나. 이것 때문에 아내가 죽었으니 내 아내는 내가 죽인 것이나 다름없다.'

남편은 땅을 치고 통곡하다가 그만 저도 바다에 몸을 던져 목숨을 끊어 버리고 말았대. 쯧쯧, 이런 기막힌 일이 있나.

마을 사람들은 내외의 주검을 건져다가 양지바른 곳에 고이고이 묻어 줬어. 그랬더니 그 무덤에서 난생처음 보는 꽃이 피어나더래. 그 꽃은 비바람에도 지지 않고 석 달 열흘 동안이나 피어 있었다는데, 그래서 이름을 백일홍이라고 했단다. 백 날 동안 붉게 피는 꽃이라고 백일홍이지.

 이제 왜 뱀이 백일홍을 무서워하는지 알겠지? 이무기는 뱀이 오래 묵어서 된 짐승이니까 뱀하고는 사촌이지. 백일홍은 이무기를 물리친 남편과 그 아내의 넋이 깃든 꽃이고, 이무기가 무서워하는 꽃이면 뱀도 무서워할 게 아니야?

풀죽풀죽 풀죽새

해마다 여름이 오면 산에서 들에서 '뻐꾹뻐꾹' 하고 우는 새 알지? 그 새 이름이 뻐꾸기지마는 어떤 곳에서는 풀죽새라고 하기도 한단다. 왜 풀죽새라고 할까? 여기에는 참 기막힌 이야기가 숨어 있으니 이제부터 한번 들어 봐.

옛날 옛날 어느 곳에 아버지 어머니가 딸 하나를 데리고 살았어. 위로도 아래로도 다른 자식이 없고 그저 딸 하나뿐이야. 그러니 얼마나 귀한 자식이야? 쥐면 터질세라 불면 꺼질세라 애지중지 키웠지.

그런데 세상일이라는 게 마냥 좋을 수는 없는 모양이야. 딸 나이가 여남은 살 되었을 때 어머니가 병에 걸려 시름시름 앓더니 약도 한번 제대로 못 써 보고 그만 세상을 떠나고 말았어. 그러니 안 그래도 단출하던 집안이 하루아침에 찬바람이 횡횡 돌게 됐지. 죽은 어머니도 불쌍하지만 살아 있는 아버지와 딸도 참 불쌍한 신세가 된 거야. 아 옷이 떨어지면 기워 줄 사람이 있나, 장독이 비면 장 담가 줄 사람이 있나. 바깥일이야 아버지가 한다지만 밥 짓고 빨래하는 집안일은 어린 딸이 도맡아 해야 할 판이거든. 여태 애지중지 키워 온 딸이 그런 힘든 일을 하는 걸 아버지는 차마 볼 수가 없었어.

아버지가 생각다 못해 새어머니를 들이기로 했지. 새어머니가 들어오면 딸이 고생을 좀 덜 할까 싶어서 그런 거야. 그래서 새어머니를 들였는데, 이게 고생을 더는 길이 아니라 고생문이 더 훤하게 열리는 길이었으니 낭패지.

새어머니는 딸을 눈엣가시로 여기고 틈만 나면 트집을 잡아 들들 볶아 대는데, 참 어지간해 가지고는 견디지도 못할 만큼 볶아요. 밥을 지으래서 밥을 지어 놓으면 질다 마르다 트집을 잡고, 빨래를 하래서 빨래를 해 놓으면 희네 검네 트집을 잡아. 그렇게 트집을 잡아 가지고는 걸핏하면 밥을 굶기고 매질을 하고, 이렇게 구박을 하네.

그런데 새어머니가 이렇게 딸을 구박하는 걸 아버지는 까맣게 몰라. 꼭 아버지 없을 때를 골라 가지고 들들 볶아 대니 그럴밖에. 하루 종일 못 살게 굴다가도 아버지가 집에 돌아오기만 하면 새어머니는 금세 딴 사람이 되는 거야. 아버지 보라고 일부러 보듬어 안고 아이고 내 딸, 아이고 귀여운 것, 이러면서 위해 주는 척한단 말이야. 딸은 아버지한테 새어머니가 한 짓을 일러바치고 싶지만 꾹꾹 눌러 참았어. 괜히 일러바쳤다가 아버지 걱정만 끼쳐 드릴 것 같아서 그랬지.

이렇게 구박을 받으며 사는데, 하루는 아버지가 일하러 나간 사이에 새어머니가 딸한테 일을 시키기를,

"얘, 어서 우물에 가서 물 한 동이 길어 오너라."

하거든. 딸이 물을 길으러 가려고 신을 찾으니 글쎄 신이 없어. 새어머니가 몰래 감춰 버린 거야. 때는 한겨울이라 길에는 눈이 얼어붙어서 차갑고 미끄러운데 신이 없으니 기가 막히지. 그래서 물을 길으러 가지 못하고 마루 끝에 어물쩍거리고 있으니, 아니나 다를까 새어머니 입에서 벼락이 떨어져.

"이것아, 물 한 동이 길어 오라는데 뭘 어물쩍거리고 있어? 냉큼 가지 못해?"

"바로 가겠습니다, 어머니. 그런데 신이 없어요."

"신은 네가 잃어버리고서 무슨 앙탈이냐? 없는 신을 나더러 만들어 달란 말이냐? 잔소리 말고 냉큼 갔다 와."

딸은 할 수 없이 맨발로 물동이를 이고 우물에 갔어. 길에 눈이 얼어붙어서 얼마나 차가운지 발바닥을 칼로 에는 것 같지. 게다가 미끄러워서 여간 조심하지 않으면 넘어져 물동이고 뭐고 다 깨뜨릴 판이야. 어찌어찌 조심조심해서 우물까지 갔는데, 물을 한 동이 떠다 머리에 이고 돌아오는 길에 그만 일이 났네. 맨발로 얼음길을 걸어 겨우겨우 집 앞까지 왔는데, 아뿔싸, 그만 집 앞에서 된통으로 미끄러져 넘어지고 말았어. 그 바람에 머리에 인 물동이가 떨어져 깨지면서 산산조각이 났지 뭐야. 그걸 본 새어머니가 가만 있었을라고.

"이 못된 것, 물 한 동이 길어 오랬더니 물동이를 깨? 그러고도 무사할 줄 알았더냐?"

"잘못했습니다, 어머니."

"너 같은 건 단단히 혼이 나 봐야 해."

새어머니가 딸에게 달려들더니 글쎄 망태에 딸을 집어넣고 새끼줄로 꽁꽁 묶지 않겠어? 사실은 말이야, 새어머니가 집 앞 얼음길에다 참기름을 발라 놨던 거야. 딸이 미끄러져 넘어지라고 그런 거지. 아, 안 그래도 미끄러운 얼음길에 미끌미끌한 참기름을 발라 놨으니 안 넘어지고 배길 장사가 어디 있어? 그래 놓고 딸이 넘어지기를 기다려 구박을 한단 말이야.

새어머니가 딸을 망태에 집어넣고 새끼줄로 꽁꽁 묶더니 망태를 메고 집을 나가네. 어디로 가나 했더니 산으로 가. 한겨울이라 산에는 눈이 소복하게 쌓였는데, 산골짜기 눈 구덩이에다 망태를 던져 넣고는 뒤도 안 돌아보고 가 버리네그려. 아주 사람을 죽이기로 작정을 하지 않고서는 그런 짓을 못 하지.

딸은 망태 속에서 오도 가도 못하고 눈 구덩이에 갇힌 신세가 됐어. 사람 살리라고 아무리 소리쳐도 그 산속에 누가 올 리 있나. 나중에는 목이 쉬어 말도 안 나오고, 매운 눈보라에 온몸이 꽁꽁 얼어붙어 꼼짝달싹도 못하게 됐지. 그저 죽기만을 기다리는 거야.

이때 그 눈 쌓인 산에 호랑이 한 마리가 턱 나타났어. 나타나서 딸이 갇힌 눈 구덩이께로 슬금슬금 다가오겠지.

'아, 이제는 호랑이 밥이 되는구나. 이래 죽으나 저래 죽으나 매한가지니 억울할 일은 없다마는 아버지 얼굴 한번 못 보고 죽는 것이 원통하구나.'

딸이 이렇게 생각하고 있는데, 호랑이란 놈이 슬슬 다가와서는 자기를 잡아먹는 게 아니라 망태를 물고 냅다 달려가네. 어디로 달려가는고 하니 집이 있는 마을 쪽으로 달려간단 말이야. 그러고는 바로 집 앞에 망태를 턱 내려놓고 이빨로 망태를 묶은 새끼줄을 툭툭 끊어 놓고는 다시 산으로 가 버리겠지. 이렇게 해서 호랑이 덕분에 죽지 않고 살았어.

이때 새어머니는 딸을 산속에 갖다 버리고 집에 돌아와 있는데, 아버지가 돌아와서 딸을 찾거든.

"우리 딸은 어디에 있소?"

그러니까 새어머니가 둘러대기를,

"그 아이는 제 외가에 갔어요."

하지.

"아니, 이 추운 날 혼자서 외가에 갔단 말이오?"

"그러게 가지 말래도 나 보기 싫다고 부득부득 나가는 걸 어떡해요?"

이러고 있는데 딸이 집에 들어왔어. 온몸이 꽁꽁 얼어붙어서 말이야. 얼마나 고생을 했는지 말도 못 하고 기운도 다 빠져서 사람 꼴이 아니야. 그걸 보고 새어머니는 속으로 놀랐지만 겉으로는 짐짓 위하는 척 달려들어 보듬어 안고 야단법석을 떨어.

"아이고 불쌍한 것. 그러게 내가 가지 말라고 그러잖더냐? 얼마나 추웠니? 아이고 불쌍한 것."

이러고 호들갑을 떨면서 미음을 끓여 먹인다, 팔다리를 주무른다 거짓 정이 철철 넘치지. 그러니 아버지도 그만 깜빡 속아 넘어갔어.

그러고 난 뒤에 며칠 있다가 아버지가 먼 길을 가게 됐어. 가서 한 달이나 있다가 오게 됐단 말이야. 그러니 새어머니는 이제 살판이 났어. 아버지가 없으니 마음 놓고 딸을 구박하는 거지.

아버지가 가자마자 딸을 불러다 놓고,

"애, 이 바늘로 이불잇을 꿰매라. 내 건넛마을에 마실 갔다 올 터이니 저녁때까지 다 꿰매 놓아."

하면서 바늘을 주는데, 가만히 보니 이게 귀 떨어진 바늘이야. 귀 떨어진 바늘에 어찌 실을 꿰며, 그 바늘로 어찌 이불잇을 꿰맨단 말이야? 이것도 새어머니가 일부러 딸을 골탕 먹이려고 하는 수작이지.

새어머니가 나간 뒤에 딸은 귀 떨어진 바늘로 이불잇을 꿰매려고 무진 고생을 했어. 바늘귀가 없으니까 바늘에 실을 못 꿰고, 이불잇에 하나하나 바늘로 구멍을 뚫어서 손으로 실을 꿰는 거지. 그러느라고 손이 부르트고 멍이 들고 바늘에 찔려 피가 났지만 꾹 참고 저녁때까지 잠시도 쉬지 않고 일을 했어. 그런데 바늘에 실도 못 꿰고 바느질을 하자니 얼마나 힘이 드는지, 온종일 일을 했는데도 이불잇을 다 꿰매지 못했어.

그랬으니 저녁때 새어머니가 돌아와서 가만있을 리 있나.

"이 게으른 것. 그래 온종일 무얼 하며 놀았기에 이불잇 하나 꿰매 놓지 못했더냐? 너 같은 건 좀 굶어 봐야 해."

이러고 그날 저녁부터 밥을 안 주네. 밥을 안 주니 굶었지. 이튿날도 밥을 안 주고, 또 그다음 날도 밥을 안 주고, 이렇게 내리 이레를 굶긴단 말이야. 아, 사흘을 굶어도 견딜 장사가 없다는데 내리 이레를 굶어 놨으니 어디 사람 꼴이겠어? 나 원 참.

그래 놓고 이레째 되는 날, 새어머니가 밀가루로 풀을 한 솥 쑤어 가지고 딸에게 주면서 하는 말이,

"얘, 오늘은 이 풀로 문을 발라라."

이러거든. 밀가루 풀로 떨어진 문구멍을 바르라는 거지. 그런데 딸이 풀을 가지고 문을 바르려고 하니 군침이 당겨 견딜 수가 없어. 본래 풀이라고 하는 게 먹는 음식은 아니지마는, 이레를 굶은 뒤에 밀가루로 쑤어 놓은 풀죽을 보니 어디 제정신이겠어? 딸은 문을 바르려다 말고 손으로 풀을 집어다 허겁지겁 마구 입에 넣었어. 쯧쯧, 얼마나 배가 고팠으면 그랬겠나.

그런데 그걸 본 새어머니가 또 가만두질 않는구나.

"이것아, 풀을 가지고 문을 바르랬지 그걸 처먹으라고 했더냐?"

이러면서 빗자루로 딸의 등짝을 마구 내리치는 거야. 이레를 굶은 뒤에 풀죽 한 그릇 삼키고 빗자루로 얻어맞은 딸은, 그만 그 자리에서 숨을 거두고 말았단다.

그런데 딸이 죽자 딸의 몸은 온데간데없어지고 그 자리에서 웬 새 한 마리가 나타나 포르르 날아가더래. 그 새는 여기저기 떠돌아다니면서 '풀죽풀죽' 하고 서럽게 서럽게 울었더래. 풀죽을 먹다가 새어머니한테 얻어맞아 죽은 딸이 서러워서 서러워서 우는 소리지, 그게. 그걸 보고 사람들은 그 새 이름을 풀죽새라고 했다는 이야기야.

무덤가에 피어나는 할미꽃

 오늘은 아주 슬프디슬픈 이야기를 하나 할 터이니 모두들 저고리 옷깃을 여미고 들어 보렴. 옛날 옛날 한 옛날, 어느 두메산골에 홀어머니가 세 딸을 데리고 살았더란다. 아버지는 막내딸을 낳자마자 저세상으로 가고, 혼자 남은 어머니가 딸 셋을 키우며 살았지. 홀어머니는 삯바느질에 삯방아, 삯빨래로 쌀됫박이나 얻어다가 세 딸을 먹이고 입히며 근근이 살아갔어. 삯일이 떨어지면 산에 가서 나무를 해다 팔고, 농사철에는 남의 농사일도 거들어 주고, 이렇게 몸을 안 아끼고 일을 해서 겨우겨우 네 식구가 굶지 않고 살아갔단 말이지.
 그렇게 허리가 휘도록 일을 해서 몇 해가 지나니 살림살이도 조금 나아지게 됐나 봐. 어머니는 돈이 생기는 대로 딸들 시집 보낼 밑천 삼을 요량으로 한 푼 두 푼 모아 놨어. 그러면서 한편으로는 딸들을 정성껏 키웠지.
 그렇게 세 딸을 고이고이 키워 가지고 어느덧 시집을 보내게 됐어. 먼저 맏딸을 시집 보내려고 어머니가 맏딸을 불러 묻기를,
 "애야, 너는 어떤 집에 시집가고 싶냐?"
하니 맏딸이 하는 말이,
 "뭐니 뭐니 해도 살림이 넉넉해야지요. 저는 가난한 집에는 가서 못 살아요."

하거든.

　어머니는 어떻게든 맏딸을 살림이 넉넉한 집으로 시집보내려고 무진 애를 썼어. 살림이 넉넉한 집으로 시집보내려면 이쪽에서도 갖출 건 다 갖추어 가지고 보내야 할 것 아니야? 그래서 여태 밤낮으로 일을 해서 모아 둔 돈으로 옷을 짓고 요이불을 만들고 패물까지 골고루 갖추어 한 고개 너머 부잣집에 맏딸을 시집 보냈어. 맏딸은 소원대로 부잣집에 시집가서 잘 살았지.

　그다음에는 둘째 딸을 시집보내려고 둘째 딸을 불러 놓고 물었어.

　"얘, 둘째야. 너는 어떤 집으로 시집보내 주련?"

　그랬더니 둘째 딸이 하는 말이,

　"신랑감이야 글공부 많이 해서 벼슬하는 양반이 최고지요. 저는 남한테 업신여김 받는 집에는 가서 못 살아요."

하거든.

　그래서 어머니는 어떻게든지 둘째 딸을 벼슬하는 양반집으로 시집보내려고 갖은 고생을 다 했어. 벼슬하는 양반집으로 시집보내려면 이쪽에서도 번듯하게 내세울 건 있어야 될 것 아니야? 품 팔아 번 돈으로 책을 사다 읽히고 나무해다 판 돈으로 유모를 들여다가 온갖 예의범절을 다 가르쳐서 두 고개 너머 양반집으로 시집보냈어. 둘째 딸은 소원대로 양반집에 시집가서 잘 살았지.

　위로 두 딸을 시집 보내느라 온갖 고생을 하다 보니 이 어머니가 그만 지쳐 버렸어. 그동안 삯일로 한 푼 두 푼 모아 놓은 돈도 다 떨어지고 말이야. 그래서 어머니가 막내딸을 불러 놓고 걱정을 했어.

　"얘, 막내야. 너희 언니들은 다 소원대로 좋은 집에 시집을 보냈다만 네가 걱정이로구나. 이제 모아 놓은 돈도 다 떨어졌으니 어찌하면 좋으냐?"

그랬더니 막내딸이 어머니를 부여안고 하는 말이,

"어머니, 무슨 걱정을 그리 하세요? 저는 부잣집도 싫고 양반집도 싫답니다. 가난하고 벼슬 못 해도 마음씨 좋은 농사꾼한테 시집가서 어머니 모시고 살 터이니 부디 그런 걱정일랑 마세요."

한단 말이야.

거참, 기특한 말이기는 하지마는 어머니 마음이야 얼마나 안쓰럽겠나. 어쨌든지 막내딸은 제 말대로 세 고개 너머 가난한 농사꾼 집으로 시집을 갔어. 가면서 어머니를 모시고 가겠다는 걸 어머니가 한사코 뿌리쳤어. 안 그래도 넉넉지 못한 살림에 친정어머니까지 얹혀 살면 사위와 딸이 얼마나 고생하겠나 싶어서 그런 거지.

이렇게 해서 세 딸을 다 시집보내 놓고 나니 어머니는 다시 혼자가 됐지. 혼자가 된 어머니는 전에처럼 삯바느질에 삯방아, 삯빨래로 입에 풀칠이나 하면서 근근이 살아갔어. 그런데 나이가 드니 삯일인들 어디 마음만 한가. 바느질감을 들면 눈이 침침하고 방아를 디디면 다리가 후들후들 떨리니 전보다 일을 잘 못하지. 일을 잘 못하니 품삯도 적고, 그러니 고생스럽기로 말하면 전보다 더했으면 더했지 덜하지는 않더란 말이야.

이렇게 고생하며 사는데, 그러는 동안 막내딸은 철철이 찾아와 밥도 해 주고 빨래도 해 주건마는 맏이와 둘째는 십 년이 넘도록 얼굴 한번 내비치지 않더래. 막내딸은 저 먹고살기 바빠 멀건 보리죽으로 끼니를 때우면서도 어머니 찾아올 때는 양식 자루야 돈푼이야 빠뜨리는 법이 없건마는, 맏이와 둘째는 저 등 따습고 배부르게 살면서도 어머니한테 쌀 한 됫박 보낼 줄 모르더래.

그럭저럭 세월이 흘러 어느덧 어머니는 호호 백발 할머니가 됐어. 호호 백발 할머니가 되어서 얼굴에는 밭고랑 같은 주름살이 패고 허리는 활등같이 굽어서 지팡이를 짚고 겨우겨우 새발걸음을 하는 형편이란 말이지. 눈이 어두워 솥과 단지를 분간 못 하고 기운이 떨어져 군불 땔 나무 한 단 하지 못 하니 이를 어쩌면 좋아? 그래도 딸들한테 신세 지지 않으려고 어찌어찌 혼자서 버티다가, 겨울이 깊어 찬바람이 쌩쌩 부니 어머니는 더 버틸 수가 없게 됐어. 그래서 지팡이를 짚고 딸네 집을 찾아갔지.

눈보라가 치고 매운 바람이 부는 고갯길을, 어머니는 지팡이에 몸을 기대고 허위허위 걸어갔어. 길이 얼어붙어 미끄러운 데다 기운이 없어서 한 발짝 떼어 놓는데도 그저 다리가 후들후들 떨려. 엎어지며 자빠지며 겨우겨우 고개를 넘는데, 어찌나 어정걸음을 쳤던지 아침 해가 뜨기도 전에 집을 나섰건만 해가 하늘 한복판에 오를 무렵에야 고개 하나를 다 넘었어.

그렇게 한 고개를 넘어가니 맏딸네 집이 보여. 어머니는 오랜만에 딸을 만날 생각에 다리 아픈 것도 잊어버리고 종종걸음으로 딸네 집에 썩 들어섰지.

"애야, 큰애야. 내가 왔다. 에미가 왔어."

어머니가 반갑게 부르니 집 안에서 맏딸이 나오는데, 그리도 오랜만에 찾아온 어머니건만 반가워하는 기색이 없네. 반가워는 못할망정 귀찮아는 말이야지. 어머니를 문 앞에서 구박하니 세상에 이런 일도 있나그래.

"아이참, 어머니도. 하필이면 우리 집 제삿날에 오실 게 뭐요? 조금 있으면 손님들이 들이닥칠 테니 밥이나 한 그릇 드시고 어서 둘째네 집에나 가 보세요."

이러면서 찬밥 한 덩이를 물에 말아 내밀고는 다시 거들떠보지도 않네. 어머니는 하릴없이 찬밥 한 덩이만 얻어먹고 맏딸네 집을 나왔어.

불쌍한 어머니는 찬바람 눈보라를 맞아 가며 고개 하나를 또 넘었지. 둘째 딸네 집에 가려고 말이야. 미끄러지며 자빠지며 겨우겨우 둘째 고개를 넘어가니 벌써 해는 서산에 걸려 뉘엿거리는데 저 멀리 둘째 딸네 집이 보여. 어머니는 아픈 다리를 절룩이며 둘째 딸네 집으로 들어섰지.

"애야, 둘째야. 내가 왔다. 에미가 왔어."

어머니가 소리쳐 부르니 집 안에서 둘째 딸이 나오는데, 나오자마자 제 어머니를 보고 핼끔핼끔 눈부터 흘기는구나.

"아이참, 어머니도. 하필이면 우리 온 식구 고뿔 걸려 드러누웠을 때 오실 게 뭐요? 여기는 주무실 방도 없으니 물이나 한 그릇 마시고 어서 막내네 집에나 가 보세요."

이러면서 찬물 한 그릇 떠서 내밀고는 팔짱을 끼고 왼고개를 틀지 뭐야. 원 세상에 이런 법이 어디 있나. 불쌍한 어머니는 하릴없이 찬물 한 그릇 얻어 마시고 둘째 딸네 집을 나왔어. 이제는 셋째 고개를 넘어 막내딸네 집으로 가야 할 판인데, 해는 벌써 넘어가 버리고 어슬어슬 땅거미가 깔리기 시작하니 큰일났지.

어머니는 지팡이를 짚으며 끌며 있는 힘을 다해 고갯길을 올라갔어. 눈길에 미끄러지기를 몇 번이나 했으며 돌부리에 걸려 넘어지기를 몇 번이나 했는지, 날이 어두워 한 치 앞도 안 보일 무렵에야 겨우겨우 고갯마루에 올라섰지. 내려다보니 저 멀리 막내딸이 사는 마을에 불빛이 가물가물한데, 어머니는 기운이 빠질 대로 빠져서 한 걸음도 더 내디딜 수가 없어. 그래서 비틀거리며 안간힘을 쓰다가 그만 길바닥에 쓰러졌지. 그러고는 다시 움직일 수도 일어날 수도 없게 됐어.

"막내야아! 막내야아!"

어머니는 애타게 막내를 부르다가 그 자리에서 끝내 숨을 거두고 말았단다.

며칠이 지나 바람씨가 조금 훈훈해지면서 고갯마루에 쌓인 눈이 녹을 무렵, 나무를 하러 온 막내딸과 사위가 어머니를 보고 그 자리에 고이고이 묻어 줬단다. 그런데 겨울이 가고 봄이 오니 어머니 무덤에서 난생처음 보는 꽃이 피어났는데, 등 굽은 꽃 모양이 죽은 어머니를 꼭 닮았더란다. 그래서 사람들은 그 꽃을 '할미꽃'이라고 불렀다는, 그런 슬프고도 슬픈 이야기가 있단다.

일곱 오라비 접동

옛날 옛날 아주 먼 옛날 어느 마을에 마음씨 좋은 내외가 살았는데, 이 내외한테는 자식이 여덟 있었어. 아들 일곱 딸 하나가 있었지. 아들 일곱은 모두 똑똑하고 딸 하나는 얌전해서 어머니 아버지는 그 여덟 자식 키우는 재미로 늙는 것도 모르고 살았지.

그런데 이 여덟 자식들이 다 고만고만하게 컸을 때 어머니가 병에 걸려 자리에 눕게 됐어. 그래서 약이란 약은 다 써 보고 의원이란 의원은 다 불러다 보였지만 소용이 없더니, 기어이 어머니는 그만 세상을 떠나고 말았어. 여덟 자식들은 하루아침에 어머니를 잃게 된 거지.

그러고 나서 곧 계모가 들어오게 됐어. 계모라고 해서 다 마음씨 나쁜 건 아니지만, 이 계모는 어찌 마음씨가 고약했던지 여덟 자식이 곱게 크는 걸 눈 뜨고 못 보네. 눈엣가시도 그런 눈엣가시가 없는지, 보는 족족 구박이요 만나는 족족 타박일세. 아이들에게 옷 입힌다는 게 동지섣달에 홑바지와 삼베 적삼을 입히고 오뉴월에 솜바지저고리를 입히고, 밥을 준다는 게 쉰 밥덩이에 모래 소금을 끼얹어 주고, 그러고도 모자라 걸핏하면 매질이야. 아들 일곱 딸 하나는 그런 몹쓸 구박을 다 참고 살았어. 그런데 이 고약한 계모는 아이들이 참으면 참을수록 더 심술이 나서 견디지를 못해.

그러다가 엎친 데 덮친 격으로 아버지마저 세상을 떠나고 말았지. 아버지가 살아 있을 때는 계모가 구박을 해도 아버지 눈치를 보느라 아버지 없을 때만 구박을 하고 말았는데, 이제 아버지마저 없으니 제 세상이지 뭐야. 구박을 하다 하다 못해 아주 아이들을 없애 버리려고 궁리를 했어.

하루는 계모가 하인 중에서 활 잘 쏘는 사람을 불러다가 은근히 어르고 윽박지르기를,

"자네는 오늘로 저 일곱 아들을 사냥 가자고 꾀어서 산으로 데려가게. 그리고 활을 쏘아 하나씩 하나씩 죽이되 일곱을 다 죽여야 하네. 일곱이 다 죽었는지 내 눈으로 봐야겠으니 일곱 아들 간을 다 빼 가지고 오게. 그렇게만 해 주면 돈을 많이 주려니와, 만약 말을 듣지 않으면 당장 쫓아낼 터이니 그리 알게."

이러네. 참 몹쓸 계모가 아니고 뭐야? 그 말을 들은 하인이 하릴없이 아들 일곱을 사냥 가자고 꾀어서 산으로 데려갔어. 그런데 막상 활을 쏘아 죽이려고 하니 차마 그러질 못하겠더래. 그래서 곰을 한 마리 잡아 가지고 간을 일곱 토막 냈어. 그리고 나서 일곱 아들에게,

"일이 이만저만하게 됐으니 다시는 집에 들어가지 말고 어서 멀리 몸을 피하세요. 나는 이 간을 가지고 가서 다 죽였노라고 말할 테니 다시는 집에 돌아오지 마세요."

하고 단단히 일렀지. 아들 일곱은 그 말을 듣고 바로 몸을 피해 멀리멀리 도망갔어. 하인은 곰의 간 일곱 토막을 계모에게 갖다 바쳤지. 계모는 일곱 아들이 다 죽은 줄 알고 잘됐다고 좋아라 하면서 간 일곱 토막을 모두 삿자리 밑에다 넣어 놨어. 그랬더니 그중 한 토막은 벼룩이 되어 삿자리 밑에 그냥 살고, 한 토막은 빈대가 되어 장롱 속에 들어가 살고, 한 토막은 바구미가 되어 뒤주 속에 들어가 살고, 한 토막은 불개미가 되어 헛간 속에 들어가 살고, 한 토막은 거머리가 되어 두멍 속에 들어가 살고, 한 토막은 솔개가 되

어 지붕 위에 올라가 살고, 한 토막은 새매가 되어 뒤뜰 감나무 위에 올라가 살았어. 그렇게 새나 벌레가 되어 가지고 사는데 계모는 그걸 알 턱이 없지.

아들 일곱이 없어지니 계모는 살판이 났다고 좋아하면서 사는데, 그러고 보니 하나 남은 딸이 또 눈엣가시거든. 저걸 어떻게 없애나 궁리하다가 계모가 하루는 딸을 불러 심부름을 시켰어. 그것도 아주 되지도 않을 일을 시킨단 말이야.

"너는 당장 산에 가서 산나물을 뜯어 오너라. 그것 한 소쿠리 뜯기 전에는 집에 들어올 생각을 말아."

봄이나 여름 같으면 산나물 한 소쿠리 뜯어 오는 일이야 뭐 어려울 게 있나. 그렇지만 때는 눈 내리고 바람 부는 한겨울이니 딱하지. 아, 산이란 산은 죄다 눈이 쌓여 하얀데 무슨 수로 산나물을 뜯어 와? 일부러 못할 일을 시켜서 쫓아내려는 심보가 아니면 뭐겠어?

딸은 하릴없이 빈 소쿠리를 들고 산으로 갔지. 가서 하루 종일 헤매고 다녔지만 그 눈속에 산나물이 있을 리 있나. 헤매다 헤매다 해가 지고 날이 어두워지니까 할 수 없이 집으로 돌아왔어. 돌아와 보니 벌써 어두컴컴한 밤인데, 집 안에는 불이 빤하게 켜져 있고 대문은 꼭 잠겨 있어. 딸은 대문을 두드리며 애원을 했지.

"어머니, 어머니. 제발 문 좀 열어 주세요. 밖이 너무 추워요."

그러니까 안에서 계모가 문도 안 열어 주고 한다는 말이,

"뜯어 오라던 산나물은 뜯어 왔느냐?"

이러겠지.

"하루 종일 산속을 헤매고 다녔지만 산나물을 보지 못했습니다. 내일 다시 가 볼 테니 제발 문 좀 열어 주세요."

눈물을 흘리며 빌었지만 계모는 문을 열어 주지 않는구나.

"건방진 것, 산나물 한 소쿠리 뜯기 전에는 집에 들어올 생각 말라고 하지 않았느냐? 어림도 없다."

밖에는 눈보라가 치고 바람이 쌩쌩 부는데 계모가 문을 안 열어 주니 어떻게 해. 딸은 추위에 덜덜 떨면서 문밖에 서 있었지. 한참 동안 서 있으니 온몸이 얼어붙는 것 같아서 집 뒤를 돌아 굴뚝 밑으로 갔어. 저녁에 아궁이에 불을 때서 그런지 굴뚝에는 아직 따스한 기운이 조금 남아 있더래. 그래서 굴뚝을 껴안고 앉아 밤을 새웠지. 그런데 밤에는 불을 때지 않으니 굴뚝도 점점 식을 게 아니야? 날은 점점 추워지고 굴뚝은 점점 식어 가니 어떻게 되겠어? 딸은 싸늘하게 식은 굴뚝을 껴안은 채 그만 온몸이 얼어붙어 숨지고 말았단다.

이튿날 아침에 계모가 굴뚝 밑에 가 보니, 딸은 온데간데없고 접동새 한 마리가 굴뚝 밑에 앉아 있다가 포르르 날아가겠지. 옛날부터 억울하게 죽은 넋은 새가 된다는 말이 있어. 딸도 억울하게 죽었기 때문에 접동새가 된 거지.

자, 그런데 도망간 일곱 아들은 어떻게 됐을까? 일곱 아들은 그길로 서울로 올라갔어. 올라가서 억척스럽게 일을 했어. 낮에는 남의 집 머슴 살고 밤에는 잠 안 자고 글공부를 했지. 그래서 일곱 형제가 모두 과거에 급제를 했어.

일곱 형제가 과거에 급제를 해 가지고 사모에 어사화 꽂고 말을 타고 풍악을 잡히면서 이제 고향으로 돌아오는 거지. 고향으로 돌아오는 길에는 고개가 일곱이나 있어. 첫째 고개를 넘는데 어디서 접동새 한 마리가 포르르 날아와서 맏이 사모에 앉으면서,

"큰오라비 접동, 큰오라비 접동."

하거든. 둘째 고개를 넘으니까 접동새가 둘째 아들 사모에 날아와 앉으면

서,

"둘째 오라비 접동, 둘째 오라비 접동."

하겠지. 셋째 고개를 넘으니 접동새가 셋째 아들 사모에 앉아서,

"셋째 오라비 접동, 셋째 오라비 접동."

하고, 넷째 고개를 넘으니 접동새가 넷째 아들 사모에 앉아서,

"넷째 오라비 접동, 넷째 오라비 접동."

하고, 다섯째 고개를 넘으니 접동새가 다섯째 아들 사모에 앉아서,

"다섯째 오라비 접동, 다섯째 오라비 접동."

하고, 여섯째 고개를 넘으니 접동새가 여섯째 아들 사모에 앉아서,

"여섯째 오라비 접동, 여섯째 오라비 접동."

하고, 일곱째 고개를 넘으니 접동새가 막내 아들 사모에 앉아서,

"막내 오라비 접동, 막내 오라비 접동."

하더래. 그렇게 해서 일곱 고개를 다 넘으니까 접동새가 일곱 형제 사모에 차례로 날아와 앉으면서,

"일곱 오라비 접동, 일곱 오라비 접동."

하면서 구슬프게 울더란 말이야.

그제서야 일곱 형제는 누이동생이 죽어서 접동새가 된 걸 알았어.

이때 고향에서는 계모가 여덟 아이들을 다 없애고 제 세상 만났다고 활개를 치며 살았지. 그런데 하루는 난데없이 일곱 아들이 과거에 급제를 해 가지고 사모에 어사화 꽂고 말을 타고 풍악을 잡히면서 오고 있다는 소문이 들리거든. 죽은 아들이 어찌 오나, 깜짝 놀라 나가 보니 참말로 저 멀리서 일곱 아들이 말을 타고 집으로 오고 있더란 말이야.

계모가 그만 겁이 덜컥 나서 삿자리 밑에 숨었어. 그랬더니 삿자리 밑에 살고 있던 벼룩이 달려들어 계모 팔다리를 물어뜯지. 놀라서 장롱 속에 숨

었더니 빈대가 달려들어 등짝을 물어뜯지. 뒤주 속에 숨었더니 바구미가 물어뜯고, 헛간에 들어가 숨었더니 불개미가 물어뜯고, 급한 김에 두엄 속에 들어갔더니 거머리가 온몸에 달라붙겠지. 이거 안 되겠다 하고 지붕에 올라갔어. 그랬더니 지붕에 살고 있던 솔개가 달려들어 딱딱한 부리로 눈을 쫀단 말이야. 에구 뜨거라고 지붕에서 내려와 뒤뜰 감나무 위에 올라갔지. 그랬더니 새매가 달려들어 이마를 쪼아 대니 견딜 수가 있나. 계모가 하릴없이 부엌에 들어가 큰 가마솥 안에 숨어들었어. 거기에는 벌레도 새도 없어서 아주 꼼짝 않고 납작하게 엎드려 있었단 말이야.

일곱 아들이 집에 와서 계모를 찾으니 없거든. 방에도 없고 헛간에도 없고 지붕에도 없고 뒤뜰에도 없어서 부엌에 걸린 가마솥을 열어 보니, 아 거기서 까마귀 한 마리가 튀어나와 하늘로 날아가더래. 계모가 가마솥 안에 숨어 있다가 숨이 막혀 죽었는데, 그 넋이 까마귀가 돼서 날아간 거지.

계모는 까마귀가 돼 가지고도 접동새가 된 딸을 해코지하려고 접동새가 가는 곳이면 어디든지 따라간대. 그래서 접동새는 까마귀를 피해 낮에는 숲 속에 숨어 있다가, 까마귀가 잠을 자는 밤에만 나와서 구슬프게 운대. 그런 슬픈 이야기가 있어.

좁쌀꽃 이야기

모내기철에 피는 흰 풀꽃, 좁쌀꽃을 아니? 옛날 농사꾼들은 먼 산 언덕에 이 좁쌀꽃이 하얗게 피면 '아, 이제 모내기철이 되었군' 하면서 너도나도 모내기를 시작했단다. 여기에는 참 가슴 아픈 이야기 하나가 얽혀 있는데, 이제부터 그 이야기를 들어 보려무나.

옛날 어느 시골 마을에 홀어머니가 아들 하나를 데리고 살았어. 일찍이 남편을 여의고 외아들을 데리고 허리가 휘어지도록 농사일을 하면서 살았지. 서너 마지기 논에 이른 봄 볍씨를 뿌려 늦가을 거둘 때까지 잠시도 쉬지 않고 일을 해서 겨우 두 식구 입에 풀칠이나 하면서 살았단 말이야. 농사일이란 게 때를 놓치면 안 되거든.

똑 씨 뿌릴 때 씨를 뿌리고 김맬 때 김을 매 줘야지, 며칠이라도 늦었다가는 농사를 망치게 돼. 홀어머니는 행여 농사를 망쳐 귀한 아들을 먹여 살리지 못할까 봐 잠시도 마음을 놓지 못했지.

그렇게 해 가는 줄도 모르고 일을 하며 살다 보니 아들도 나이가 들어 어엿한 총각이 됐어. 그런데 이놈의 아들 녀석이 게을러터져서 도통 일을 하려 들지 않네. 어머니 혼자 새벽부터 밤늦게까지 일하는 걸 보고도 빈둥빈둥 놀기만 해. 마루에 누워 낮잠이나 자고, 그러다 심심하면 망태 들고 낚시나 하러 가고, 이러고 산단 말이야.

보다 못한 어머니가 조용조용 아들을 타일렀어.

"애야, 내가 이제 나이가 들어 농사일하기도 힘이 부치는구나. 이제부터는 네가 우리 농사를 맡아서 지어 다오."

"알겠습니다, 어머니."

이렇게 대답은 말뚱말뚱 잘하는데 막상 아들 녀석 농사짓는 꼴을 보니 말이 아니야. 시도 때도 모르고 건달농사를 짓는단 말이지. 아 이제까지 농사일을 해 봤어야 시를 알든지 때를 알든지 하지. 빈둥빈둥 놀다가 아무 때나 씨 뿌리고 아무 때나 김매고, 이러니 농사가 될 턱이 있나. 모심기 때를 놓쳐서 남들 논에 벼이삭이 팰 때야 모를 심어 놓으니 그게 뭐 제대로 자라기나 할까. 한 해 농사를 거두고 보니 알맹이는 어디 갔는지 죄다 쭉정이뿐이야. 그래서 그해에는 홀어머니가 이 집 저 집 다니며 됫박쌀을 꾸어다 먹고 겨우겨우 겨울을 났어.

이듬해 봄에 농사철이 시작되자 어머니가 아들더러,

"애야, 농사라고 하는 것은 때를 놓치면 안 된다. 올해는 남들 씨 뿌릴 때 너도 뿌리고, 남들 모심을 때 너도 심으려무나."

하고 단단히 타일렀어.

"예 알겠습니다, 어머니."

이번에도 대답은 말뚱말뚱 잘하는데 워낙 게을러터진 놈이라 농사짓는 꼴은 조금도 나아진 게 없어. 아침에 느지막이 일하러 논에 나가면 몇 번 일하는 흉내만 내다가 해가 하늘 한복판에 가기도 전에 집어치우고 집에 돌아와 낮잠을 자거나 낚시질로 하루 해를 보낸단 말이야. 그러니 남들 모심기 다 해 놓을 때까지 한 마지기 논에 모를 반도 못 심어 놨네. 그 꼴을 보는 어머니 속이 얼마나 답답하겠나. 할 수 없이 어머니가 논에 나가 아들이 못다 한 일을 마저 했지. 그러다 보니 그해에는 힘든 일은 어머니가 죄다 하고,

아들은 건성으로 일하는 흉내만 낸 꼴이 됐어.

그런데 늙은 몸으로 고된 일을 해서 그런지 그해 겨울에 어머니가 그만 몸져눕게 됐어. 어머니는 앓아누워서도 아들 걱정, 농사 걱정에 잠을 못 자고 뜬눈으로 날밤을 새는 날이 하루 이틀이 아니야.

"애야, 올해는 제발 정신차리고 농사를 지어야 한다. 농사철이 되면 내 하얀 헝겊 조각을 집 앞에 내걸어 놓을 터이니, 그 헝겊 조각이 걸려 있는 동안에는 집에 돌아오지 말고 일을 하렴."

"그렇게 하겠습니다, 어머니."

이번에도 대답은 말뚱하게 잘하지. 봄이 오고 농사철이 되자 어머니는 하얀 치마를 잘라 헝겊 조각을 만들어 가지고 아침마다 바지랑대 끝에 걸어 놨어. 그러면 아들은 그걸 보고 논에 나가 일을 했지. 저녁 무렵이 되면 어머니는 헝겊 조각을 내렸고, 그러면 논에서 일하던 아들도 그걸 보고 집으로 돌아왔어. 아들이 일을 하다가 싫증이 나서 집에 돌아오려고 하다가도 멀리 집 앞에 하얀 헝겊 조각이 걸려 있는 걸 보고는 꾹 참고 일을 했지.

그렇게 처음 며칠 동안은 일을 잘하는 것 같더니, 하루는 아들이 아침에 논일을 나갔다가 점심때가 되기도 전에 털레털레 집에 돌아오지 뭐야? 어머니가 어찌된 영문인가 하여 아픈 몸을 이끌고 나가 보니, 그새 헝겊 조각이 바람에 날려 떨어져 있더란다. 어머니가 헝겊 조각을 다시 매달아 놓으니 아들은 마지못해 도로 논으로 나갔지.

그런데 천성이 게을러터진 아들은 그 이튿날부터 아주 꾀를 내어 슬슬 놀기 시작하네. 제 버릇 남 못 준다고, 아침에 일하러 나가는 척하고 집을 나서자마자 일부러 헝겊 조각을 떼내 버리고 하루 종일 낚시질이나 하며 빈둥빈둥 논단 말이지. 어머니가 걱정이 되어,

"애야, 모심을 철이 됐는데 오늘은 논에 안 가고 어디 갔느냐?"

슬프고 아름다운 이야기 521

하고 물으면,

"아이참, 어머니도. 헝겊 조각이 없어서 낚시하러 갔는데 뭘 그러세요?"

하고 천연덕스럽게 대꾸하고 말지. 그렇게 날마다 헝겊 조각을 떼내고 놀기만 하다가 그해도 모심는 때를 놓쳤어. 이제는 어머니도 병이 들어 일을 못하니 고스란히 농사를 망치고 만 거지.

일이 이렇게 되니 어머니는 아들 걱정, 농사 걱정에 병이 점점 더 깊어져 그해 가을을 넘기지 못하고 그만 세상을 떠나고 말았어. 어머니가 죽고 나서야 아들은 제 잘못을 뉘우쳤지만 소용이 있나.

이듬해 설이 되어 아들이 어머니 차례상을 차리는데 쌀밥과 떡국을 못 차려. 아, 한 해 농사를 망쳐 놨으니 쌀이 있을 리 있나. 쌀이 없으니 쌀밥인들 어떻게 짓고 떡국인들 어떻게 끓이겠어. 할 수 없이 좁쌀로 조밥을 짓고 조당수를 멀겋게 끓여서 차례를 지냈어. 차례상 앞에서 아들은 하염없이 울었지. 진작에 어머니 말씀대로 때를 가려 부지런히 일했으면 저도 잘 먹고 어머니 차례상도 그럴듯하게 차릴 텐데, 어머니 말씀 안 듣고 게으름을 부리다가 이 꼴이 되었다고 생각하니 울음이 안 나올 수 있나.

또다시 봄이 와서 농사철이 되었어. 아들은 이제부터라도 때를 놓치지 말고 부지런히 일해야겠다고 마음먹고 날마다 논에 나가 일을 했지. 그런데 모심기 철이 되니까 어머니 무덤가에 웬 못 보던 꽃이 피어나더래. 좁쌀같이 작은 꽃이 하얗게 피어나는데, 멀리서 보면 하얀 헝겊을 펼쳐 놓은 것같이 보이거든. 그걸 보고 아들이 탄식을 했어.

"아, 어머니가 돌아가셔서까지 못난 아들 걱정에 저렇게 하얀 꽃을 피우시는구나. 살아생전 하얀 헝겊 조각을 보고 일을 했듯이, 저 하얀 꽃을 보고 모심기 때를 놓치지 말라는 뜻이겠지."

그 뒤로부터 사람들은 언덕에 하얀 좁쌀꽃이 피면 모두들 모심기 철이 된

줄 알고 모심기를 했다는구나. 살아서 평생 아들 걱정에 편한 날이 없었던 어머니가 죽어서까지 아들 걱정에 하얗게 하얗게 피워 낸 꽃이 바로 좁쌀꽃이란다.

피리 부는 목동과 선녀

　백두산 아래 물 맑은 연못이 하나 있는데, 거기에는 천년만년 살아도 죽지 않는 금붕어가 한 마리 있대. 그 금붕어는 어제도 오늘도 하염없이 눈물만 줄줄 흘리면서 살고 있다는데, 어디 오늘은 그 금붕어 이야기나 해 볼까.
　옛날 옛날 멀고 먼 옛날, 백두산 아래 물 맑은 연못가에 소를 치는 목동이 살고 있었어. 이 목동은 날이면 날마다 소를 몰고 연못가에 와서 풀밭에 소를 풀어 놓고 피리를 불었지. 소들이 풀을 뜯는 동안 목동은 연못가 바위에 걸터앉아 피리를 불었는데, 그 소리가 어찌나 구슬픈지 지나가는 사람 중에 눈물을 안 흘리는 사람이 없었다는구나.
　이때 하늘나라에는 옥황상제의 딸 일곱 선녀가 있었는데, 그중 막내 선녀가 제일 곱고 마음씨도 착했대. 이 선녀가 하루는 구름 사이로 땅 세상을 내려다보니 어디선가 구슬픈 피리 소리가 들리겠지. 그 소리가 하도 곱고 구슬퍼서 듣고만 있어도 절로 눈물이 난단 말이야. 도대체 누가 저리도 애달프게 피리를 불고 있나 하고 가만히 소리 나는 곳을 찾아 구름을 헤치고 내려다보니, 백두산 아래 물 맑은 연못가에서 웬 목동이 피리를 불고 있거든.
　'아, 어쩌면 저렇게 애간장을 다 녹이는 소리가 있단 말인가. 땅 세상 사람들은 참 용한 재주도 가졌구나.'
　선녀는 그 뒤로도 피리 소리를 잊지 못해 날마다 아침만 되면 구름 사이로 백두산 아래를 내려다보며 목동이 나타나기만을 기다렸어. 그러다가 목동이 소를 몰고 나타나 피리를 불면 가슴을 두근거리면서 곱디고운 피리 소리를 들었지. 그렇게 몇 날 며칠을 보내다가 하루는 아주 큰 마음을 먹었어. 몰래 땅 세상에 내려가 보기로 한 거지. 아버지 옥황상제가 아는 날에는 경을 칠 테니까 아무도 몰래 내려가야지.

선녀는 도술을 부려 제 몸을 금붕어로 바꾸었어. 그래야 연못에 숨어 살면서 날마다 피리 소리를 들을 수 있을 테니까 말이야. 금붕어가 된 선녀는 그길로 백두산 아래로 내려가 물 맑은 연못 속에 몸을 숨겼어. 그리고 날마다 목동의 피리 소리를 들었지. 아닌 게 아니라 땅나라에 내려와 보니 모든 것이 너무나 아름답고 신기하거든.

땅나라 사람이 하늘나라에 가면 신기하다고 여기는 것처럼, 하늘나라 사람도 땅나라에 내려오면 모든 것이 신기하게 보이나 봐.

그렇게 몇 날 며칠 동안 연못 속에 살면서 목동을 쳐다보고 피리 소리를 들으며 지내다 보니, 단 하루라도 목동을 못 보고 피리 소리를 못 들으면 견딜 수 없을 지경이 됐어. 저녁이 되어 목동이 소를 몰고 가 버리면, 그 이튿날 아침 목동이 다시 나타날 때까지 안절부절못하고 기다리기만 하는 거지. 그러다가 목동이 다시 나타나 피리를 불면 반갑고 기뻐서 어쩔 줄 모르고 말이야.

'내가 이런 모습으로 여기 숨어 가지고 속만 태울 게 무어람. 내일은 물 밖으로 나가 말이라도 한번 걸어 봐야지.'

선녀는 이렇게 생각하고 이튿날 날이 밝기만을 기다렸어. 그런데 막상 이튿날 날이 밝아 목동이 나타나자 부끄러워서 목동 앞에 나설 수가 없지 뭐야. 그래서 망설이다가 망설이다가 하루가 다 가 버렸어.

'내일은 꼭 나가 봐야지.'

이렇게 단단히 마음먹고 이튿날 날이 밝기를 기다렸는데, 또 막상 목동이 나타나니까 부끄러워서 못 나가겠더란 말이야. 그렇게 내리 나흘을 망설이기만 하다가 닷새째 되는 날 드디어 용기를 내서 금붕어 탈을 벗어 던지고 원래 모습이 되어 물 밖으로 나갔어. 목동 앞에 가서 날아갈 듯 사뿐히 절을 했지.

목동은 언제나처럼 무심코 피리를 불고 있다가 난데없이 아리따운 선녀가 나타나 절을 하니까 그만 얼이 다 빠졌어. 아, 땅나라 총각이 생각지도 못한 하늘나라 선녀에게 절을 받았으니 얼이 빠지지 안 빠져?

"대체 아가씨는 누구시며 어쩐 일로 여기에 왔습니까?"

"놀라지 마십시오. 이제 다 말씀드리겠습니다."

선녀가 그동안 있었던 일을 다 말해 주니 목동은 한편으로 놀라고 한편으로 기뻐서 어쩔 줄을 모르지. 둘이서 이런저런 이야기를 주고받다 보니 언제 갔는지 하루 해가 후딱 지나가 버렸어. 목동이 소를 몰고 간 뒤에 선녀는 다시 금붕어가 되어 가만히 연못 속에 들어갔지. 이튿날 목동이 소를 몰고 연못가에 나타날 무렵 다시 원래 모습이 되어 연못에서 나와 만나고, 이렇게 하루하루를 보냈어. 목동이 피리를 불면 선녀는 노래를 부르고, 서로 하늘나라 땅나라 이야기를 해 주고, 이렇게 지내다 보니 둘이서 정이 담뿍 들었어. 그래서 찬물 한 그릇 떠다 놓고 결혼을 하게 됐단다.

둘이 결혼을 해서 참 재미나게 잘 살았지. 목동은 소 치고 선녀는 밥 짓고 빨래하면서 깨가 쏟아지게 잘 살았어.

그런데 이때 하늘나라에서는 야단법석이 났어. 막내딸이 없어진 걸 옥황상제가 알게 된 거지. 하늘나라를 샅샅이 뒤져도 찾지 못하니 옥황상제가 불호령을 내렸어.

"이것이 아무래도 땅나라로 내려간 모양이다. 사신은 어서 땅나라로 내려가서 그 아이가 어디에 있는지 찾아보아라."

이래서 하늘나라 사신이 구름을 타고 땅나라로 내려왔어. 내려와서 땅나라를 이 잡듯이 뒤지니 안 들킬 수 있나. 하루는 목동이 소 치러 나간 사이에 선녀가 냇가에서 빨래를 하고 있는데, 하늘나라 사신이 떡 나타났어.

"어디 계신가 했더니 여기 계셨군요. 옥황상제님이 찾으시니 어서 하늘로 올라가십시다."

사신이 이렇게 재촉을 해도 선녀는 당차게 도리질을 쳐.

"제 마음을 좇아 제 발로 여기 내려왔는데 권한다고 어찌 다시 올라가겠습니까?"

사신이 아무리 달래도 선녀가 먹은 마음이 바위처럼 단단하니 어쩔 수 있나. 하릴없이 혼자 하늘로 올라가서 옥황상제에게 아리었어.

"선녀는 백두산 아래에 내려가 목동과 결혼하여 살고 있는데, 아무리 권해도 오지 않겠다 합니다."

옥황상제가 그 말을 듣고 그만 화가 머리끝까지 뻗쳤어. 제 딸이 한다 하는 신선과 결혼했대도 마음에 차지 않을 것을, 하물며 천하디천한 목동과 결혼했다니 그만 속이 뒤집히지. 하늘나라 장군을 불러다 불호령을 내리네.

"장군은 지체 말고 땅나라로 내려가 그 못된 것을 냉큼 잡아 오되, 구차하게 권하고 묻고 할 것 없이 그냥 붙잡아 오너라."

그래서 하늘나라 장군이 날개 달린 말을 타고 땅나라로 내려갔어. 백두산 아래 목동과 선녀가 사는 집으로 다짜고짜 쳐들어갔지. 이때 선녀는 우물에 물을 길으러 나왔다가 갑자기 하늘이 컴컴해지기에 놀라 위를 쳐다보니 검은 먼지 자욱한 속에 날개 달린 말을 탄 장군이 바람같이 달려 내려오지 뭐야. 그러더니 독수리가 병아리 채듯 번개같이 선녀를 낚아채 가지고 도로 하늘로 올라가 버리네. 그 바람에 선녀는 목동에게 말 한마디 남기지 못하고 하늘나라로 잡혀 가게 됐어.

 옥황상제는 다시 선녀가 땅나라로 내려가지 못하도록 컴컴한 바위굴에 가두어 버렸어. 그래 놓고 바위굴 바깥에는 사나운 사자 두 마리를 두어 지키게 했어. 바위굴에 갇힌 선녀는 땅나라에 두고 온 목동을 생각하며 날이면 날마다 눈물을 흘렸지.

 하루는 여섯 언니들이 옥황상제 몰래 바위굴을 찾아왔어. 바위굴을 지키는 사자에게 잠드는 고기를 던져, 그 고기를 먹은 사자가 잠을 자는 사이에 살금살금 들어왔지. 언니들은 하염없이 눈물을 흘리고 있는 막내 선녀를 보고 하나같이 혀를 끌끌 찼어.

 "쯧쯧, 이것아. 어쩌자고 그런 짓을 했느냐? 이제라도 마음을 고쳐먹고 용서를 빌면 아버지도 용서해 주실 게다."

 "그런 말씀 마시고, 제발 부탁이니 땅나라에 내려가서 서방님께 제 안부나 좀 전해 주세요. 지금쯤 저를 애타게 찾고 있을 것입니다."

 언니들이 그 청을 뿌리치지 못하고 그날 밤 몰래 땅나라로 내려갔어. 내려가 보니 목동은 잠을 이루지 못하고 물 맑은 연못가에서 애달프게 피리를 불고 있겠지. 밤새도록 눈물을 흘리며 피리를 부는데, 그 모습이 하도 애처롭고 그 소리가 하도 구슬퍼 여섯 선녀들은 목동에게 말 한마디 건네지 못하고 도로 하늘나라로 올라갔어. 올라가서 막내 선녀에게 목동이 애달프게 울면서 피리만 불고 있더라고 전하니, 막내 선녀가 언니들 손을 부여잡고 눈물을 흘리며 애원을 하는구나.

 "그 말을 차마 듣고 있을 수 없습니다. 부디 제가 여기서 나가 다시 땅나라에 내려갈 수 있도록 도와주세요."

 "너를 도와주면 아버지께 불효를 저지르게 되지만 어쩔 수가 없구나."

 언니들이 사자에게 잠드는 고기를 던져, 사자가 고기를 먹고 잠이 든 사이에 가만히 바위굴을 빠져 나왔어. 막내 선녀는 언니들을 눈물로 하직하고 땅나라로 내려갔지.

목동은 하루아침에 아내를 잃고 시름에 잠겨 밤낮으로 피리만 불고 있었는데, 하루는 갑자기 하늘이 환해지더니 거짓말처럼 다시 아내가 나타나지 뭐야. 그러니 얼마나 기쁘겠나. 이게 꿈이냐 생시냐고 춤을 덩실덩실 추지. 그렇게 해서 둘이 다시 만나 재미나게 살았어.

그런데 이때 하늘나라 옥황상제는 막내딸이 바위굴에서 도망간 것을 알고 화가 머리끝까지 났어. 당장 도술 부리는 무당을 불러 불호령을 내렸어.

"무당은 당장 도술을 걸어 아비를 속인 막내를 금붕어로 만들어라. 어떤 일이 있어도 다시 원래 모습으로 돌아오지 못하게 단단히 도술을 걸렷다. 그리고 천년이 가고 만년이 가도 죽지 못하게 하여라."

하늘나라 무당이 옥황상제 말대로 선녀에게 도술을 걸었어. 땅나라 무당도 아니고 하늘나라 무당이니 얼마나 신통하게 도술을 걸겠나. 선녀는 옴짝달싹도 못 하고 하루아침에 금붕어가 되어 연못 속에 갇히게 됐어.

영문도 모르고 또다시 아내를 잃은 목동은 날이면 날마다 연못가 바위에 걸터앉아 구슬프게 피리를 불었지. 금붕어가 된 선녀는 애가 타서 몸부림을 쳤지마는 금붕어가 된 몸이니 그저 철부덩철부덩 물장구만 칠 뿐이야. 목동은 제 아내가 연못 속에서 몸부림치는 것도 모르고 하염없이 구슬프게 피리만 불었지. 그렇게 날이 가고 달이 가고 해가 가서 목동이 늙은 할아버지가 될 때까지, 하나는 제 아내가 바로 곁에 있는 것도 모르고 눈물 젖은 피리를 불고, 하나는 제 남편을 바로 곁에 두고도 말 한마디 못 하고 철부덩철부덩 몸부림만 치면서 세월을 보냈대. 그렇게 또 날이 가고 달이 가고 해가 가서 목동이 세상을 떠난 뒤에도, 금붕어가 된 선녀는 날마다 안타까움에 눈물을 흘리면서 연못 속에서 살았대. 천년이 지나고 만년이 지나도 죽지 못하고,

오늘도 백두산 아래 물 맑은 연못 속에서 눈물을 흘리며 헤엄치고 있다는 이야기란다.

남편을 기다리는 민들레

옛날 옛적 저 멀리 백두산 기슭에 조그마한 마을이 있었는데, 그 마을에는 꽃같이 어여쁘고 비단같이 마음씨 고운 아낙이 살고 있었더란다. 그 아낙의 성은 민씨요 이름은 들레라고 했지. 민들레는 기운 세고 마음씨 좋은 남편과 함께 농사를 지으며 오손도손 아무 걱정 없이 잘 살고 있었단다.

그런데 어느 해 이 마을에 오랑캐가 쳐들어와서 온 마을을 쑥대밭으로 만들어 버렸다는구나. 마을 사람이 미처 맞서 싸울 겨를도 없이 밤중에 들이닥쳐, 온 마을에 불을 지르고 곡식과 집짐승을 빼앗아 가 버렸지. 사람도 여럿 죽거나 다치고 말이야. 일이 이렇게 되니 조용하던 마을이 갑자기 벌집 쑤셔 놓은 듯 시끄럽게 됐어.

이때 민들레 남편이 나서서 마을 사람들을 진정시켰지.

"모두 들으시오. 이러고 있을 때가 아닙니다. 나이 많으신 분들은 집을 고치고, 부인들은 다친 사람을 돌봐 주시오. 그리고 젊은이들은 모두 나와 함께 오랑캐를 뒤쫓아갑시다. 가만히 두면 그놈들은 반드시 또 와서 분탕질을 할 것이니 이참에 아주 멀리 쫓아 버립시다."

이렇게 해서 민들레 남편과 마을 젊은이들은 오랑캐와 싸우러 마을을 떠나게 됐어. 남편이 마을을 떠날 때 민들레는 머리에 꽂은 은비녀를 빼 주면서,

"싸움에 지치거든 이 비녀를 보고 힘을 내세요. 그리고 꼭 살아서 돌아오세요."

하고 남편 손을 꼭 잡아 줬어. 남편은 등에 멘 화살통에서 화살 하나를 빼 주면서,

"이 화살을 보고 내가 용감하게 싸운다는 걸 믿어 주오. 반드시 이기고 돌아오리다."

하고 굳게 아내 손을 잡아 줬어.

남편이 싸움터로 떠난 뒤에 민들레는 마을에 남아, 다친 사람을 돌보고 집을 고치며 농사를 짓느라 눈코 뜰 새 없이 일을 했어. 손이 부르트고 발에 물집이 생기도록 일을 했지. 이웃 사람들이 그걸 보고 이제 그만 집에 들어가 쉬라고 권해도,

"남편은 목숨을 걸고 싸우는데 저 혼자 어찌 편히 쉴 수 있겠습니까? 그렇게 하고서야 나중에 무슨 낯으로 남편을 보겠습니까?"

하면서 일하기를 그치지 않아. 그러면서 남편이 부디 무사히 돌아오기를 날마다 정성들여 빌었어.

그럭저럭 날이 가고 달이 가서 싸움터에 나갔던 젊은이들이 오랑캐를 물리치고 마을로 돌아왔어. 그런데 민들레가 그렇게 기다리던 남편 모습이 보이지를 않는 거야. 민들레는 그만 가슴이 덜컥 내려앉아, 오는 사람마다 붙잡고 남편 소식을 물었지. 그중 한 젊은이가,

"그분은 싸움터에서 언제나 앞장서 용감하게 싸우더니, 마지막 싸움이 있은 뒤로 어찌 된 일인지 사람은 보이지 않고 이 비녀만 떨어져 있더이다."

하면서 남편이 가지고 간 비녀를 내밀지 뭐야. 민들레는 그 비녀를 받아, 남편이 주고 간 화살과 함께 시렁에 얹어 놓고, 그 뒤부터 새벽마다 맑은 물을

떠 놓고 신령님께 빌었어.

"다른 사람들은 모두 남편이 죽었다고들 하지만, 저는 남편이 반드시 살아서 돌아올 것을 믿습니다. 신령님, 저를 불쌍히 여기시어 부디 남편이 무사히 돌아오도록 해 주십시오."

이렇게 빌기를 한 달이 지나고 두 달이 지나고, 한 해가 지나고 두 해가 지났어. 그동안 민들레는 하루도 빠짐이 없이 날마다 새벽마다 맑은 물을 떠 놓고 촛불을 켜고 신령님께 남편이 무사히 돌아오기를 빌고 또 빌었지. 낮에는 허리가 휘도록 일하고 밤에는 손이 닳도록 빌고, 이러기를 또 몇 해가 지났어. 마을 사람들은 그러는 민들레를 보고 혀를 끌끌 찼지만, 민들레는 믿음을 버리지 않고 날마다 신령님께 빌며 남편을 기다렸어. 또 여러 해가 지나 시렁에 얹어 둔 비녀와 화살이 녹슬고 민들레의 머리카락이 한 올 두 올 셀 때까지 그랬지.

그렇게 십 년이고 이십 년이고 날이면 날마다 새벽 일찍 일어나 맑은 물 떠 놓고 신령님께 빌면서 남편이 돌아오기를 빌었지만, 끝내 남편은 돌아오지 않고 민들레는 기다리다 지쳐 숨을 거두고 말았지. 민들레가 죽자 마을 사람들은 양지바른 곳에다 남편 화살과 함께 민들레를 묻어 주었는데, 이듬해 봄이 되니 민들레 무덤에서 노란 꽃이 지천으로 피어나더래. 웃는 듯 떠는 듯 바람에 포들포들 흔들리는 그 꽃을, 사람들은 무덤 주인의 이름을 따서 민들레라고 불렀다는구나. 민들레 꽃대궁을 꺾어 들고 호 불면 꽃대가 고양이 발톱처럼 쏙 오므라드는데, 그건 무덤 주인이 살았을 때 맺힌 한이 아직도 풀리지 않아서 그렇단다.

소쩍소쩍 소쩍다

 여름밤 숲속에서 '소쩍소쩍 소쩍다' 하고 우는 새를 아니? 밤이 깊어 모두가 잠들 무렵이 되면 구슬픈 목소리로 '소쩍소쩍 소쩍다' 하고 우는 새가 바로 소쩍새지. 이 소쩍새에는 아주 슬프고도 슬픈 이야기가 얽혀 있는데, 이제부터 어디 그 이야기를 들어 보려무나.
 옛날 어느 산골 마을에 어떤 며느리가 홀시어머니를 모시고 살았단다. 그런데 시어머니 성미가 어찌나 고약한지 며느리는 하루도 편할 날이 없이 모진 시집살이를 했어. 옛날에는 새 며느리가 시집을 가면 시집살이 삼 년에 장님에다 귀머거리에 벙어리가 된다는 말이 있었단다. 보고도 못 본 척, 들어도 못 들은 척, 입이 있어도 하고 싶은 말을 못 하고 산다는 뜻이지. 그만큼 시어머니를 모시고 사는 며느리는 속을 썩이며 고되고 힘든 일을 참아 가며 살았단다.
 그런데 이 집 시어머니는 보통 시어머니보다 몇 배 더 성미가 고약해서 하고한 날 며느리를 못살게 구는 게 일이야. 새벽같이 일어나 물을 긷고 밥을 지어 상을 차려 올리면 밥이 되다 질다 하여 밥상을 걷어차는 건 예사고, 동지섣달 추운 날에 손을 호호 불어 가며 빨래를 해 놓으면 빨래가 검다 희다 하여 잿더미에 내동댕이치는 것도 예사야. 그러니 며느리는 남들 같으면 한번 지을 밥도 두 번 세 번 지어야 하고 남들 같으면 한 번 할 빨래도 두 번

세 번 해야 했지.

　며느리는 그 모든 걸 꾹 참고 견뎌 냈어. 아무리 힘든 일도 힘든 내색 없이 열 번이고 스무 번이고 해냈고, 아무리 구박이 심해도 낯빛 한번 바꾸지 않고 고분고분 시어머니를 모셨어. 때리면 맞고 차면 채고, 무슨 일이든 말대꾸하는 법 없이 시키는 대로 하면서 살았지.

　그런데 이렇게 잘도 견디는 며느리에게도 못 견딜 일이 하나 있었어. 그게 뭐냐 하면 밥을 굶는 일이야. 아무리 큰 설움도 굶는 설움보다 더한 게 없더라고, 다른 건 다 참겠는데 시어머니가 심술을 부려 몇 날 며칠 밥을 굶기는 데는 견딜 수가 없어. 본디 살림이 넉넉하지 못해 남아도는 밥은 없었지만, 심술이 난다고 며느리가 애써 지은 밥을 시어머니 혼자 먹고 한 숟갈도 안 주는 경우가 어디 있나 그래. 한번 며느리 밥 굶기기로 작정을 하면, 먹다 남은 밥을 마당에 노는 개한테 줬으면 줬지 며느리 먹으라고 주는 법은 없었다니 참 해도 너무했지.

　한번은 시어머니가 무엇에 심술이 났는지 사흘째 며느리에게 밥 한 술 안 주더래. 며느리는 고픈 배를 틀어쥐고 사흘 동안 밥 냄새만 맡고 살았지. 그러다 보니 참 견딜 수가 없을 지경이 됐어. 하루 종일 뼈 빠지게 물 긷고 밥 짓고 빨래하며 해를 보내고 나면 뱃속에서 절로 꼬르륵 소리가 나는데, 저녁밥을 지어 놓으면 시어머니 혼자서 밥상을 차고 앉아 곁눈질도 하지 않으니 어찌 견디겠어? 눈을 감으면 밥이 그저 저절로 입에 스르르 들어오는 것 같지.

　견디다 못해 며느리는 부엌으로 가서 막 밥을 퍼낸 솥을 들여다보았어. 솥뚜껑을 열고 들여다보니 밑바닥에 누룽지가 조금 붙어 있겠지. 그 누룽지라도 긁어 먹으면 살 것 같아서 정신 없이 손으로 누룽지를 긁었어. 긁어 보니 그저 반 줌이나 될까 말까 한 누룽지가 손에 잡히더래. 뱃가죽이 등에 찰

싹 달라붙을 지경인데 누룽지 반 줌이 얼마나 귀해? 그걸 막 입에 넣으려는데, 아 하필이면 그때 시어머니가 부엌에 들어올 게 뭐람. 시어머니가 며느리 하는 짓을 보고는 그만 부엌이 떠나갈 듯이 호통을 쳐.

"이 못된 것이 보자 보자 했더니 이제는 솥에 든 밥까지 훔쳐 먹는구나. 그러고도 네가 내 며느리냐?"

이러면서 며느리 등을 냅다 떠밀었는데, 그 바람에 며느리는 누룽지를 손에 든 채로 넘어지면서 솥에 머리를 부딪혀 죽고 말았어.

불쌍하게 죽은 며느리는 한 마리 새가 되어 하늘로 날아갔는데, 그 새가 바로 소쩍새란다. 소쩍새가 '소쩍소쩍' 하고 우는 것은 솥에 쩍 달라붙은 누룽지를 먹지도 못하고 죽은 것이 원통해서 우는 것이고 '소쩍다 소쩍다' 하고 우는 것은 솥이 적도록 밥을 많이 해서 실컷 먹어 봤으면 원이 없겠다고 우는 거란다. 그래서 사람들은 소쩍새가 '소쩍소쩍' 하고 울면 흉년이 들고 '소쩍다 소쩍다' 하고 울면 풍년이 든다고 믿었단다.

너삼 허리띠

이 이야기는 옛날에 먹을 것이 모자라 굶기를 밥 먹듯이 할 때 있었던 이야기야. 요새도 양식이 모자라 굶는 사람들이 더러 있지만, 옛날에는 몇몇 부자들만 빼고는 내남 없이 안 굶어 본 사람이 없었지. 흉년이라도 드는 해에는 쌀이 떨어지는 이른 봄부터 보리가 나는 늦은 봄까지 양식이 없어서 풀뿌리 나무껍질로 겨우겨우 목숨을 이어 가는 일도 많았단다. 오죽하면 이 세상에서 제일 높은 고개가 보릿고개라는 말이 나왔을까.

옛날 어느 해에 흉년이 들어 사람들이 고생을 참 많이 했어. 그중 어느 마을 가난한 집에서는 초겨울부터 양식이 떨어져서 온 식구가 죽 한 사발로 하루 해를 넘기며 고생스럽게 살고 있었지. 그 집에는 딸 하나 아들 하나가 있었는데, 딸은 시집 가서 재 너머 마을에 살고 아들은 어머니 아버지와 함께 이쪽 마을에 살고 있었어.

시집간 딸네 집은 본디 살림이 좀 있어서 흉년이 들어도 그리 궁상스럽지는 않았던 모양이야. 그럭저럭 밥은 먹고 살았단 말이지. 그런데 친정집은 어찌나 가난한지 보통 때도 하루 세끼를 온전하게 먹고 살기 힘들었어. 그런 형편에 흉년까지 들어 놨으니 사는 꼴이 어떻겠어? 쌀 몇 알로 멀건 죽을 끓여 먹고 세 식구가 하루 종일 견디는 형편이야. 그러니 밥 한번 실컷 먹어 보는 게 소원이었지.

시집간 딸은 친정집 형편을 빤히 아는지라 하루 세끼 밥을 먹으면서도 밥이 목에 걸려 넘어가지를 않아.

친정집에서 굶고 있을 어머니 아버지와 남동생 생각이 나서 그런 거지. 그래서 하루는 친정 동네에 가는 봇짐장수에게 부탁을 해서 식구들이 한번 다녀가도록 기별을 넣었어. 어머니 아버지와 남동생이 오면 밥이나 실컷 먹고 가게 해 주려고 그랬지.

기별을 받은 친정 집 어머니 아버지는 딸의 속뜻을 얼른 알아차리고 아들더러 누나네 집에 한번 다녀오라고 일렀어. 아무리 굶는 형편이라 해도 어른이 밥 얻어먹으러 사돈 집에 가는 건 낯 뜨거운 일이니 아들이나 보내서 배불리 먹이자는 속셈이었지. 아들은 영문도 모르고 어머니 아버지가 시키는 대로 재 너머 누나네 집으로 갔어.

누나는 오랜만에 친정 동생이 오니까 반갑기도 하지만, 굶어서 야윌 대로 야윈 동생 모습을 보니 애처로워서 눈물부터 먼저 나와. 얼른 부엌에 나가 밥을 많이 해 가지고 반찬도 이것저것 있는 대로 차려다 동생에게 갖다 줬어. 동생은 몇 날 며칠 멀건 죽만 얻어먹다가 오랜만에 김이 모락모락 나는 밥을 보니 눈이 뒤집힐 지경이야. 누나가 권할 사이도 없이 밥을 마구 퍼먹었지.

누나는 동생이 정신 없이 밥을 먹는 모습을 보니 더 애처로워서 자꾸 밥을 퍼다가 먹으라고 권했어. 동생은 어지간히 먹어서 배가 부른데, 누나가 자꾸 권하니 마달 수도 없어서 자꾸 먹었지. 누나는 누나대로 얼마나 배가 고팠으면 저렇게나 많이 먹을까 싶어 자꾸 밥을 퍼다가 먹으라고 권했어.

"집에 돌아가면 또 굶어야 할 터이니 온 김에 실컷 먹고 가거라."

"자, 밥 한 그릇 더 먹으렴. 양껏 먹어야지."

이렇게 자꾸 권하니 동생은 배가 불러 곧 터질 것 같은데도 자꾸 먹었어.

누나 말대로 집에 돌아가면 또 굶어야 할 판이니 먹을 것을 본 김에 실컷 먹고 가자는 마음도 들었지. 이렇게 먹다 보니 정말로 배가 너무 불러서 더 들어갈 틈도 없어. 그렇게 먹고 나서 누나 집을 나섰지.

누나한테 하직을 하고 집으로 돌아오는데, 아 가면 갈수록 배가 점점 더 불러 오는 거야. 워낙 급하게 많이 먹어서 그래. 동생이 누나 집에 올 때 너삼으로 허리띠를 만들어 매고 왔는데, 이놈의 너삼이 질기기는 좀 질긴가. 배가 점점 불러 오니까 너삼이 뱃살을 파고드는데 질겨서 끊을 수가 있어야지. 창칼이라도 있으면 허리띠를 끊어 버리겠는데, 늘 주머니에 넣어 가지고 다니던 창칼을 하필이면 오늘따라 빠뜨리고 왔네.

질긴 너삼 허리띠는 뱃살을 파고들고 배는 점점 불러 오니 이것 참 큰일 났지. 이러다가는 곧 죽을 것만 같단 말이야. 동생은 배가 아파 견딜 수 없어서 길가에 쓰러져 마구 뒹굴었어. 그러면서 생각하니 자꾸 많이 먹으라고 권한 누나가 야속하고, 권한다고 마구마구 퍼먹은 제 자신이 한심하고, 질기디질긴 너삼이 원망스럽고, 너삼을 끊을 창칼을 안 가진 게 애달프거든.

동생은 길가에 쓰러져 뒹굴다가 끝내 죽고 말았는데, 죽으면서 이런 말을 남겼단다.

"권할사 누나야, 한심타 먹은 배야, 질기다 너삼아, 애달프다 창칼아."

쯧쯧, 얼마나 배가 고팠으면 그리도 먹었을꼬. 참으로 애달픈 일이로구나.

● ── 이야기를 들려주고 나서

 우리 옛이야기 중에는 영웅 이야기가 많이 있습니다. 옛이야기 속 영웅은 온갖 어려움을 이겨 내고 끝내 바라던 것을 얻게 되지요. 땅속 나라 도적에게 빼앗긴 색시를 되찾는 신랑이 그렇고, 욕심쟁이 사또네 곳간에 쌓인 곡식을 풀어다 백성들에게 나누어 주는 여섯 쌍둥이가 그렇고, 지리산 호랑이를 물리치는 포수 아들이 그렇습니다. 이들은 모두 힘이 세고 재주가 뛰어나서 남들이 엄두도 못 내는 일을 시원하게 해치운다는 점에서 영웅 중의 영웅입니다.
 그런데 옛이야기에는 이렇게 성공하는 영웅만 있는 게 아니라 실패하는 영웅도 있습니다. 바로 〈아기장수 우투리〉가 그렇습니다. 우투리는 가난한 백성의 아들로 태어났기 때문에 끝내 실패하고 맙니다. 만약에 우투리가 임금이나 벼슬아치 아들로 태어났다면 운명은 아주 달라졌을 것입니다. 이 이야기는 옛날에 권세 가진 사람들이 어떻게 힘없는 백성들을 억눌렀는지, 또 억눌린 백성들이 얼마나 간절하게 자기들을 구해 줄 영웅을 기다렸는지를 짐작하게 합니다.
 이 이야기에서 우투리는 비록 뜻을 이루지 못했지만 결코 죽어서 영원히 사라지지는 않은 것 같습니다. 언젠가는 우투리가 날개 달린 말을 타고 다시 우리들 앞에 나타날지도 모른다는 희망을 우리 모두 가슴속에 품을 수 있으니까요. 낫에 베이고 발에 밟혀 쓰러진 억새풀이 이듬해 봄이 되면 다시 돋아나듯이……
 〈남편을 기다리는 민들레〉 이야기에서 민들레는 돌아오지 않는 남편을 기다리다가 끝내 숨졌지만, 어쩐지 민들레 남편이 이제라도 불쑥 돌아올 것 같은 느낌도 듭니다. 남편이 돌아오면 민들레도 다시 살아나겠지요. 봄이 되면 땅속에 묻힌 민들레 씨앗이 다시 꽃을 피우듯이 말입니다.

민들레가 거친 땅에서도 줄기차게 씨를 흩어 살아남는 것과 마찬가지로 〈석달 열흘 붉은 꽃〉 이야기의 백일홍도 비바람에 지지 않고 오래오래 살아남는데, 이건 마치 우리네 백성들 모습과도 닮은 것 같습니다.

슬픈 옛이야기 주인공이 모두가 힘없고 가진 것 없는 사람이라는 것도 눈여겨봐야 할 대목입니다. 〈무덤가에 피어나는 할미꽃〉에서 젊은 시절을 딸 뒷바라지로 고생하던 할머니는 늙고 병들어 기댈 곳 없는데도 두 딸에게 버림받았으니 얼마나 가엾은 신세입니까? 〈풀죽풀죽 풀죽새〉에서 풀죽새가 된 딸과 〈일곱 오라비 접동〉 이야기의 여덟 남매도 어려서 어머니를 잃고 새어머니에게 구박받는 불쌍한 신세이고, 〈소쩍소쩍 소쩍다〉에서 소쩍새가 된 며느리도 시어머니에게 시달리는 약한 사람이지요. 이처럼 힘없고 가진 것 없는 사람들이 그 반대쪽에 있는 사람들한테 버림받고 구박받는 모습은 듣는 이의 눈물을 자아내는데, 이것이 바로 우리네 옛사람들이 소리쳐 하고 싶었던 이야기인지도 모릅니다. 농사지으며 살아가던 백성들이야말로 힘없고 가진 것 없는 사람들로, 언제나 반대쪽에 있던 사람들에게 늘 버림받고 구박받아 왔으니까요.

〈피리 부는 목동과 선녀〉는 서로 살아가는 자리가 다른 사람들이 하나 되기가 얼마나 어려웠던가를 말해 주고 있는 것 같습니다. 이 이야기에 나오는 하늘나라와 땅나라처럼, 옛날에는 신분이 다른 사람들이 살아가는 자리가 엄청나게 달랐답니다.

〈좁쌀꽃 이야기〉에서는 농사와 자식을 걱정하는 어머니의 애틋한 마음이 눈물겹습니다. 우리는 이 이야기에서 농사지어 밥을 먹고 사는 일이 얼마나 중요한 일이었는지를 깨달을 수 있습니다. 농사지어 밥을 먹고 사는 일은 그저 목숨을 잇는 수단에 그치지 않고, 사람을 사람답게 하는 엄숙한 의식과도 같다는 생각이 듭니다.

예나 지금이나 배고픈 것보다 더 큰 설움은 없나 봅니다. 〈너삼 허리띠〉는 배

고파 겪는 설움을 가슴에 사무치게 이야기해 주고 있지요. 이런 이야기를 듣고 그저 '옛날 사람들은 참 어렵게들 살았구나' 하는 생각에 머무르지 않고 그 눈길을 더 넓혀 보는 것도 좋겠지요. 요즈음도 배고픈 설움을 겪는 사람들이 이 땅에 얼마나 많은지, 왜 모든 사람이 공평하게 밥을 먹고 살 수 없는지, 이런 것을 주제로 이야기를 나누어 볼 수도 있겠습니다.

● 찾아보기

ㄱ

갓에는 물 붓고 뚝배기는 쓰고	290
거저 먹은 술	284
거짓말로 장가들기	258
건달 농사꾼	199
고생 바가지	122
고양이 앞에 쥐	358
길어져라 뚝딱 넓어져라 뚝딱	442
꼬리가 얼어붙은 호랑이	332
꼭두각시와 목도령	117
꽁당 보리밥과 쌀밥	243
꽁지 닷 발 주둥이 닷 발	86
꽁지 빠진 황새	367

ㄴ

나귀 방귀	232
날마다 서 푼	476
날아다니는 빨간 헝겊	455
남의 복 빌리기	28

남편을 기다리는 민들레	531
내 담뱃대 어디 갔나	300
너삼 허리띠	537
노루가 된 동생	91
녹두 영감과 꾀보 토끼	431
느린둥둥이, 벼락팽팽이, 약은살살이	262
느티나무 총각	158

ㄷ

달을 산 사또	255
대문 밖에 소금 뿌려라	252
도깨비 수수께끼	459
도깨비 씨름 잔치	480
도깨비 장난	447
도술 부리는 고양이와 개	404
두꺼비 신랑	32
두꺼비와 천년 묵은 지네	396
땅속 나라 괴물	65
떡 먹기 내기	287

떡은 먹고 편은 못 먹고	312	배운 사위와 못 배운 며느리	213
떼굴떼굴 떡 먹기	362	배짱 좋은 수달	342
		백 냥으로 살린 목숨	209

ㅁ

말하는 꾀꼬리와 춤추는 소나무	47
말하는 원숭이	194
먹보 곰 골탕 먹이기	387
메기의 꿈풀이	336
메주 도사	136
무덤가에 피어나는 할미꽃	507
무서운 엽전	451

버들잎 도령	57
보리밥 장군	293
복덩어리 총각	102
불씨 꺼뜨린 며느리	186
불효자식 혼내 주기	471
비단 띠에 눈먼 지렁이	355

ㅅ

사나운 색시 길들이기	297
사람으로 둔갑한 개와 닭	418
산삼을 지킨 이무기	180
새끼 서 발로 장가들기	325
석 달 열흘 붉은 꽃	496
세 가지 소원	38
세상에서 가장 긴 이름	249
소금 삽쇼	320
소나무 아들	408

ㅂ

바보 남편 인사 배우기	276
바위로 이 잡기	236
박박 바가지	280
방귀쟁이 며느리	308
방앗공이 도깨비	438
배고프니 먹고 보자	130
배부르고 우습고 서러운 꼴	374

소쩍소쩍 소쩍다	534
시아버지 팥죽땀	246
신기한 나뭇잎	76
신기한 샘물	204
신돌이, 선돌이, 부돌이	107
신통방통 도깨비	463
쌀 나오는 구멍	183
씨 뿌리는 강아지	145

ㅇ

아기 보는 호랑이	392
아기장수 우투리	490
아들을 구한 금덩어리	217
여섯 모 난 구슬	425
여우 누이	111
열어도 자옹 닫아도 자옹	167
왕굴장굴대	228
요술 항아리	140
은혜 갚은 황새	422
이마가 벗겨진 메뚜기	339

일곱 오라비 접동	513
임금님 아우가 된 구렁이	413

ㅈ

자린고비 영감	304
잔나비 궁둥이	351
장돌뱅이 도둑	154
재주 많은 여섯 쌍둥이	239
좁쌀꽃 이야기	519
주먹이	24
지네 처녀와 지렁이	162
지리산 사냥꾼 아들	96
지붕에 올라가는 송아지	221
짐승 말을 알아듣는 아이	52
찍찍 찍서방과 쥐양반	371

ㅊ

천 냥짜리 아버지	190
천석이와 다섯 형제	42

ㅋ

쿵쿵절싸 지팡이	62

ㅍ

팔짝팔짝 참새 싹싹 파리	346
팥죽 할멈과 호랑이	150
풀죽풀죽 풀죽새	501
피리 부는 목동과 선녀	524

ㅎ

한평생 쓰고도 남는 물건	133
호랑이 꼬리와 호미	269
호랑이 뱃속 구경	382
호랑이 잡는 기왓장	176
호랑이 잡은 파리	81
호랑이 형님	399
활 못 쏘는 활꾼	315

살아 있는 교육 23
옛이야기 보따리

2011년 1월 3일 1판 1쇄 펴냄
2025년 2월 25일 1판 16쇄 펴냄

글쓴이 서정오

편집 김성재, 김소영, 김용란, 문지원, 양선화, 이경희 | **디자인** 샘솟다 | **제작** 심준엽
영업마케팅 심규완, 양병희 | **영업관리** 안명선 | **새사업부** 조서연
경영지원실 노명아, 신종호, 차수민
인쇄와 제본 (주)천일문화사

펴낸이 유문숙 | **펴낸곳** (주)도서출판 보리 | **출판 등록** 1991년 8월 6일 제 9-279호
주소 (10881) 경기도 파주시 직지길 492
전화 031-955-3535 | **전송** 031-950-9501 | **누리집** www.boribook.com
전자우편 bori@boribook.com

ⓒ 서정오, 2011

이 책의 내용을 쓰고자 할 때는, 저작권자와 출판사의 허락을 받아야 합니다.
잘못된 책은 바꾸어 드립니다. 값은 뒤표지에 표시되어 있습니다.

보리는 나무 한 그루를 베어 낼 가치가 있는지 생각하며 책을 만듭니다.

ISBN 978-89-8428-637-5 03370

이 도서의 국립중앙도서관 출판예정도서목록(CIP)은
서지정보유통지원시스템 홈페이지(http://seoji.nl.go.kr)와
국가자료공동목록시스템(http://www.nl.go.kr/kolisnet)에서 이용하실 수 있습니다.
(CIP 제어번호: CIP 2010004555)